舵手证券图书
www.zqbooks.com

郑浪涛◎著

投资经典

TOUZIJINGDIAN
TUPOBAZHENTU
ZHIXIAOCAOPAN

突破八阵图

——直效操盘

- 首创八阵图，层层剥开趋势和拐点的奥秘
- 首创五阳抢筹，三线逃顶
- 首创主升浪五步曲，主升浪大阳起飞
- 首创抢反弹三坑买涨，三空卖空必须卖
- 首创60B3抢筹，3T42逃顶，缠背驰T+N

地震出版社
Seismological Press

图书在版编目（CIP）数据

突破八阵图：直效操盘 / 郑浪涛著. —北京：地震出版社，2013.4(2018.5 重印)

ISBN 978-7-5028-4182-9

Ⅰ. ①突…　Ⅱ. ①郑…　Ⅲ. ①股票交易－基本知识　Ⅳ. ①F830.91

中国版本图书馆 CIP 数据核字(2012)第 308295 号

地震版　XM4149

突破八阵图——直效操盘

郑浪涛　著

责任编辑：朱　叶

责任校对：孔景宽

出版发行：地震出版社

北京民族学院南路 9 号　　邮编：100081

发行部：68423031　68467993　　传真：88421706

门市部：68467991　　传真：68467991

总编室：68462709　68423029　　传真：68455221

证券图书事业部:68426052　68470332

网址:http://www.dzpress.com.cn

E-mail:zqbj68426052@163.com

经销：全国各地新华书店

印刷：北京兴星伟业印刷有限公司

版(印)次：2013 年 4 月第一版　2018 年 5 月第二次印刷

开本：787×1092　1/16

字数：452 千字

印张：24

书号：ISBN 978-7-5028-4182-9/F(4870)

定价：58.00 元

K 线是欲望的跳动，均线是欲望的延伸，量能是欲望的呐喊。

涨如花瓣开放，跌似花瓣飘零，从生物之律，听自然之道，乘天地之正。

只要人类的欲望不变，K 线图的本质就不变。

而资本市场的两大推手——贪婪与恐惧，永不退场！

设好止损买机会，设好回补卖风险。

预测难测，预测不如对策；顺势而为，心到不如手到。

顺势顺线，定线定心；图定胜负，等点抢点；不患最K线，无我缠背驰。

按信号操盘，做次数赚钱。

以技法化心法，以心法导手法。心法万千，图手合一。

纪律是最好的技术，等待是最高的境界。

K 线是一只顽皮的猴子，均线是拴猴的绳子，成交量是耍猴的锣。猴子拖着绳子跑，绳子也圈定了猴子。锣声越响，猴子越兴奋。如果锣声震天，而猴子不动，坏了，出大事了。

如果你是机构投资者，你必须驯服你的猴子，牵好你的绳子，敲好你的锣。如果猴子跑了，绳子丢了，锣敲不响了，你的戏就唱不下去了。

如果你是普通投资者，你必须盯紧猴子，看好绳子，听清锣声，防范敲锣者。你必须在猴子袭击你之前，机敏躲开，才能不被猴子抓伤。

序

做成功的投资者

作为一名证券市场的专业人士，郑浪涛先生深知投资者的甘苦。在服务客户、指导客户投资理财之余，郑浪涛先生将多年的课件予以集结整理并付梓出版，以回馈广大投资者。对投资者的感恩之心，对市场的敬畏之情，对规律的探寻之意，跃然纸上。这种求实的精神、勤奋的作风、钻研的劲头，令人感动，值得肯定。因此，我欣然应邀作序。

证券市场，跌宕起伏，奥妙无穷。它是一个由千百万人共同参与的大游戏，有输有赢，机遇与风险相伴，真实与谎言并存，博弈与博傻同在。它既是一个实现财富快速增值梦想的场所，也是那些学艺不精者的伤心地。投资者在市场价格的涨跌和财富的涨落中，摸索着成功的道路。在贪婪与恐惧的背后，投资者成功的秘诀何在?

总结成功投资者的经验，发现投资既是科学，又是艺术，更是对人性的挑战。无论逆向投资还是趋势投资，无论认同技术分析还是基础分析，无论短线交易还是长线策略，成功者都有一套可行的分析框架，超越恐惧与贪婪的操作模式。反之，则少有成功可言。

通读全书，贯穿的正是上述理念。作者认为，“既要站得高、看得远，眼界决定境界”，提出“八阵图”并对每阵的确认、持续、终结以及向新阵转化的技术标准和条件进行分析，正是要引导读者建立一个可行的分析框架。作者突出“技法、心法、手法，环环相扣”，“心法万千，图手合一”，也表明投资是知与行的艺术，需要领会与顿悟。书中一再强调“坚守你的直效法则”、告诫读者“纪律是最好的技术，等待是最高的境界”，无不要求投资者战胜人性的弱点，践行正确的投资理念，坚守投资纪律，实现成功的投资。

念念不忘，必有回响。资本市场纷繁复杂，分析流派林立，见仁见智。开放的社会，要有开放的胸怀。对于书中观点，读者何不借用其中一二招，“求同存异”，做一名成功的投资者，实现财富的增长，享受美好人生?!

是为序。

田　洪

二零一三年元月

(作者系经济学博士、长江证券执行副总裁)

前言

在多年的投资技能培训和客户实战指导过程中，我发现一个非常突出的问题，投资者特别是普通投资者的整体素质有了较大提高，理论知识比较全面的也为数不少。其中，很多人还不乏丰富的实战经验，但这些知识和经验在实际交易中被有效利用的很少，难以给投资者的实际业绩带来明显提升。

造成这种局面的原因大致有以下几种：一是投资者的投资理念和投资心态存在明显问题；二是具体的交易技巧与实际走势不能有效对接；三是交易技法、心法和手法不能有效统一。

针对上述问题，本书从以下四个方面寻求突破。

系统性。本书讲解了大势研判、选股方法、买入技巧、卖出技巧等，分技法、心法、手法全方位进行阐述。

创新性。本书从实战需求出发，定义了大量的实战新名词，讲述了大量实战新技巧。

实战性。本书中所涉及的技巧均来自实战案例，得到了市场的有效验证，并且具有很好的重复性。

直观性。本书中所涉及的技巧基本定型，并不需要投资者进行复杂的推理和烦琐的验证。

全书分为两大部分，第一部分《五阳三线》，重点讲解投资理念、技法、心法、手法；第二部分《八阵图》，重点讲解趋势、运行环境、操盘策略、心理博弈。

《五阳三线》研修要点：

第一章《图定胜负　图手合一》和第二章《证券赢家三大法则》，主要阐述了做证券投资必须深刻体会的根本理念和必须严格遵守的基本法则。投资者的投资理念和投资法则，决定了投资者所能达到的境界。

第三章《K线均线成交量》和第四章《定线定心操盘线》，重点讲解了如何根据单个技术指标建立交易指令，以及综合研判时如何抓住主要矛盾。投资者只有全面理解了K线、均线和成交量的市场含义，才能更深刻地理解大趋势。

第五章《设好止损买机会》，详细讲解了各种行情下的买入策略，包括技法、心法和手法的综合运用。三买区与三买点，综述了买入的技巧以及风险控制。投资者只要深刻体会和掌握本章内容，然后在实战中熟练应用，则可解决买点难以把握的问题。

第六章《设好回补卖风险》，与第五章设好止损买机会构成一次完整的交易。适时卖出是投资者锁定利润和规避风险的必然手段。三卖区、三卖点概念的创立以及论述，可以促进投资者逐步养成卖出策略和卖出手法紧密相结合的良好习惯，有效地解决卖点难以把握的问题。

第七章《分时图缠背驰》，是本书的难点之一，参悟需要良好的盘感和丰富的实战经验的积累。认真研读本章，体会其原理，揣摩其运用，对于洞悉盘面、精准细致把握买卖点至关重要，特别是参与期货的交易者，更要精研本章。

第八章《四阶梯次选股》，选股程序相对固定，全盘比较，择强而做。

第九章《真传一句话》，引导投资者形成归纳总结、术道双修的良好习惯。

《八阵图》研修要点：

第十章《趋势•拐点•八阵图》，论述了八阵图的构建、特点以及八阵图的应用和变异，有助于全面掌握八阵图。

第十一章《量价线异动空头陷阱》和第十二章《双突破逼空涨见大底》，是大盘震荡筑底阶段，熟练掌握其走势特征、运行环境，熟悉空头行情与空头陷阱、中期底部与见大底的异同，有助于我们在建仓时占据主动地位。

第十三章《突破牛熊线多头上攻》，是主升浪阶段，是绝不可错过的大行情。

第十四章《量价线异动多头陷阱》、第十五章《暴跌空涨破位见大顶》、第十六章《跌破多空线A浪杀跌》和第十七章《回档牛熊线B浪反弹》，此四个阶段，大资金分步撤离，普通投资者的操盘策略和手法差别较大，必须认真研修。

第十八章《跌破牛熊线C浪下套》，是投资者融券做空和期指做空的良机。

善学善悟善战，不仅要学习经典名著，还要善于归纳提炼，包括自己的和他人的经典案例。比如五阳抢筹和三空卖空必须卖，就来自于我的朋友文刀的实战案例的提炼，而四季涨停和拐点三线两格来自于闵水波先生的启发。从实战中来，到实战中去，这样日积月累，潜移默化，逐渐完善自己的操盘体系。唯其如此，本书的投资理论和投资技巧才会有大量创新，并具有很强的实战性。读者在阅读本书的过程中有什么意见和建议，可以通过以下联系方式同笔者进行沟通交流，电子邮箱：xt696@163.com，QQ:619719090。

郑浪涛

2012年10月

目　录

第一部分　五阳三线

既要站得高、看得远，眼界决定境界，又要钻得深、做得精，深度决定高度。交易方向、时机把握、仓位控制，以大统小；技法、心法、手法，环环相扣。

第一章 图定胜负 图手合一

化繁就简，顺势而为。按照交易系统指令控制仓位，按照交易系统确认的买入信号买入，按照交易系统确认的卖出信号卖出。

第一节　化繁就简成功路

把复杂的事情简单化，是大智慧；把简单的事情重复做，是执行力。越是复杂的事情，越是用简单的方法化解，往往会得到意想不到的效果。

如何才能做到化繁就简呢？下面我们通过价值中枢的简明估算、买点卖点的直观判断、贪婪与恐惧的界定标准三个问题的探讨，来体验一下化繁就简的直效作用。

一、价值中枢的简明估算

所谓价值中枢，就是标的物的合理估值是多少。价值中枢的估算对我们投资成败至关重要，特别是对机构投资者，更是影响巨大。只有正确地估算投资标的价值中枢，才能清楚投资标的是价值超跌还是泡沫严重，是否具备投资价值。

估算价值中枢的方法较多，其分析推导过程大多过于复杂，普通投资者一般较难掌握。那么是否存在比较简单地估算价值中枢的方法呢？下面介绍笔者应用的简易价值中枢估算系统。

用年 K 线图估算价值中枢，并推算之后见大底区间，其方法为：大顶取值，极值求底。

(一)用 2001 年上证指数见大顶时年 K 线图估算价值中枢和大底区间

图 1-1　999999(上证指数)1992.12.31～2001.12.31 年 K 线图。

2001 年上证指数见 2245 点大顶，至当年年 K 线收盘，如何估算其价值中枢？

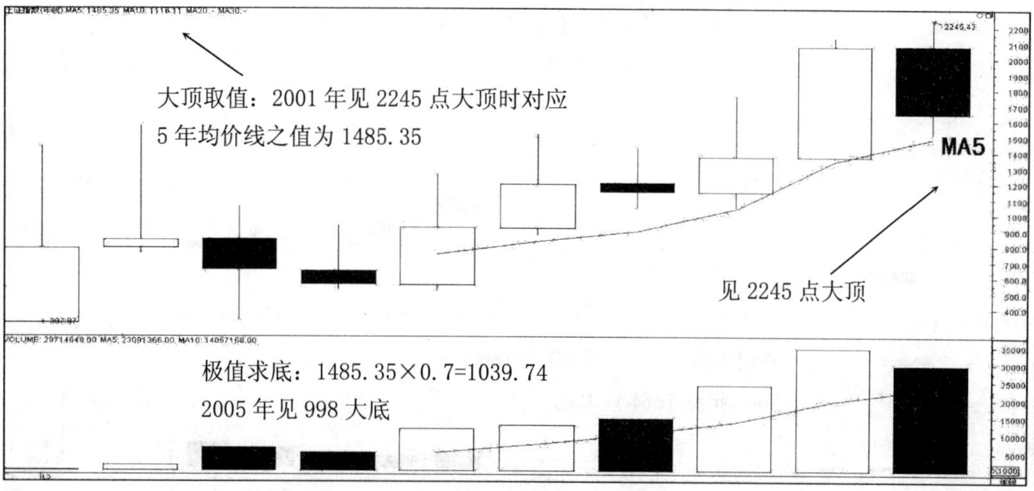

图 1-1

简单，只要查看一下年K线图，1485.35点即为价值中枢，不必复杂的推理和计算。那么1485.35点是怎么来的呢？

1. 大顶取值

当大盘见大顶之后，至当年年K线收盘，打开年K线图，查看一下大盘见大顶时对应的5年平均线之值，即可作为价值中枢。

价值中枢≈大盘见大顶时5年平均线之值

2001年上证指数见大顶，待年K线收盘，查见大顶时对应5年年均线值，1485.35点，可作为价值中枢。

2. 极值求底

知道了价值中枢，再估算之后的大底区间则相对简单。其估算公式为：

大底区间≈价值中枢×极值(极值常规取值为0.7)

2001年上证指数见2245点大顶之后开始回调，见大底的区间估算为：

1485.35×0.7=1039.74(极值取0.7)

而经过数年熊市，上证指数于2005年见大底，见大底实际值是998.23点。

估算误差：1039.74-998.23=41.51。

见大底实际值与估算值，两者相差仅为41.51点！

(二)用2007年上证指数见大顶年K线图估算价值中枢和大底区间

图1-2　999999(上证指数)1992.12.31～2007.12.31年K线图

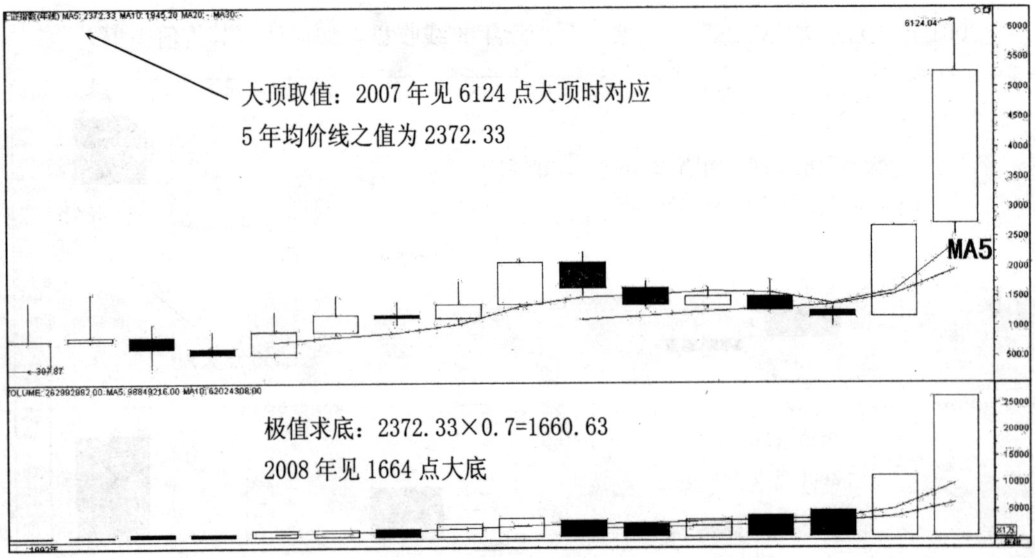

图1-2

1. 大顶取值

2007 年上证指数见大顶，待年 K 线收盘，打开年 K 线图，查看一下大盘见大顶时对应的 5 年年均线之值，2372.33 点，即为价值中枢(图 1-2)。

2. 极值求底

2007 年上证指数见大顶之后，开始回调，那么会回调到什么区域见大底呢？估算方法仍采用极值求底。

上证指数于 2007 年 10 月 16 日见 6124 点大顶之后，5 年均价线值为 2372.33 点，见大底的区间估算为：

2372.33×0.7=1660.63(极值取 0.7)

而经过一年多的震荡寻底，上证指数于 2008 年 10 月 28 日见大底，见大底实际值是 1664.93 点。估算误差：1664.93-1660.63=4.3。

见大底实际值与估算值，两者相差仅为 4.3 点！

(三)由估算价值中枢和估算大底引发的思考

根据上证指数两次见大顶走势，我们通过年 K 线图估算价值中枢，再以价值中枢估算回调大底，发现估算值与实际值极为接近。通过探讨以下一些问题，可以让我们更加深刻地理解年 K 线图、年均价线、安全边际与极值。

①估算价值中枢为什么常用年 K 线图？年 K 线图隐含了哪些有用的信息？

②估算价值中枢为什么常用年均价线？不同时点的年均价线值作用有何不同？

③估算价值中枢所取 5 年均价线之值为什么必须与见大顶相对应？

④极值求底计算公式中极值的常规取值为 0.7，在哪些情况下必须进行调整？

⑤除了用年 K 线图估算大底之外，能否根据大盘顶底性质的不同，选取不同的参数估算中期底部和反弹底部？

二、买点卖点的直观判断

符合哪些条件必须买入？符合哪些条件必须卖出？很多人对此模棱两可，买得随意，卖得盲目，其结果可想而知。而一个成熟的投资者，必须具有一套完整而成熟的交易系统，在交易形态初现端倪时就密切关注，在交易信号出现时就迅猛出击。证券市场时而沉闷呆滞，时而瞬息万变，简明直观地确认买点和卖点，对于提高我们快速应变的能力至关重要。

有三幅实战图谱，图 1-3、图 1-4、图 1-5，各图中 A、B、C 三点是买还是卖，多空分歧大，临盘你如何快速应对？

图 1-3　000422(湖北宜化)2008.9.25～2009.1.5 日 K 线图。

关于 A 点是否应该买入，有人认为明显弱势行情，应以观望为宜；有人认为前期放量上攻，有见大底迹象，回调正是低吸良机，必须果断买入。

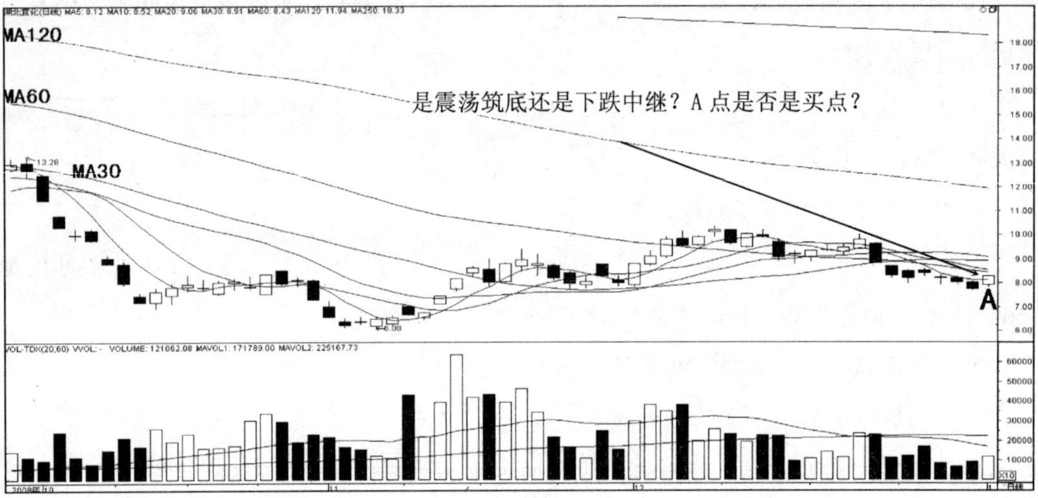

图 1-3 （后续走势见图 1-6）

图 1-4　000783(长江证券)2009.3.30～2009.7.3 日 K 线图。

关于 B 点是否应果断抢进，有人认为向上突破成交量不足，有诱多出货之嫌，不可追涨；有人认为之前区间整理充分，突破平台轻松，行情看涨，必须积极抢进。

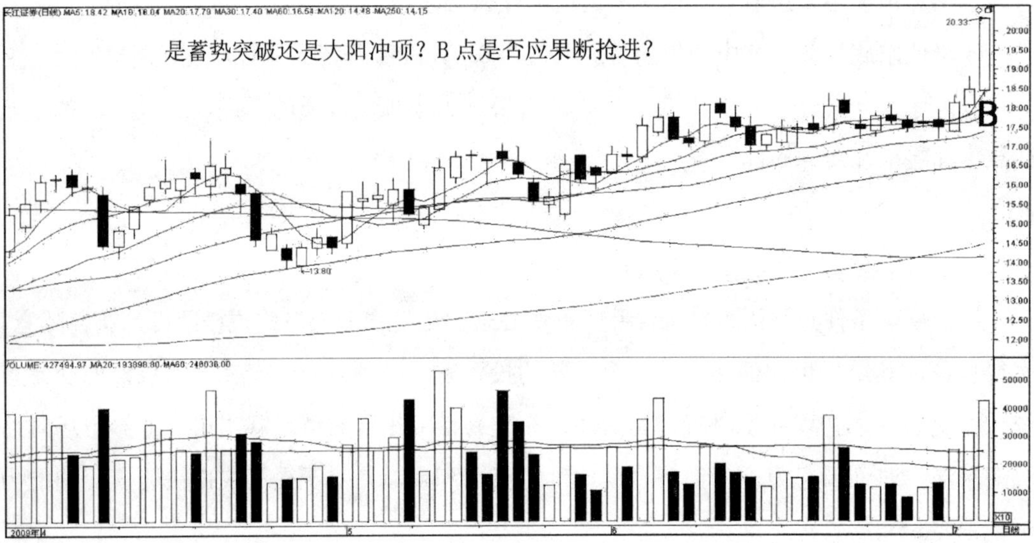

图 1-4 （后续走势见图 1-7）

图 1-5　0002171(精诚铜业)2009.11.20～2010.3.2 日K线图。

关于C点是否应该买进，有人认为是放量突破前期平台，必须及时跟进。有人认为突破前期平台放天量，是假突破真出货，必须果断卖出。

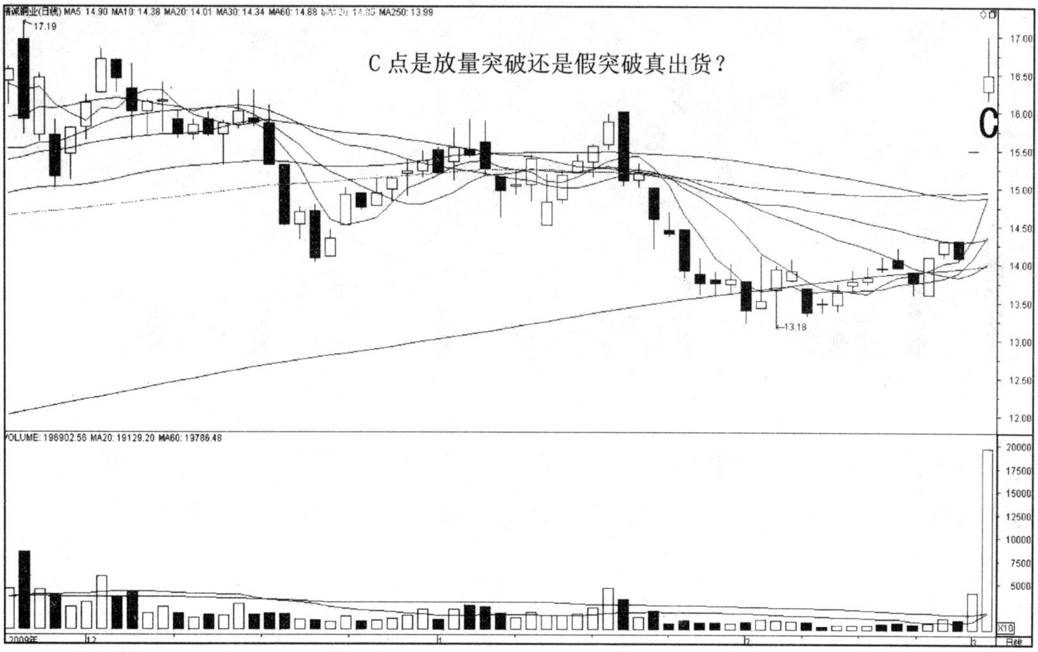

图 1-5　(后续走势见图 1-8)

针对图 1-3、图 1-4、图 1-5，多空分歧大，仁者见仁，智者见智，谁对谁错，只有实际走势才是最终的也是唯一的裁判。

每一个临界点，都是多头和空头的博弈，这正是这个市场能存在的原因。

要做到买点卖点的直观判断，不必考虑太多因素，抓住主要矛盾就行了，并不是考虑的因素越多，成功的把握越大。五成的把握可能风险大了点，能有七成的把握就很不错了。不要试图去寻找十成的把握，等到有了十成的把握，也许根本就失去交易的机会了。

普通投资者资金量较少，船小好掉头，一旦做错了，可以快速纠错，将损失减少到最小程度。机构投资者，资金量大，一旦看错做错，很难脱身，损失较大。所以，普通投资者必须充分发挥自身优势，以快打慢。

快进快出，并不是指做短线，而是当买入信号出现之后必须果断买入，卖出信号出现之后必须果断卖出，不见信号就静静等待。信号一个星期不出现就等一个星期，一个月不出现就等一个月，半年不出现就等半年。买卖果断靠自信，静静等待是境界。

图 1-6 000422(湖北宜化)2008.12.2～2009.2.4 日 K 线图

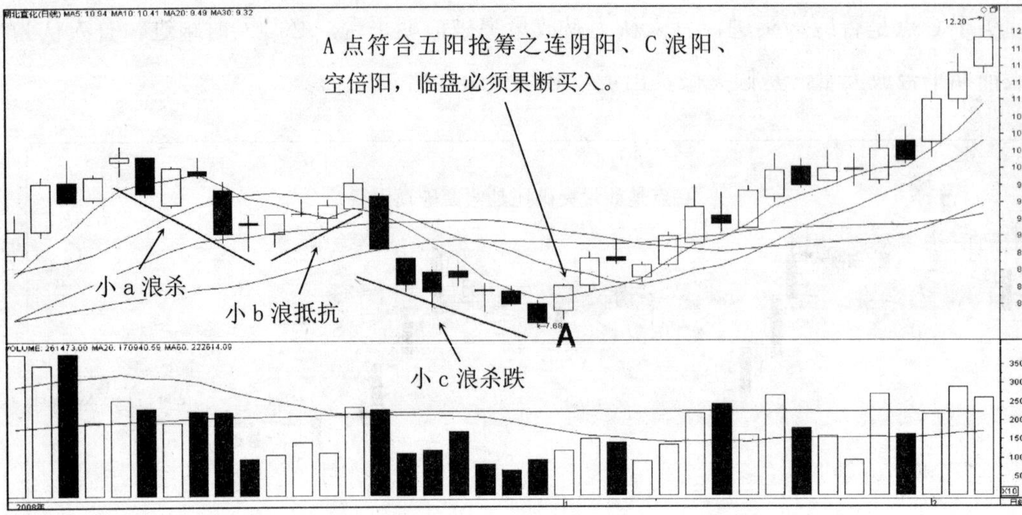

图 1-6 (图 1-3 后续走势图)

A 点解析(图 1-6)：前期放量筑底，之前七连阴，A 点收阳线，符合五阳抢筹之连阴阳、空倍阳、C 浪阳(详见第五章第二节)，临盘必须果断买入。

图 1-7 000783(长江证券)2009.6.16～2009.8.6 日 K 线图

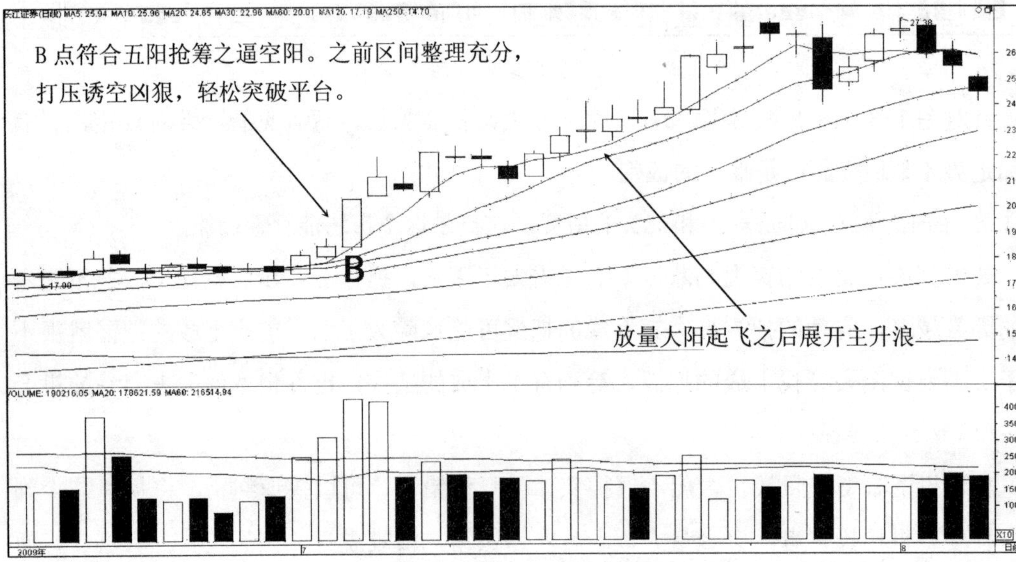

图 1-7 (图 1-4 后续走势图)

B 点解析(图 1-7)：之前区间整理充分，打压诱空凶狠，碎步儿登高助跑，B 点放量大阳起飞(详见第五章第四节)，符合五阳抢筹之逼空阳，筹码锁定良好，突破平台轻松，展开主升浪，临盘必须果断抢进。

图 1-8　002171(精诚铜业)2010.1.15～2010.3.16 日 K 线图

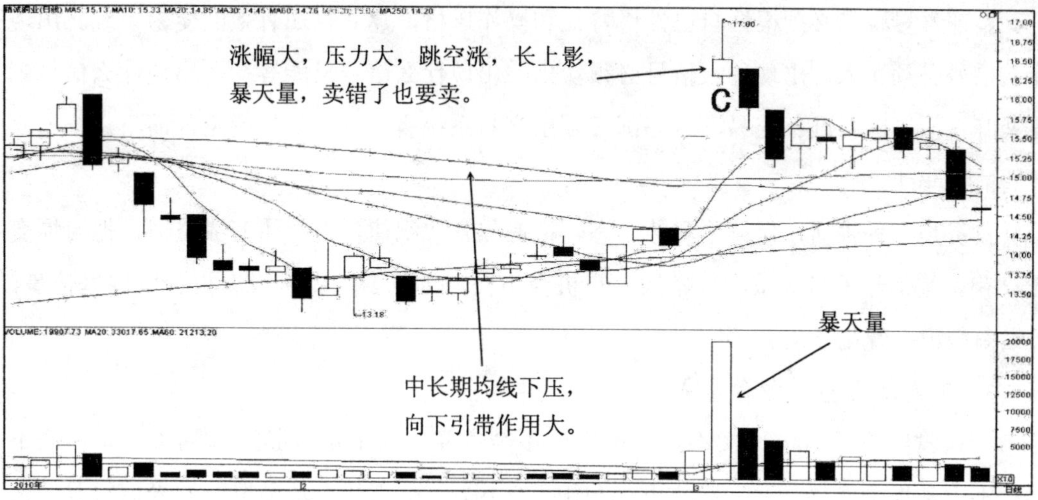

图 1-8 （图 1-5 后续走势图）

C 点解析(图 1-8)：C 点为最 K 线，之前没有经过充分的蓄势整理，短期涨幅大，冲击重要压力位失败。

三、贪婪与恐惧的界定标准

贪婪和恐惧，对交易行为和交易结果影响巨大，不结合市场行情和交易系统，空洞地谈论贪婪和恐惧，其实没有任何实际意义。只有把贪婪和恐惧具体化、标准化，才能更好地控制贪婪和恐惧。

1. 图定胜负，图手合一

无论是做价值投资还是做趋势投资，无论是机构投资者还是普通投资者，一天的 K 线走完，当天是赚是亏就确定了；一月的 K 线走完，当月是赚是亏就确定了；一年的 K 线走完，当年是赚是亏也确定了。K 线图决定了胜负盈亏，这一点承认也好，否认也罢，都无法改变事实的客观存在。这就是我们所说的图定胜负。

既然图定胜负，就可以化繁就简，以 K 线图为依据，严格按技术和纪律操盘，切实做到图手合一。

有人认为要做到心手合一并不难，其实不然，由于人会贪婪和恐惧，在该买的时候会因恐惧而不敢买，在该卖的时候又因贪婪而舍不得卖，从而错失良机，造成亏损和套牢。如果做不到图手合一，那么再好的技术只能流于空谈，无法发挥其实战指导作用。

感悟图定胜负，追求图手合一，是一个过程，是一种升华，更是一种境界。

2. 按信号操盘，做次数赚钱

做证券投资，必须根据自己性格特征和操作风格，建立直观有效的交易系统。出现什么信号必须买入，出现什么信号必须卖出，出现什么信号只能等待，出现什么信号则要紧盯盘面，随时准备交易，这些都必须由交易系统所认可的信号确定，而不是个人一时的情绪冲动。

投资是一种生活，保持平和的心态，把操作变成纪律，把纪律变成习惯，把习惯变成收获。按信号操盘，做次数赚钱。小机会小做，大机会大做，没有机会就闲庭信步，听细雨敲窗，看花开花落。

3. 凡违规交易，即贪婪或恐惧

一只股票赚了100%，卖不卖？不卖是不是贪婪？后来这只股票又翻了一番，卖不卖？不卖是不是贪婪？一只股票下跌60%，买不买？不买是不是恐惧？后来这只股票又下跌60%，买不买？不买是不是恐惧？

在大牛市里，涨幅超过10倍的股票不少，而在熊市里，反弹超过50%的也不多。离开具体的市场行情和交易系统，空谈贪婪和恐惧，只是事后评论家们的夸夸其谈。作为实战派，必须拥有自己成熟的交易系统。凡是交易系统没有给出买入信号的，就必须等待，而违规买入，或者交易系统已经给出了卖出信号，而违规持有，意图获取风险控制之外的利润，都是贪婪。凡是交易系统已经给出了买入信号，若不敢买入，或者交易系统没有给出卖出信号，过早卖出，不敢进行风险回报有利的交易，都是恐惧！

要成为一个真正的实战高手，必须把复杂的事情简单化，把抽象的事情直观化，把模糊的事情标准化，建立适合自己的交易系统，按信号操盘，做次数赚钱，做到图定胜负、图手合一。

第二节 预测不如对策

预测结果不能作为交易的依据，更不能作为孤注一掷的强心剂。

实际走势总有三种可能：上涨、下跌、盘整。无论以前预测的多么精准，当下我们都要做好三种准备。如果市场处于盘整，是现在还是等突破之后做交易？如果市场运行方向与交易方向相同，是否需要调整仓位？如果市场的运行方向与交易方向相反，是否做反向交易？这些都必须做好预案。

预测难测，预测不如对策，总有三种可能，总有三种对策。

在行情不明时，如何通过制定相应的对策来规避风险、把握机会？下面我们通过几则实例，体会一下"总有三种可能，总有三种对策"。

一、压力大，跳空跌，暴天量

一般来说，一只股票短期反弹幅度较大，遇明显压力位，出现跳空跌、暴天量，短线交易一般会选择卖出。

图 1-9 600523(贵航股份)2010.4.14～2010.8.3 日 K 线图

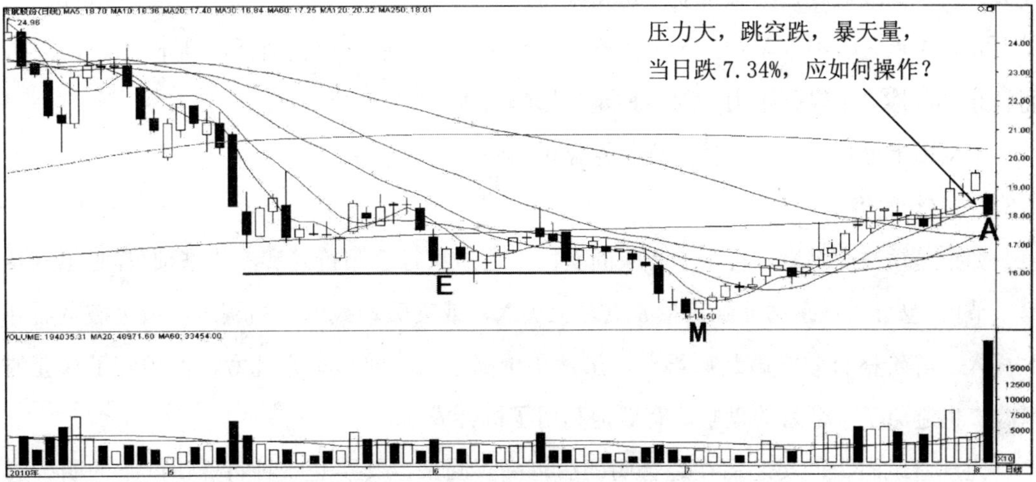

图 1-9 （后续走势见图 1-10）

图 1-9 中 A 点大阴线跳空跌，放天量，应如何应对？

(一)行情分析

1. 如何看待 A 点破位下跌

A 点破位下跌是反弹结束还是打压洗盘？如果是反弹结束，就应清仓走人，如果是打压洗盘，则可以持股待涨，或逢低吸纳。

2. 应采取什么应对措施

短线交易者和中线交易者，资金量大的和资金量小的投资者各采取什么策略？

如果你无法判断A点是反弹结束还是打压洗盘，你将如何应对才能保证既不会套牢又不会踏空？

我们对图1-9做筹码分析和形态分析：

1. A点天量抛盘谁接走了

A点放天量，如此大的抛盘，为什么没有封死跌停？抛盘被谁接走了？如果说大部分是散户接走了，后势不乐观；如果大部分是主力接走了，后势可期待。问题是在价格大幅杀跌时，散户敢这样大量接盘吗？如果不是散户，就应该是主力接走了，对吧？这很有可能但并不能肯定。

2. A点之后会走出什么形态

①若A点之后继续杀跌，但不跌破E点，横向整理至60日均价线上翘，则形成头肩底的可能性较大。一旦向上突破，涨幅较大，机会不容错过。

②若A点之后继续杀跌，至M点附近止跌反弹，突破颈线位，则形成双底的可能性较大。一旦构成双底，涨幅可观，值得期待。

③若A点之后继续杀跌，至M点附近稍作抵抗，随后破位创新低，则本次反弹结束，而且此平台构成了较强阻力，对后期走势影响较大。

根据以上分析，应制定什么样的操盘策略呢？

(二)操盘策略

如果是短线交易者，可于A点果断卖出，之后执行五阳抢筹和三线逃顶(详见第六章第一节)。也可于重新站上暴天量A点之上买入，或突破颈线位之后买入，或突破之后回踩买入。等价格有效突破之后再买，虽然买价高了点，看似有点儿亏，但规避了深套的风险，也避免了一个月的盘整，有效地利用了机会成本。

为规避风险，低卖之后在趋势明朗后再高买回来，其实是一种特殊情况下的明智选择。特别是对于短线交易者，只买突破点，只做强势波段，不参与长时间的盘整，更是一种必须熟练掌握的技巧。

中线交易者可根据三个技术关口进行风险控制：

①以是否跌破60日均价线作为风险控制点。60日均价线作为多空双方的必争点，其得失对之后的走势往往影响很大，一旦跌破，会形成严重套牢盘。

②以是否跌破 E 点作为风险控制点。一旦有效跌破 E 点，则不可能再形成以 E 段为左肩的头肩底走势。

③以是否跌破 M 点作为风险控制点。一旦有效跌破 M 点，则不可能再形成以 M 点为支点的双底走势，之后的调整往往较长。

可三步确认涨势：60 日均价线走平至上翘，价格站稳 60 日均价线；价格站稳暴天量 A 点；价格有效突破颈线位。

图 1-9 之后的走势见图 1-10，2010.5.12～2010.9.2 日 K 线图

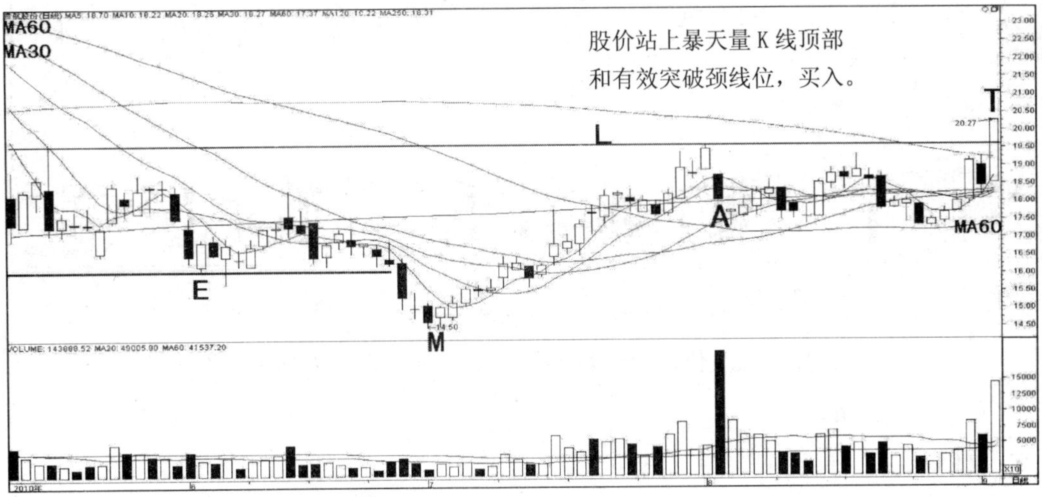

图 1-10 （图 1-9 后续走势图）

(三)跟踪分析

图 1-10 解析：

①于 A 点向下杀跌，之后迅速止跌反弹，出现四连阳，主力自救迹象明显，向下大幅杀跌的可能性变小。

②价格横向整理，成交量总体缩小，但明显为上攻放量，下跌缩量，说明抛压减小，仍有场外增量资金悄悄进入。

③横向盘整至短期均价线黏合，60 日均价线由下行至走平到上翘，形成短黏长翘格局，并构成相对完整的右肩。

④价格站稳暴天量 K 线顶部，于 T 处突破颈线位 L，可果断买入。

二、涨幅大，回调深，再次上攻无量

一只股票之前涨幅大，回调幅度较深，再次上攻成交量很小，是否应卖出呢？

图 1-11　600546(山煤国际)2009.7.21～2009.10.20 日 K 线图

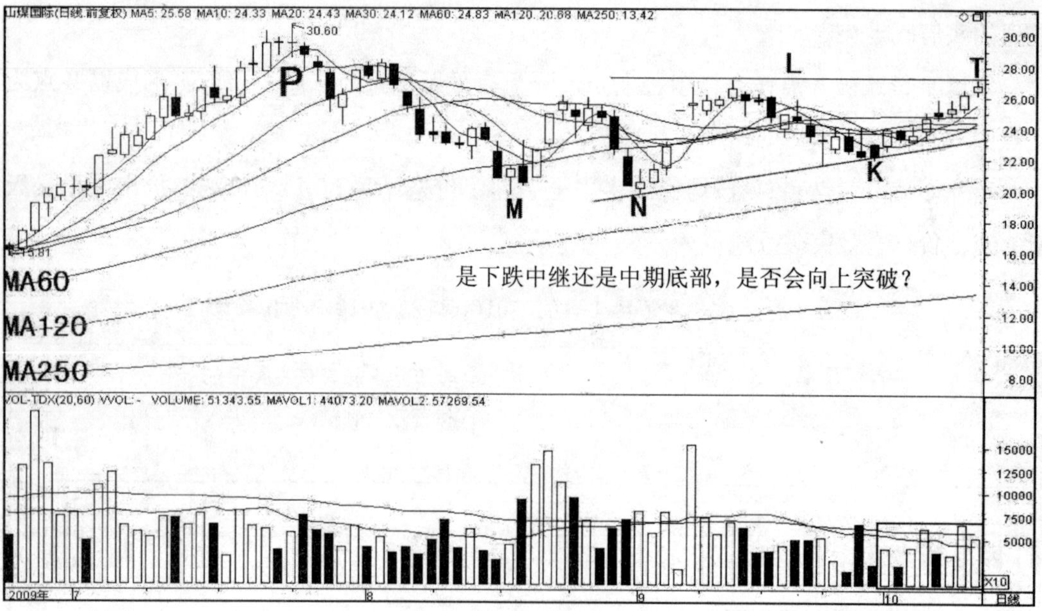

图 1-11　(后续走势见图 1-12)

图 1-11 中 T 点攻击颈线位，成交量较之前明显缩小，应如何应对？

(一)行情分析

我们对图 1-11 做阶段行情分析：

1. 是下跌中继还是中期底部

①价格之前涨幅大，均价线明显多头排列，成交量顶背离，至 P 点开始深幅回调，跌破 60 日均价线，形成阶段头部。

②至 M 点区间震荡，是下跌中继还是中期底部？若是下跌中继，则必须清仓走人，若是中期底部，则仍应持股待涨。

2. 是后继乏力还是轻松上攻

①价格由 K 点上攻，成交量明显缩小，是量能不济,后继乏力，还是筹码锁定上攻轻松？

②而按形态看，M、N、K 与 L 构成上升三角形，L 为水平抛压线。K 至 T 段成交量明显缩小，正说明抛压减少，看好后市的人越来越多，一旦向上突破(多为大阳线突破)，之后往往涨幅较大，机会不容错过。

(二)操盘策略

①虽然“上升三角”暗示向上突破的概率较大，但也有往下跌的可能存在，在形态明显突破后再采取相应的买卖决策更好。倘若往下跌破 3%(收市价计算)，投资者宜卖出。

②价格向上有效突破压力位后，买进。

③价格突破后回踩若不破上边线，加码。

④价格未来最小涨幅为三角形第一个低点至水平压力线的垂直距离。

图 1-12　600546(山煤国际)2009.8.14～2009.12.3 日 K 线图

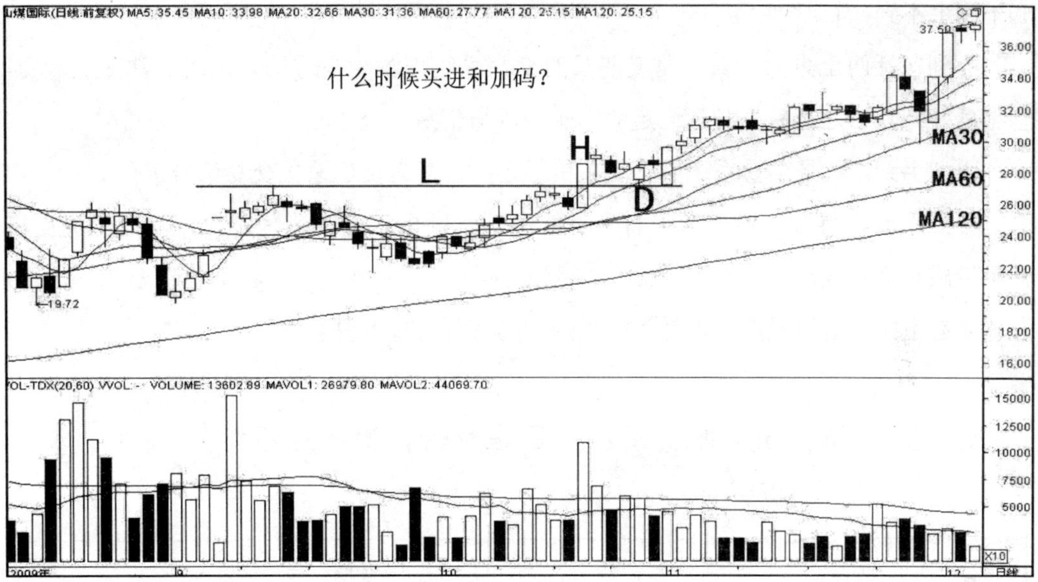

图 1-12　(图 1-11 后续走势图)

(三)跟踪分析

图 1-12 解析:

①价格于 H 点突破三角形上边线，可买进。

②价格回踩三角形上边线且不破上边线 D,可加码。

③根据不设止损不买股的原则，必须随时做好破位止损的技术准备和心理准备。

第三节　心到不如手到

心可以天马行空，手必须循规蹈矩。心到是一种境界，手到是执行力。

交易系统确认交易信号后，交易员可能发生的四种反应：心到手到；心到手不到；心不到手不到；心不到手到。

心到包括两个方面：其一是交易员对交易系统理解相当透彻，运用非常熟练，实用感觉良好；其二是交易员对行情走势的研判，与交易系统相契合。

所谓手到，就是交易系统确认交易信号之后，交易员迅速按交易信号进行交易。

心到手到，得心应手，游刃有余。心不到就顾虑重重，犹豫不决，从而错失良机，甚至造成重大损失。从执行交易信号的强制性看，心到要执行，心不到也要执行，这是发挥交易系统作用的根本，也是保证长期稳健获利的基本要求。

一、暴大量，拉大阳，是反弹还是反转，卖还是不卖

图 1-13　002116(中国海诚)2008.3.5～2008.5.28 日 K 线图

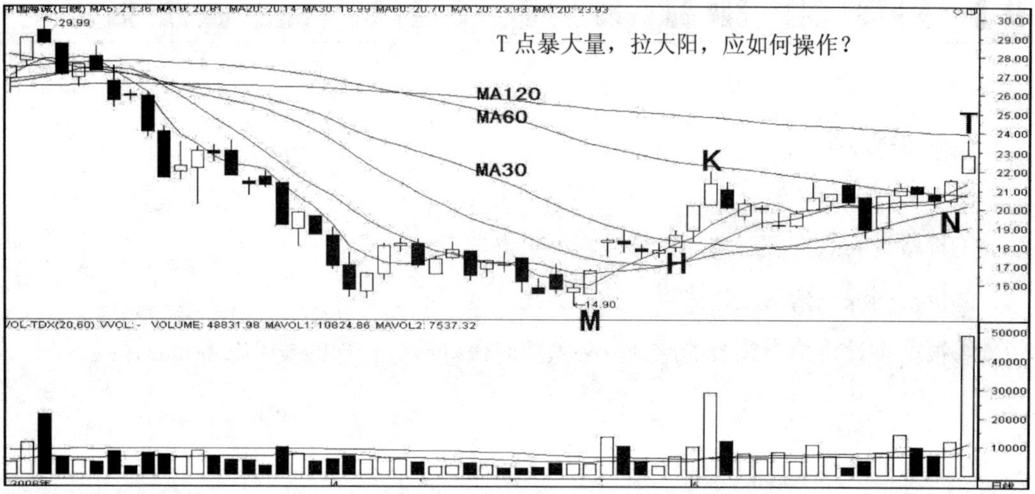

图 1-13　(后续走势见图 1-14)

图 1-13 解析：

①30 日、60 日、120 日均价线空头排列，弱市行情。

②由 M 点分两波上攻至 K 点，成交量有所放大，但放量不足。

③至 K 点回调，开始横向盘整至 20 日均价线上穿 30 日均价线，30 日均价线开始明

显上翘。于T点放量上攻，是突破还是诱多？

大户室老王操作此股，于K点卖出，坚决果断。旁人问之，其理由是：弱市抢反弹，必须快进快出，拉大阳或者暴大量，一般以卖出为宜。若反弹幅度大，跌破5日均价线，无论赚与亏，必须卖出。

后来价格横向整理，老王回补，价格于N点上攻，于T点跳空上涨，且放天量。按弱市拉大阳或者暴大量，明显为最K线，老王果断于T点卖出！

大户室老余持不同意见：

①由K至N横向整理时间长，短期均线黏合，30日均线明显上翘，蓄势充分。

②至N点再次突破60日均价线，走势明显强于大盘，强者恒强。

③个点跳空高开，突破前期高点K，成交量明显放大，当日上影线，有望形成仙人指路，向上突破的可能性较大。

到底谁对谁错呢？中国海诚之后走势　2008.3.31～2008.6.20日K线图

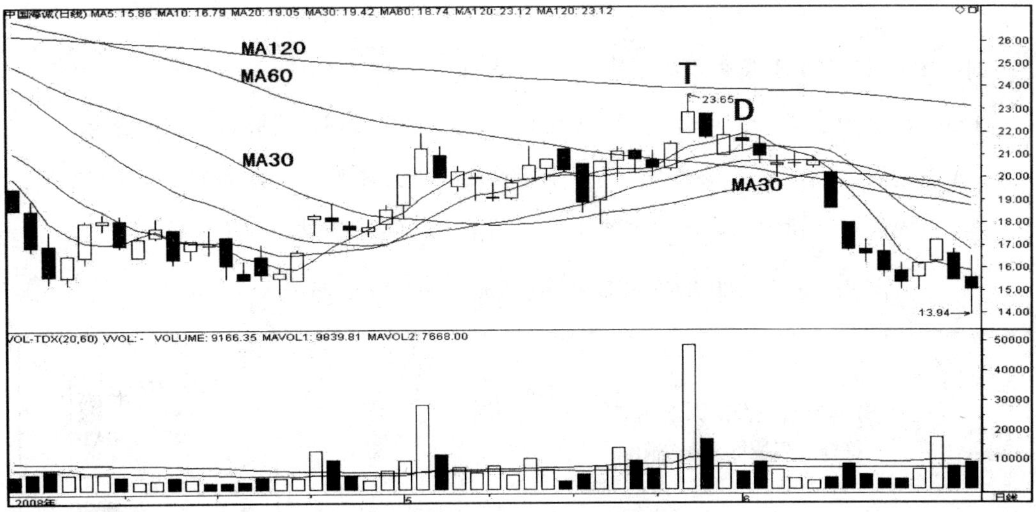

图1-14　(图1-13后续走势图)

图1-14解析：

①中国海诚次日直接低开下套，前一个交易日追高买进的要么割肉，要么深套。

②中国海诚于D点跌破5日均价线，此后震荡杀跌，时间短，跌幅大。

③整体跌幅大，只要大盘60日均价线仍在往下走，则仍为弱市。弱市不谈强者恒强，逆势反弹幅度较大的个股，一般会加速补跌，应落袋为安。

老余最后在跌破5日均价线于D点处卖出，践行“弱市抢反弹，破5日均价线，无论赚与亏，必须卖出”的纪律。

二、短黏长翘，量能背离，大阳起飞还是大阳冲顶，买还是不买

图 1-15　600389(江山股份)2012.4.9～2012.7.5 日 K 线图

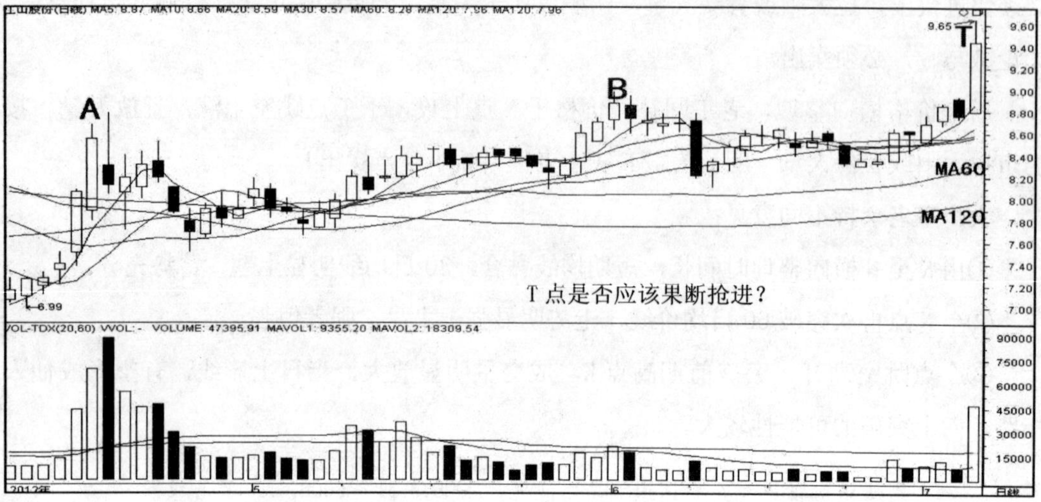

图 1-15

问：图 1-15 中 T 点是否可以买进？

①60 日、120 日均价线明显上翘，10 日、20 日、30 日均价线黏合，蓄势充分。

②A 点之后，成交量逐步缩小，高点不断抬高，低点不断抬高，为上升三角形。

③T 点放大量，拉大阳，向上突破上升三角形上边线，临盘必须抢进(图 1-16)。

图 1-16　600389(江山股份)2012.6.11～2012.7.25 日 K 线图

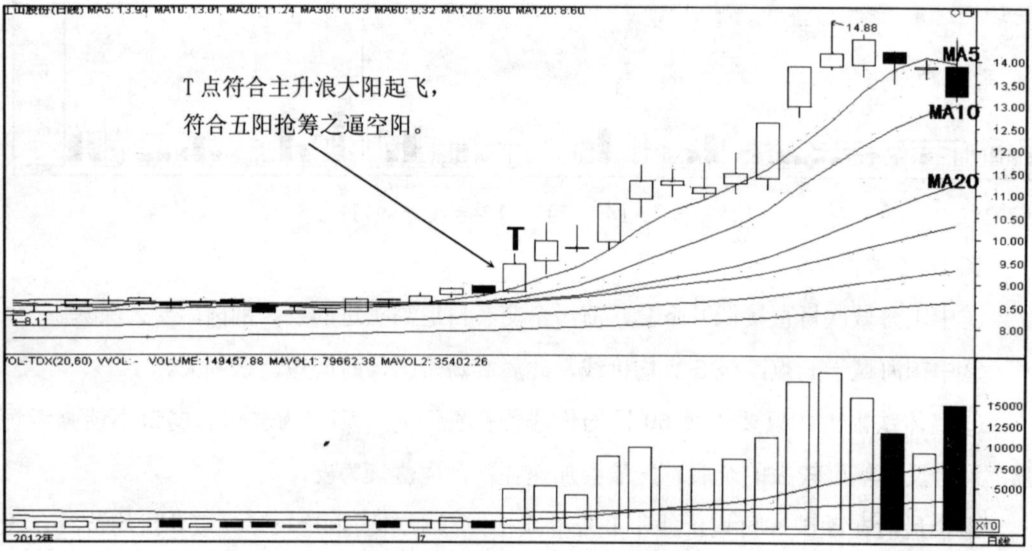

图 1-16　(图 1-15 后续走势图)

第四节 纪律是最好的技术

科学合理的交易系统是通过长期交易实现总体盈利的基础，纪律是交易系统得以实施、有效发挥作用的根本保证。

要提高实战水平，严格执行纪律，必须悟透实战心诀，十八个字：

一！二！三！买错了也要买！A！B！C！卖错了也要卖！

买错了也要买：只要满足条件一、条件二、条件三(条件四、条件五)，买错了也要买。买入股票，一般要同时满足多个条件。

卖错了也要卖：只要满足条件 A、条件 B、条件 C(或条件 D、条件 E)，卖错了也要卖。事实上，卖出股票,有时只要满足一个条件就够了。

这些一、二、三，A、B、C，必须由你自己确定，自己感悟，你自己才能更好地执行。如果运用他人现存的模式，你必须领悟并熟练掌握，并做适当修正，以适合自身操盘风格，才会行之有效。

真正的实战高手，总是静静地等待自己的一二三和 ABC，然后果断下手，决不会做事后诸葛。他们深知，经过实战检验的交易系统，远比冲动的决策要可靠得多。

交易系统不是魔法，真正的魔法来自于你内心的强大。实战心诀不是金科玉律，而是源自于你灵魂深处的感悟。

有位客户，姓成，准确地逃过了 2007 年 6124 点大顶和 2009 年 3478 点大顶。老成逃顶的技巧，可以归纳为两条，我称之为“双十逃顶”法则。普通投资者逃顶并不难，只要能执行，一定能逃顶(图 1-17)。

(1)大盘跌破 10 日均价线，个股形态仍没走坏，至少减仓一半。

(2)大盘跌破 10 日均价线，个股跌破 10 日均价线，果断清仓。

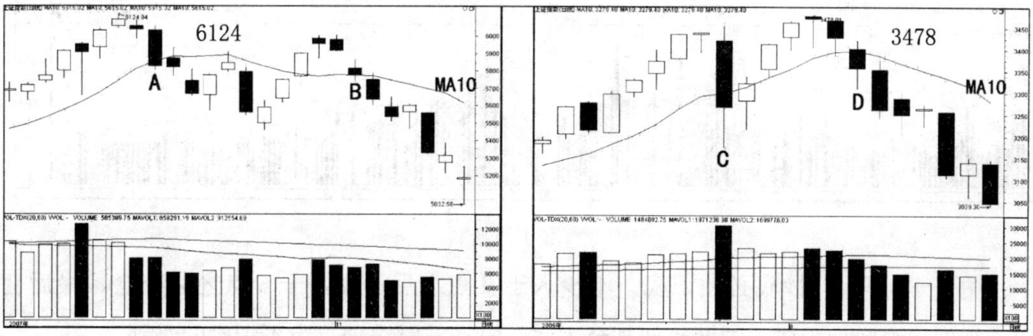

图 1-17 按“双十逃顶”法则安全逃顶

第五节　等待是最高的境界

等待可分为两种，主动等待和被动等待。被动等待是无奈之举，比如套牢之后等待解套。主动等待是伺机而动，是通过对大势的深度把握，对运行规律的深刻研究，然后制定相应的战略和战术，等待特定的攻击目标。

1. 等待的目标必须明确

等待的目标有哪些特征？量化标准是什么？与类似走势的区别是什么？不搞清楚这些问题，即使机遇在眼前敲锣打鼓，也茫然不觉，等也是白等。

2. 等待决不能半途而废

等待必须心无旁骛。不因短暂的波动而惊慌失措，不因一时的得失而斤斤计较，不道听途说，不盲目跟风。

3. 等到之后行动要果断

等到了就要做！一旦目标出现，必须果断出击，不可失之交臂。

熊市抄底，首先必须识底，耐心等待底部的出现，而不是贸然出击。

图 1-18　999999(上证指数)2011.11.14～2012.8.20 日 K 线图

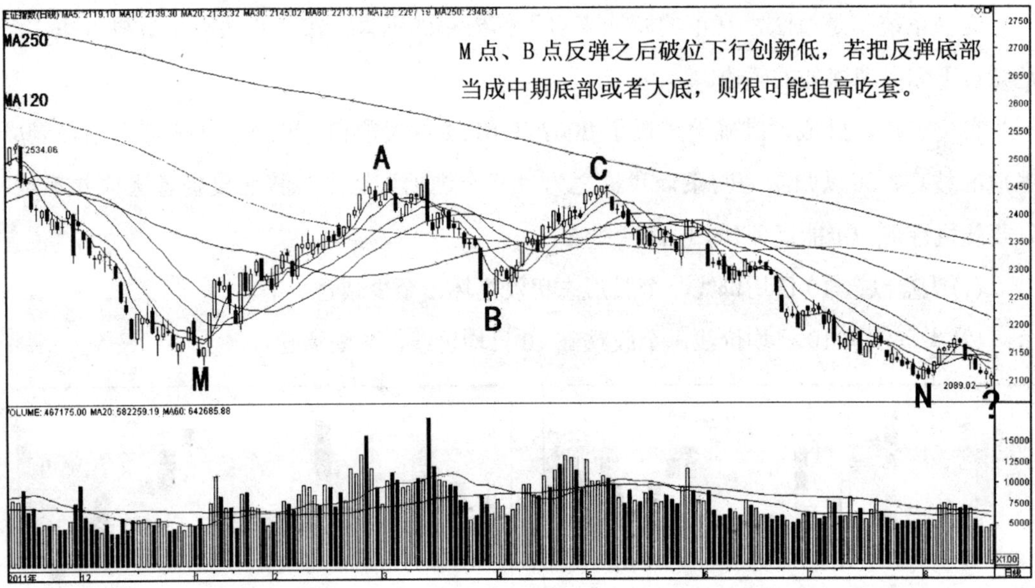

图 1-18

图 1-18 解析：抄底必须识底。不少人于 M 点之后追高，于 B 点之后补仓，最后套牢，是把反弹底部当成了中期底部甚至大底，没有及时逃顶，为不识底的级别。

第六节　坚守你的直效法则

按直效法则建立交易系统，可大幅提高投资者的快速反应能力，避免因复杂的推理判断而延误战机。

一、确定直效交易系统

交易系统是为了帮助投资者提炼自己的交易思想，形成一个标准化的规范并约束投资者按照规范进行投资操作，减少因人为的情绪波动产生的负面影响。

交易系统必须精简指标，量化模式，以符合直效法则。

所谓直效法则，是指运用起来简明直观、应用次数越多效果越好的交易法则。直：简明直观；效：大数有效。

投资者交易风格各有千秋，建立个性化的交易系统，是走向成功的必由之路。有了交易系统，就必须严格执行，盲目地改变只会带来更大的风险。

交易系统没有最好，只有最合适。不要去追求交易系统的尽善尽美。交易系统本身就是根据大数法则确定的，总会在某些情况下应用效果不太理想，因而世界上根本不存在没有缺点的交易系统。

二、设定简明行情面板

(一)分析指标的选取

三原指标，即 K 线、均线、成交量，是最直观最有效的技术指标，其他的很多辅助指标如 MACD、KDJ、BOLL、OBV 往往是根据这三种指标中的一种或几种推算出来的。

1. 均价线设置

均价线设置可不做改动，日均价线、周均价线、月均价线以及分时线设置相同，均为 5、10、20、30、60、120、250。

2. 均量线设置

为比较短期成交量与中长期成交量的差异，均量线设置改动相对较大，日均量线、周均量线设置相同：20、60。

月均量线设置与日、周均量线设置有所不同：5、20。

3. 分时线设置

大盘分时图显示均线。

(二)行情面板的设定

设定符合自己交易体系的行情分析面盘，简明直观，并且相对固定，有助于我们形成良好的看盘习惯，提高看盘效率。

图 1-19 000858(五粮液)2012.5.3～2012.8.2 日 K 线图

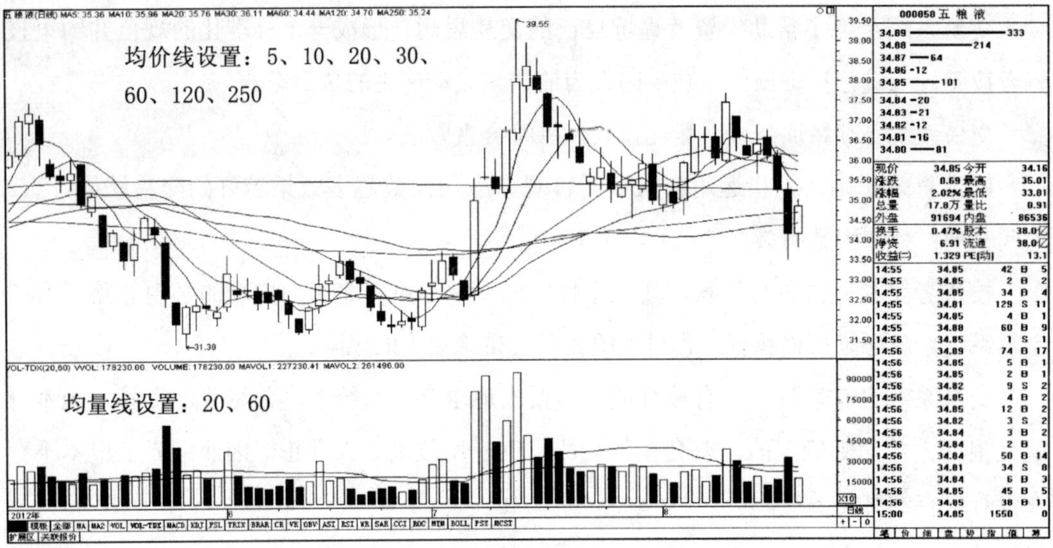

图 1-19

图 1-19 解析：

①窗口个数仅为两个，仅显示 K 线、均线和成交量，盘面简洁，细节更突出。

②若使用过多的技术指标，则会削弱对价量关系的分析研究，本末倒置。

三、看盘·算盘·做盘

看盘看两极，算盘算两值，做盘做不动。

(一)看盘

看盘看两极，即看清最强与最弱。

看盘就是观察盘面。看盘既要全面，又要抓住重点。

看盘最基本的是看大盘、板块和个股。看上证指数、深证成指、中小板指、创业板指走势有何变化，强弱有何差异。看是否有板块热点，哪些板块领涨，哪些板块领跌。看领涨板块领涨股，跟踪当日涨幅、量比等排名靠前的个股。同时对当日走势最弱的板块和个股必须加以关注，看是否会拖累大盘走弱，或者之后成为接力板块。

看盘最重要的是信息的正确收集与整理，是进行正确决策的依据。

(二)算盘

算盘算两值，即计算平衡值和拐点值。平衡值即保持原有运行趋势不变的技术指标值。拐点值即改变原有运行趋势的技术指标值。平衡值和拐点值均有各自的区间范围。

算盘就是根据当下走势及技术指标的实际值，推算平衡值和拐点值。再根据实际运行速率推算某一时间内实际值的运行区间，从而制定操盘策略。

明确了平衡值、拐点值和运行速率，就可推算变盘时间，看盘时就会胸有成竹，达到等点抢点的境界。

(三)做盘

做盘做不动，是投资的最高境界。

做证券投资，有的人从容不迫，有的人茫然无绪，其交易业绩自然也相差悬殊。除了性格、经验、经历外，最根本的是投资境界的差别。

投资三境界：做猜测，做次数，做不动。

第一重境界：做猜测

处于这个境界里的，往往没有适合自己的一套有效交易系统，对每一轮行情，每一天的涨跌，全凭猜测。对于进场、出场、仓位控制等，没有一定之规。猜对了就做对了，猜错了就做错了。这种盲人骑瞎马的交易方式，终究逃脱不了被市场淘汰的命运。

第二重境界：做次数

处于这个境界的，往往有自己一套比较完整的交易系统或交易模式，并且运用娴熟，能从容应对。严格按信号操盘，形成一套科学的程序化交易体系，这种体系使交易过程中的仓位控制合理，止损止盈明确，不因几次连续的交易亏损而信心动摇，也不因几次较大的账面盈利而得意忘形。执行的是交易系统，在一系列的交易过程中，总能达到赚多亏少的效果，因此成功的机会更大。

第三重境界：做不动

处于这个境界的，探求市场波动的本源，研究大环境、大趋势，捕捉的是大机会。买在不得不涨，卖在不得不跌，从自然之律，行以小博大，以变求不变，以不变应万变。

第二章　证券赢家三大法则

市值控制法则、以大统小法则、三七交易法则，是构建突破八阵图理论体系的三大基本法则，其他所有的规则、纪律、技术理论以及实盘交易，都应在其指导下运用和执行。

第一节　市值控制法则

市值控制，就是在相对较长的规定时段里，通过调整投资品种和仓位大小，确保账户市值始终不低于目标市值，将风险控制在可承受的范围之内。规定时段，指具有相同特征的某一走势阶段，一般时间相对较长，如下降通道、弱市行情等。

若规定时段过短，目标市值过低，仅仅只是针对某一次或某几次具体操作，则无法有效发挥市值控制的作用。

下面我们通过实例讲解如何进行市值控制。

如果我们只有在熊市中确保自己的资金安全，那么在牛市到来时才有充足的资金进行交易。而半年线(120 日均线)是准牛熊分界线，以半年线的得失作为市值控制的直观依据是易于执行的有效方法。

图 2-1　999999(上证指数)2008.1.8～2009.2.12 日 K 线图

图 2-1

假设图 2-1 于 H 点跌破半年线之时，账户市值 100 万元，如何确保本金安全的同时又兼顾投资机会呢?

要做好市值控制，可以设计如下几套方案：

规定时段：

起点：股指有效跌破半年线，可基本确认弱市或熊市。

终点：股指重新有效站稳半年线，可基本确认强市或牛市。

目标市值：

股指跌破半年线时账户市值为100万元，直到股指重新站稳半年线期间，账户市值都不低于85万元。规定时段内总亏损不超过15万元，最大亏损限额为15%。

若熊市亏损控制在15%以内，则牛市到来时只要赚18%即可回本，这相对容易。

15%÷(1-15%)×100%=17.6%

当然，很多人牛市赚的远不止18%。

方案一：股票清仓，投资保本理财产品。

(1)股指跌破半年线，将所有股票清仓，投资保本理财产品。

(2)直到股指重新站稳半年线，再将部分资金重新投入股市。

本方案的优点是能确保本金安全，具有一定增值，且理财相对轻松，缺点是可能错过一些较大的抢反弹机会。

方案二：大部分资金用于投资保本理财产品，小部分资金用于轻仓抢反弹。

长时间不交易，会降低投资者对市场的敏锐性，如果总是空仓等待，那对很多人来说无疑是一种煎熬。特别是熊市中的超跌反弹，具备一定的参与价值。

(1)股指跌破半年线，可先将股票清仓，规避短期暴跌风险。

(2)将70%资金(70万)用于投资保本理财产品，只将30%资金(30万)用于做股票超跌反弹。

(3)抢反弹的风险控制。

①至股指重新站稳半年线，抢反弹的总亏损额不得超过15万，则用于抢反弹的剩余资金超过15万，用于投资理财产品的资金超过70万(不算投资盈利)，总共资金超过85万，达到目标市值。

②执行抢反弹三坑买涨(见第五章第五节《抢反弹三坑买涨》)。

③抢反弹单次止损不超过5%，累次总亏损不得超过50%，假设每次抢反弹均失利，则抢反弹约10次。

本方案优点是兼顾了理财产品与股票投资，具有较大灵活性，缺点是弱市抢反弹风险较大，对投资者要求很高。

当然还可以设计更多方案，比如将85%的资金用于投资保本理财产品，确保目标市值，将15%资金用于抢反弹，心理相对轻松。

投资者可根据个人风险偏好、投资风格、技术水平等进行相应的调整，以设计出最适合自己的投资组合。

第二节　以大统小法则

以大统小法则，就是顺应大盘选板块，顺应板块做个股。这里的大，指大盘；小，指板块和个股。

“大盘是唯一的老大”，逆势上涨的股票最终会向大盘归顺，不要因为个别板块或个别股票暂时的特立独行而影响我们对大势的研判。

“大盘是最大的内幕”，所有的因素最终会通过大盘表现，研判大势时不要太拘泥于各种细枝末节的探讨。

“看清大盘做个股”，大盘是强势还是弱势，是否会暴跌或暴涨？

“抛开大盘做个股”，是指大盘处于风险释放后的相对平稳期，没有暴跌的风险，不影响强势个股的独立表现。若一知半解会使风险倍增。

要做到以大统小，必须深刻理解级别。趋势由大级别走势决定，拐点由次级别背驰作用力与本级别作用力的合力确认。

什么是级别？

1．定义

级别是按某种规律或规则形成的具有共同结构特征的K线组合的等级差别。

2．描述

级别大小可用运行周期和波动强弱进行描述。

运行周期：按由小到大区分，1分钟、5分钟、15分钟、60分钟、日线、周线、月线、季线、年线。各级之间级差必须成倍数关系，且相邻之间比例关系接近。

波动强弱：波动强弱可按振幅大小表示，即波段走势的最大值与最小值之差，可用振幅中位值进行波动分级。振幅中位值是指构成本级别的次级波动振幅大小的中位值，一般波动数取样不少于3，且以当下振幅超过波动中位值两倍或小于一半作为确认新级别的依据，一般波动强弱发生明显改变，很可能走势即将发生变化。

3．定理

①合成分解：小级别可合成大级别，大级别可分解成小级别。

如日K线图可合成周K线图，也可分解成小时K线图。

②以大统小：趋势由大级别走势决定，小级别走势受大级别走势制约。

如日K线均价线空头排列，则趋势为空头行情，60分钟K线图出现反弹，不改空头行情。

③积小胜大：小级别走势连续多次背离形成合力，可改变大级别趋势。

短期均线如 5 日、10 日、20 日、30 日依次由向下走改为向上走，合力向上时，可以使 60 日均线也由向下走转为向上走，由空头行情转为多头行情。

④共振交易：大小级别走势出现共振，出现相同交易信号。可分为共振买点和共振卖点。

共振买点：大级别走势和小级别走势都出现买入信号，一般会快速上涨，上涨幅度较大。

共振卖点：大级别走势和小级别走势都出现卖出信号，一般会快速杀跌，且下跌时间较长，下跌幅度较大。

⑤背驰交易：大小级别走势出现背驰，与大级别走势出现相反交易信号的小级别交易信号。

背驰买点：大级别走势弱势或由强走弱，小级别走势出现买入信号当心吃套。

背驰卖点：大级别走势强势或由弱走强，小级别走势出现卖出信号当心踏空。

下面我们通过大盘 60 日均价线走势，略谈一下如何做到以大统小。

一、当大盘 60 日均线由向下走变为向上走，股指站稳 60 日均线，长多短空

图 2-2　999999(上证指数)2005.5.30～2007.11.27 日 K 线图

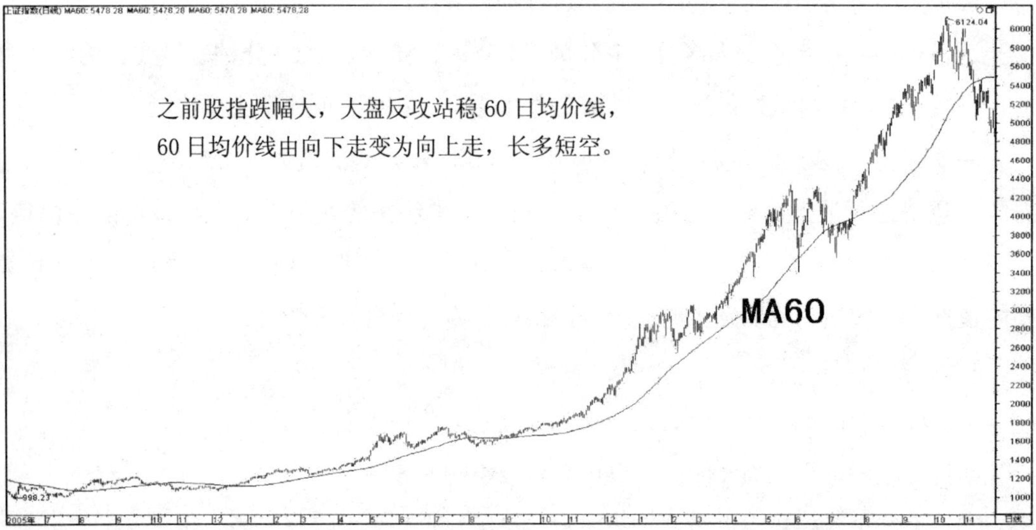

图 2-2

图 2-2 解析：股指站稳 60 日均价线，操盘以捂股待涨为主，长多短空。

二、当大盘 60 日均线由向上走变为向下走，股指跌破 60 日均线，长空短多

图 2-3 999999(上证指数)2007.10.22～2009.1.23 日 K 线图

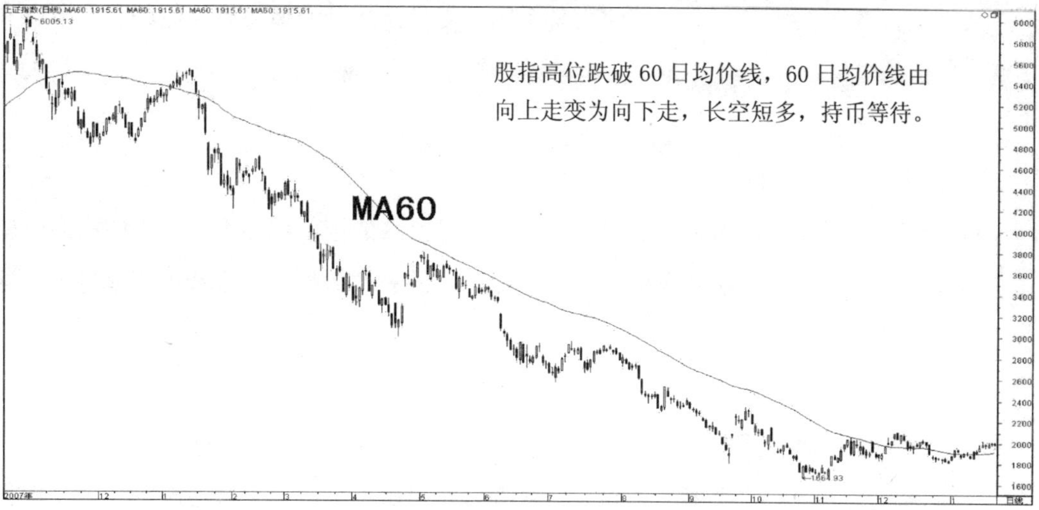

图 2-3

图 2-3 解析：股指跌破 60 日均价线，大盘 60 日均价线由向上走变为向下走，大盘明显空头市场，应长空短多，持币等待或融券做空。

三、当股指围绕 60 日均价线反复上下搓，一旦突破，升幅或跌幅往往较大

图 2-4 999999(上证指数)2010.11.4～2011.8.9 日 K 线图

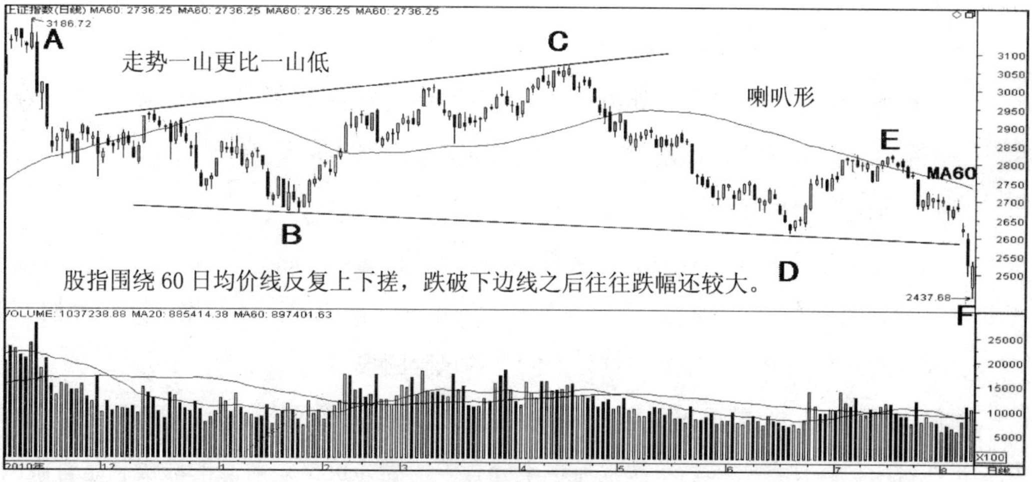

图 2-4

图 2-4 解析：围绕 60 日均价线的区间震荡一旦被破，助涨或助跌作用较大。

第三节 三七交易法则

成功的投资者往往有一套完整的交易系统，交易模式符合概率有利原则和赔率有利原则，所做的交易越多，结果就越接近交易策略的预期表现。

一、概率有利原则

根据统计数据分析，当某种情况出现时，如果上涨的概率明显大于下跌的概率，就做多，反之，就做空。在获胜概率占优的前提下，做的次数越多，赚钱的概率越大，这就是概率有利原则。

二、赔率有利原则

上涨的概率与下跌的概率大致相当，或者只是稍微不利，当某种情况出现时，根据统计数据分析，如果一次做对的收益远远超过多次做错的亏损，那么做的次数越多，赚钱的概率越大，这就是赔率有利原则。

在掷硬币游戏中，猜对和猜错的可能性总是各占 50%。如果猜对了赚 2 元，猜错了赔 1 元，只要做的次数足够多，赚钱几乎是可以肯定的。

三、三七交易法则

没有 3 倍的风险回报不做，没有 7 成的成功把握不做。

1. 没有 3 倍的风险回报不做

成功的概率接近 50%，成功所获利益是失败所受损失的 3 倍。比如交易 10 次，亏损 6 次，每次 3%，获利 4 次，每次 9%，那么总和仍获利 18%。

风险回报包括空间风险回报和时间风险回报。

空间风险回报：如果承担亏损 1 元的风险，预期收益必须有 3 元，否则不做。也就是每做 3 次，只要有 1 次做对，就净赚 1 元，如果有 2 次做对，就净赚 5 元。预期上涨空间必须远大于可能承受的损失，这是空间上的风险回报。

时间风险回报：如果承担亏损 1 天的风险，预期收益必须有 3 天，否则不做。如果总是短线进出，即使做对了，单次收益也十分有限，因为价格短时间的涨幅总是有限的。因此，如果买入一只股票，最好预期之后至少还有 3～5 天的上攻时间为好。预期上涨时间远大于可能下跌的天数，这是时间上的风险回报。

我们用三七交易法则来计算止损大小的设置。

弱市反弹的止损设多大为好呢？弱市反弹涨幅一般 10%～15%，根据没有 3 倍的风险回报不做来倒推止损大小：10%÷3=3.33%，15%÷3=5%。所以弱市抢反弹止损大小一般为 3%～5%。

若某次反弹的预期幅度为 6%，是否可以抢反弹呢？根据没有 3 倍风险回报不做来推算止损大小：6%÷3=2%，而 2%的止损很难把握，此反弹不抢为好。

由上述计算可知，弱市抢反弹，预期反弹幅度不能太小，一般不要低于 10%，止损设置不能太大，一般以 3%～5%为宜。

2. 没有 7 成的成功把握不做

倘若每次交易的盈亏相当，则获利次数必须较多，否则不做。比方说每次盈亏都为 5%，但是 10 次交易正确 7 次，错误 3 次，那么获利总和为 20%。

这要求我们不要去做一锤子买卖，必须保证资金的安全，才能继续做下去，才有赚钱的机会。

不少投资者有很好的交易技术，有时因为一次亏损而不愿止损，从而小亏变成深套，失去了继续交易的机会，只能在煎熬中等待解套。

如果我们的交易模式符合三七交易法则，我们就可以把每一笔交易结果看作是一系列交易结果之一，只要我们持续交易下去，结果终会接近预期。这样我们对某一笔或某几笔亏损的压力就不会过大，不至于影响我们继续做好以后的交易。

3. 按三七交易法则解析投资心诀

①不过度自信，不频繁交易。

任何一种投资理论都是建立在概率的基础之上的，任何一次交易实际上做的是概率，总有做错的时候，任何时间都要做好风险控制。

市场处于盘整的时间远多于处于明显趋势的时间，短期的涨跌有时并不符合三七交易法则，并不存在明显的交易机会。

②只做挖坑不追涨，追涨只追主升浪。

市场绝大多数时间处于盘整区和弱势行情，多数情况下并不具备连续上攻的可能性，追涨的风险远大于做挖坑突破的风险。

只有当市场进行充分的蓄势整理，形态短黏长翘的攻击形态，主升浪大阳起飞，见 60 逼空阳和 120 逼空阳，必须果断追涨。

第三章　K线、均线、成交量

K线、均线、成交量，是技术分析的三原指标，掌握指标应用的优缺点和适用范围，构建直效交易指令，具体问题具体分析，因势行令，强者行令。

第一节　K线交易指令

K线是最权威、最古老、最通用、最直观的技术分析工具，是宣告多空双方博弈胜负的指标。用K线可以构建最直观的交易指令，也是最敏感的交易指令。

构建一套只有K线，没有均价线、没有成交量、没有其他技术指标的交易指令，以之研判实例，并用于实战，才能更加深刻地理解K线。

一、构建K线交易指令

(一)K线买入指令

(1)首买点只买阳线。

(2)且站稳前根K线收盘价，当日涨幅超过2%为宜。

(二)K线卖出指令

(1)跌破前根K线开盘价，且当日跌幅超过2%。

(2)或者短期暴涨，当日长影线超过2%。

K线交易指令中的参数，可以根据个股的活跃程度以及顶底同比强弱的不同，进行适当调整，用以过滤杂质。其参数一般设置为2%～3%。

下面我们通过实例来体会所构建的K线交易指令的实效性。

图3-1　600085(同仁堂)2010.11.24～2011.3.21日K线图

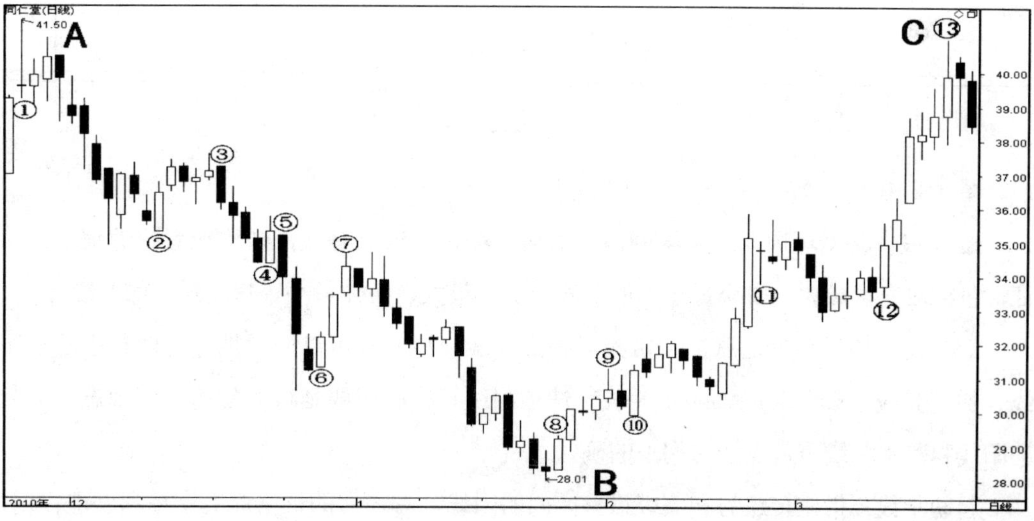

图3-1

图 3-1 解析：

按 K 线买入指令，符合买入条件的有：②、④、⑥、⑧、⑩、⑫各点；

按 K 线卖出指令，符合卖出条件的有：①、③、⑤、⑦、⑨、⑪、⑬各点。

价格从 A 点震荡杀跌至 B 点再反弹至 C 点，没有创新高。若持股不动，则市值缩水；若凭预测交易，则很可能亏损；若按 K 线交易指令进出，则盈利较为可观。

二、最 K 线：K 线进阶修炼

K 线的形态只是表象，要深刻地理解 K 线，必须与实际走势相结合。下面我们通过实例图来讲解一下“最 K 线”。

图 3-2 000536(花映科技)2011.3.1～2011.3.29 日 K 线图

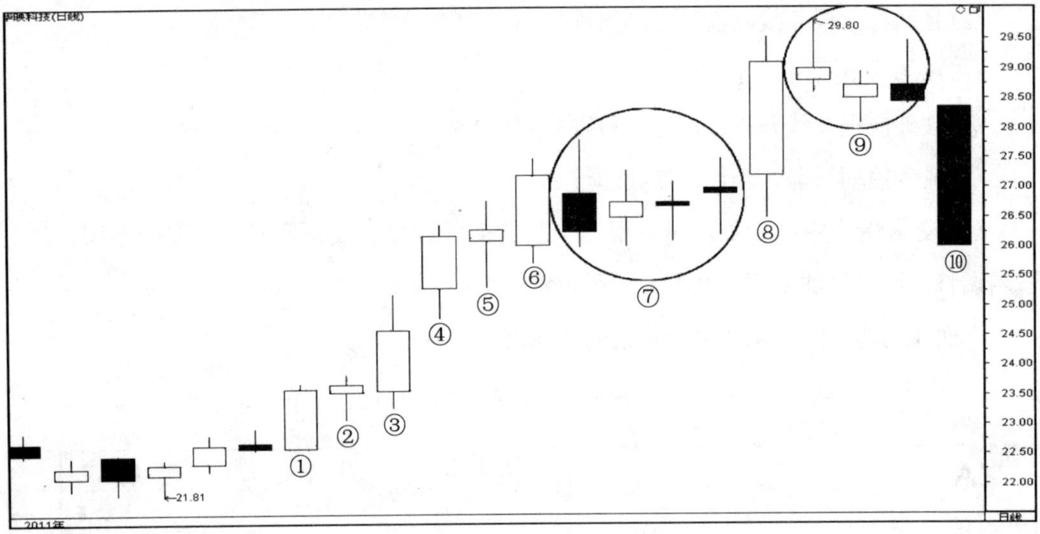

图 3-2

图 3-2 中①～⑩K 线各起什么作用？

最 K 线：某循环周期或某区间内的最值 K 线，一般具有突然放大或者快速缩小的特征，包括成交量最大、成交量最小的 K 线，实体最大、实体最小、影线最长的 K 线等。

最 K 线含物极必反之意，常常构成拐点 K 线。最 K 线可以简单地分为四种：起动阳线、加速 K 线、震荡 K 线、跳水 K 线。冲顶阳线和探底阴线是最 K 线的典型形态，而起动阳线和跳水 K 线是最 K 线对拐点的确认。

起动阳线：指扭转跌势和突破盘整区间的阳线，对之后的价格起着支撑和助涨作用，包括中阳线、大阳线、涨停板。

加速 K 线：指运行速度明显加快的 K 线，包括加速阳线和加速阴线。

加速阳线：指价格上涨途中出现实体更大的阳线，包括中阳线、大阳线、涨停板。既可能是上涨中继，又可能是冲顶阳线。

冲顶阳线：由于做多能量短期释放过快，次级别走势顶背驰，本级别走势顶背离，遇阻力回落形成。分大阳线、长影线、星 K 线。

加速阴线：指价格下跌途中出现实体更大的阴线，包括中阴线、大阴线、跌停板。既可能是下跌中继，又可能是探底阴线。

探底阴线：由于做空能量短期释放过快，次级别走势底背驰，本级别走势底背离，遇支撑反弹形成。分大阴线、长影线、星 K 线。

震荡 K 线：影线较长，实体相对较短的 K 线。上升通道中，可分为洗盘 K 线和出货 K 线，洗盘 K 线之后会继续上攻，出货 K 线之后很快就会见顶。下降通道中，可分为换档 K 线和探底 K 线，换档 K 线之后仍会继续下跌，探底 K 线之后很快就会见底。

跳水 K 线：价格大幅上涨或区间整理之后，破位跳水，形成长上影、中阴线、大阴线或跌停板，有时伴随着跳空缺口，之后继续杀跌的可能性较大，很可能见顶或阶段见顶，必须清仓观望。

图 3-2 解析：

①起动阳线：突破前期平台，大阳起飞，展开一波主升浪，支撑作用和助涨作用最强；②震荡 K 线：下探幅度小，星 K 线；③加速阳线；④加速阳线；⑤震荡 K 线；⑥加速阳线；⑦震荡 K 线；⑧起动阳线；⑨震荡 K 线；⑩跳水 K 线：跳水大阴线。

三、K 线：位置决定作用

我们对 K 线的理解不能死搬教条，不能想当然地认为出现某种 K 线之后一定会出现某种走势，必须结合 K 线所在的具体位置和运行环境，具体情况具体分析。

其一，位置不同，相同 K 线所起的作用不同。

其二，位置相同，不同 K 线所起的作用相同。

1. 位置不同，相同 K 线所起的作用不同

以长上影 K 线为例：

在下降通道的开始、中期、末期，具有不同作用。

在上升通道的开始、中期、末期，作用也不相同。

图 3-3　600533(栖霞建设)2011.7.12～2011.9.30 日 K 线图

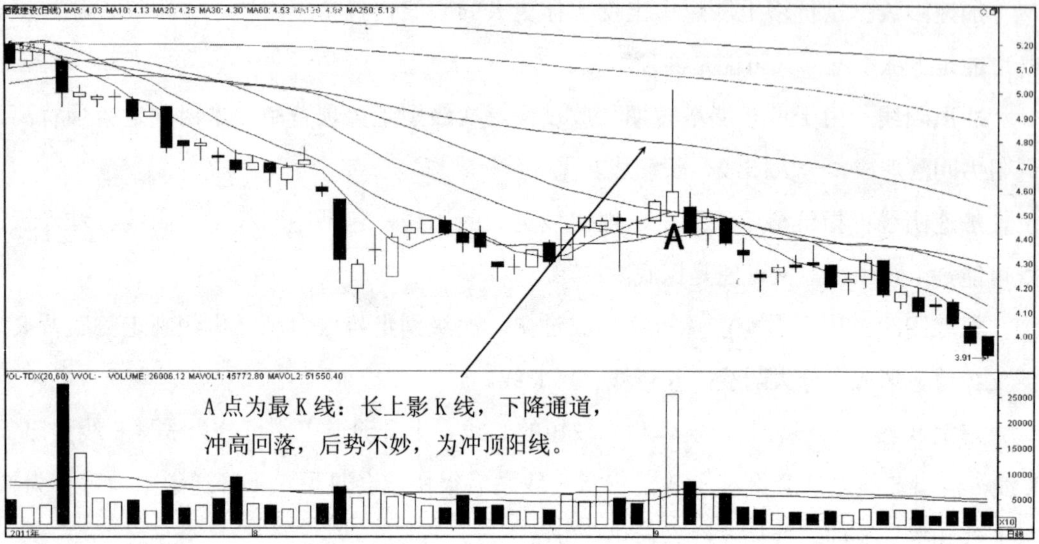

图 3-3

图 3-3 解析：中长期均线空头排列，处于下降通道。A 点冲高回落，为跳水 K 线，明显为下跌中继，后市继续看跌。

图 3-4　600630(龙头股份)2001.12.17～2008.1.25 日 K 线图

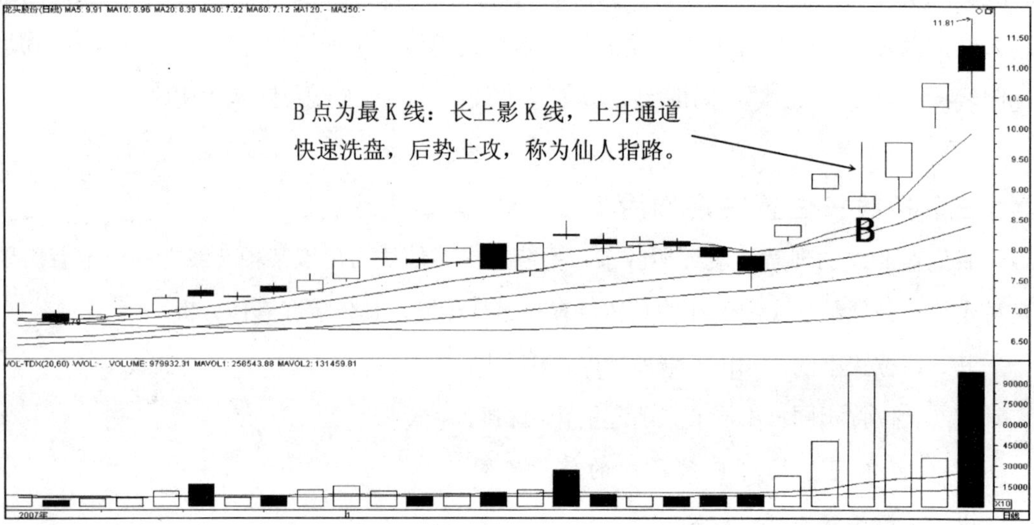

图 3-4

图 3-4 解析：短中长期均线多头排列，处于上升通道。B 点冲高回落，为震荡洗盘，后市继续看涨。

2. 位置相同，不同K线所起的作用相同

均线短黏长翘，蓄势待发，主升浪启动之前打压洗盘，虽然洗盘K线的形态千差万别，但其目的都是为了造成大势不好的假象，希望你赶快逃命！

图 3-5　000037(深南电 A)2006.12.7～2007.1.1/日K线图

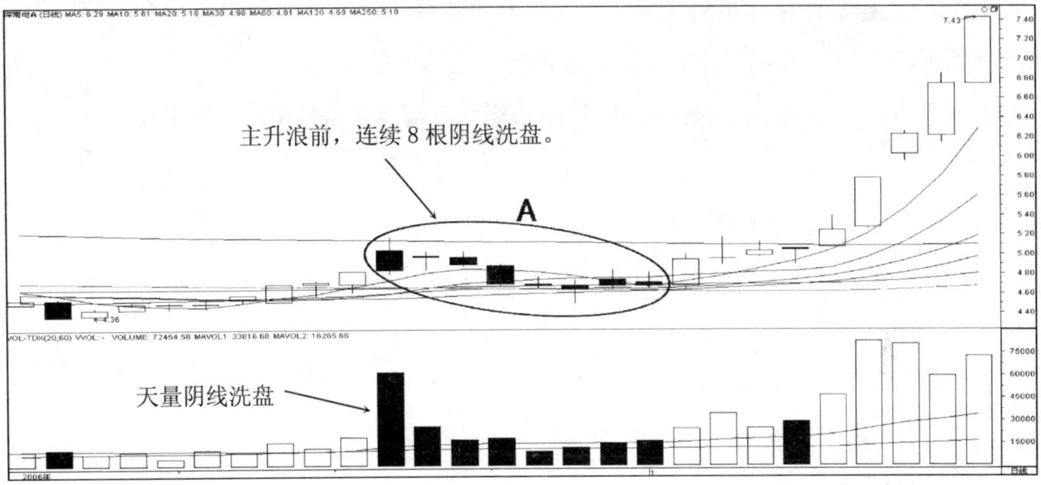

图 3-5

图 3-6　000979(中弘股份)2009.8.10～2009.11.10 日K线图

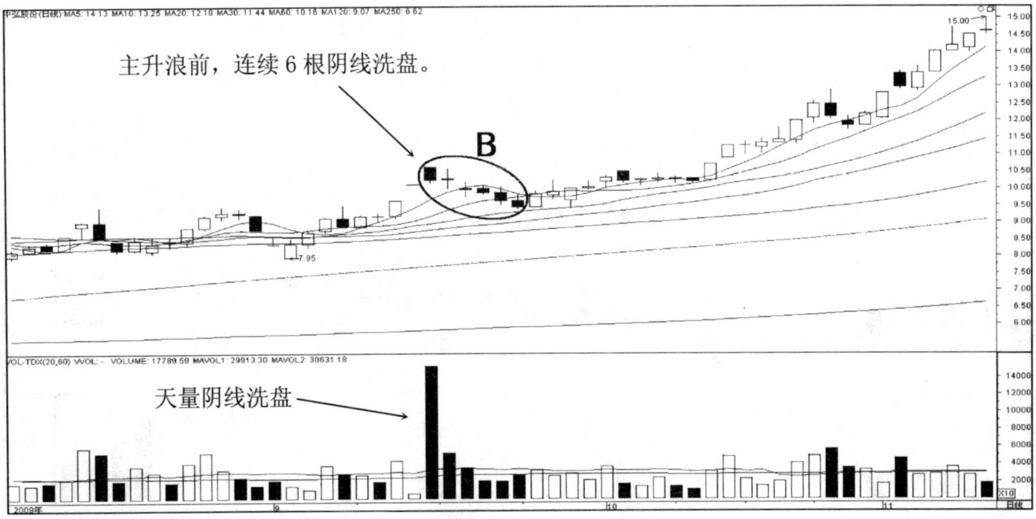

图 3-6

比较图3-5与图3-6，主升浪前，无论是8根阴线洗盘还是6根阴线洗盘，都有一个共同的目的，即洗尽浮筹，为拉升减轻压力，只是手法不同而已。

第二节　均线交易指令

移动平均线是利用价格平均数规避价格不规则的偶然变动，用于揭示价格波动的方向，揭示当前市场的平均成本，具有助涨助跌作用。

根据个人操盘风格和走势强弱的差别，利用均线构建差异化的交易指令，应用于行情研判和实战交易，有利于我们更深刻地理解均线的市场含义。

我们运用 5 日、10 日、30 日、60 日四条均线，构建强势行情均线交易指令。

一、构建均线交易指令

强势行情确认标准：10 日、30 日、60 日均线多头排列。

(一) 均线买入指令

(1) 价格站上 5 日均线。

(2) 且当日涨幅超过 2%，或连续 2 天站上 5 日均线。

(二) 均线卖出指令

(1) 价格小阳小阴缓慢上攻，回调跌破 10 日均线，当日跌幅超过 2%。

(2) 价格拉大阳线加速上攻，回调跌破 5 日均线，当日跌幅超过 2%。

图 3-7　000025(特力 A)2009.4.14～2009.6.12 日 K 线图

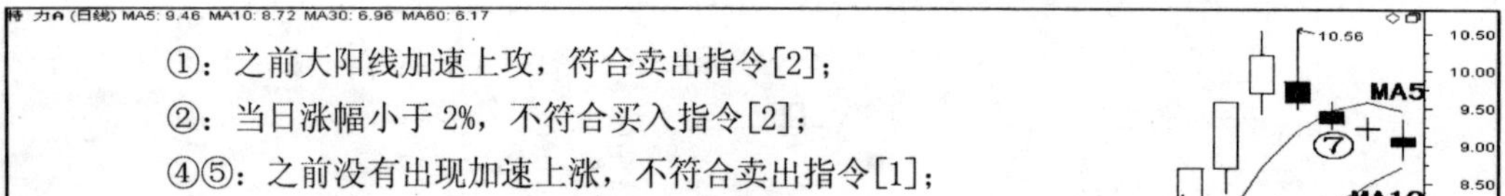

图 3-7

图 3-7 解析：

按均线买入指令，符合买入条件的有：③。

按均线卖出指令，符合卖出条件的有：①⑦。

二、三组重要均线

常用均线有5日、10日、20日、30日、60日、120日、250日。

我们根据各均线在实际操盘中所起的作用，可将其分为三组：短期均线、多空线、牛熊线。

(一)短期均线

包括5日、10日、20日3条短期均线，常作为短线交易的直观信号。

5日均线：一般以5日均线为依托上攻，或者受5日均线压制下跌。

10日、20日均线：10日、20日均线走平至上翘，短线走强；10日均线下穿20日均线，短线走弱。

短期均线5日、10日、20日3条均线发散太大，回调的可能性较大。

横向整理时间长，至5日、10日、20日均线黏合，若价格再次向下杀跌，则往往易形成断头铡刀。

若价格见顶之后即快速杀跌，大阴线跌破20日均线，之后再次上攻压力大，则往往会形成双头，或者兄弟峰。

我们现在通过一幅实战图谱直观地感受短期均线的作用。

图 3-8 002207(准油股份)2009.3.24～2009.6.19日K线图

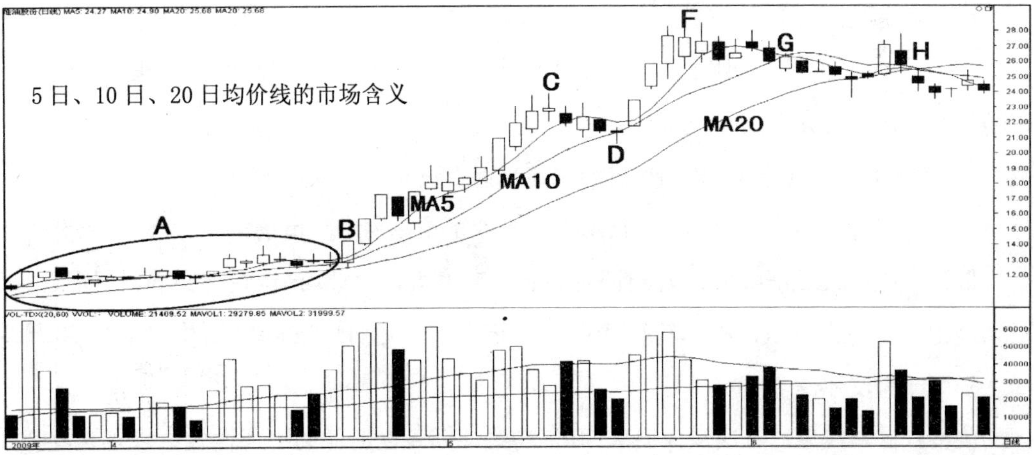

图 3-8

图3-8解析：

A段：区间整理充分，5日、10日几近黏合，20日均线就近向上顶托，重心上移。

B点：放量大阳起飞，3条均线开始向上发散，价格沿5日均线上攻。

C 点：见阶段顶部，开始回调至 10 日均线附近。

D 点：成交量明显缩小，特别是成交阴量成空洞。5 日均线并没死叉 10 日均线，10 日均线支撑作用明显。

F 点：见阶段顶部，价格开始回调，至 G 点。

G 点：至 G 点成交阴量反而放大，有点不妙！跌破 10 日均线要引起高度警惕！

H 点：至 H 三条均线黏合，随即跌破 20 日均线，均线开始向下发散，跌幅往往较大，此波行情结束。

图 3-8 体会短期均线的应用：

(1)价格在低位盘整至短期均线黏合，重心不断上移，中长期均线向上顶托，必须引起高度重视，一波大的行情可能随时展开，持仓的要耐心等待，空仓的要建仓，或等突破时抢入。当然，也必须设好止损。

(2)一旦出现放量大阳起飞，必须抢进。只要价格沿 5 日均线上攻，不要轻易获利了结，否则很可能失去后面的大段利润。因为均线黏合一旦向上发散，涨幅一般较可观，在这种情况下连 5 日均线都守不住的人，很难赚到钱。

(3)价格回调到 10 日均线附近必须特别关注。若跌破 10 日均线和 20 日均线，特别是跌破 20 日均线，则形成的套牢盘多，若不能快速反攻，至 20 日均线开始往下走，则此波行情很可能结束。

(二)多空线

30 日、60 日两条中期均线，其中 30 日均线为生命线，60 日均线为决策线，是多头市场和空头市场的分界线。

30 日均线上穿 60 日均线，60 日均线走平或上翘，为多头市场。

30 日均线下穿 60 日均线，60 日均线走平或下压，为空头市场。

价格突破年线后涨幅大，若回调时间长，幅度大，至 30 日均线下穿 60 日均线，60 日均线由上行变为下压，则本轮行情很可能结束。若之后反攻，30 日均线上穿 60 日均线，则可能为反弹诱多。

价格跌破年线后，首次反弹突破 30 日均线，回调创新低的可能性较大。首次反弹突破 60 日均线，回调的幅度会较大，时间会较长。多次反弹不断创新低，形成严重超跌，放量反攻，使 30 日均线上翘并上穿 60 日均线，至 60 日均线走平上翘，可能为筑底翻多。

我们来通过一幅实战图谱直观地感受多空线的作用。

图 3-9 399300(沪深 300)2009.6.18～2009.10.12 日 K 线图

图 3-9

A 点：A 点之前，30 日均线和 60 日均线明显多头排列，为多头市场。A 点 30 日均线下穿 60 日均线，下跌时间长，跌幅大，至 60 日均线由上翘转为下压，由多头市场转为空头市场。

B 点：股指反攻，30 日均线上穿 60 日均线，而此时 60 日均线仍明显下压，反弹诱多的可能性较大。

C 点：股指再次杀跌，至 30 日均线再次下穿 60 日均线。

D 点：30 日均线再次上穿 60 日均线，此时 60 日均线强下压，上攻压力大。

E 点：受 60 日均线向下引带，30 日均线再次下穿 60 日均线。

F 点：超跌反弹，30 日均线上穿 60 日均线，且至 60 日均线明显上翘，成交量没明显放大，但时间长，一波新的行情到来。

由图 3-9 分析可知：

(1)股指由高位快速杀跌，若跌破 60 日均线，并使 30 日均线死叉 60 日均线，时间长，跌幅大，则趋势很可能反转。

(2)若高位 30 日均线上穿 60 日均线，60 日均线仍下压，很可能为反弹诱多。

(3)若股指超跌反弹，不能使 60 日均线上翘，则见底的可能性小。若 30 日均线放量突破 60 日均线，且时间长，至 60 日均线明显上翘，则见底可能性大！

(三)牛熊线

牛市和熊市的分界线，包括 120 日、250 日两条长期均线，其中 120 日均线为准牛熊分界线，250 日均线为牛熊分界线。

股指有效突破 250 日均线(或 120 日)，为牛市。

股指有效跌破 250 日均线(或 120 日)，为熊市。

我们来通过一幅实战图谱直观地感受半年线的作用。

图 3-10　399300(沪深 300)2008.1.14～2008.7.31 日 K 线图

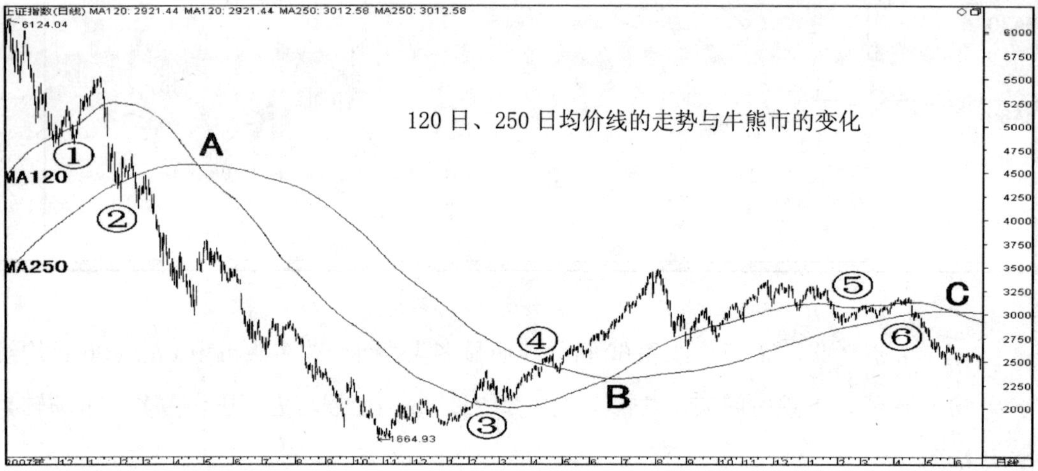

图 3-10

图 3-10 解析：

①股指由高位 6124 点有效跌破半年线 MA120，基本确认熊市。

②股指由高位有效跌破年线 MA250，确认熊市。

③股指超跌至 1664 点，反弹向上突破半年线 MA120,，基本确认牛市。

④股指向上突破年线 MA250，确认牛市。

⑤股指由高位 3478 点有效跌破半年线，基本确认熊市。

⑥股指有效跌破年线，确认熊市。

年线与股指的关系可表述为：近则相斥，远则相吸。当股指与年线较近时，会受年线排斥而远离年线，股指在年线附近徘徊的时间是非常短暂的；当股指远离年线时，会受年线吸引而向年线靠拢。年线或半年线有助于我们对大趋势进行研判。

三、均线进阶修炼

(一)均线的滞后性

由于均线具有滞后性，实战中根据均线金叉买入，弱势时很容易买在高位，强市则很可能追涨。若快速杀跌，等均线死叉卖出，很可能吃套或割肉。强势洗盘时按均线死叉卖出，也许卖出之后即上涨。特别是对于V形反转形态，根据均线金叉死叉买卖，往往会踏空或吃套。在区间震荡行情，按均线金叉买入死叉卖出，很有可能买在高点卖在低点。一般只有在强势行情，持续上涨时间长，可按均线金叉买入；弱势行情，持续杀跌时间长，可按均线死叉卖出。

图3-11　399006(创业板指)2010.11.8～2011.1.19日K线图

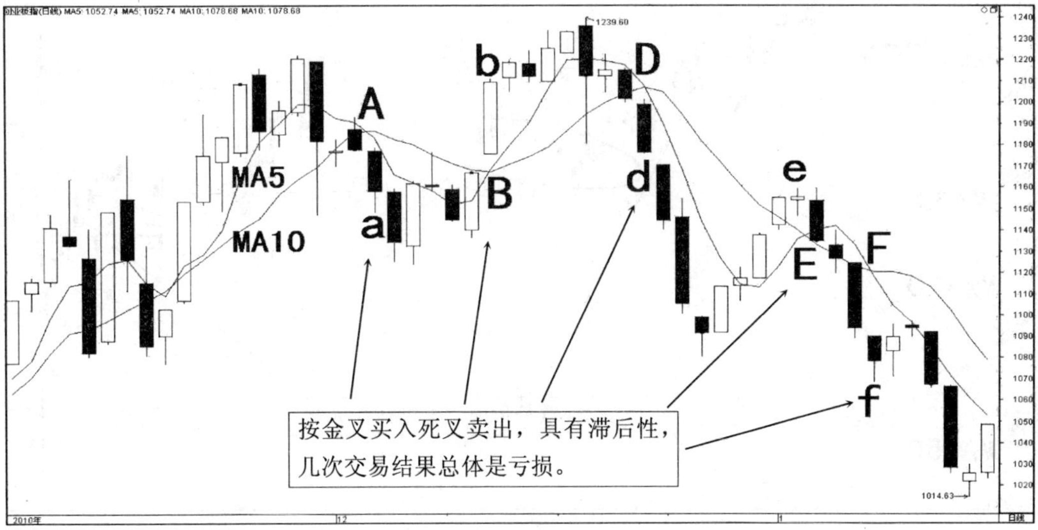

图3-11

图3-11解析：

A点：若按5日均线死叉10日均线卖出，则卖在了低点a点。

B点：若按5日均线金叉10日均线买入，则买在了高点b点。

D点：若按5日均线死叉10日均线卖出，则卖在了d点，损失较大。

E点：若按5日均线金叉10日均线买入，则买在了反弹最高点e点。

F点：若按5日均线死叉10日均线卖出，则卖在了f点，亏损较大。

由图3-11可知：任何一种技术指标都有具体的适用条件，每一种走势都有其相应的有效指令。按传统的均线金叉买入死叉卖出，几次交易结果，总体是亏损，主要原因还是没有掌握其具体的运用条件，一知半解，生搬硬套。

(二)均线支撑与均线压制

我们常说均线具有支撑和压制作用，切不可片面理解，必须与“势”结合考虑。“激水之疾，至于漂石者，势也；鸷鸟之疾，至于毁折者，节也。”正所谓势如破竹，势不可当。

一旦涨势形成，上升通道打开，下压均线往往会被突破。

一旦跌势形成，下降通道打开，上翘均线往往会被跌破。

下面我们通过一幅实例图体会一下均线的支撑和压制作用。

图 3-12　399300(沪深 300)2007.8.24～2008.3.18 日 K 线图

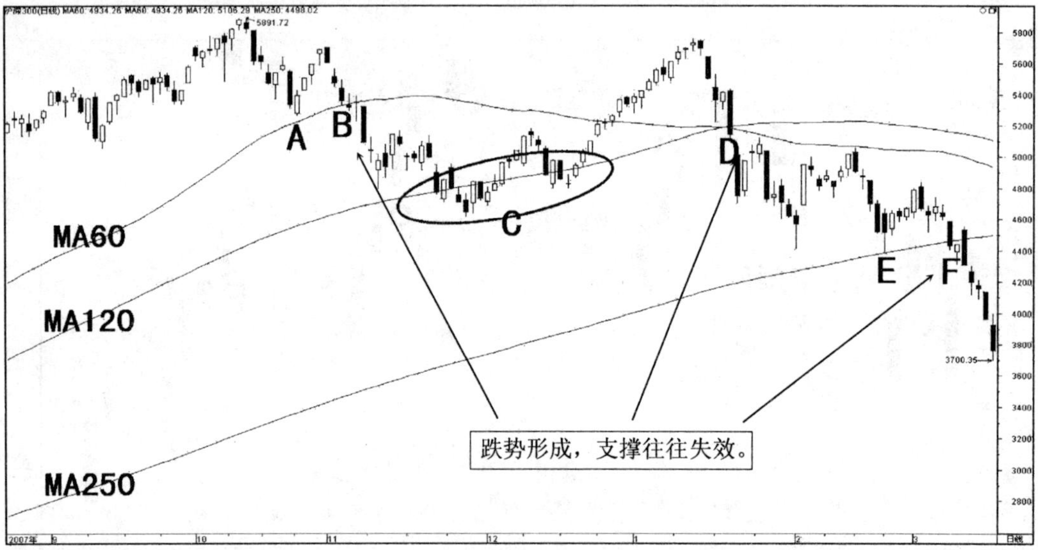

图 3-12

图 3-12 解析：

60 日均线：股指首次回调至 60 日均线附近 A 点，出现小幅反弹，显示一定支撑作用，随后杀跌，B 点几乎无抵抗，创新低。

120 日均线：股指震荡杀跌，至 120 日均线附近 C 段，形成超跌反弹，显示较强支撑作用。随后见顶杀跌，D 点无抵抗，创新低。

250 日均线：股指震荡杀跌，至 250 日均线附近 E 点，稍作抵抗即向下杀跌，F 点无抵抗，快速杀跌下套。

强势与弱势总在转换，支撑与压制，也因势而变，必须具体问题具体分析，不可墨守成规。离开大势的研判，去单独分析压力位和支撑位，只不过是盲人摸象，雾里看花。

上证指数2007年10月16日见6124大顶，至2008年10月28日见1664大底，至2009年8月4日见3478大顶。

图3-13、图3-14和图3-15三幅K线图，为同一时间不同周期的三幅图，请比较日K线图、周K线图、月K线图，从中有何启发？

图3-13 999999(上证指数)2007.10.8～2009.8.31 日K线图

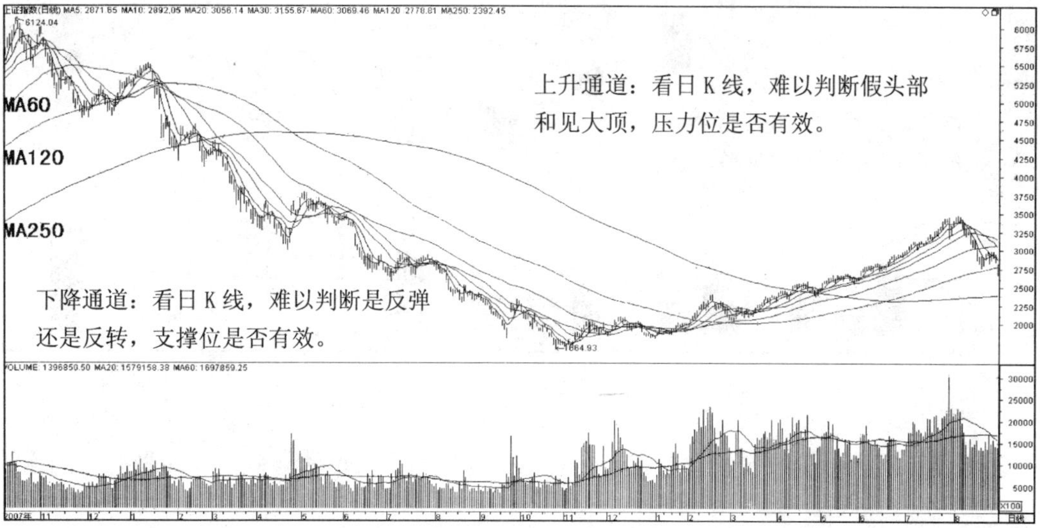

图3-13

图3-14 999999(上证指数)2007.10.12～2009.8.28 周K线图

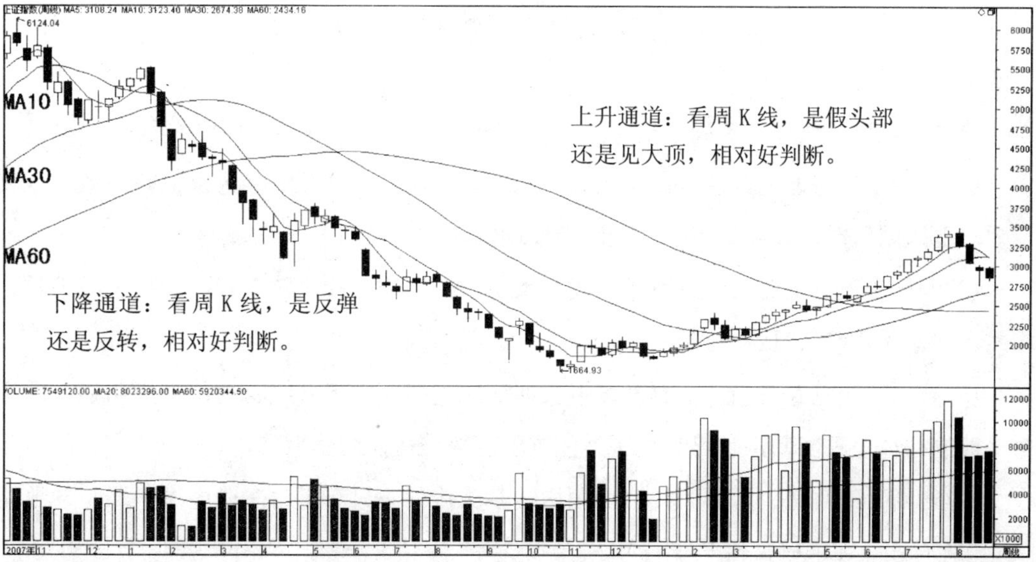

图3-14

图 3-15 999999(上证指数)2007.10.31～2009.8.31 月 K 线图

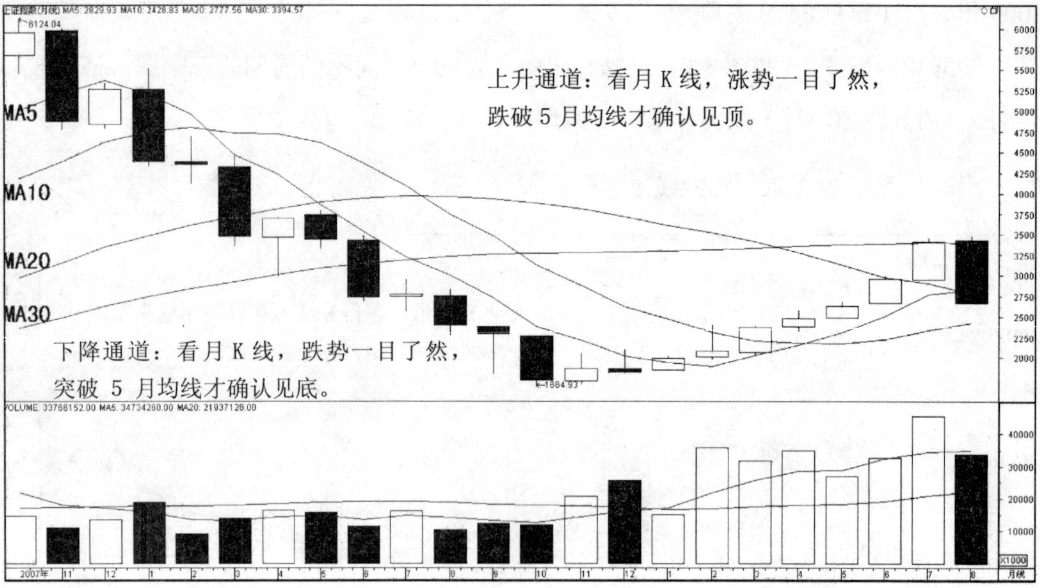

图 3-15

研究支撑位与压力位，最重要的是研判支撑位和压力位的有效性。而最有效的方法是以长制短蓄势反转。

(三)以长制短蓄势反转

以长制短：周期长的指标制约周期短的指标，使走势保持其原有运行趋势。

蓄势反转：周期短的指标多次蓄势反攻改变周期长的指标的走势，从而造成拐点多空转换，支撑与压力转换。

通过比较日 K 线、周 K 线可知：

(1)若周 K 线破位走弱，即日 K 线中长期均价线走弱，日 K 线支撑位往往无效，或仅反弹一下即创新低，一般反弹很难突破中期均价线。

(2)若周 K 破位走弱，只有当日 K 线几次反攻，使周 K 线止跌企稳，即日 K 线中长期均线走强，才能确认日 K 线强势。

(3)若周 K 线见底走强，即日 K 线中长期均线走强，则日 K 线支撑位支撑明显，回调至支撑位往往止跌回升，且日 K 线压力位难阻涨势，往往会被突破。

(4)若周 K 线强势，即日 K 线中长期均线多头排列，只有当日 K 线多次走弱，导致周 K 线由强转弱，才能确认日 K 线弱势。

第三节　成交量交易指令

成交量是技术分析的重要指标，可以观察多空双方是否介入积极。量比和换手率是研判成交量的重要工具，用来监控行情将向什么方向演化。

成交量是市场资金针对价格进行博弈的衍生物，是辅助性的，一般不直接作为交易的指令，但在某些特别的情况下，成交量的变化直接影响价格的涨跌，或者说是价格的涨跌影响了成交量的大小。

我们构建一套成交量交易指令，以加深对成交量的理解，但不可单独用于实战。

一、构建成交量交易指令

(一)成交量买入指令

首买点只买放量上攻。放量，成交量比前根成交量大。

(二)成交量卖出指令

放量下跌即卖出，缩量下跌暂不卖，两日不攻可卖出。放量，成交量比前根成交量大，或者比 20 日、60 日均量线大。缩量，明显小于前根成交量。

实际操盘中我们不看 K 线不看均线不看其他技术指标，能否仅仅根据成交量来决定是买是卖呢？下面我们来做一个有趣的测试题。

图 3-16　887027(农药化肥)2010.9.14～2010.11.17 日成交量截图

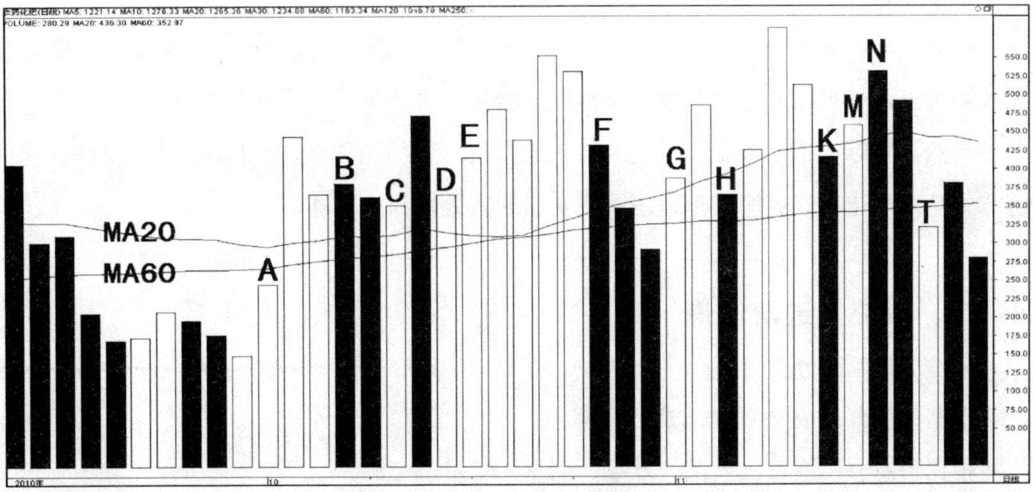

图 3-16

如图 3-16 所示，如果走势图仅有成交量截图，均量线为 20 日均量线和 60 日均量线，那么，图中的A、B、C、D、E、F、G、H、K、M、N、T是买点还是卖点？

根据成交量交易指令，对A至T各点可做出如下判断。A点放量上攻买入，B点放量下跌卖出，C点缩量上攻不买，D点缩量上攻不买，E点放量上攻买入，F点放量下跌卖出，G点放量上攻买入，H点缩量下跌不卖，K点缩量下跌不卖，M点放量上攻不卖，N点放量下跌卖出，T点缩量上攻不买。

图3-17是图3-16的实际走势图，看看有什么区别？

图3-17　887027(农药化肥)2010.9.14～2010.11.17日K线图

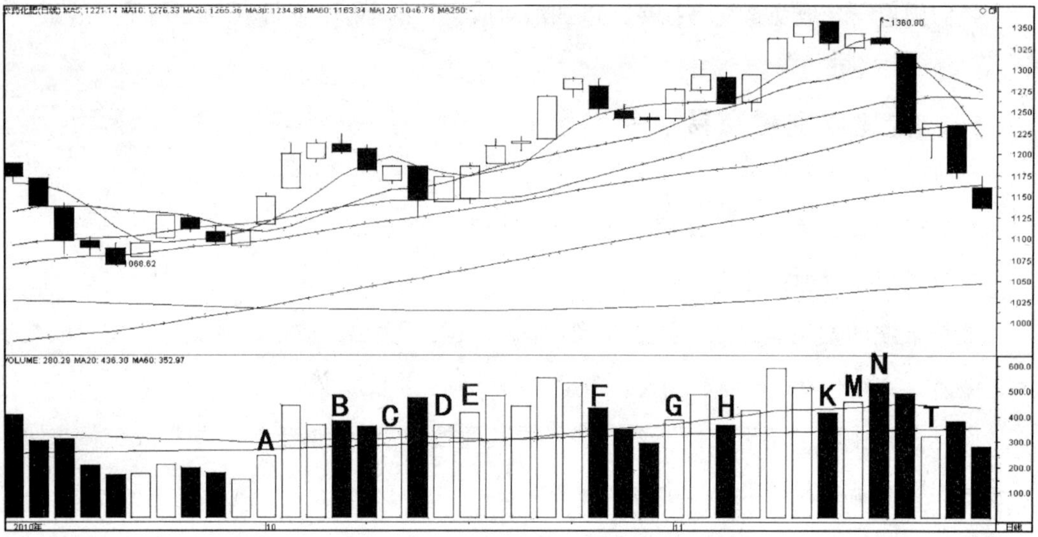

图3-17

我们比较图3-17实际K线图与图3-16成交量截图，仅根据成交量交易指令所做的买入和卖出，与实际K线图有哪些差别？又给我们哪些有益的启发？

当然，实际操盘中我们不可能仅仅只根据成交量单项指标决定买和卖，此种特殊训练方式是为了让我们更加深刻地理解成交量的有效性和局限性。

二、成交量进阶修炼

(一)成交量的分类

根据性质分：成交阳量、成交阴量。

根据形态分：放量、天量、堆量、缩量、半量、空洞。

天量：成交量大于前根量柱和20日均量线的1.5倍。

半量：成交量小于前根量柱和20日均量线的一半。

空洞：成交量小于20日和60日均量线，像被挖空了一样。

堆量：一段时间内成交量连续明显放大，如山堆一样。

成交量步步高：成交量一天比一天大。

成交量步步低：成交量一天比一天小。

(二)成交量分解

成交量是怎么构成的？为什么说成交量是贪婪与恐惧的表象，是欲望的呐喊？

普通投资者，资金量小，船小好掉头，只要买，一般都能买到，只要卖，一般都能卖掉。影响普通投资者买卖行为的主要是两个字："敢"和"愿"。"敢"即敢不敢买，与"恐惧"相对。"愿"即愿不愿卖，与"贪婪"相对。

主力资金规模较大，进出不方便，所以主力资金必须时刻考虑对手盘，没有对手盘，什么也做不成。影响主力资金买卖行为的主要是两个问题："抢得到"和"跑得掉"。"抢得到"即主力资金要买入的筹码多，必须要有大量卖盘，故常用诱空手段。"跑得掉"即主力资金在抛售大量筹码时要能卖得掉，必须有大量买盘，故常用诱多手段。主力资金在进货之前，首先考虑的是到点能不能安全出逃。

1. 普通投资者的"敢"和"愿"

①在哪些地方一般不敢买的或不敢大量买？破位杀跌？遇明显压力位？

②在哪些地方一般是敢于买的？突破上攻？遇明显支撑位？

③在哪些地方一般是不会卖的？遇明显支撑位？突破上攻？深套？

④在哪些地方一般是会卖出的？破位？冲顶？震荡？

2. 主力资金的"抢得到"和"跑得掉"

①在哪些地方一般是难买到的？突破上攻？支撑位？

②在哪些地方一般是能买到的？破位？冲顶？

③在哪些地方一般是卖不掉的？冲顶？破位？空头行情？

④在哪些地方一般是能卖掉的？支撑位？多头行情？

三、成交量实战经典

(一)成交量：位置决定作用

位置不同，相同成交量作用不同；相同位置，不同成交量作用相同。

1. 位置不同，相同成交量作用不同

图 3-18　600851(海欣股份)2010.11.10～2011.1.27 日 K 线图

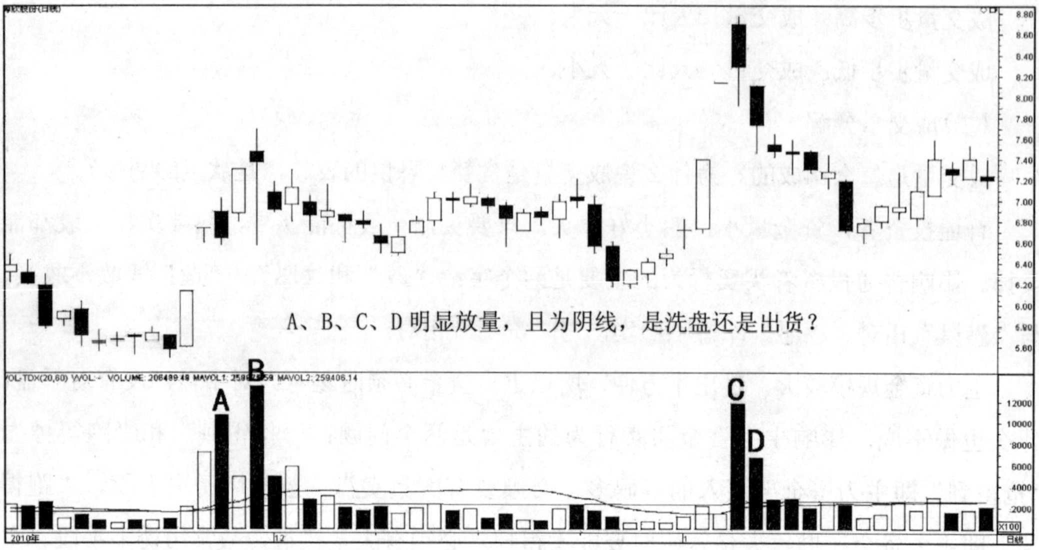

图　3-18

图 3-18 中的 A 、B 、C 、D 明显放量，且为阴线。为什么杀跌时阴线较大，而上攻时阳线一般比较小？是见大顶还是洗盘？

图 3-19　600851(海欣股份)2010.11.22～2011.3.15 日 K 线图

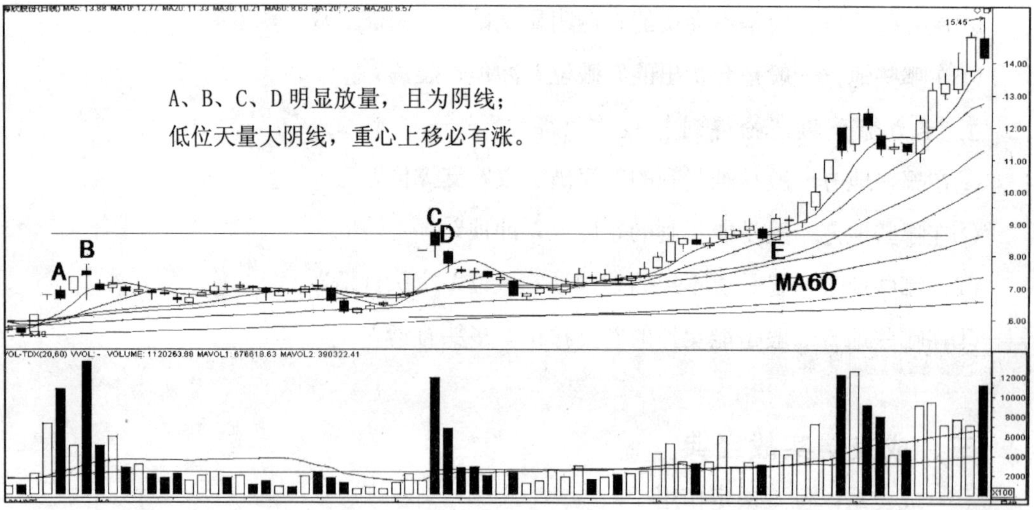

图 3-19　(图 3-18 后续图)

由图 3-19 所知，见阴天量不一定见大顶，很可能是凶狠洗盘，最关键是看在什么位置，价格的重心是上移还是下移。“低位天量大阴线，重心上移必有涨”。

图 3-20　600677(航天通信)2010.7.7～2010.11.11 日 K 线图

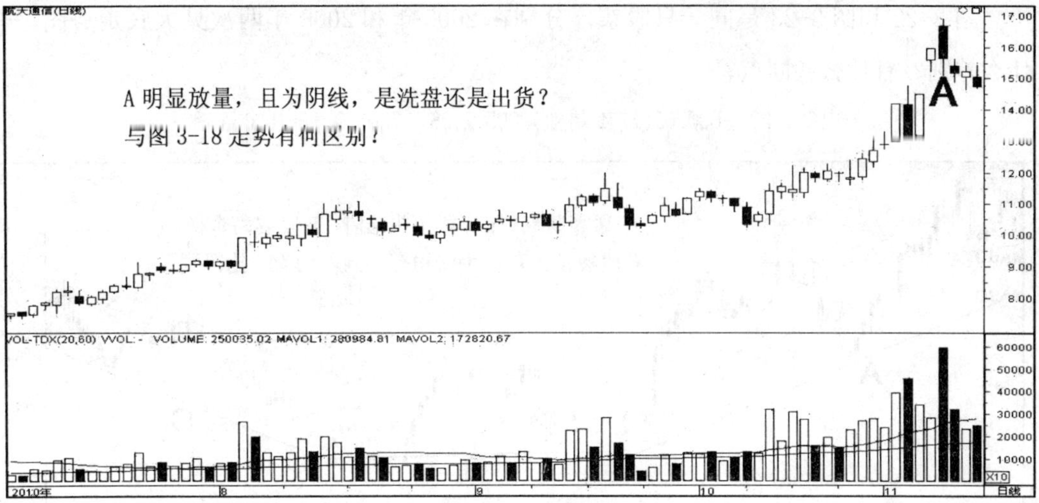

图 3-20　(后续走势见图 3-21)

图 3-20 中 A 点放天量收阴线，是见顶出货还是打压洗盘？

图 3-21　600677(航天通信)2010.9.6～2010.1.18 日 K 线图

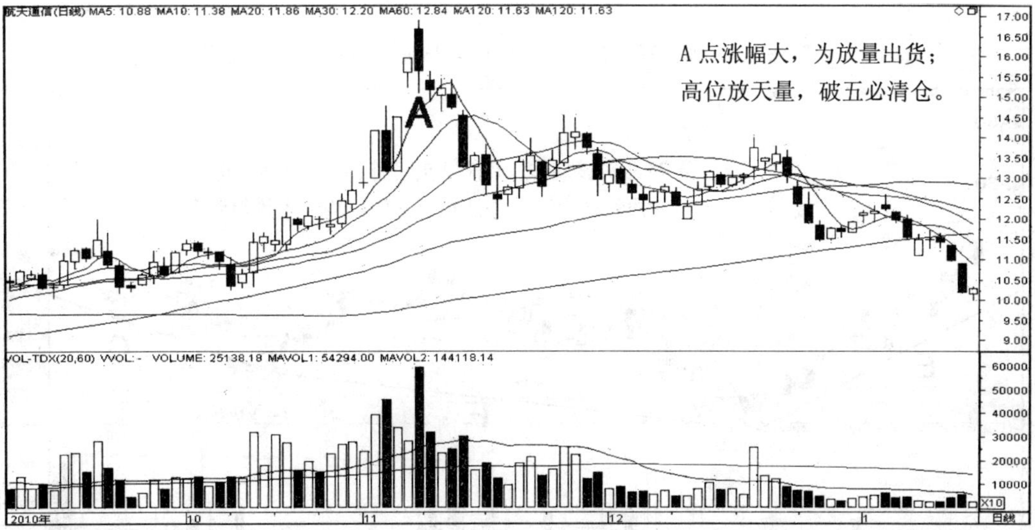

图 3-21　(图 3-20 后续图)

如图 3-21 所示，A 点放量杀跌之后，一路震荡下行，跌幅大，从哪里来，又到哪里去。“高位放天量，破五必清仓”。

比较图 3-18 与图 3-20 可知，同样是放大量，同样是阴线，一个是打压吸筹，一个是高开出货，正说明位置不同，相同成交量作用不同。

2. 相同位置，不同成交量作用相同

图 3-22 和图 3-23 是同一只股票，分别在 2005 年和 2008 年两次见大底走势图，有什么差别？有什么共同点？

图 3-22　600362(江西铜业)2005.2.25～2005.9.12 日 K 线图

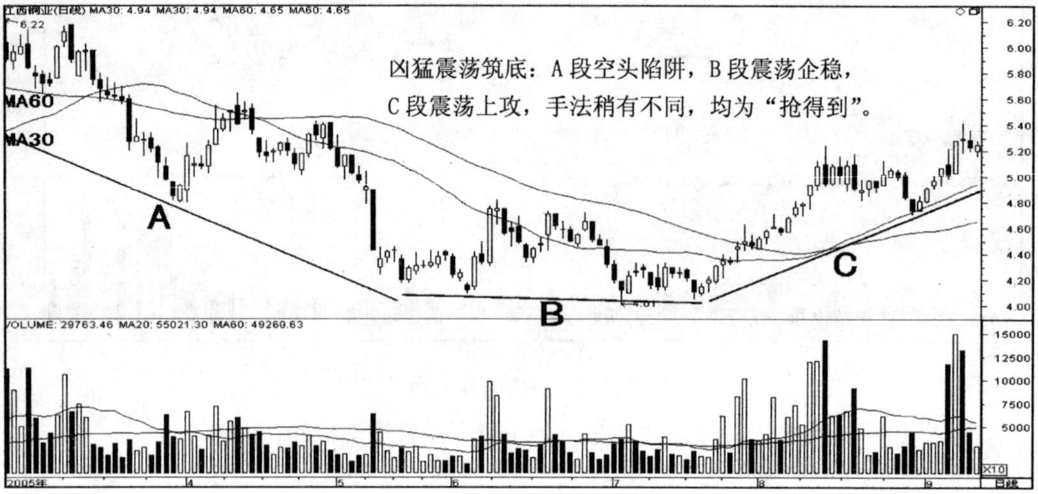

图 3-22

图 3-23　600362(江西铜业)2008.9.23～2009.2.5 日 K 线图

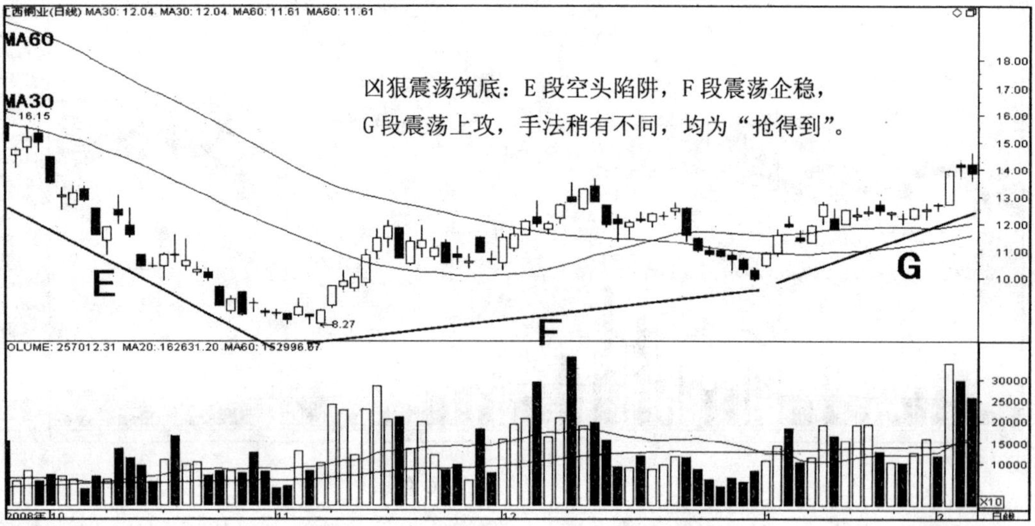

图 3-23

图 3-22 和图 3-23 均为筑底阶段，震荡凶狠，成交量组合虽然有所不同，但成交量均有明显放大，均有明显抢筹迹象。

(二)短线题材炒作比人气，必须放量；长线价值投资比耐力，量能温和

图 3-24　600113(浙江东日)2012.3.5～2012.4.20 日K线图

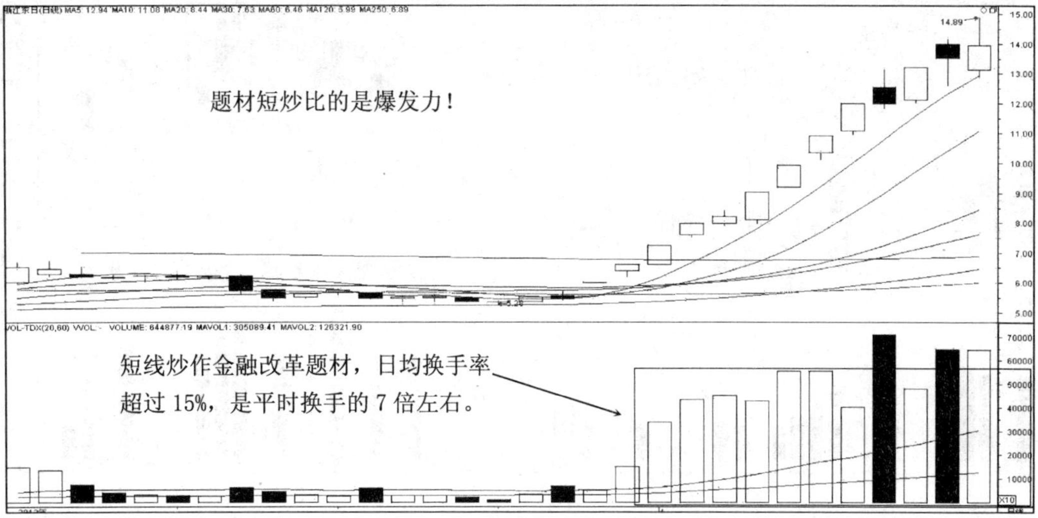

图 3-24

题材短炒必须特别关注成交量，一旦成交量不济，行情或许就此结束。

图 3-25　600519(贵州茅台)2007.6.1～2007.12.28 日K线图

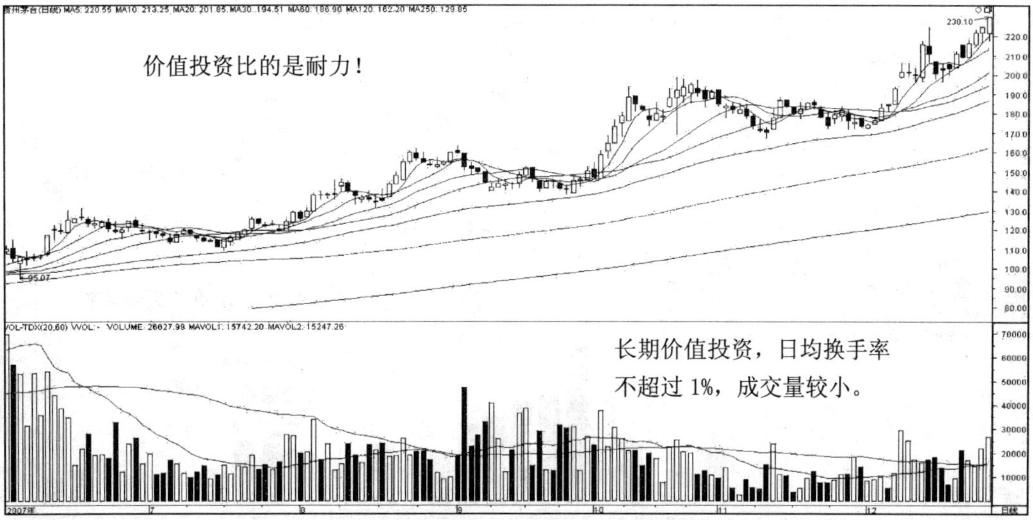

图 3-25

价值投资必须特别关注行业和公司，一旦行业向淡，公司业绩有长期走弱之趋势，必须尽早脱身，不能因个人喜好而影响对公司的价值判断。

(三)洗盘 3 天量减半，洗盘 5 天见前低；总是洗盘总不空，或许就在出货中

图 3-26　000698(沈阳化工)2008.12.9～2009.3.2 日 K 线图

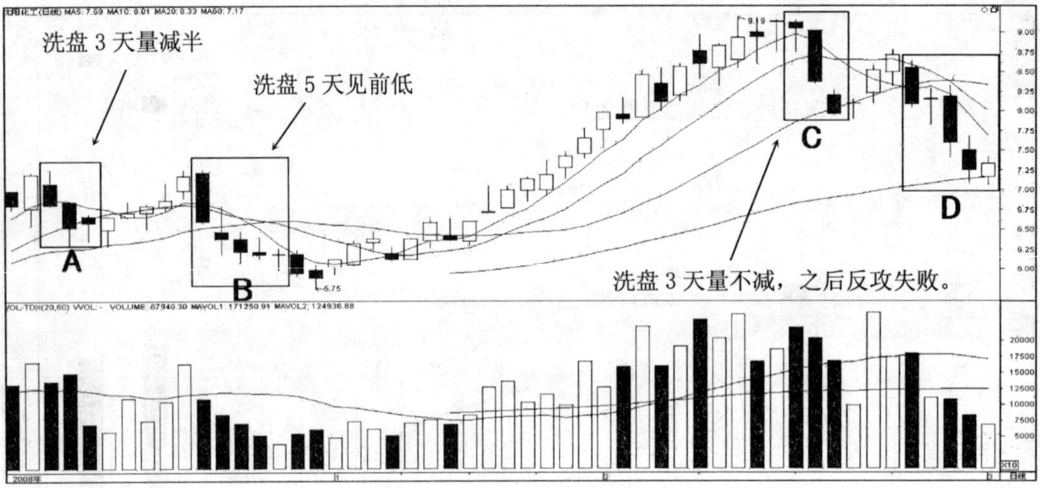

图 3-26

洗盘 3 天量减半：洗盘 3 天，成交量缩小到上攻时成交量一半。

洗盘 5 天见前低：洗盘 5 天，成交量接近前波起动前的成交量。

图 3-27　000748(长城信息)2011.2.18～2011.4.12 日 K 线图

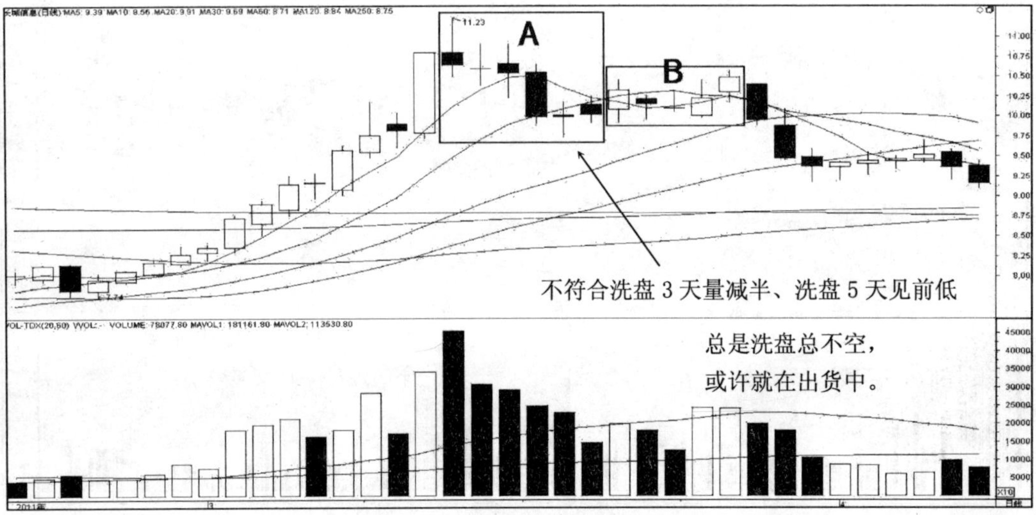

图 3-27

总是洗盘总不空，或许就在出货中：洗盘时间较长，而成交量没有明显缩小，或许就是在出货。

(四)总是放量总不攻，总是放量攻不动，或许就在出货中

图 3-28 000821(京山轻机)2011.4.11～2011.8.17 日 K 线图

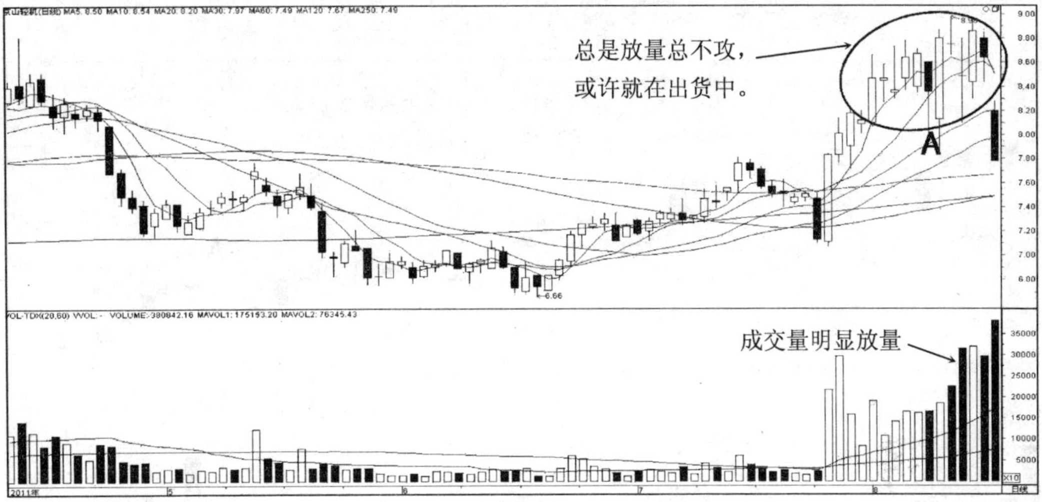

图 3-28

如图 3-28 所示，A 段放量明显，横盘时间长，总不向上突破，明显放量滞涨。

图 3-29 000909(数源科技)2011.5.9～2011.9.30 日 K 线图

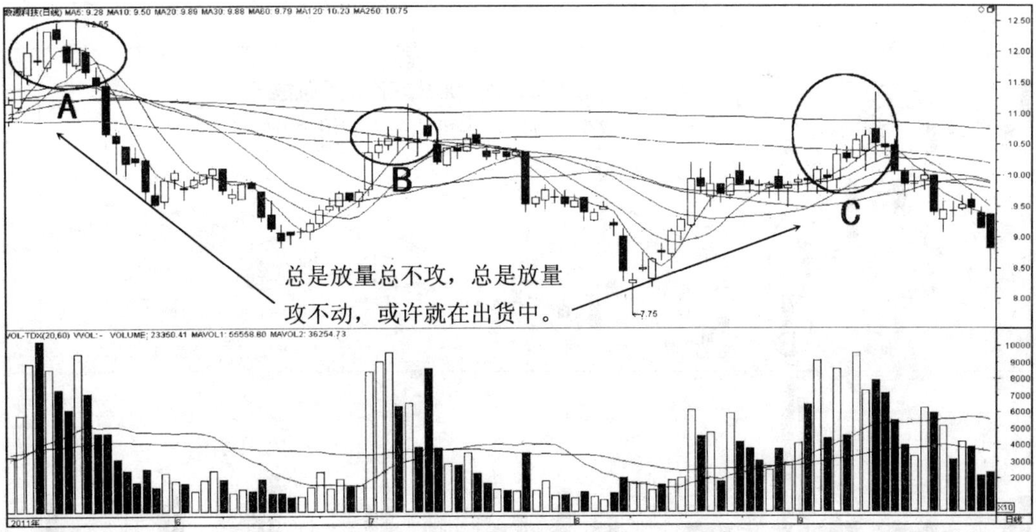

图 3-29

如图 3-29 所示，横盘时间长，明显放量，总不向上突破，多次出现放量滞涨。

总是放量总不攻，总是放量攻不动。如果连续放量横盘不涨，或连续放量上攻，而涨幅很小，那么出货的可能性大。

(五)缩量上涨放量卖，缩量超跌放量买

紧盯成交量异动，比如缩量变放量，放量变缩量，是捕捉拐点的有效方法。

图 3-30　000788(西南合成)2011.7.17~2011.10.10 日 K 线图

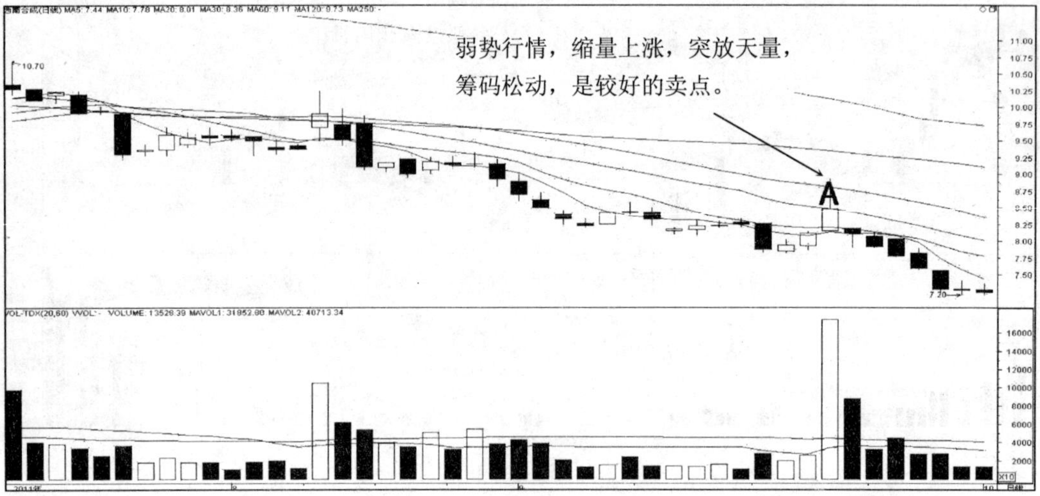

图 3-30

如图 3-30 所示，均线空头排列，弱市行情，A 点为典型大阳冲顶卖点。

图 3-31　000415(渤海租赁)2011.12.5~2012.3.9 日 K 线图

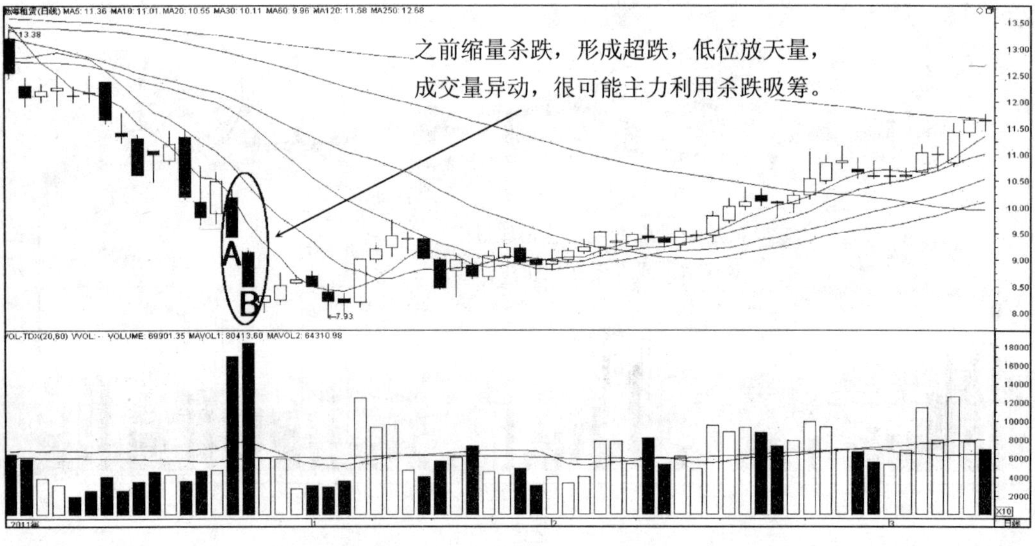

图 3-31

如图 3-31 所示，之前下跌时间长，跌幅大，形成中线超跌，A、B 形成日线急跌，可执行抢反弹三坑买涨和五阳抢筹(见第五章《设好止损买机会》)。

第四节　突破缠因势行令

一、突破缠

任何一段完整走势，都由三种基本区间构成：盘整区、突破区和趋势区。

盘整区是某一时段内价格反复上下波动的区间。突破区是某一时段内确认有效突破盘整区所必须的区间。趋势区是具有明确的上涨或下跌走势的区间。

任何一个完整的大级别的盘整区，都可以分解成小级别的完整走势，同样包括小级别的盘整区、突破区和趋势区。

操作级别不同，选择的走势级别也不同。若选择的操作级别过小，则趋势的稳定性较差，操作难度较大。

要提高操作效率，必须尽量避免陷入盘整区，必须于有效突破盘整区后即缠住不放，牢牢抓住趋势区，只缠趋势不缠盘整，即突破缠。

缠：缠住不放，即牢牢抓住趋势区不放。

缠分缠心、缠形、缠术。

缠心：必须要有一颗对可能出现的大趋势缠住不放之心。宁可做错，决不错过。没有一颗缠心，往往容易一蹶不振，半途而废。但做错只能小错，不可大错，必须如钓鱼一样，损失的仅是鱼饵和较小的机会成本。

缠形：对某种具有明确趋势的技术形态缠住不放。可以通过抓住K线、均线和成交量等中的一种或几种来达到缠住不放的目的。

缠术：对趋势有效缠住不放的方法。缠术分为缠多、缠空、双缠三种。

缠多：对某种向上突破盘整区的走势做多，缠住不放。

缠空：对某种向下击穿盘整区的走势做空，缠住不放。

双缠：对宽幅震荡上攻或震荡杀跌既缠多，也缠空，分为大缠和小缠。

大缠：缠住与大级别走势一致的大趋势。若为空头市场，则大缠缠空；若为多头市场，则大缠缠多。

小缠：按小级别操作，缠住与大趋势相反的小趋势。若大缠缠空，则小缠缠多；若大缠缠多，则小缠缠空。

缠论：

(1)无我为缠。以我为本，必患得失，必失于纠结，而终失缠。至点，至线，至面，至势，至无我，始能为缠。

(2)缠趋势。技术指标跟踪的是趋势，但技术指标并不等于趋势。技术指标仅是缠术的参考，实际的趋势才是缠的目标。

(3)缠节奏。缠不是死缠烂打，必须有缠有放。缠的是趋势，有趋势则有缠，无趋势则无缠，趋势变则缠变。

图 3-32 999999(上证指数)2008.9.12～2009.8.7 周 K 线图

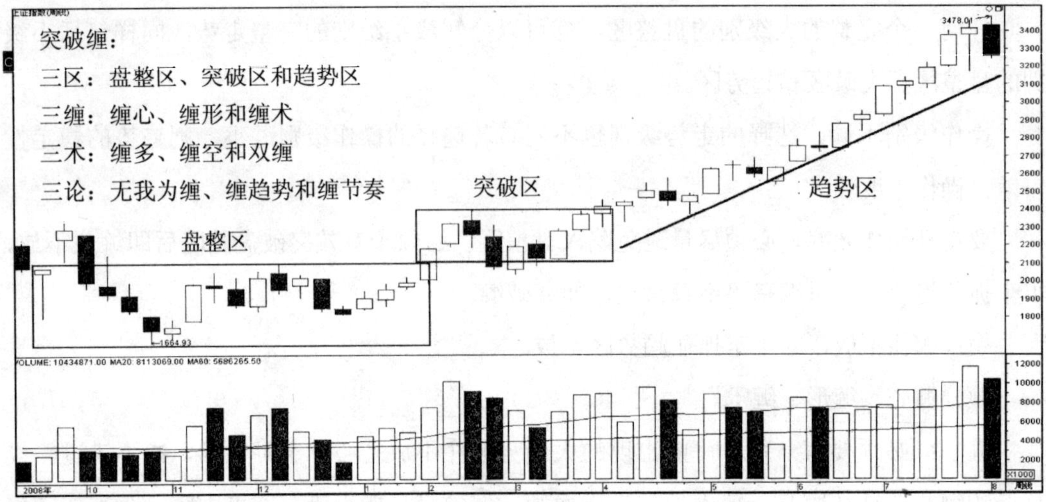

图 3-32

图 3-32 解析：

①盘整区：价格处于盘整区，若操作级别较大，震荡幅度大，则可双缠，并根据盘整特征，确定好大缠和小缠。

②突破区：所有的趋势确认，都必须经过突破区，包括直接突破、突破回抽和假突破。假突破即由突破区重新回落到盘整区，甚至向下击穿盘整区。突破区一般不可双缠，双缠难有获利，甚至造成踏空和吃套。

③趋势区：由突破确认，是不可错过的快速获利阶段，一般缠多或缠空，特别情况下可大小缠。

二、因势行令

1. 定义

根据行情走势的具体特征，选取当下敏感性和准确性最合适的技术指标，根据其所发出的信号指令进行交易。

势，一指趋势，二指强弱。势不同，所选交易指标也不同。

2. 应用

①根据自己的操盘风格和行情走势特征，选择适合自己的级别进行交易。

②相同技术指标，在不同级别中对拐点反应强弱不同。

③用大级别研判大趋势，用小级别研判拐点。

三、强者行令

1. 定义

选择对当下走势反应最敏感、最剧烈、异动最明显的指标作为确认交易指令的主要依据。

2. 应用

①级别不同，拐点指令强度不同，对趋势的影响不同。

②拐点的形成可分为背驰、否定和确认三个阶段。

③K线、均线、成交量之中拐点异动最强者作为确认交易指令的主要依据。

下面我们通过一幅实例图初步讲解因势行令。

图 3-33　600497(驰宏锌锗)2010.4.23～2010.10.21 日 K 线图

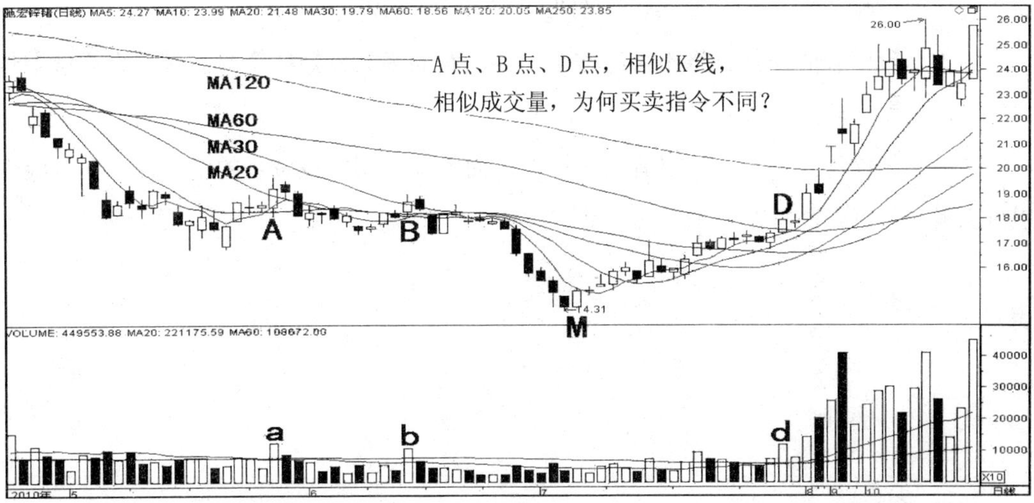

图 3-33

图 3-33 解析：A点、B点、D点，三点涨幅、成交量、量比大致相当，为什么A点、B点买入之后会吃套，亏损超过 20%，而D点买入之后却一路上攻呢？

A点、B点 30 日、60 日均线明显下压，为弱市行情，弱市行情一般放量即卖。而D

点明显站上 30 日、60 日均线，短期均线 5 日、10 日、20 日形成多头排列，明显开始走强。故“势”不同，相似 K 线，弱势为卖点，强势为买点。

四、悖论不悖

有一个心结不解开，投资者很难严格执行交易系统，更无法建立自信。

关于交易系统的有效性，长期存在一个令人无法回避的问题：“如果某个交易系统是有效的，那么投资者都按该交易系统交易，将没有对手盘，交易将无法进行，交易系统也就无效。”这是关于交易系统的一个悖论。

悖论指在逻辑上可以推导出互相矛盾结论的命题或理论体系。悖论的出现往往是因为人们对某些概念或现象的认识不够深刻全面所致。

事实上，某种投资理论或交易系统被所有投资者接受并应用的可能性几乎为零。即使被大多数投资者认可，也会因为投资者的资金大小、风险控制、交易风格等差异，不同投资者一般会采取不同的操作策略，选择不同的操作级别，因此对相同的走势有时可能做出完全相反的交易决策。

比如，在空头陷阱阶段，大资金会用一部分资金主动买套，在筑底阶段，大资金主要是净买入，而小资金则可能不断做高抛低吸。在同一个价位，小资金可能做“高”抛，而大资金则正好“低”吸。这是操作级别不同的一个表现。

另外，投资者的操作风格不可能完全相同，有的喜欢做短线交易，有的喜欢做中长线投资，这也是操作级别不同的另一个表现。

交易系统悖论，否认了投资者的多样性，而无限强调了投资者的统一性，在有限中引进无限，从而导致悖论。

第四章　定线、定心、操盘线

选定合适的操盘线，用以快速确认买点、卖点、加码、止损、止盈，把复杂的问题简单化，有助于克服人性的贪婪与恐惧。

第一节　操盘线定义

价格脱离盘整区后，在某一阶段一般沿某条均线上涨或下跌，故均线可以作为进出的依据。

“我随均线上下班，花开花谢听自然。”

“我随均线上下班”：

(1)当均线由向下走变为走平，准备上班了。

(2)当均线开始上翘，价格位于均线之上，上班(即买入)。

(3)均线上翘，价格始终位于均线之上，持股不动。

(4)价格跌破均线，下班(即卖出)。

(5)当均线由向上走变为向下走，开始休假(空仓等待)。

简单点，再简单点，直观点，再直观点。买卖、持股、空仓一目了然。

“花开花谢听自然”：

涨如花瓣开放，跌似花瓣飘零，从生物之律，听自然之道，乘天地之正。

投资是一种生活，但生活不全是投资。证券投资能否改变命运，不在证券本身，而在于自己的心，不能总想决一死战。“夫唯不争，故天下莫能与之争。”

下面我们通过一幅实战图谱体会“上下班”。

图 4-1　600486(扬农化工)2007.11.14～2008.2.1 日 K 线图

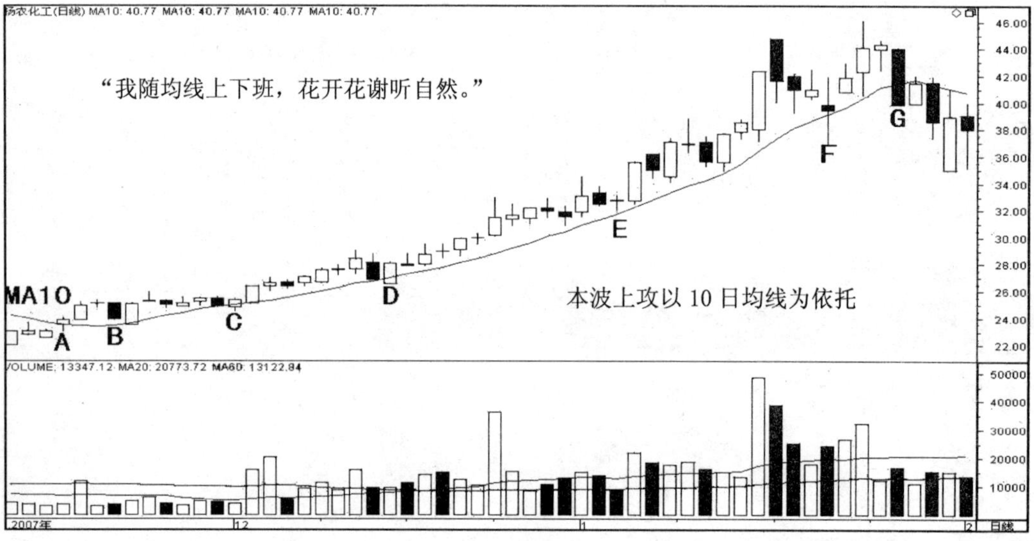

图 4-1

图 4-1 解析：

10 日均线明显上翘，价格始终位于 10 日均线之上，是短期走强的直观信号。

A 点：站上 10 日均线，此时 10 日均线仍下行，暂不买，做好买入准备。

B 点：10 日均线开始上翘，且阴线回踩 10 日均线，买点。

10 日均线支撑有效：价格沿着 10 日均线稳步上攻，其间 C、D、E、F 下探 10 日均线，随即转而上攻。

G 点：直到 G 点跌破 10 日均线，本波行情结束。

由此可知，10 日均线上翘，对价格的支撑作用和助涨作用十分明显，以 10 日均线作为买入、卖出、加码、持仓的信号，不仅简明直观，效果较好，而且也避免因预测错误而踏空、套牢的危险，少受许多煎熬。

实际操作中，可在收盘前半小时进行交易，确保交易符合指令。

图 4-1 按一条均线操盘的方法是不是特例呢？其他股票是否也可以这样操作呢？是不是只有 10 日均线才有这样的作用呢？下面我们来探讨一下这个问题。

操盘线的定义：

作为确认交易指令依据的某条均线。

操盘线的分类：

按趋势分：做多操盘线，做空操盘线。

按显隐分：常用操盘线，隐形操盘线。

均线作为操盘线，按显隐性可分为两种，一种是常用均线，如 5 日、10 日、20 日、30 日，甚至 60 日均线等，可直接观察确定；另一种是隐形均线，如 6 日、12 日、15 日、18 日、25 日等，可通过调试确定。

适用范围：

具有明显的趋势(做多或做空)，或宽幅震荡时期，不适用窄幅震荡行情。

做多操盘线：

1. 做多操盘线，必须满足“一必须，三最好”

一必须：必须是一条上翘的均线。

三最好：

(1)顶托上攻：最好是之前回调到该线上方附近就开始上攻，乖离率小。

(2)上翘助涨：最好是其相邻的更长周期均线上翘助涨。

(3)人线相应：最好是与操盘者的操盘风格相适应。

2. 做多操盘线操作方法

一般以收盘价能否有效突破或跌破操盘线作为买入、持股、卖出、空仓的依据。

临收盘前，只要价格不突破操盘线，就继续空仓等待；

临收盘前，只要价格突破操盘线，就买入；

临收盘前，只要价格不跌破操盘线，就持股不动；

临收盘前，只要价格跌破操盘线，就卖出。

下面我们通过一幅实战图谱感受一下不同均线做操盘线的区别。

图 4-2　000533(万家乐)2006.4.20～2006.6.7 日 K 线图

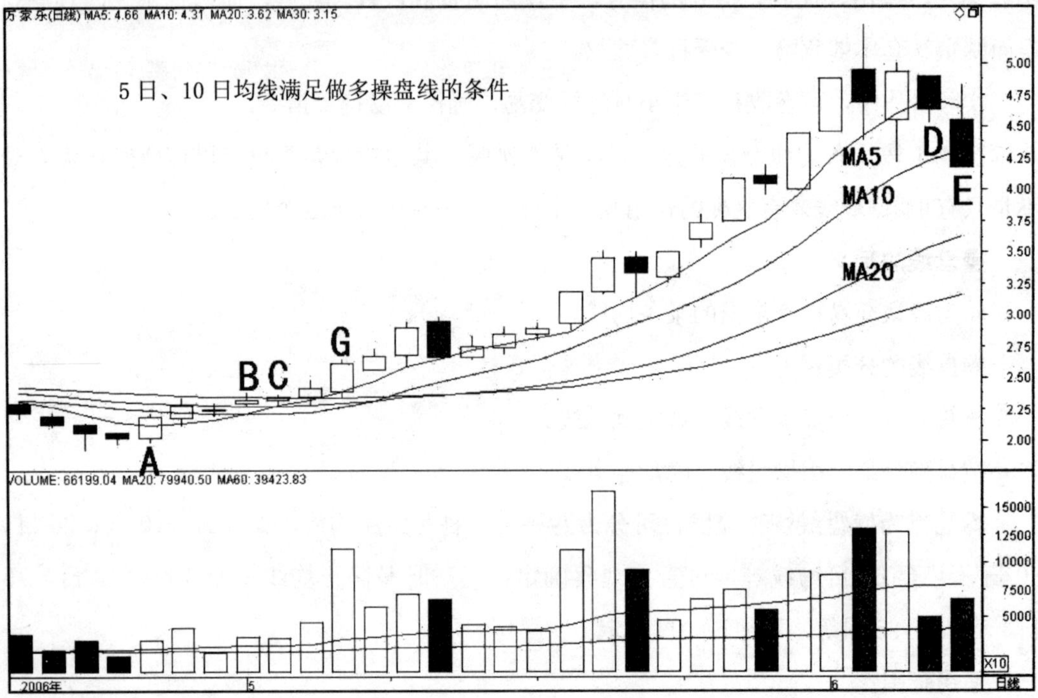

图 4-2

图 4-2 解析：

我们先来看 5 日均线是否满足作为操盘线的“一必须，三最好”。

(1)5 日均线明显上翘，满足“一必须”。

(2)每次下探到 5 日均线附近，受 5 日均线顶托上攻。

至 B 点 10 日均线开始上翘，满足上翘助涨。

多次下探 5 日均线，均有破位风险，投资者必须有时间盯盘，能忍受煎熬，并且下手快，才可以 5 日均线做操盘线。

我们再来看一看10日均线是否满足作为操盘线的“一必须，三最好”。

(1)至B点10日、20日均线开始上翘，满足“一必须”和“上翘助涨”。

(2)价格上攻时基本没有下探10日均线。

10日均线下方相邻的20日均线上翘助涨。

价格一般不会跌破10日均线，以10日均线为操盘线，相对轻松。

那么，20日均线是否也可作为操盘线呢？看是否满足“一必须，三最好”。

(1)20日均线明显上翘，满足“一必须”。

(2)上涨过程中K线与20日均线乖离率大，不满足顶托上攻条件。若见顶回落，等跌破20均线再卖出，往往损失较大，故20日均线不适合做操盘线。

我们现在来比较一下以5日均线作操盘线和以10日均线做操盘线的差异：

很显然，以5日均线做操盘线必须花更多的时间盯盘，承受更大的煎熬，并且有被震荡出局的风险。但以5日均线做操盘线，买点更低，卖点更高，收益相对大一些，这是不是对风险和煎熬的补偿呢？

做空操盘线：

1. 做空操盘线，必须满足“一必须，三最好”

一必须：必须是一条下压的均线。

三最好：

(1)冲顶回落：最好是之前涨到该线下方附近就开始回落。

(2)下压助跌：最好是其相邻的更长周期均线下压助跌。

(3)人线相应：最好是与操盘者的操盘风格相适应。

2. 做空操盘线操作方法

一般以收盘价是否有效跌破或突破操盘线作为卖空、持仓、平仓的依据。

临收盘前，只要价格不跌破操盘线，就继续空仓等待；

临收盘前，只要价格跌破操盘线，就卖空；

临收盘前，只要价格不突破操盘线，就持仓不动；

临收盘前，只要价格向上突破操盘线，就平仓。

下面我们通过一幅实例图来讲解一下做空操盘线。

图 4-3　399300(沪深 300)2011.11.02～2012.01.09 日 K 线图

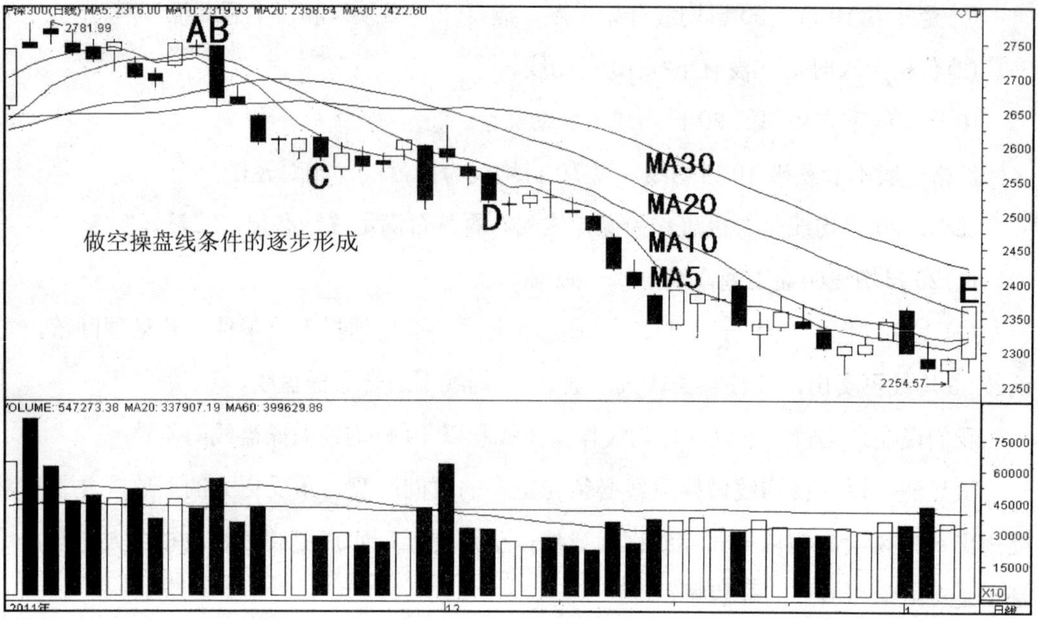

图 4-3

图 4-3 解析：

①A 点：5 日均线下压，满足“一必须”，但 10 日均线仍上翘，不满足“下压助跌”，实战中“回火”的可能性较大。5 日均线暂不满足操盘线条件。

②B 点：断头铡刀，且 10 日均线开始向下走，下压助跌。此时 5 日均线满足做操盘线条件。

③C 点：20 日均线开始向下走，下压助跌，使 10 日均线满足做操盘线条件。

④D 点：30 日均线开始往下走，下压助跌，使 20 日均线满足做操盘线条件。

⑤E 点：5 日、10 日均线开始上翘，已经不满足做操盘线条件。

正确理解操盘线：

(1)不同的运行阶段操盘线可能相同，也可能不同。

(2)操盘线只适于趋势已经形成的阶段，比如多头行情或者空头行情，不适用窄幅震荡的阶段。

(3)操盘线一旦形成，具有相对稳定性，可维持相当一段时间，直到原有趋势结束，新的趋势形成，产生新的操盘线。

(4)根据投资者的操盘风格差异，对同一只股票的同一阶段，可以确定不同的操盘线。

第二节　操盘心诀

一旦趋势形成，走势很自然地沿某一条均线(操盘线)推进，此时按操盘线操盘，可以坐享其成。但要坐得住，拿得稳，还要对操盘线有深刻的理解和感悟。

操盘心诀：

坚守一条线，直到趋势变。定线就定心，过线就兑现。

解析：

1. 坚守一条线

选定一条操盘线，按操盘线操盘。

不少人更偏好于预测，但预测不如对策。你可能在某一时期，某一阶段，在某种证券，某只股票上，预测得很准确，做得很好，很有成就感，但这只是暂时的，走势不可能总是按照你的预测推进，何况预测受各种因素的影响，甚至预测者心情的好坏都会影响到预测结果。

市场总是按照固有的规律运行，我们无法准确预测，往往只能指出大致方向、大致区间，有时市场的实际走势与我们的预测还大相径庭。操盘线，总是不断地进行自我修正。它始终如一地、坚定不移地、不紧不慢地指明当前的趋势，不受任何情绪的影响。

长期来看，我们不可能比坚守操盘线做得更好。坚守操盘线，不失为一种好的直观操盘方法。

2. 直到趋势变

直到原有趋势改变：要么加速原有趋势，要么扭转原有趋势。

加速原有趋势：若出现加速运行，则可能根据实际情况变更操盘线。比如，当价格小阳小阴上攻时，以 10 日均线做操盘线，若价格出现加速上涨，连拉大阳线，加速冲顶，则改为 5 日均线做操盘线，甚至以 10 小时均线做操盘线。

扭转原有趋势：原来上涨变为下跌，均线由上翘变为下行，或者原来下跌变为上涨，均线由下行变为上翘。

3. 定线就定心

操盘线一旦确定，在趋势改变之前，不要变更操盘线，不要三心二意。

根据价格运行的不同阶段，确定不同的均线做操盘线，以这条操盘线为依据进行操盘，直到趋势发生改变。

4. 过线就兑现

如果价格越过操盘线，则必须落袋为安。

下面我们通过一幅实战图谱来感悟一下。

图 4-4 600199(金种子酒)2012.1.17～2012.3.22 日 K 线图

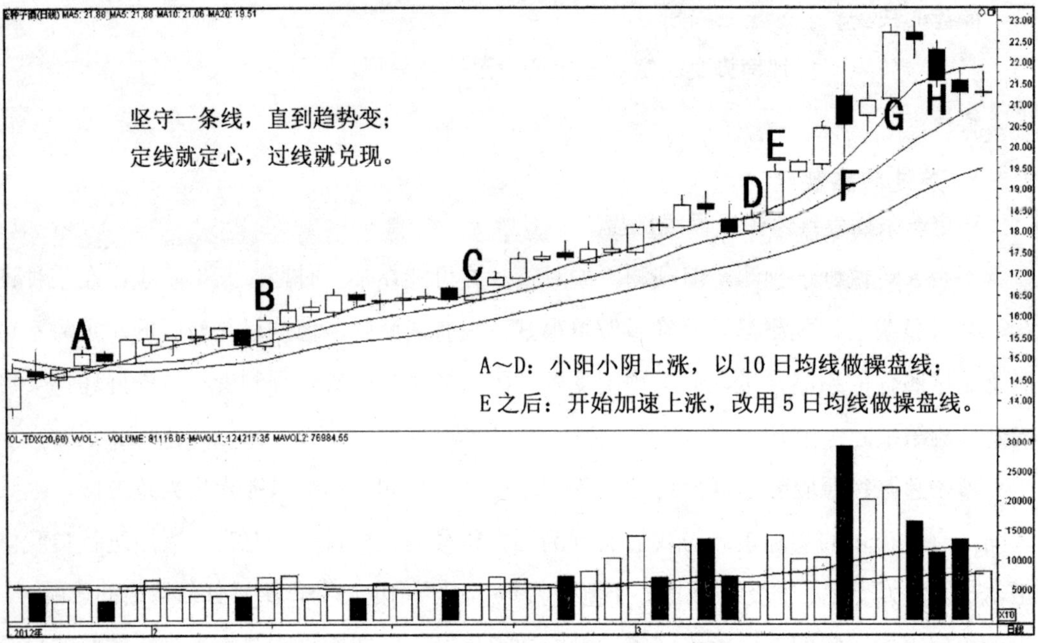

图 4-4

如图 4-4 所示，A 点至 D 点：碎步儿登高阶段，操盘线以 10 日均线为宜。价格从 A 点突破 10 日均线上攻，B、C、D 3 次回探 10 日均线，均有惊无险。此阶段以 10 日均线作为操盘线为宜。

E 点：放量大阳起飞，价格进入加速上涨阶段，趋势发生改变，有加速冲顶迹象，操盘线改为 5 日均线为宜。此后价格沿 5 日均线上攻，至 G 点拉大阳线回调，至 H 点跌破 5 日均线，按过线就兑现的法则，必须先卖出。

第三节 操盘线转换

只有掌握了一套行之有效的确认操盘线的正确方法，在实际操盘中运用自如，才能事半功倍。实际操盘中往往会出现下面几种情况：

1. 确定的操盘线周期过短

如果K线经常回探操盘线，频繁地发出交易指令，会弄得你手忙脚乱，费时费心，且提高了交易成本。

2. 确定的操盘线周期过长

如果确定的操盘线周期过长，虽然不会经常发出交易指令，但有时会错过不少机会，甚至使本来的盈利变成亏损。

3. 常规均线做操盘线不合适

如果通过直接观察，常规均线如5日、10日、20日等均线不适合做操盘线，可通过调试寻找隐性均线作为操盘线，调试的方法可通过之前回调的最低点确认隐性均线。

在实际操盘中应该如何确定操盘线？

1. 根据不同的阶段确定不同的操盘线

确定操盘线首先要考虑价格所处的运行阶段，运行阶段不同，涨跌特性不同，确定的操盘线不同。一般不能把一个阶段同另一个阶段的操盘线混淆，即便两种情况下的操盘线相同，但确定的根据也有所不同。如弱势行情抢反弹一般跌破5日均线就要卖出，主要是为防止之后暴跌的风险。主升浪大阳起飞之后，若出现加速上涨，一般跌破5日均线就卖，主要是为了不陷入长时间盘整，损失机会成本。

2. 根据个股的涨跌特性确定不同的操盘线

不同的个股往往有不同的股性，根据不同的股性确定相应的操盘线。如大盘股和小盘股一般股性有所差别，确定的操盘线也会有所不同。

3. 根据趋势是否改变确定是否更换新的操盘线

一条操盘线不可能适合所有的情况，趋势改变操盘线也要做出相应的改变。比如，由缓慢上涨进入加速上涨，操盘线可能由10日均价线变更为5日均价线。

下面我们通过一幅实例图来讲解一下实际操盘中应如何确定操盘线。

图 4-5　000522(白云山 A)2009.9.3～2009.12.16 日 K 线图

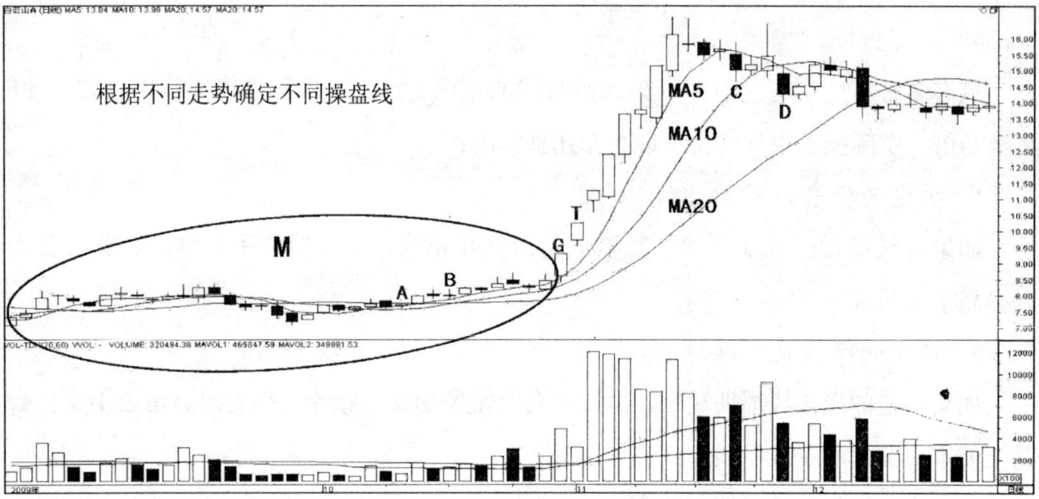

图 4-5

图 4-5 解析：

1. M 段价格运行有什么特征?

很显然，M 段为平台整理阶段，且打压诱空凶猛，但不破位，时间长，蓄势足，且均线短黏长翘。一旦向上突破，涨幅会较大；一旦向下跌破平台，将会形成严重的套牢盘，之后走势将很不乐观；在做方向选择之前，还会继续盘整。

2. 根据 M 段走势如何制定之后操盘策略?

预测不如对策，“总有三种可能，总有三种对策”。

若向下破位，手中有股的，则可减仓或清仓。

若继续盘整，手中有股的，则可持股不动。手中无股的可建仓，也可等向上放量突破前期平台时再跟进。

若向上放量大阳突破，则有股的持股不动，无股的必须跟进。

若向上突破回调，突破阳线应形成强支撑，只要不跌破突破阳线的开盘价或最低价，则均应持股不动。

确认操盘线：

①若直接拉大阳线上攻，则可选 5 日均线做操盘线。

②若小阳小阴上攻，则可先选 10 日均线做操盘线。

③若之后价格出现加速上涨，则再改用 5 日均线做操盘线。

请把三种走势、三种对策在头脑中反复预演，直到形成强烈的感觉。知道不一定感悟，感悟了不一定会应用。

3. 实际走势分析

A 点：此时 10 日均线开始上翘，可选 5 日均线做操盘线。

B 点：小阳小阴上攻，此时 20 日均线开始上翘，可选 10 日均线做操盘线。

G 点：放量大阳起飞，很可能是主升浪，可确认 5 日均线做操盘线。有股的持股不动，无股的及时跟进。因为事前有准备，临盘就能从容应对。B 点之后没有展开洗盘，若 B 点没有及时抢进的，就只能追高了，等回调买进的就踏空了。

T 点：放量，不少人卖出，我们仍坚持不跌破 5 日均线不卖。我们并不知道会涨多高，但没有跌破 5 日均线不算走弱，我们也不想卖在最高点。

C 点：此后一路上攻，短时间内涨幅高达一倍，至 C 点跌破 5 日均线，先卖出。

D 点：跌破 10 日均线，放弃！此后一条大阴线破 5 日、10 日、20 日，形成断头铡刀，这只股短期内不要再碰。

隐形操盘线：常用均线一般有 5 日、10 日、20 日、30 日、60 日、120 日、250 日，在常用软件上的默认设置也基本是这样，绝大多数的人也看的是这样的均线组合。不少人研究出了一些新的均线组合，并在实战中应用，在一些特定的时点，往往非常有效，并由此引发更多人的兴趣，推进了技术分析的进步。

图 4-6　600336(澳柯玛)2007.1.25～2007.5.23 日 K 线图

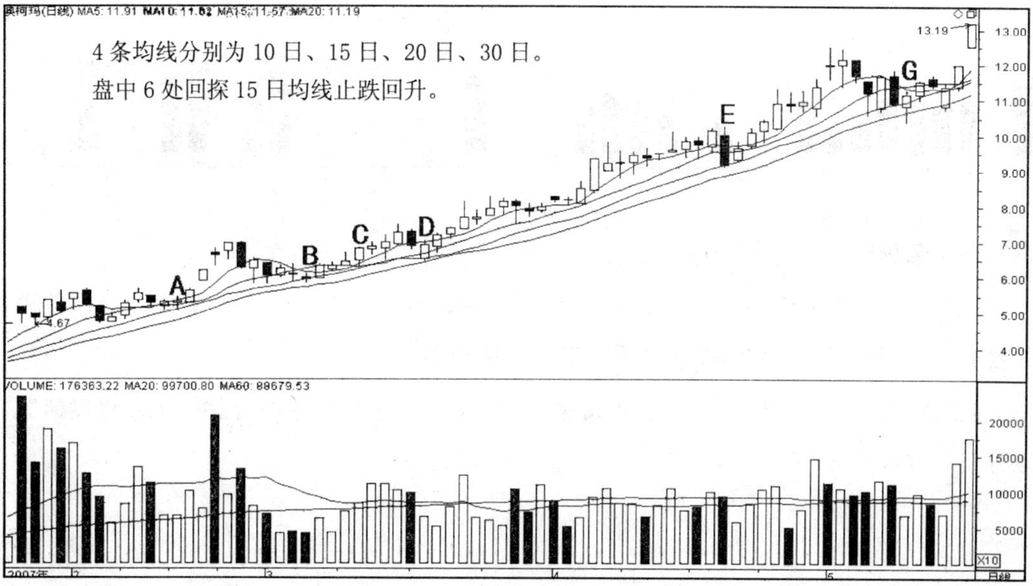

图 4-6

图 4-6 中 4 条均线分别为 10 日、15 日、20 日、30 日。哪条均线作为操盘线更好呢？

10 日均线多次被跌破，30 日均线又偏离太远，两者作为操盘线均不理想。那么 15 日与 20 日均线呢？

通过比较，开始上攻时，价格触及 15 日均线即止跌反攻，根本不触及 20 日均线。而后来走势，盘中共 6 处触及 15 日均线，15 日均线都构成有效支撑，而触及 20 日均线很少，所以选 15 日均线作为操盘线是合适的。而 15 日均线并不是常用均线，只是通过尝试修改常用均线确定的，对实际操盘具有较强指导作用。

我们再来看一幅实战图谱。

图 4-7　399005(中小板指)2011.9.22～2011.11.7 日 K 线图

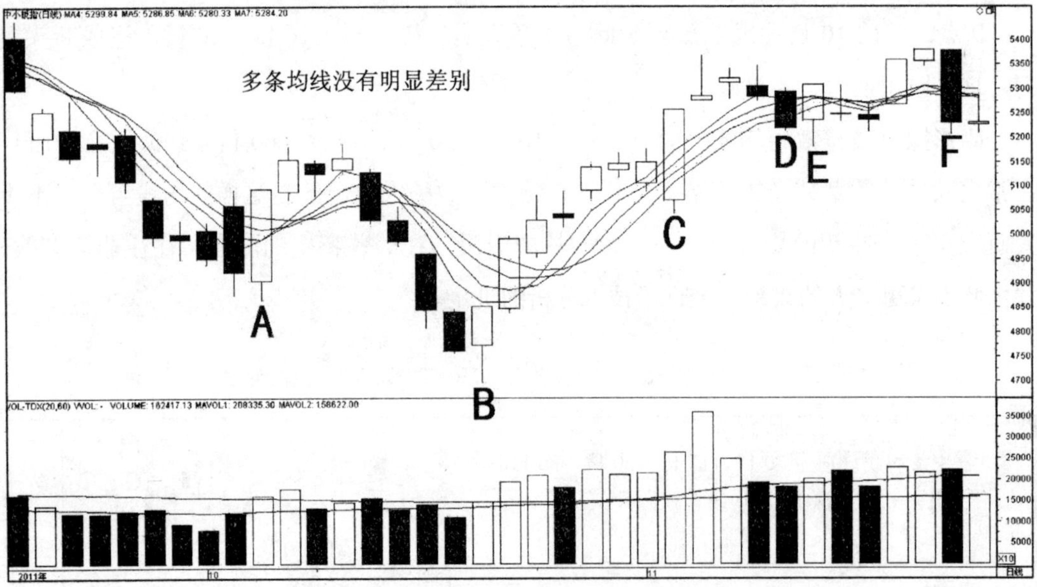

图 4-7

图 4-7 解析：

将 5 日均线修改成 4 日、6 日、7 日，通过 A、B、C、D、E、F 6 点验证修改效果，并没有明显差别，修改均线有时并不能起到多大作用。

在实际操盘中，我们既不能墨守成规，不求变通，也不能猎奇夺异，陷入过度研究，以致误入歧途。

第四节　踩线抢筹

踩线抢筹：价格回踩操盘线，建仓或加码。

价格处于不同的走势阶段，确认的操盘线不同，回踩抢筹的策略也不同。

多头行情：快速上涨形、加速上涨形；逐浪上涨形、阶梯上涨形。

空头行情：超跌反弹。

宽幅震荡：震荡筑底，震荡洗盘，震荡盘顶。

一、多头行情

(一)快速上涨形、加速上涨形

主升浪往往发生在突破牛熊线多头上攻阶段。

图 4-8　000752(西藏发展)2011.1.31～2011.4.26 日 K 线图

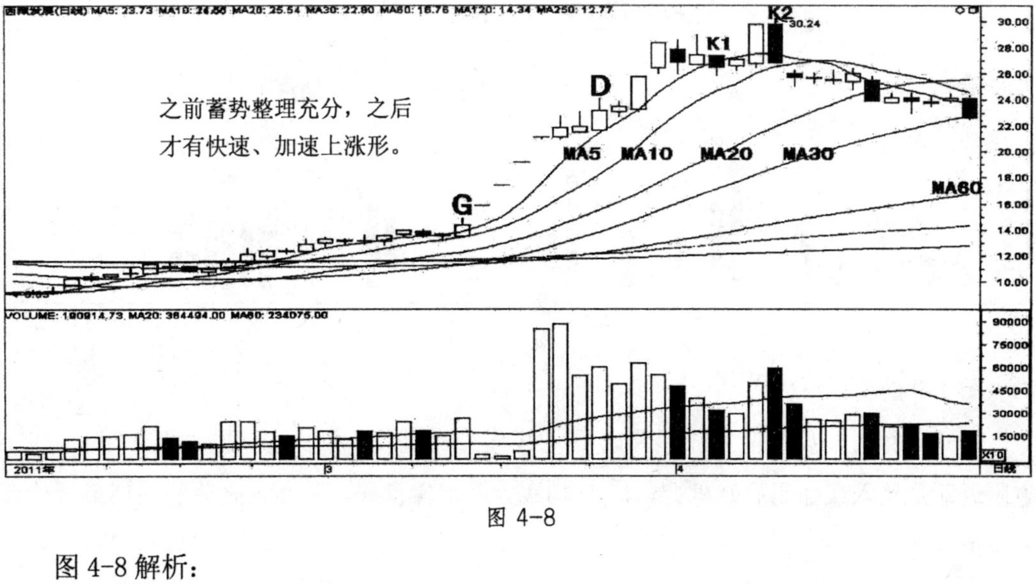

图 4-8

图 4-8 解析：

G 点放量大阳起飞，沿 5 日均线上攻，D 点加码，快见顶时连拉大阳线，至 K1 跌破 5 日均线，宣告本轮行情基本结束。之后虽有反弹，K2 实为涨跌停板出货。

快速、加速上涨形：一般以 5 日均线作为操盘线，回踩 5 日均价线，建仓或加码。

一般小阳小阴脱离底部区域，成交量明显放量。之后突然加速上涨，进入主升浪区，回调通过一两根 K 线快速洗盘，一般不跌破 5 日均线，最后往往连拉大阳线。一旦价格跌破5日均线，见顶或阶段见顶的概率较大，回调时间一般较长，回调空间一般较大。

价格小阳小阴上攻时买入：有较充足的时间买入，且价格位于相对底部，安全。

价格突然大阳上攻时买入：价格加速上攻，是不可错过的抢筹时机，买入要果断。

加速上涨初期追涨买入：价格出现加速上攻，没有出现明显见顶迹象，可适量买入。

加速上涨末期量价异动：虽然没有跌破操盘线5日均价线，但出现量价异动，不买。

价格跌破操盘线必卖：快速、加速上涨形，跌破5日均线，必卖。

(二)逐浪上涨形、阶梯上涨形

图 4-9　002086(东方海洋)2010.7.16～2010.10.11 日K线图

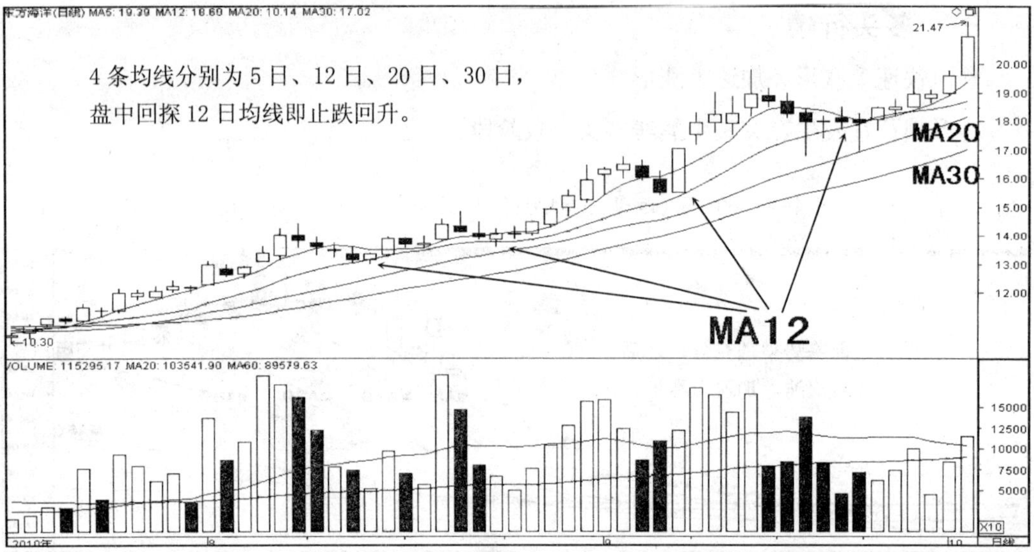

图 4-9

图 4-9 解析：

主升浪行情，呈逐浪上涨形，12日均线作为操盘线，价格每次回调至12日均线上方附近即是买入或加码的好机会。12日均线为隐形操盘线，可通过之前的回调最低价或开盘价确定。

逐浪上涨形、阶梯上涨形：一般以10日、20日、30日或隐形均线作为操盘线。

逐浪上涨形：一般每上涨一定幅度，便回调洗盘，幅度相对较深，然后再向上攻击，从走势看，像波浪一样。

阶梯上涨形：一般每上涨一定幅度，便区间整理，回调的幅度较小，从走势看，像阶梯一样。

一般以价格回调或横向整理至操盘线附近买入。

二、空头行情

空头行情，可以考虑融券做空，或者期指做空，不建议追涨。

图 4-10　600278(东方创业)2007.5.8～2007.7.16 日 K 线图

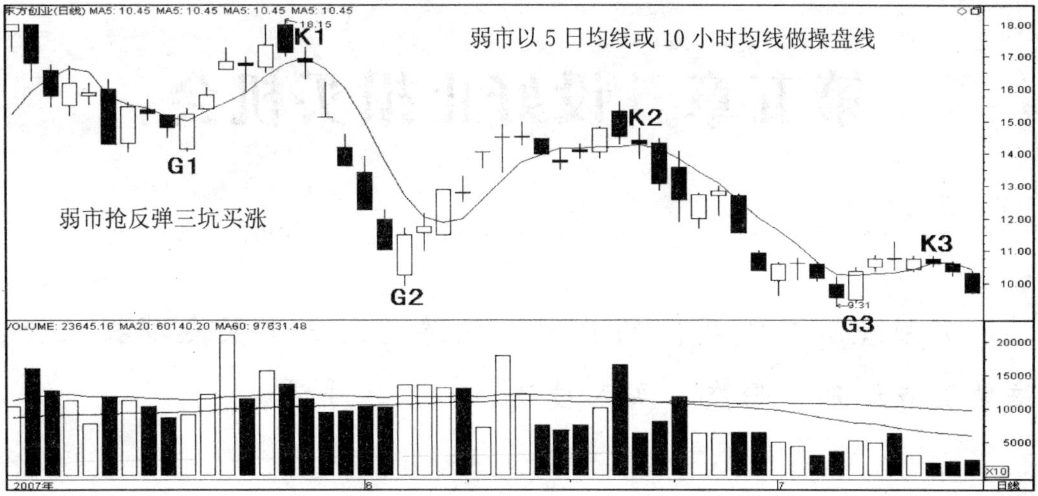

图 4-10

图 4-10 解析：高点逐渐降低，低点不断创新低，明显弱势。

对于弱势行情，一般不建议抢反弹，但所有的反转最初都是由反弹形成的。作为一种弱势操盘技术，在此略加探讨。

1. 弱势行情要卖得快

一般跌破 5 日均线之后，出现暴跌的可能性较大，弱势抢反弹跌破 5 日均线必须先卖出，也可以跌破 10 小时均线卖出。

2. 弱势行情要买得稳

弱势行情一般至少等大盘企稳，且必须日 K 线有止跌反攻信号才能进场，买点执行抢反弹三坑买涨，一般只做超跌不追涨。

三、宽幅震荡

宽幅震荡包括震荡筑底、震荡洗盘、震荡盘顶，属于箱体震荡，一般以接近箱体的上边压力线和接近箱体的下边支撑线作为交易指令。只有突破箱体后，趋势确立，方可确认操盘线。

第五章　设好止损买机会

深刻理解三重买区的异同，熟练运用三重买点捕捉机会，谙熟买点级别、形态、买入技法、心法、手法。

第一节　三突破买

价格的基本运行方向有三种：下跌、盘整、上涨。与此对应三种基本买入法：挖坑突破买入法、黏合突破买入法、顶线突破买入法。

一、挖坑突破买入法

1. 定义

挖坑，指价格挖坑和成交量挖坑。突破，指价格突破阻力位。价格挖坑到位，成交量挖坑到位，价格再向上突破即买入。挖坑突破买入法是最基本的买入法，挖坑突破形态是构成其他买入形态的基本单元。

2. 分类

挖坑突破买入法分为多头挖坑突破买入法和空头挖坑突破买入法。多头即多头行情，空头即空头行情。

(一)多头挖坑突破买入法

图 5-1　000937(冀中能源)2009.3.12～2009.4.28 日 K 线图，价格从 P 点向下杀跌，至 G 点 5 日均线死叉 20 日均线，5 日、10 日均线明显向下走，试问 G 点如何操作？

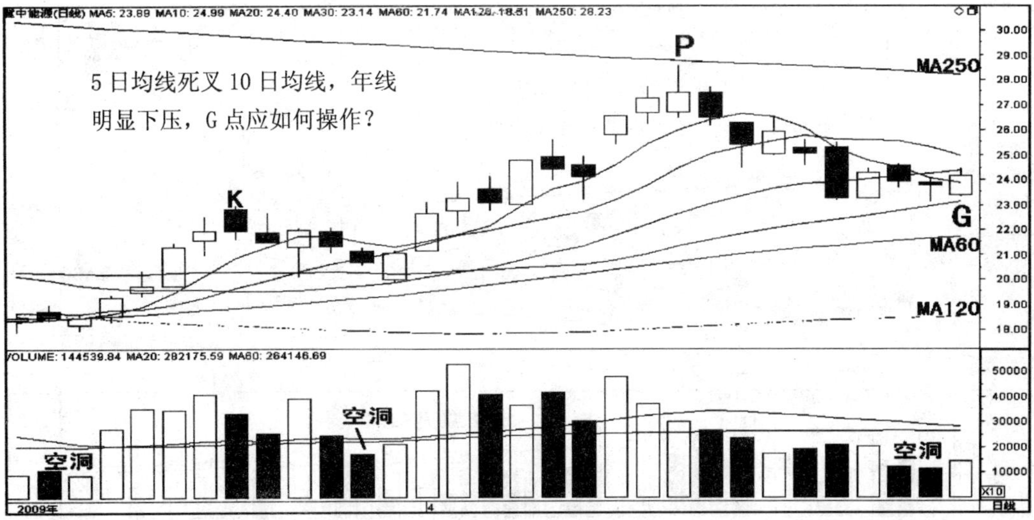

图 5-1　(后续走势见图 5-2)

图 5-1 操盘策略：

1. 大势研判

MA30、MA60 在成交量推动下，已经形成多头排列，为明显多头行情。

MA120 在 MA30、MA60 推动下，由向下走变为上行，处于突破牛熊线多头上攻阶段（见第十二章《突破牛熊线多头上攻》），应持股待涨，为中线买点。

2. 成交量挖坑到位

①前期成交量连续放大，呈步步高走势，压力位有抢筹迹象，至均量线 VOL20 上穿 VOL60，有增量资金介入明显。

②回调快速缩量，符合洗盘 3 天量减半。

③至 G 点成交量小于均量线 VOL20 和 VOL60，形成明显空洞。

3. 价格挖坑到位

①价格由 P 点向下震荡杀跌，至 30 日均价线上方附近。

②由之前的大阴线杀跌，开始转为小阳小阴走势。

③盘中回踩不破前期高点 K，明显为强势洗盘。

4. 价格突破买入

按挖坑突破买入法，G 点突破 5 日均价线，成交量稍微放大，是很好的买点，临盘必须果断买入。只要 MA30、MA60 保持强势，捂股待涨。若做高抛低吸，一旦卖错了，则往往要花高价买回。

图 5-2　000937(冀中能源)2009.3.13～2009.5.22 日 K 线图

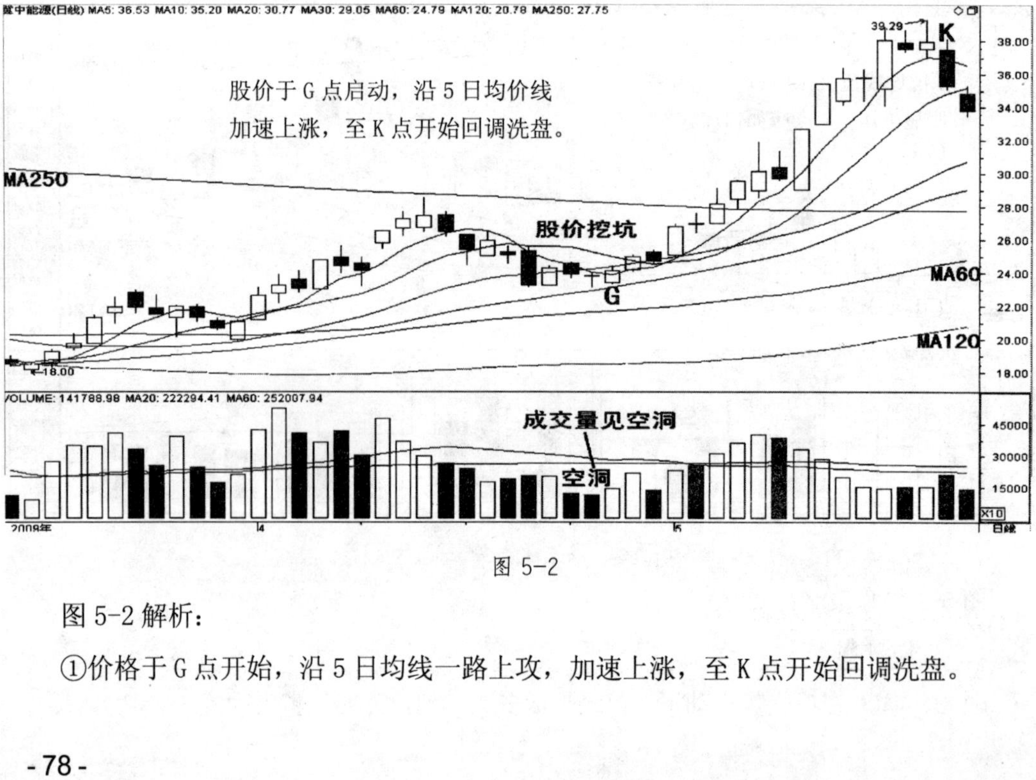

图 5-2

图 5-2 解析：

①价格于 G 点开始，沿 5 日均线一路上攻，加速上涨，至 K 点开始回调洗盘。

②价格于K点跌破5日均线，由于整体涨幅大，尤其是短期涨幅过大，获利浮筹多，洗盘的时间可能会较长。短线交易者可以先卖出，待调整到位后再回补，中线交易者仍可持股待涨。

③价格突破半年线之后，进入主升浪阶段，可能有多波上攻。若短线卖出之后，则必须注意回补，否则易错失大段行情。

多头挖坑突破买入法：

1. 挖坑突破级别

挖坑突破级别可分为分时线、日线、周线、月线等。级别不同，行情大小不同。

2. 挖坑突破技法

①价格挖坑到位标准。

价格回调至支撑位附近，不再出现暴涨暴跌，K线一般小阳小阴。

②成交量挖坑到位标准。

前期上攻放堆量：即明显超过均量线VOL20、VOL60，谓之堆量。

洗盘至成交量见空洞：即成交量明显缩小，与20日、60日均量线形成空洞。若前期放巨量，成交量缩小到1/2或1/3，则浮筹得到有效清理，抛盘减少，再向上攻压力减小。

③价格突破买入标准。

把价格向上突破5日均线，作为买入指令。当日涨幅不小于3%、不超过6%为好。稍微放量，但不暴大量。

3. 挖坑突破心法

①堆量破位不挖坑不买。

②挖坑不见明显空洞不买。

③见空洞不放量突破5日均线不买。

前期为什么放量上攻？说明有资金异动。是见大顶还是洗盘？看突破方向。既然向上突破，就跟着做！做对了收获不小，万一做错了，就果断止损，把亏损控制在预期范围内。

4. 挖坑突破手法

①一旦价格挖坑到位，注意了！

②一旦成交量见空洞，盯紧了！

③一旦价格向上突破5日均线，行缠术之缠多！

(二)空头挖坑突破买入法

空头挖坑突破买入法，即空头行情向下杀跌抢反弹方法，见第五章第五节《抢反弹三坑买涨》。

二、黏合突破买入法

1. 定义

黏合，指通过反复震荡洗盘，至中短期均线黏合；突破，即价格向上突破阻力位。洗盘至均线黏合后向上突破时买入。

2. 分类

黏合突破买入法可分为多头黏合突破买入法和空头黏合突破买入法。多头黏合，即短期均线黏合，中长期均线 30 日、60 日呈多头排列，上翘顶托。空头黏合，即短期均线黏合，中长期均线 30 日、60 日呈空头排列。

(一)多头黏合突破买入法

图 5-3　000651(格力电器)2006.12.26～2007.4.10 日 K 线图。

价格从 K 点开始区间震荡，是震荡出货还是震荡洗盘？G 点如何操作？

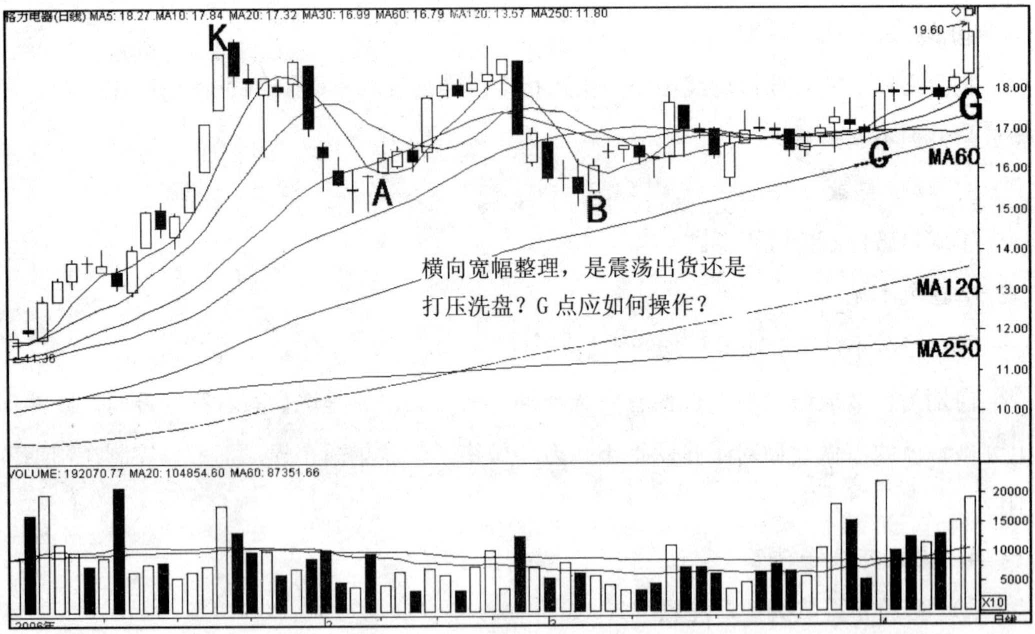

图 5-3　(后续走势见图 5-4)

图 5-3 操盘策略：

1. 大势研判

短期均价线 MA5、MA10、MA20、MA30 四条均线黏合，MA60 就近向上顶托，MA120、MA250 呈多头排列，强势行情明显，为突破牛熊线多头上攻阶段，是中线买点。

2. K 线洗盘到位

K 线反复上下搓，阳大阴小，阳多阴少，由之前的大阳线大阴线洗盘，逐渐转为小阳小阴。

3. 成交量洗盘到位

区间震荡幅度大，洗盘时间长，成交量缩小，见明显空洞，筹码锁定性好。

4. 逼空突破买入

G 点放量突破前期高点，放量但不放天量，突破相对轻松，临盘必须抢进，捂股待涨。

图 5-4　000651(格力电器)2007.3.13～2007.6.26 日 K 线图

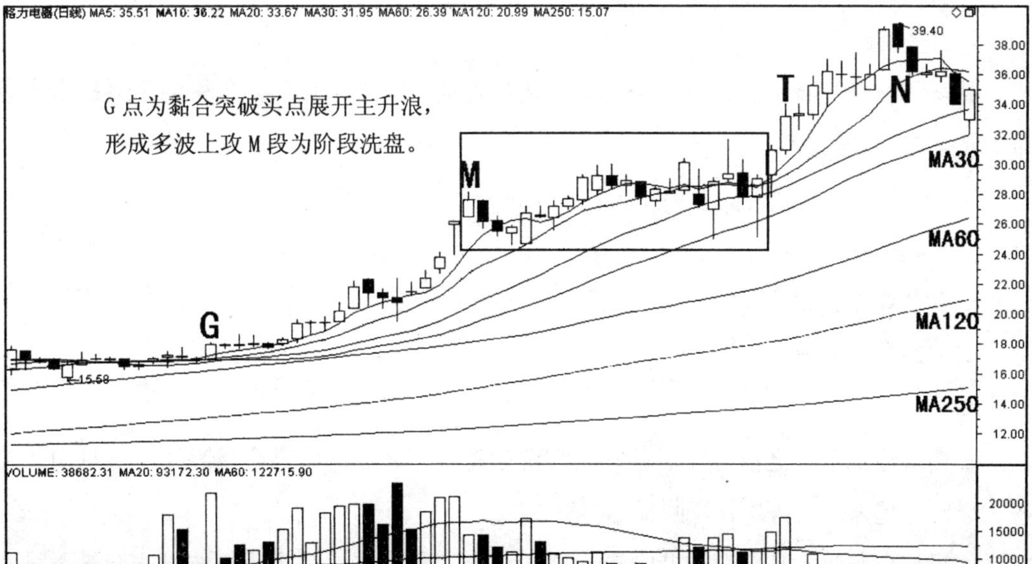

图 5-4　(图 5-3 后续走势图)

图 5-4 解析：

①G 点放量大阳线向上突破，沿 5 日均线一路上攻，加速上涨，至 M 点开始回调洗盘。

②由于整体涨幅大，尤其是短期涨幅过大，获利浮筹多，价格于 M 点开始横向整理，洗盘的时间较长，短线交易者可以先卖出。至 5 日、10 日、20 日均线再次黏合，30 日均线上翘顶托，于 T 点突破 M，继续上攻，临盘可抢入。中线交易者仍可持股待涨。

③价格突破半年线之后，进入主升浪阶段，形成多波上攻。须行缠术之缠多，否则易错失大段行情。

多头黏合突破买入法：

1. 黏合过程分解

均线逐渐黏合过程，往往是由2～3个挖坑形态构成，其震荡幅度一般依次减小，最后至均线黏合。如图5-3，A、B两处为明显挖坑形态，至C点短期均线黏合。

2. 黏合突破技法

①K线洗盘到位标准。

价格经过一波强势拉升后，往往会震荡洗盘，直到短期均线黏合，K线一般呈小阴小阳形态。之前拉升的幅度越大，洗盘的时间越长。

②成交量洗盘到位标准。

成交量大幅萎缩，小于20日、60日均量线，见明显空洞。

③逼空突破买入标准。

黏合突破分两步，首先是黏合启动，随后是逼空突破。我们把价格向上突破压力位作为黏合突破买入指令。

压力位包括：颈线位、重要平台、前期高点。

3. 黏合突破心法

①不是重心上移不买！

②不是黏合空洞不买！

③不是逼空突破不买！

长期均线上翘，之前K线震荡越大，洗盘越凶，之后均线黏合越紧密，一旦向上突破，爆发力越强，涨势越好，回报越丰厚。

如果担心是见大顶震荡出货，就看是否高位放量滞涨，是否反复洗盘成交量不见明显缩小，是否放量砸盘，若都不是，则洗盘可能性更大。

再看突破方向，既然向上突破，做对了短期内收益十分可观，万一做错了就果断止损。这样的机会不多见，决不可错过！

4. 黏合突破手法

①一旦均线黏合，注意了！

②一旦成交量见空洞，盯紧了！

③一旦向上突破前期高点，行缠术之缠多！

(二)空头黏合突破买入法

空头黏合突破买入法，中长期均线如250日、120日、60日均线向下走，短期均线如5日、10日、20日等均线黏合，此种情况下的买入方法，见第五章第五节《抢反弹三坑买涨》。

三、顶线突破买入法

1. 定义

顶，指历史大顶；线，创新高后由重要的黄金分割线、重要的整数关口和重要的时间窗口中的一种或几种所构成的压力线。顶线突破买入法，即突破有形的历史大顶或者突破无形的压力线的买入法。

2. 分类

突破历史大顶买入法；突破压力线买入法。

(一)突破历史大顶买入法

图5-5 000609(绵世股份)2007.5.21～2007.9.26日K线图。

整体涨幅大，宽幅震荡剧烈，有见顶出货之嫌，G点应如何操作？

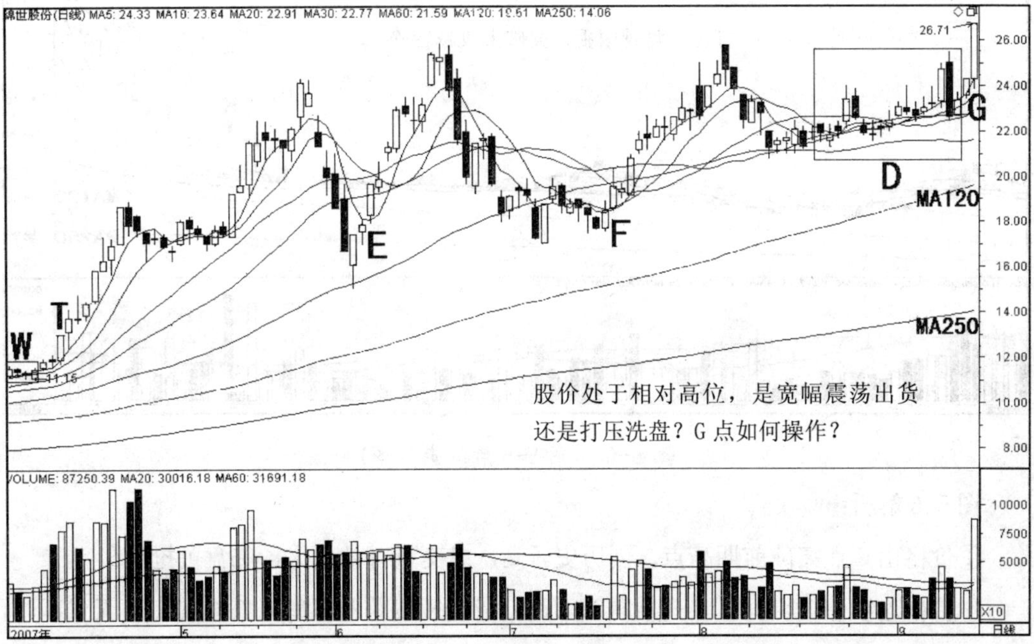

图5-5 (后续走势见图5-6)

图5-5操盘策略：

1. 大势研判

之前价格整体涨幅大，短期获利浮筹多，经过较长时间洗盘，盘整至短期均价线MA5、MA10、MA20、MA30四条均线黏合。MA60就近向上顶托，MA120、MA250呈多头排列，强势行情明显，为突破牛熊线多头上攻阶段。

2. K线洗盘到位标准

K线反复上下搓，阳大阴小，阳多阴少，洗盘时震荡幅度大，由之前的大阳线大阴线，转为小阳小阴。

3. 成交量洗盘到位标准

成交量由之前放堆量，随后逐渐缩小，小于20日、60日均量线，见明显空洞，筹码锁定性好。

4. 价格突破买入标准

G点放量突破前期高点，放量但不放最大量，向上突破有效，临盘必须果断买入，捂股待涨。

图5-6 000609(绵世股份)2007.6.14～2007.10.16日K线图

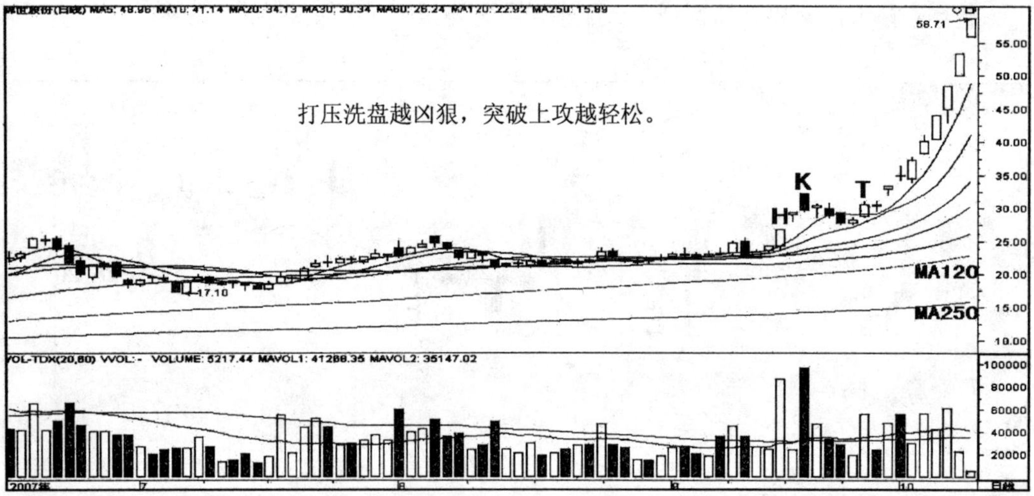

图5-6 （图5-5后续走势图）

图5-6解析：

①价格由G点突破前期高点，创历史新高，成交量有效放大，临盘可抢进。

②价格连续上攻，至K点开始向下杀跌，清洗短线获利浮筹，符合洗盘3天量减半，洗盘5天见前低。

③至10日均线附近，回调不破颈线位，于T点再次沿5日均线上攻，连创新高。

④加速上涨形，一般不破5日均线不卖。跌破5日均线可先卖出，并做好回补的准备。

突破历史大顶买入法：

1．顶线突破的形成

顶线突破一般由2～3个大级别的黏合突破梯次完成，即每次上涨到一定高度，进行较长时间的震荡整理，至均线黏合，然后再上攻。图5-5中W段和D段为依次走高的两次大级别的均线黏合，G点开始继续向新高冲击。

2．顶线突破技法

①均线蓄势到位标准。

经过长时间的宽幅整理，至短中期均线基本黏合，中长期均线就近顶托助涨，形成大级别的短黏长翘。

②成交量洗盘到位标准。

成交量缩小，明显小于20日、60日均量线，见空洞。

③价格突破买入标准。

价格向上突破历史大顶，成交量稳步放大，不忽大忽小，放量但不放天量，突破轻松果断，一气呵成。

3．顶线突破心法

①不是短黏长翘不买。

②不是支撑空洞不买。

③不是轻松突破不买。

短期均线黏合，长期均线上翘顶托，蓄势充分，向上突破概率更大。

支撑位见空洞，表明主力没有利用支撑位大量出货。

轻松突破，即放量但不暴最大量，比洗盘之前的阶段顶部成交量明显缩小为好。若同期大盘和板块领涨股强势，则是真突破的可能性更大。

4．顶线突破手法

①一旦均线短黏长翘，注意了！

②一旦成交量见空洞，盯紧了！

③一旦向上放量突破，设好止损买机会，行缠术之缠多！

(二)突破压力线买入法

价格突破历史大顶，创新高，突破重要黄金分割线和至时间窗，设好止损买机会。

四、三种基本买入法之间的相互关系

图 5-7 887016(农林牧渔)2009.7.28～2009.11.23 日 K 线图

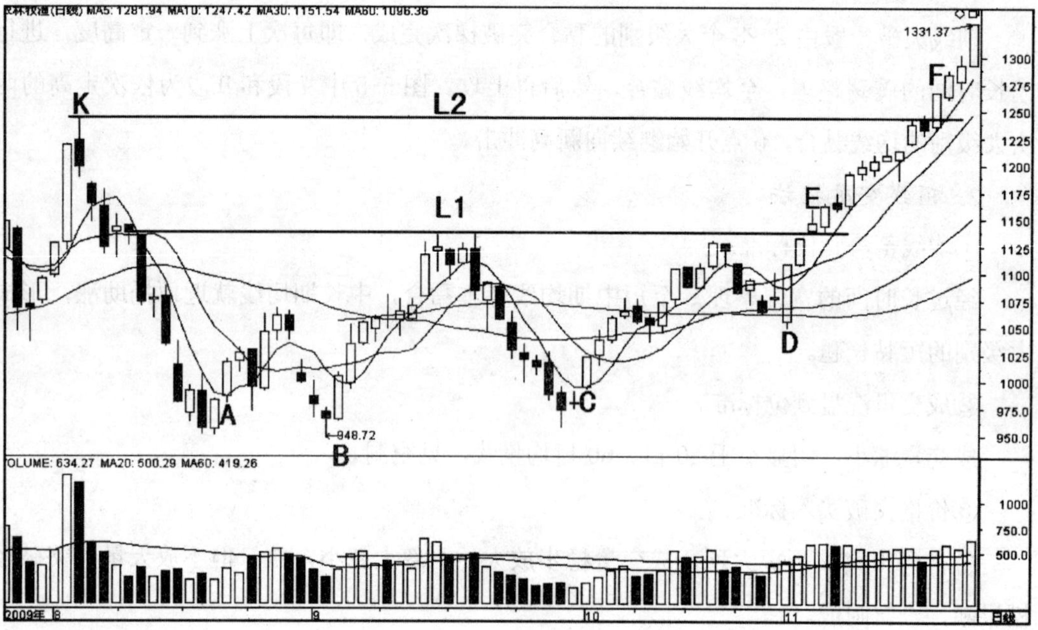

图 5-7

图 5-7 解析：

由 K 点开始宽幅震荡洗盘，构成 4 个大小不一的“坑”，价格挖坑，成交量挖坑，A、B、C、D 向上突破 5 日均线反攻，为挖坑突破形态。

价格经过较长时间的区间宽幅震荡，至多条均线黏合，至 D 点黏合起动，至 E 点突破颈线位 L1，构成黏合突破形态。

价格经过较长时间的横向整理，均线短黏长翘，至 F 点向上突破颈线位 L2，突破历史大顶，创新高，构成顶线突破形态。

可见，挖坑突破形态可作为基本形态，多个挖坑突破形态可构成黏合突破形态，多个黏合突破形态可构成顶线突破形态。

第二节 五阳抢筹

五阳抢筹定义

起涨点一般为阳线，但并不是所有阳线都能成为起涨点，我们把能形成起涨点的阳线分连阴阳、空倍阳、逼空阳、C浪阳和黄金阳，合称“五阳”。五阳中连阴阳、空倍阳和逼空阳为单阳线，C浪阳、黄金阳为复合阳线。K线图中出现五阳，必须果断买入，谓之“五阳抢筹”。

五阳抢筹优点

起动买点定在五阳抢筹，至少有以下几种好处：

1. 买对的概率更大

一轮调整之后，一般总是从阳线开始上攻，买在五阳，由于惯性的作用或者趋势的作用，之后继续上涨的概率更大。

2. 止损位的设置更直观

前有一条阳线做支撑，持股更有安全感，更有信心，而且可将起动阳线的开盘价或最低价作为止损价，直观有效。

3. 不必天天为当天是否买入而倍受煎熬

在价格由盘整区进入突破区时，对具体哪天买，哪个点位买有时难以决策。五阳精确到单根K线，简明直观，买点明确。

“三突破买”分解

三突破买指挖坑突破买入法、黏合突破买入法、顶线突破买入法，探求的是形态与形态、形态与买点之间的相互关系。

挖坑突破形态是买入形态的基本单元，多个挖坑突破形态可构成黏合突破形态，多个黏合突破形态可构成顶线突破形态。

挖坑突破形态买点可以是连阴阳、空倍阳、C浪阳、黄金阳。

黏合突破形态买点和顶线突破形态买点都是逼空阳。

五阳抢筹心诀

宁亏数点，不拖半天。

宁亏数点：设好止损买机会，将风险控制在可以承受的范围内。

不拖半天：一见五阳，果断抢筹，宁可小错，不可错过。

一、连阴阳

连阴阳定义：连，连续；阴，阴线；阳，阳线。连阴阳即连续特定阴线之后出现的阳线。

连阴阳分类：连阴阳可分为弱势连阴阳和强势连阴阳。“弱势”简明判断标准即价格跌破30日均线，30日均线往下走，或者30日、60日均线空头排列。“强势”简明判断标准即30日、60日均线多头排列，价格不跌破30日均线。

下面我们通过一幅实例图讲解连阴阳。

图5-8　600809(山西汾酒)2011.11.25～2012.1.17日K线图。

明显弱势行情，G点是应逢高卖出还是买入？

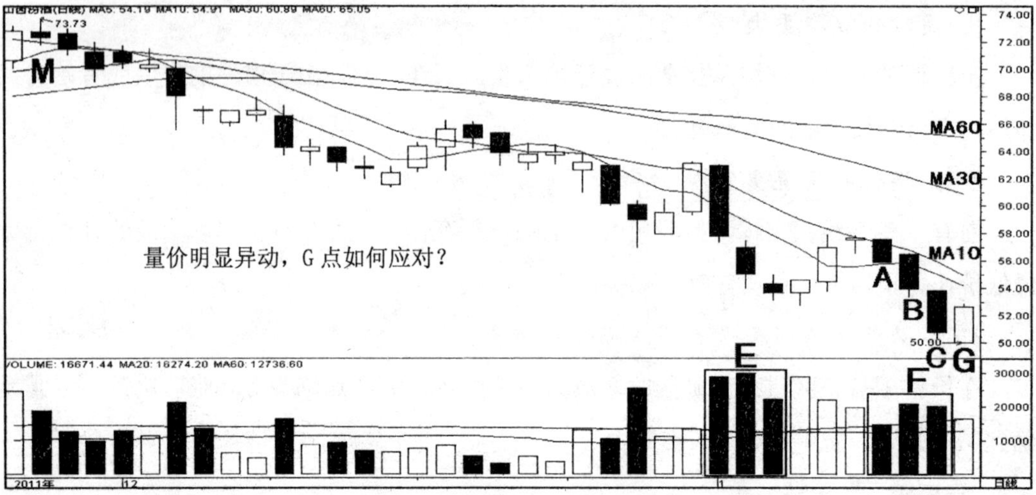

图5-8 （后续走势见图5-9）

图5-8操盘策略：

1. 以大统小解盘

G点符合弱势连阴阳买入法：

①符合弱势条件：30日、60日均线空头排列，60日均线仍向下走，弱势行情。

②A、B、C连跌3天，C为中阴线。而且E段、F段超跌之后暴大量下跌，成交阴量放大显著，是谁在卖呢？主力资金会在深套之后大量卖出吗？是谁在接盘呢？

③价格从M点开始一路杀跌，整体跌幅大。

④G点收阳线，有止跌反弹迹象，设好止损买机会，临盘应果断买入。

2. 攻防兼备策略

①于G点收盘前买入。

②跌破 G 点开盘价止损。

③若 G 点没买，则下个交易日只要不跌破 G 开盘价，不暴大量仍可买。

④弱势行情可以 5 日均线做操盘线。

现在我们一起看图 5-8 之后的实际走势。

图 5-9 600809(山西汾酒)2011.12.30～2012.2.24 日 K 线图

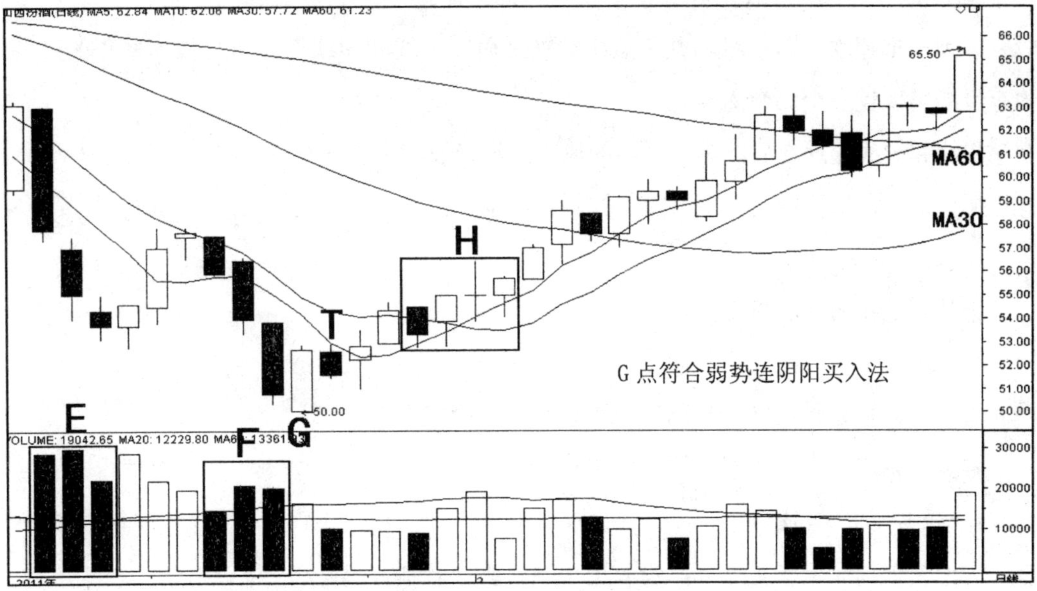

图 5-9 （图 5-8 后续走势图）

图 5-9 解析：

①G 点符合弱势连阴阳买入法，要于收盘前 1 小时或半小时果断买入。

②T 缩量回调，不破 G 点开盘价，可作为次买点。

③H 段，5 日均线做操盘线，H 段回踩 5 日均线，可做三买点。

弱势连阴阳

1. 弱势连阴阳技法

①中线超跌：整体跌幅大，中长期均线呈空头排列，向下发散大。

②短线急跌：价格连跌 3 天或 3 天以上，其中有 1～2 根中大阴线。

③量价异动：比如成交阴量放大显著，K 线形态变化明显等。

凡收阴线都不买，收阳线方可买入，不管当天放量不放量。短线止损位可设为连阴阳开盘价(或最低价)。弱势连阴阳与 C 浪阳、黄金阳、抢反弹三坑买涨配合使用，成功概率更大。

技法解析：

①中线超跌：只有拉开了反弹空间，引发抢反弹或抄底的可能性更大。

②短线急跌：形成恐慌杀跌，短线暴跌风险释放，产生了短线获利空间。

③量价异动：有资金主动入场，一般会引发走势变化。

2. 弱势连阴阳心法

弱势机会不多，一般只有具备中线介入的空间，短线买入盈利的可能性才更大。一般要等到严重超跌，即中线超跌和短线急跌之后，中线和短线都有进行技术修正的必要，才有可能出现较安全的介入点。

中线和短线超跌之后，短线暴跌的风险已经释放，上涨的空间打开，出现连阴阳，设好止损买机会，只要机会大于风险，控制仓位抢反弹，这就是在别人恐惧的时候贪婪。

3. 弱势连阴阳手法

①凡尾盘收阴线都可不买。

②若出现了3根阴线，且其中至少有1根中大阴线，则做好买入的准备。

③若某天临近收盘确认收阳线，则行缠术之缠多。

强势连阴阳

1. 强势连阴阳技法

①中长期均线呈多头排列，没有出现顶背驰或者顶背离。

②价格连跌3天或3天以上，无中、大阴线为好，没有出现恐慌杀跌。

③量价平稳收阳：之前杀跌以缩量为宜，当天以稍放量为好，K线无明显异动。

凡收阴线都可不买，收阳线可买入，设好止损买机会。

强势连阴阳与空倍阳一致，与操盘线配合使用，成功概率更大。

技法解析：

①一轮行情，可能会有多波上攻，于攻击回调之后介入，安全性更大。

②打压洗盘，不破位，不形成恐慌杀跌，无中、大阴线。

③若出现明显量价异动，则有可能见顶，或者陷入长时间盘整。若收阳线反攻，则很可能洗盘结束，重拾升势。

2. 强势连阴阳心法

强势行情，机会远大于风险。

强势行情三连阴洗盘，洗盘相对彻底，短线暴跌风险释放。

一旦强势连阴阳出现，是绝不可错过的短线快速获利机会。

强势行情不是一天就见顶的，设好止损买机会。

3. 强势连阴阳手法

①凡尾盘收阴线都可不买，等待反攻的信号。

②若出现了 3 根阴线，则做好买入的准备。

③若某天临近收盘确认收阳线，则行缠术之缠多。

图 5-10　000078(海王生物)2009.3.20～2009.5.8 日 K 线图。

G 点是否是买点？有人认为高位放量滞涨，见顶迹象明显，要逢高卖出；有人认为回调洗盘，G 点是逢低吸纳的好机会。你认为呢？

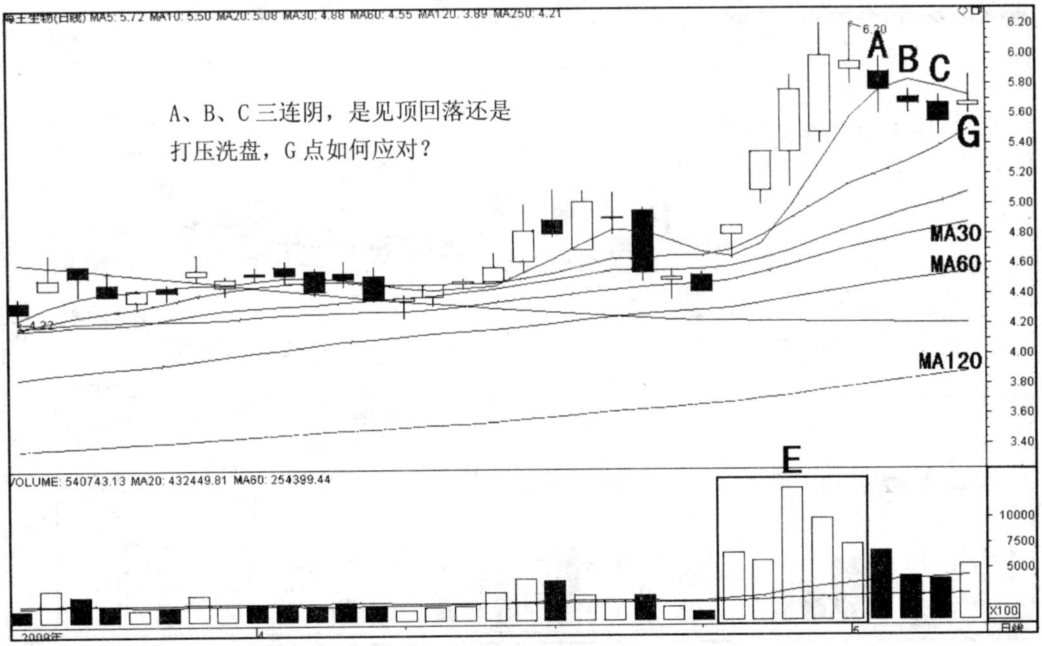

图 5-10 （后续走势见图 5-11）

图 5-10 操盘策略：

1. 以大统小解盘

G 点符合强势连阴阳买入法：

①符合强势条件：30 日、60 日均线多头排列，120 日均线上翘助涨，突破年线后盘整时间较长，且放量突破前期平台，进入主升行情，为捂股待涨阶段。

A、B、C 连跌 3 天，均为小阴线，三阴不破一阳，不破 10 日均线，且明显缩量，符合洗盘 3 天量减半，打压洗盘迹象更明显，行情刚刚起动，无明显见顶迹象。

②价格从突破平台开始，整体涨幅不大。

③G 点收阳线，有止跌反弹迹象，设好止损买机会，临盘应果断买入。

2. 攻防兼备策略

①G 点稍稍放量收阳，是洗盘结束重新上攻的信号，是很好的买点。

②止损位设置，由于 G 点涨幅不足 3%，可以亏损 3%即止损。若收盘不跌破 G 点开盘价，则不必担心。

③若 G 点没买，下个交易日只要不放量杀跌，则仍可买。

④一般价格不跌破 30 日均线，以捂股待涨为主，也可长多短空。

图 5-11　000078(海王生物)2009.4.24～2009.6.18 日 K 线图

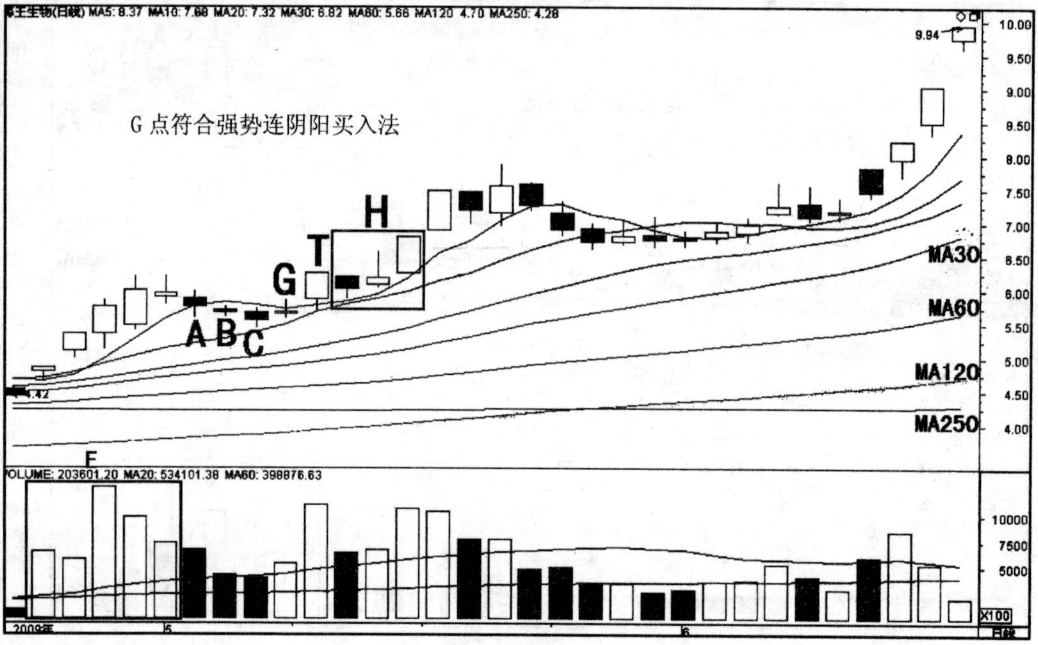

图 5-11　（图 5-10 后续走势图）

图 5-11 解析：

①G 点符合强势连阴阳买入法，要于收盘前 1 小时或半小时果断买入。

②T 点轻松突破前高，可作为次买点。

③H 段，以 5 日均线为操盘线，回踩 5 日均线不破，可做三买点。

弱势连阴阳有 1～2 根中大阴线为好，表明出现了恐慌杀跌。强势连阴阳以无中大阴线为好，表明筹码锁定较好，没有出现砸盘。

诱多连阴阳

连阴阳分弱势连阴阳和强势连阴阳，不符合连阴阳条件的为诱多连阴阳，仅为下跌中继，临盘绝不可买入。识别诱多连阴阳可按连阴阳条件依次检验即可(图 5-12、图 5-13)。

图 5-12 600812(华北制药)2010.5.28～2010.7.2 日 K 线图

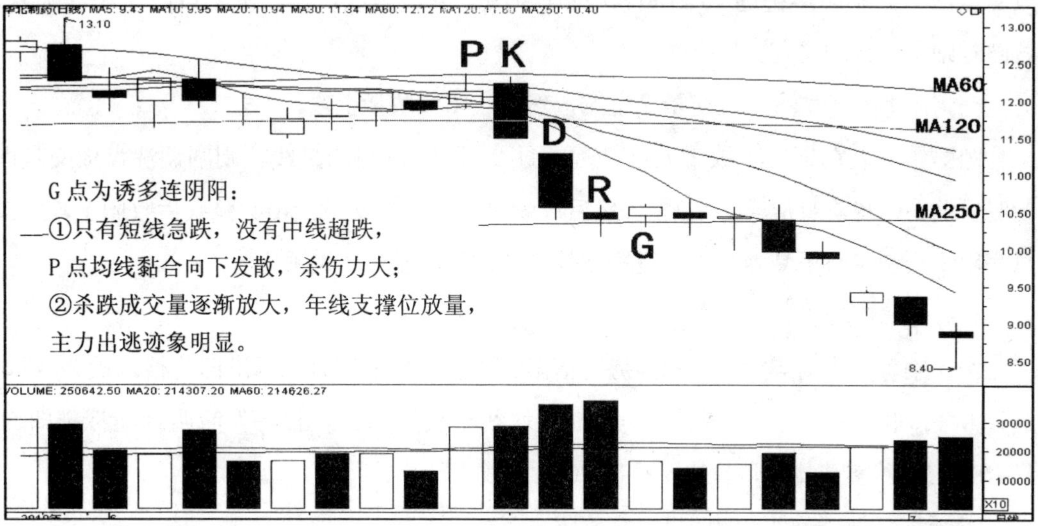

图 5-12

图 5-13 600559(老白干酒)2012.6.15～2012.7.31 日 K 线图

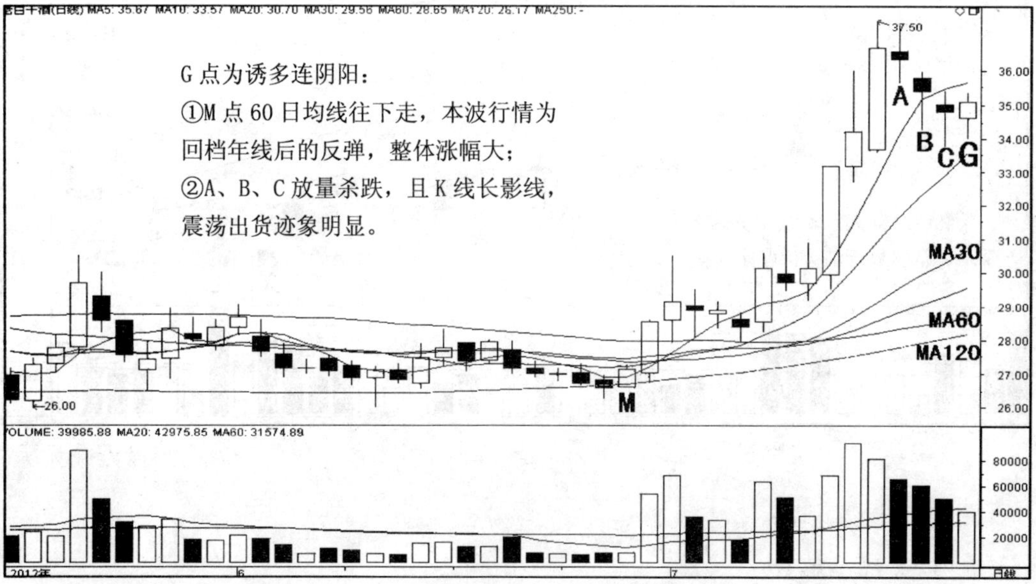

图 5-13

二、空倍阳

(一)空倍阳定义

空：前期上攻时成交量放堆量，回调时成交量大幅萎缩，明显小于 20 日、60 日均量线，成“空洞”。倍，成交量是前根 K 线成交量的一倍多，但不暴大量，不超过前 K 线成交量两倍，不明显超过 20 日和 60 日均量线。阳，阳线，当日涨幅以收中阳线为宜，若同时站上 5 日均线则更好。

空倍阳即打压洗盘至成交量见空洞，然后收阳线放量上攻。

圆弧阳，若前期上攻放量太过，远超过 20 日、60 日均量线，则回调洗盘成交量即使明显缩小，也没有形成“空洞”，然后放量上攻，即成交量走出圆弧底后收阳上攻。圆弧底用次级别走势更易确认。一般短期暴炒的题材股易产生圆弧阳。

(二)空倍阳分类

空倍阳可分为弱势空倍阳和强势空倍阳。“弱势”简明判断标准即价格跌破 30 日均线，30 日均线往下走，或者 30 日、60 日均线空头排列。“强势”简明判断标准即 30 日、60 日均线多头排列，价格不跌破 30 日均线。

下面我们通过一幅实例图讲解空倍阳。

图 5-14　002023(海特高新)2011. 12. 1～2012. 2. 2 日 K 线图。

明显弱势行情，G 点是逢高卖出还是买入？

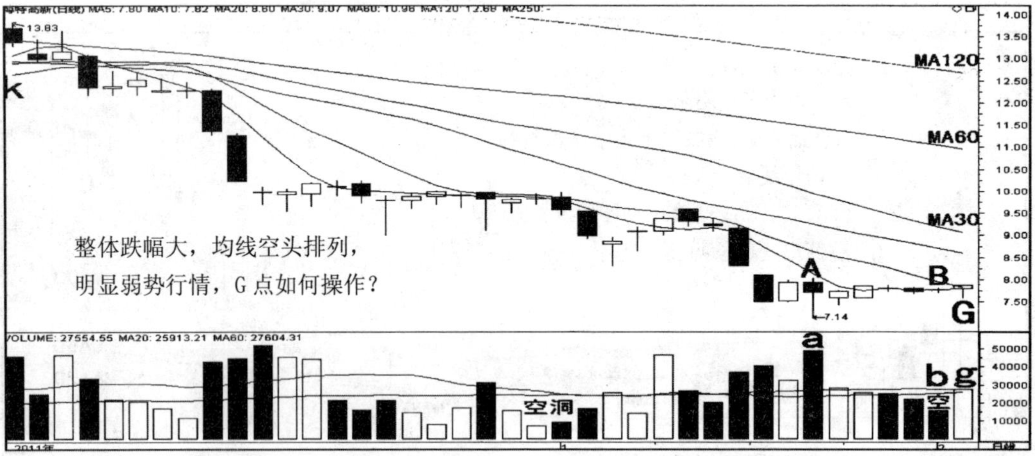

图 5-14　(后续走势见图 5-15)

图 5-14 操盘策略：

1. 以大统小解盘

G 点符合弱势空倍阳买入法：

①价格从 K 点开始一路下跌，整体跌幅大，中长期均线空头排列，向下发散大。

②短线企稳：短期均线收窄，5 日均线上穿 10 日均线。

③成交量异动：前期杀跌放量，a 处成交阴量放大显著，但不破位，显示有增量资金进场。区间整理至 b 点成交量见明显空洞。

G 点成交量放大，且站上 5 日均线，设好止损买机会，临盘应果断买入。

2. 攻防兼备策略

①G 点收盘前确认收阳线，可买入。

②跌破 G 点最低价止损。

③若 G 点没买，则下个交易日只要不跌破 G 点开盘价，不暴大量仍可买。

④弱势行情可以 5 日均线做操盘线。

现在我们一起看图 5-14 之后的实际走势。

图 5-15　002023(海特高新)2011.12.30～2012.2.24 日 K 线图

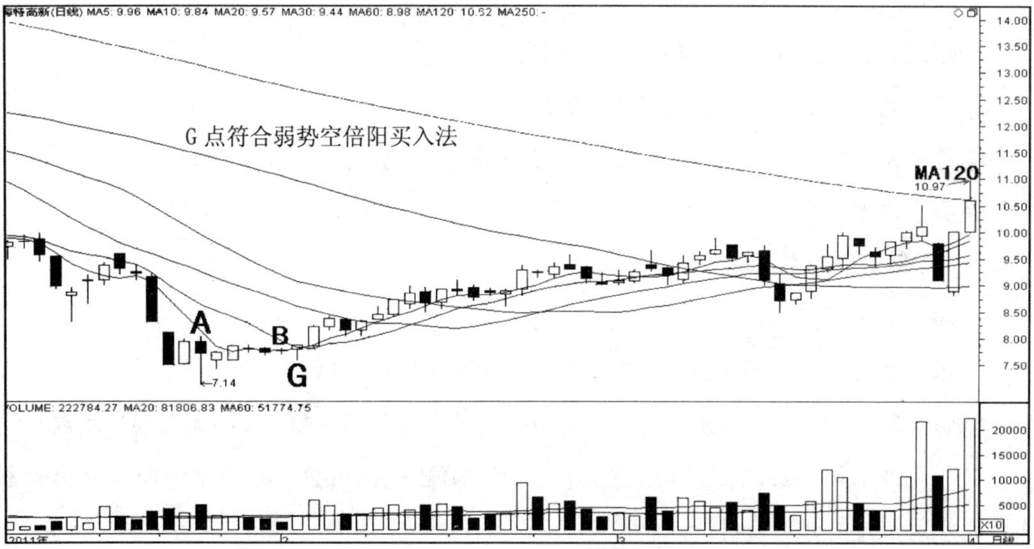

图 5-15　(图 5-14 后续走势图)

图 5-15 解析：

①G 点符合弱势空倍阳买入法，于收盘前 1 小时或半小时果断买入。

②次日不破 G 点开盘价，可作为次买点。

③以 5 日均线为操盘线，回踩 5 日均线不破，可做三买点。

弱势空倍阳

1. 弱势空倍阳技法

①中线超跌：整体跌幅大，中长期均线空头排列，向下发散大。

②短线企稳：股指(或价格)连续杀跌之后，有企稳走强趋势。

③量价异动：成交量异动，如之前成交阴量放大显著，K线较前明显异动。

凡收阴线都不买，若某天见空倍阳，则设好止损买机会。弱势空倍阳风险较大，必须与C浪阳、黄金阳、抢反弹三坑买涨配合使用。

技法解析：

①中线超跌：只有拉开了反弹空间，引发抢反弹或抄底的可能性更大。

②短线企稳：短线暴跌风险释放，且有走强的迹象。

③量价异动：有资金主动介入，一般会引发走势变化。

2. 弱势空倍阳心法

弱势机会不多，更多的是等待，等待中线超跌，等待量价异动。

若空倍阳出现，则必须控制好仓位，设好止损买机会。

3. 弱势空倍阳手法

①回调洗盘成交量不见空洞，都可不买。

②洗盘见明显空洞，做好随时买入的准备。

③等某天临收盘确认空倍阳，行缠术之缠多。

强势空倍阳

1. 强势空倍阳技法

①中长期均线呈多头排列，没有出现短期暴涨或放量滞涨。

②短线洗盘到位，不跌破重要均价线，无中、大阴线为好。

③量价平稳收阳，之前杀跌以缩量为宜，当天以稍放量为好，K线无明显异动。

凡收阴线都可不买，若某天见空倍阳，则设好止损买机会。强势空倍阳，成功概率大，是不可错过的介入良机。

技法解析：

①一旦出现短期暴涨或者放量滞涨，很可能陷入较长时间的盘整，甚至出现大幅回调。

②打压洗盘，不破位，不形成恐慌杀跌，无中、大阴线。

③若无明显量价异动，收阳线反攻，则很可能是打压洗盘结束，重拾升势。

2. 强势空倍阳心法

强势空倍阳，是短线快速获利的良机，临盘绝不可错过。

强势空倍阳，一般可以重仓参与，以捂股待涨为主。

强势行情，由于做多动能较强，由多转空有一个逐步确认的过程，因此即使行情走弱，往往也有机会出逃。

3. 强势空倍阳手法

①凡尾盘收阴线都可不买。

②若洗盘见空洞，则做好随时买入的准备。

③临近收盘确认空倍阳，行缠术只缠多。

图 5-16　600139(西部资源)2010.8.3～2010.9.27 日 K 线图。

关于 G 点如何操作，一种意见认为，P 点量价背离，此后为杀跌出货，G 点必须逢高卖出；另一种意见认为，此前向下杀跌是回调洗盘，G 点是逢低吸纳的好机会。两种意见相反，你的意见呢？

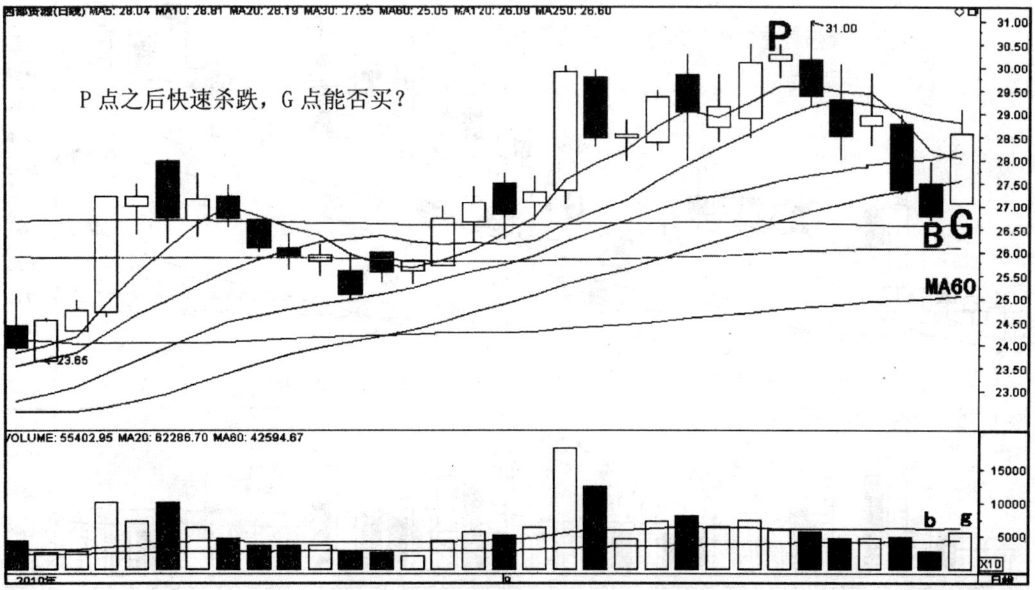

图 5-16　(后续走势见图 5-17)

图 5-16 操盘策略：

1. 以大统小解盘

G 点符合强势空倍阳买入法：

①符合强势条件：30 日、60 日均线多头排列，刚突破年线和半年线，整体涨幅不大，一旦向上突破，后市涨幅可观。

②由 P 点连续几天打压，成交量缩小，B 点成交量见明显空洞，符合洗盘 3 天量减

半，洗盘 5 天见前低，打压洗盘迹象更明显，行情刚刚起动，无明显见顶迹象。

③G 点空倍阳，设好止损买机会，临盘应果断买入。

2. 攻防兼备策略

①G 点稍稍放量收中阳线，是洗盘结束重新上攻的信号，是很好的买点。

②止损位设置，由于 G 点为中阳线，涨幅超过 6%，可将 G 点实体一半作为止损位，也可将 G 点的开盘价作为止损位。

③若 G 点没买，则下个交易日只要不放量杀跌，仍可买。

④一般价格不跌破 30 日均线，以捂股待涨为主，也可长多短空。

图 5-17　600139(西部资源)2010.8.27～2010.11.1 日 K 线图

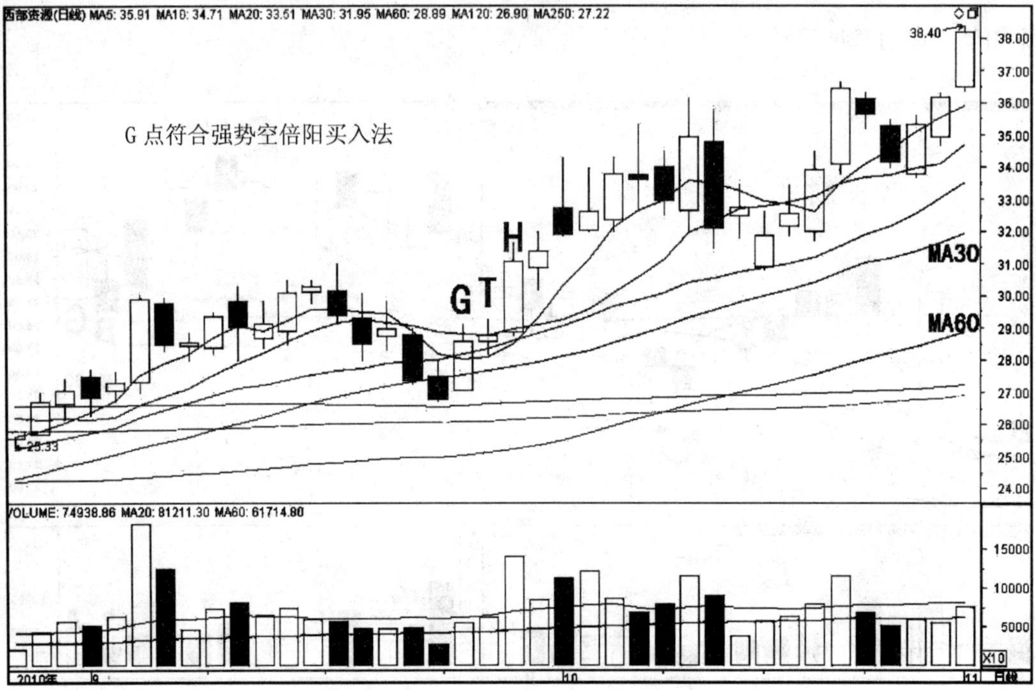

图 5-17　(图 5-16 后续走势图)

图 5-17 解析：

①G 点符合强势空倍阳买入法，要于收盘前 1 小时或半小时果断买入。

②T 点窄幅震荡，可作为次买点。

③H 点，可作为突破买点，操盘线可根据各人操盘风格决定。

④若要既不踏空，也不套牢，则行缠多之术。或以某根均线作操盘线，或反复做高抛低吸。

诱多空倍阳

空倍阳分弱势空倍阳和强势空倍阳，不符合空倍阳条件的为诱多空倍阳，仅为下跌中继，短暂抵抗而已，临盘绝不可买入。识别诱多空倍阳可按空倍阳条件依次检验即可(图 5-18、图 5 19)。

图 5-18　600362(江西铜业)2012.5.2～2012.7.16 日 K 线图

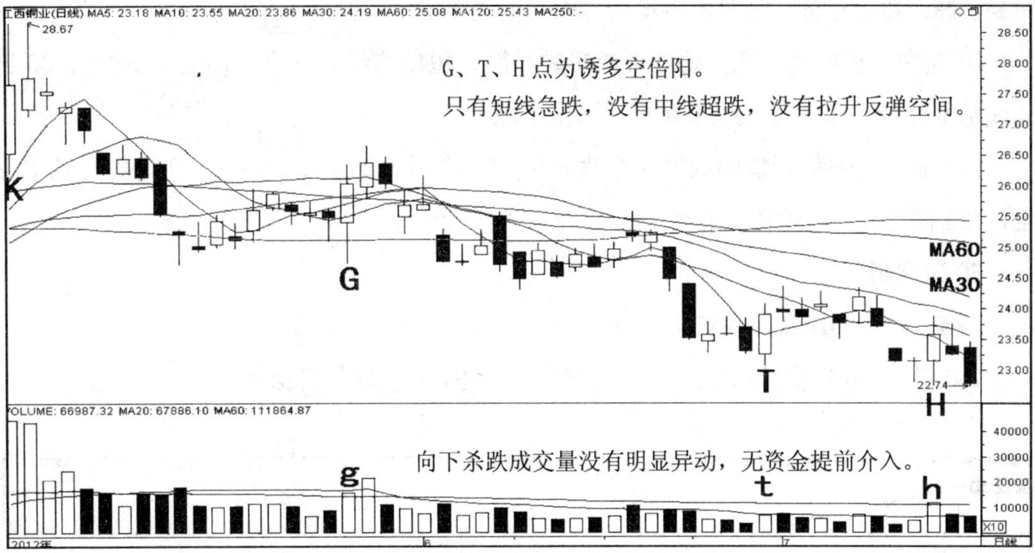

图 5-18

图 5-19　600230(沧州大化)2009.10.19～2009.12.23 日 K 线图

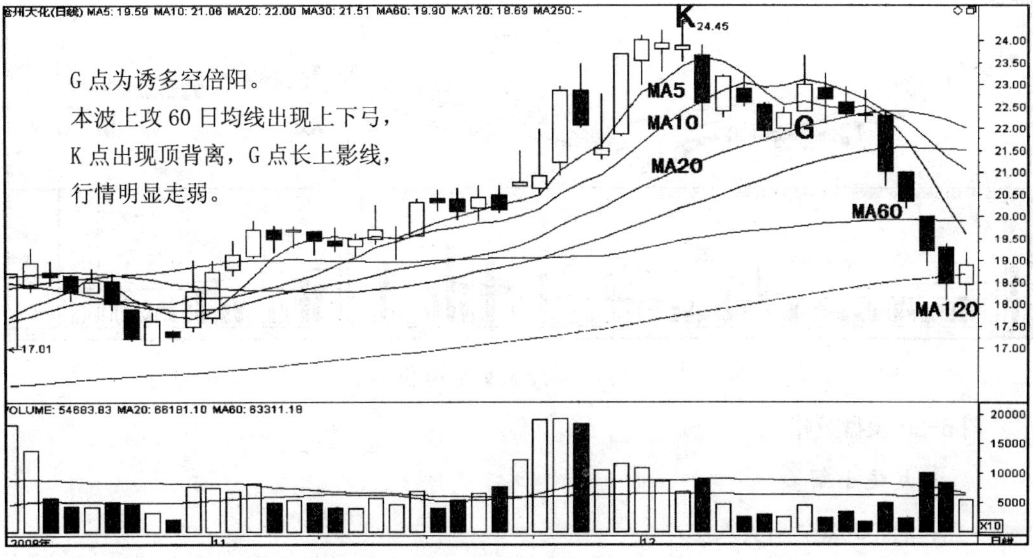

图 5-19

三、逼空阳

逼空阳定义：逼，逼迫；空，空头，或空仓；阳，阳线。逼空就是多头不断把价格推高，直到空头坚持不住止损为止，甚至空翻多追高买入；或者让空仓者没有低位建仓的机会，要么踏空，要么只能追高买入。由多头逼空所形成的中大阳线，叫逼空阳。

逼空阳分类：根据蓄势级别，逼空可分为60逼空和120逼空，其共同特征是均价线短黏长翘，蓄势充分，分时图步步高，成交量放大。

60逼空：价格见大底，均线形成短黏长翘，短期均线如5日、10日、20日、30日均线基本黏合，60日均线上翘顶托，逼空上涨。

120逼空：强势行情中级回调整理，5日、10日、20日、30日、60日均线基本黏合，120日均线上翘顶托，逼空上涨。

60逼空阳

图5-20　000762(西藏矿业)2008.9.19～2009.1.9日K线图。

250日、120日均线明显下压，60日均线上翘，G点应如何操作？

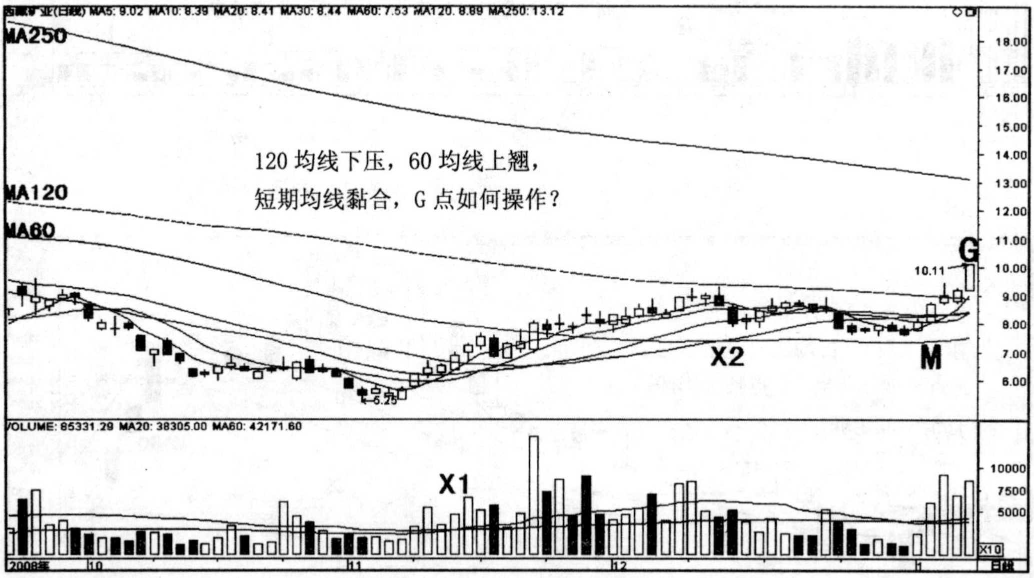

图5-20　（后续走势见图5-21）

图5-20操盘策略：

1. 以大统小解盘

G点符合60逼空阳买入法：

①价格整体跌幅大，中长期均线空头排列，向下发散大。

②成交量明显放大，于X1处20日均量线上穿60日均量线，于X2处30日均线上穿60日均量，并使60日均线由向下走开始调头向上，显示主力资金入场。

③于M处价格盘整至短期均线黏合，成交量见空洞，蓄势整理充分，随后上攻，放量突破颈线位，主升浪行情到来，捂股待涨为主。

G点强势突破，设好止损买机会，临盘应果断买入。

2. 攻防兼备策略

①于G点收盘前买入。

②跌破G点开盘价止损。

③若G点没买，则下个交易日只要不跌破G开盘价，不暴大量仍可买。

④强势行情以10日或20日均线做操盘线。

现在我们一起看图5-20之后的实际走势。

图5-21　000762(西藏矿业)2008.11.13～2009.2.16日K线图

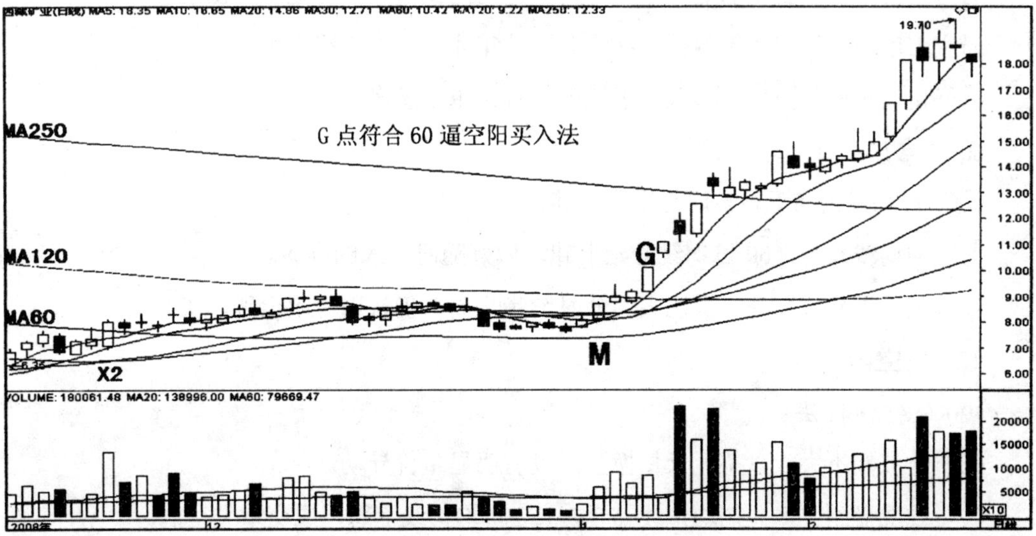

图5-21　(图5-20后续走势图)

图5-21解析：

①G点符合60逼空阳买入法，于收盘前1小时或半小时果断买入。

②次日不破G点开盘价，可做为次买点。

③加速上涨可以5日均线做操盘线，回踩5日均线，可做三买点。

60逼空阳操作法：

60逼空阳技法：

①严重超跌：价格下跌时间长，幅度大，形成严重超跌。

②双金叉：之前成交量明显放大，20 均量线上穿 60 日均量线；价格上攻，30 日均价线上穿 60 日均价线，60 日均价线调头上行。

③蓄势整理：价格上下震荡至短期均价线 5 日、10 日、20 日、30 日黏合，成交量成空洞，随后上攻，放量突破颈线位，平开或跳空高开，量比大，分时图步步高，拉大阳线或涨停板。

均线短黏长翘，蓄势充分，一旦向上突破，后市涨幅可观，设好止损买机会。

技法解析：

①严重超跌：拉开上涨空间，见底之后的涨幅才可观。

②双金叉：量价齐升，见底走强趋势明显。

③蓄势越充分，逼空上涨之后的涨幅越可观。

60 逼空阳心法：

弱势机会不多，更多的是等待，等待大行情的到来，等待逼空阳出现。

逼空阳出现，有时一年难得一次，有时几年才有一次，绝不可错过。

设好止损买机会，机会远远大于风险，行缠术之缠多。

60 逼空阳手法：

①60 日均线由向下行转而走平和上翘，提请注意。

②短期均线黏合，60 日均线开始上翘，做好随时买入的准备。

③等某天平开或高开，量比大，分时图步步高，确认逼空阳出现，买！

120 逼空阳

120 逼空阳技法：

①整体涨幅不大，盘整无天量换手，没有明显量价异动。

②短线洗盘到位，短期均价线黏合，120 日均价线上翘，成交量见空洞。

③突破前小阳小阴上攻，至压力位拉大阳线，放量突破平台或前期高点。没有突破前都可不买，以免陷于长时间盘整，一旦向上突破，设好止损买机会。逼空阳与黏合突破买入法一致，与操盘线配合使用，成功概率更大。

技法解析：

①只有大行情，才会有多波上攻，若整体涨幅过大，则要当心见顶回落。

②价格拉升到一定阶段，形成较长时间盘整，短期均线黏合，120 均线上翘顶托，短线浮筹清洗较彻底，成交量见空洞。

③蓄势整理充分，放量突破平台或前期高点，后市涨幅可观，是绝不可错过的机会。

120 逼空阳心法：

经过长时间震荡洗盘，成交量见空洞，之后小阳小阴碎步儿登高，接近前期压力位，为随后突破拉升做准备。

之前洗盘时间越长，平台整理越充分，打压诱空越凶狠，突破后爆发力就越强，上涨空间就越大，此时若稍有迟疑，便会踏空，让人追悔莫及。

120 逼空阳手法：

①凡区间盘整都可不买，以免陷入长时间等待。

②若盘整至短期均线黏合，成交量见空洞，则做好买入准备。

③若哪天临近收盘可确认逼空阳，则设好止损买机会，缠多！

图 5-22　000612(焦作万方)2009.3.20～2009.7.15 日 K 线图。

关于 G 点如何操作，有人认为盘整时间过长，久盘必跌，量价背离，G 点为诱多出货，必须逢高卖出；有人认为打压洗盘时间长，蓄势足，G 点是逼空突破，临盘必须果断买入。你认为哪种意见正确？

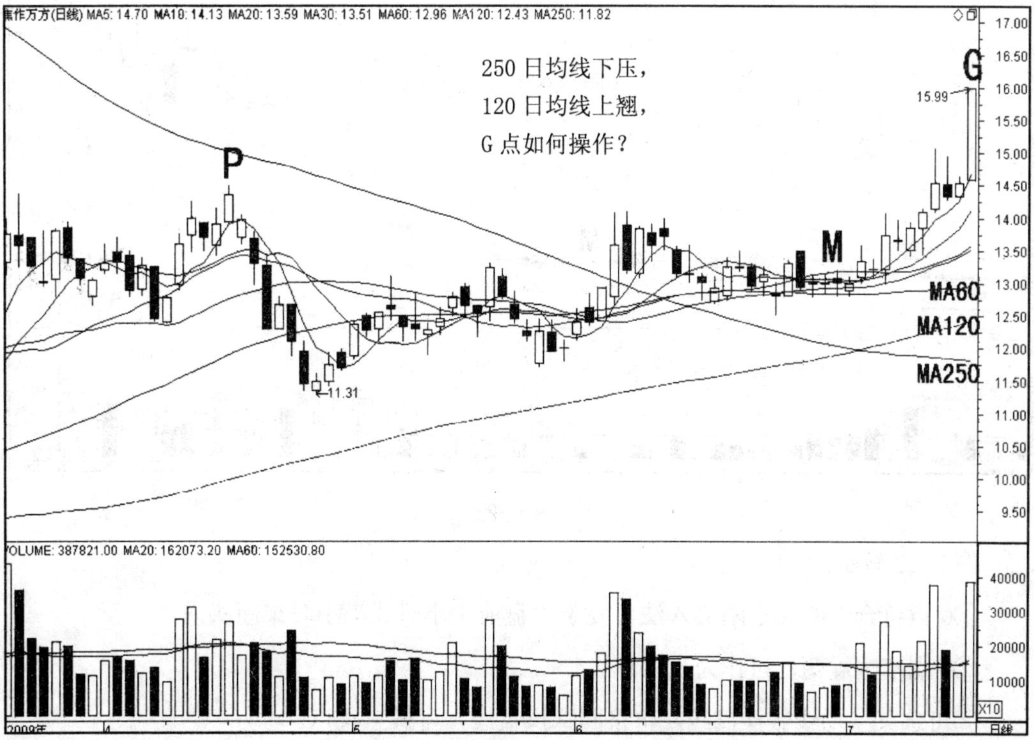

图 5-22　(后续走势见图 5-23)

图 5-22 操盘策略：

1. 以大统小解盘

G 点符合 120 逼空阳买入法：

①刚突破半年线，整体涨幅不大，盘整无天量换手，无明显量价异动。

②打压洗盘至均线黏合，120 均线上翘顶托。

③轻松上攻，至 G 点放量突破 P 点，一波新的加速上涨行情。

2. 攻防兼备策略

①G 点放量突破，是加速上攻的信号，是很好的买点。

②止损位设置，由于 G 点为大阳线，涨幅超过 6%，可将 G 点实体一半作为止损位，也可将 G 点的开盘价作为止损位。

③若 G 点没买，则下个交易日只要不放量杀跌，仍可买。

④一般价格不跌破 30 日均线，以捂股待涨为主，也可长多短空。

图 5-23　000612(焦作万方)2009.5.26～2009.8.5 日 K 线图

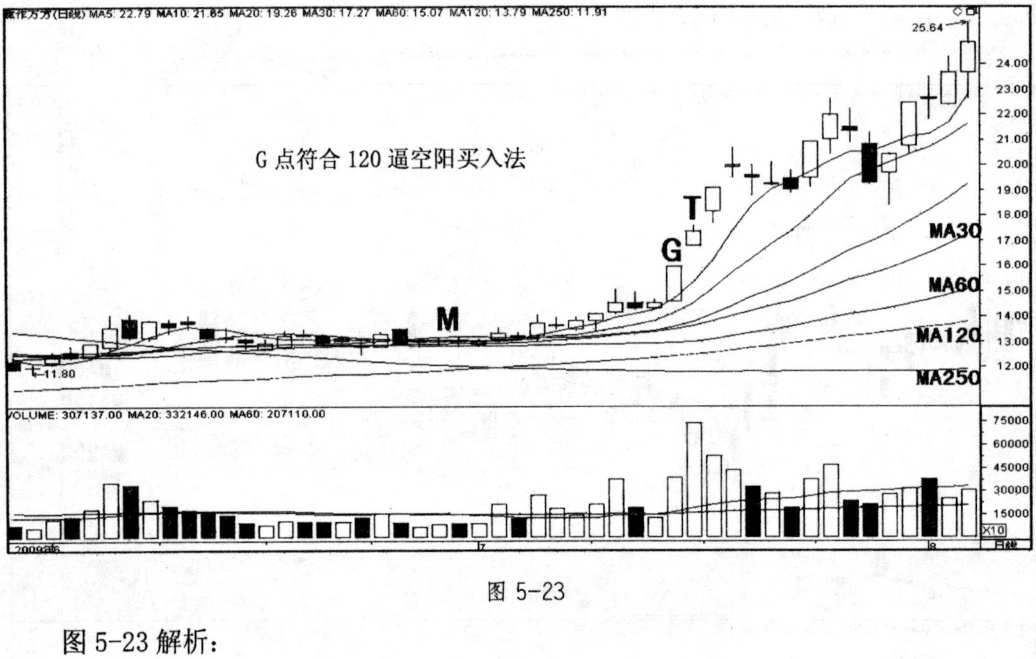

图 5-23

图 5-23 解析：

①G 点符合 120 逼空阳买入法，要于收盘前 1 小时或半小时果断买入。

②T 点窄幅震荡，可作为次买点。

③可选某条均线做操盘线，价格回踩操盘线，可做三买点。

诱多逼空阳

逼空阳分 60 逼空阳和 120 逼空阳，不符合逼空阳条件的为诱多逼空阳，仅为下跌中继，临盘绝不可买入。识别诱多逼空阳可按逼空阳条件依次检验(图 5-24、图 5-25)。

图 5-24　600363(联创光电)2011.1.20～2011.6.17 日 K 线图

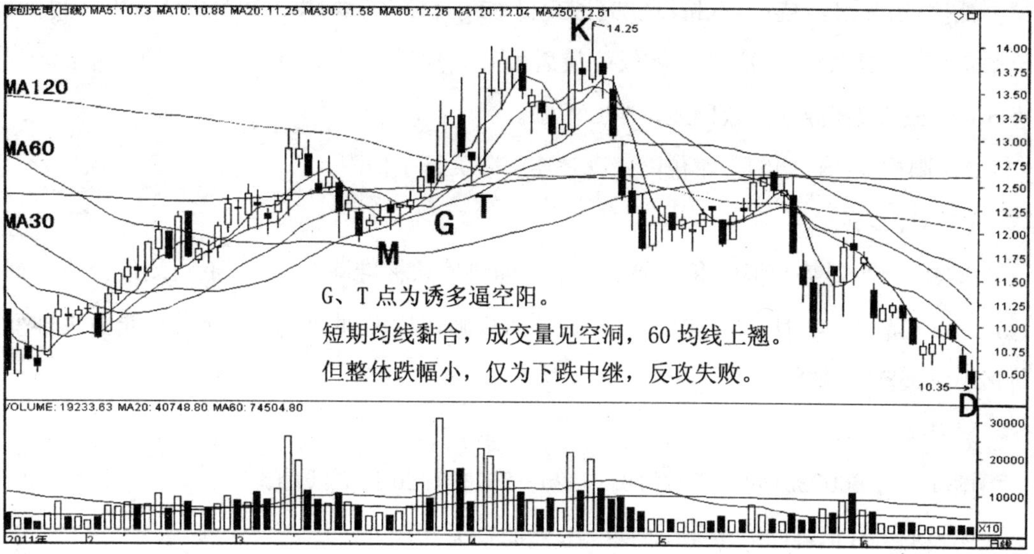

图 5-24

图 5-25　000619(海螺型材)2009.9.29～2010.5.7 日 K 线图

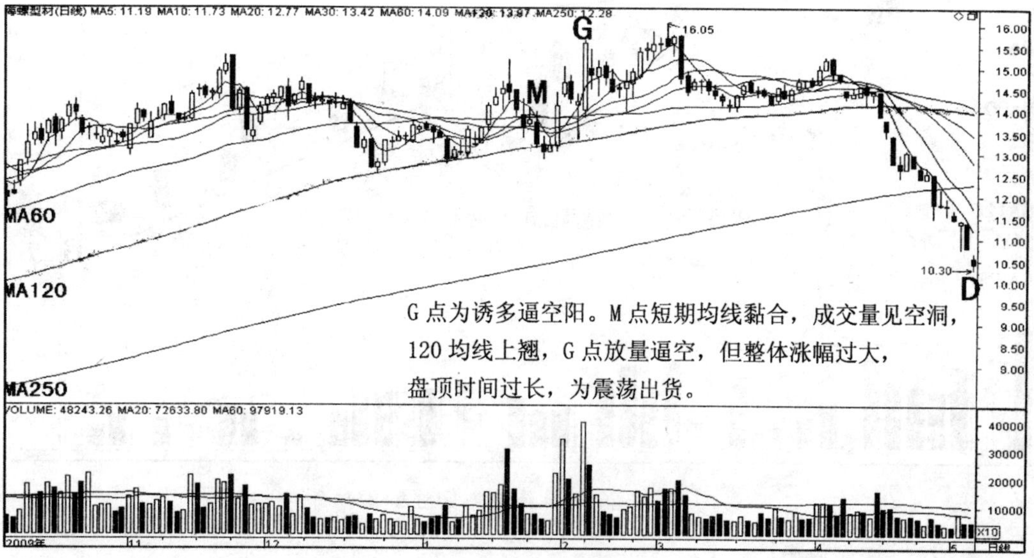

图 5-25

四、C 浪阳

(一)C 浪阳定义

价格向某一重要支撑位附近回调，由于回调空间较大，往往不能一次到位，一般可分为三步：首先破位杀跌(即小 a 浪杀跌)，破位以跌破 5 日均线为确认标准；其次遇支撑位抵抗(小 b 浪抵抗)，抵抗以能突破 5 日均线且使 5 日均线上翘为确认标准，再次破位杀跌(小 c 浪杀跌)，必须创新低；最后于某支撑位附近企稳，收阳反攻。由此小 a、小 b、小 c 三浪形成的反攻阳线，叫 C 浪阳。

C 浪阳构成：连阴阳；空倍阳；既是连阴阳又是空倍阳。

(二)C 浪阳分类

C 浪阳分为弱势 C 浪阳和强势 C 浪阳。弱势确认标准即 30 日、60 日均线空头排列，或跌破 30 日均线，且 30 日均线往下走。强势确认标准即 30 日、60 日均线多头排列，价格不跌破 30 日均线。

弱势 C 浪阳

图 5-26　600085(同仁堂)2010. 11. 25～2011. 1. 26 日 K 线图。

明显弱势行情，回调至年线附近，G 点能否买入？

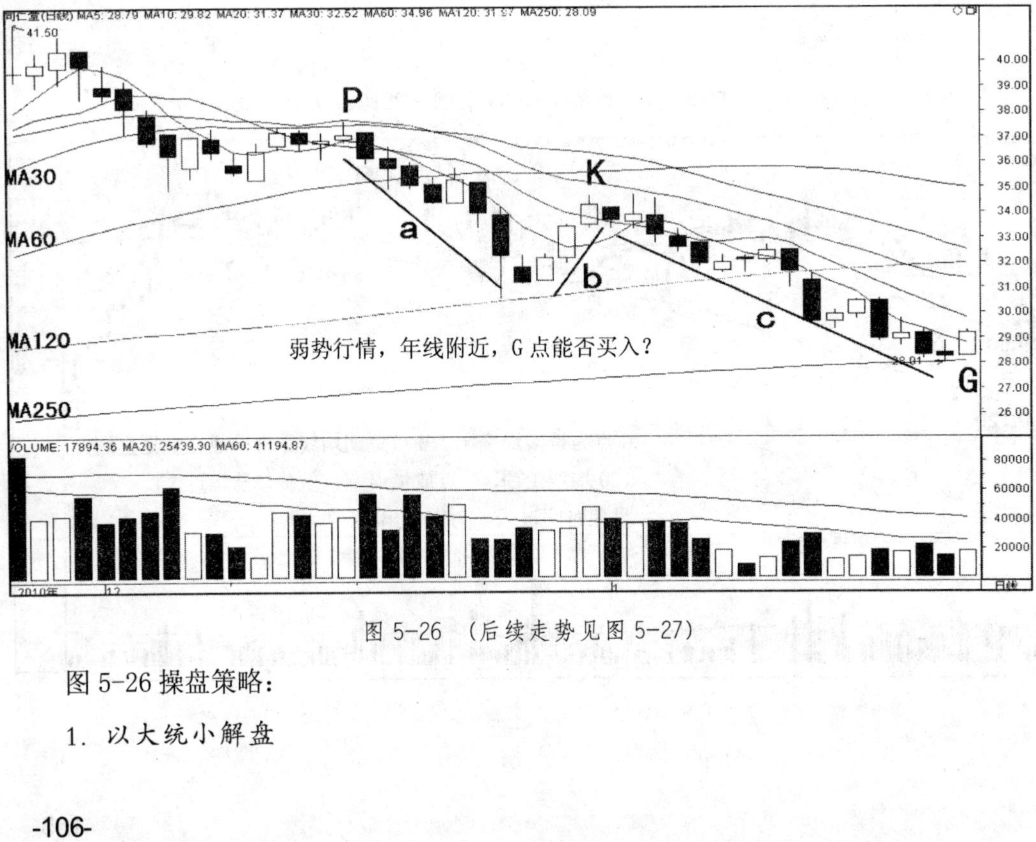

图 5-26 (后续走势见图 5-27)

图 5-26 操盘策略：

1. 以大统小解盘

G点符合弱势C浪阳买入法。

①价格整体跌幅大，中长期均线空头排列，向下发散大。

②价格跌破30日均线，开始横向盘整，至30日均线下行，P点开始小a浪杀跌，至半年线上方附近展开小b浪反弹。

③价格反弹至K处，开始小c浪杀跌，至年线附近，成交量见空洞。

G点为C浪阳，突破5日均线，设好止损买机会，临盘应果断买入。

2. 攻防兼备策略

①于G点收盘前买入，跌破G点开盘价止损。

②若G点没买，则下个交易日只要不跌破G开盘价，不暴大量仍可买。

③弱势行情可以5日均线做操盘线。

图5-27　600085(同仁堂)2010.12.16～2011.3.17日K线图

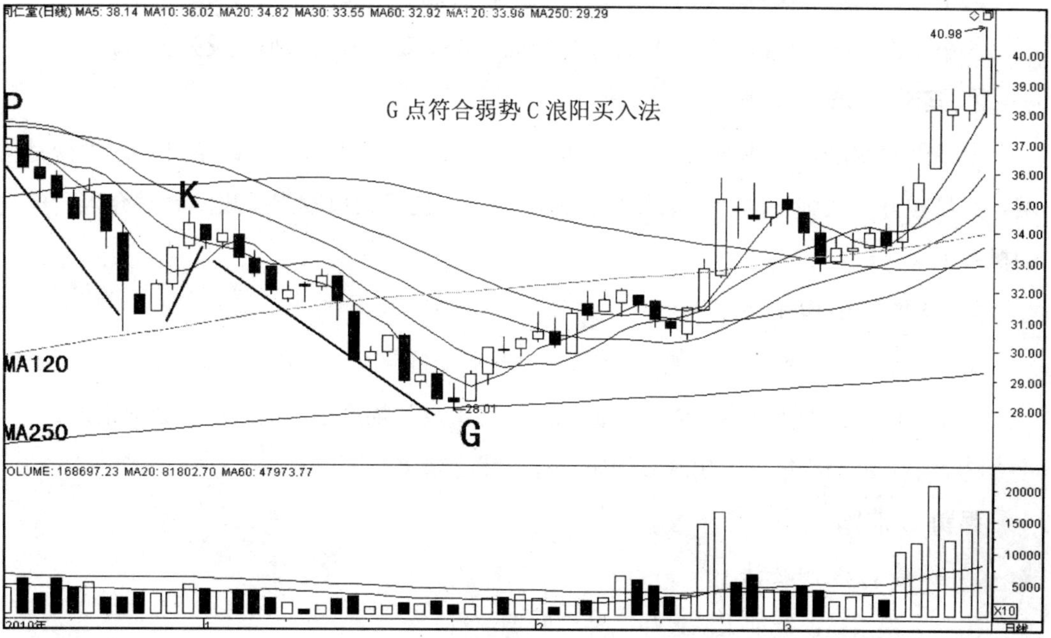

图5-27　(图5-26后续走势图)

图5-27解析：

①G点符合弱势C浪阳买入法，于收盘前1小时或半小时果断买入。

②次日不破G点开盘价，可作为次买点。

③弱势行情可以5日均线作操盘线。

弱势C浪阳操作法

1. 弱势C浪阳技法

①小a浪杀跌：之前形成严重的背离走势，价格跌破盘整区，确认跌势。

②小b浪抵抗：于某均线附近或重要技术关口形成抵抗，横盘或反弹，一般成交量较小，反弹较弱。

③小c浪杀跌：再次向下破位杀跌，形成恐慌，使抄底或抢反弹者吃套或割肉，之后不敢再轻易抄底。回调至某重要均线附近或技术关口收阳反攻。

弱势c浪阳与黄金阳、抢反弹三坑买涨配合，成功的概率更大。

一般于半年线或年线上方附近，或跌破年线后杀跌空间大，大盘、板块短期暴跌风险释放之后，出现C浪阳的概率较大。

技法解析：

①小a浪杀跌：若盘整区形成的背离越严重，则向下杀跌的空间越大。

②小b浪抵抗：仅为下跌中继，反弹诱多，使急于抢反弹者无功而返甚至割肉。

③小c浪杀跌：再次杀跌，拉开反弹空间，于重要技术关口形成反弹合力。

2. 弱势C浪阳心法

中线严重超跌，短线两次急跌，形成技术指标的严重背离。暴跌孕机会，等待是关键。一旦拉开了反弹空间，形成反弹合力，于重要技术关口收阳反攻，此时介入，成功的概率更大。

3. 弱势C浪阳手法

①一旦小a浪杀跌之后出现“五阳”，小b浪抵抗展开，就特别注意了。

②小b浪抵抗不可介入。若小b浪五阳抢筹，反弹幅度小，则破位后必须止损。

③等小c浪杀跌之后，出现C浪阳，行缠术之缠多。

强势C浪阳

1. 强势C浪阳技法

①小a浪杀跌：短期上涨过快，冲高回调洗盘。

②小b浪抵抗：于某重要技术关口附近形成抵抗，成交量较小，反弹较弱，时间较短。

③小c浪杀跌：再次向下诱空杀跌，形成恐慌抛盘，于某重要技术关口收阳反攻，展开一轮新的上涨行情。

强势C浪阳与黄金阳配合应用，成功的概率更大。

技法解析：

①小 a 浪杀跌：短期上涨过快，获利浮筹多，抛压大。

②小 b 浪抵抗：给习惯于某均线附近抄底者下套。

③小 c 浪杀跌：使短线浮筹恐慌出逃，使之前急于抄底者吃套。

2. 强势 C 浪阳心法

一旦行情起动走强，不会立刻走弱。若是强势洗盘，洗盘总是有底线的。只要不跌破多空线，再次上攻的概率更大。

3. 强势 C 浪阳手法

①小 a 浪杀跌之后，若小 b 浪反弹结束，则此处抢反弹者可先清仓观望。

②小 c 浪杀跌开始，即等待量价线异动，如成交量见空洞等，随时准备进场。

③小 c 浪杀跌尾期，一见连阴阳、空倍阳，行缠术之缠多。

图 5-28　601600(中国铝业)2009.1.5～2009.3.3 日 K 线图。

关于 G 点如何操作，有人认为由 K 点向下杀跌幅度大，已形成明显头部，此波行情结束，G 点是诱多阳线，应逢高卖出。有人认为之前上攻过急，回调洗盘是整固，G 点收阳反攻，临盘必须果断买入。你的意见呢？

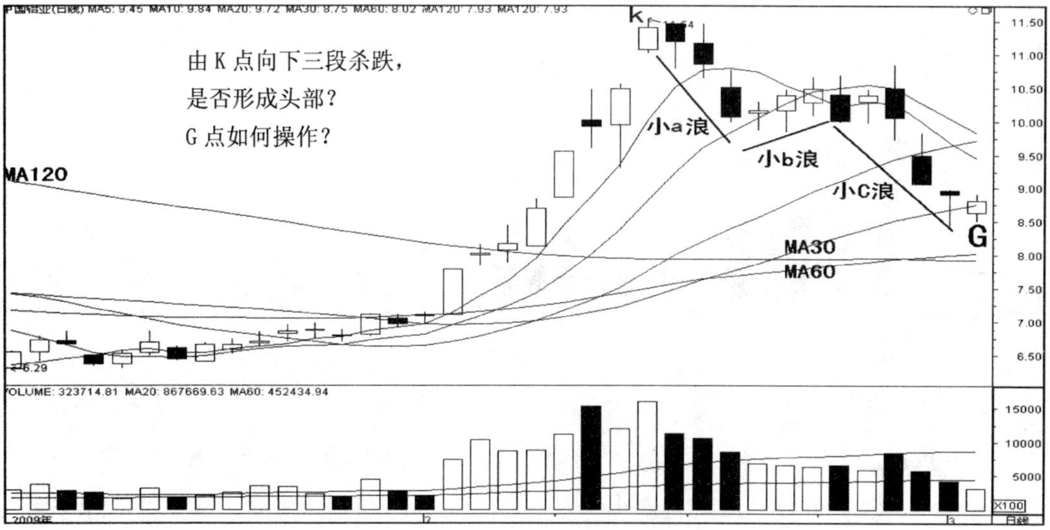

图 5-28 （后续走势见图 5-29）

图 5-28 操盘策略：

1. 以大统小解盘

G 点符合强势 C 浪阳买入法：

①短期上涨过快，但整体涨幅不大，30 日、60 日均线呈多头排列，突破半年线，明

显强势行情。

②小 a 浪杀跌抛盘较重，小 b 浪抵抗无力，再次向下杀跌不破多空线，仍为强势行情。

③G 点至重要均线 30 日生命线，成 C 浪阳，临盘应果断入。

2. 攻防兼备策略

①G 点是止跌反攻信号，是很好的买点。

②可将 G 点开盘价或最低价作为止损位。

③若 G 点没买，则下个交易日只要不放量杀跌，仍可买。

④一般突破半年线，以捂股待涨为主，也可长多短空。

图 5-29　601600(中国铝业)2009.2.3～2009.3.23 日 K 线图

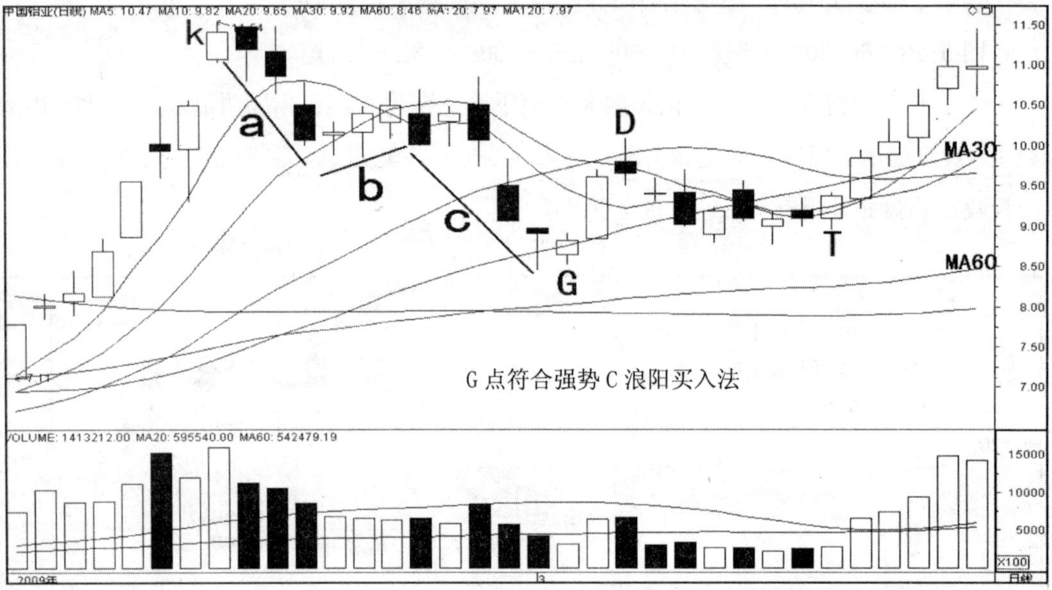

图 5-29

图 5-29 解析：

①G 点符合强势 C 浪阳买入法，可于收盘前 1 小时或半小时果断买入。

②由于回调幅度较大，10 日均线向下走，价格受 10 日均线压制，于 D 点开始回调。

③T 点盘整至均线黏合，为空倍阳，基本确认涨势。

C 浪阳由于杀跌时间较长，杀跌幅度较大，易与杀跌下套相混。一种是见大顶之后的向下杀跌，在跌破 30 日均线和 60 日均线时，易产生 c 浪阳形态，但往往会继续杀跌；另一种是跌破年线之后，进入挤压泡沫阶段，往往会多处出现抵抗，但一般很难形成像样的反弹。只有严重超跌，出现明显异动之后再介入为好。

诱多C浪阳

C浪阳分强势C浪阳和弱势C浪阳，不符合C浪阳条件的为诱多C浪阳，仅为下跌中继，临盘绝不可买入。识别诱多C浪阳可按C浪阳条件依次检验即可(图5-30、图5-31)。

图5-30　600036(招商银行)2012.5.7～2012.7.27日K线图

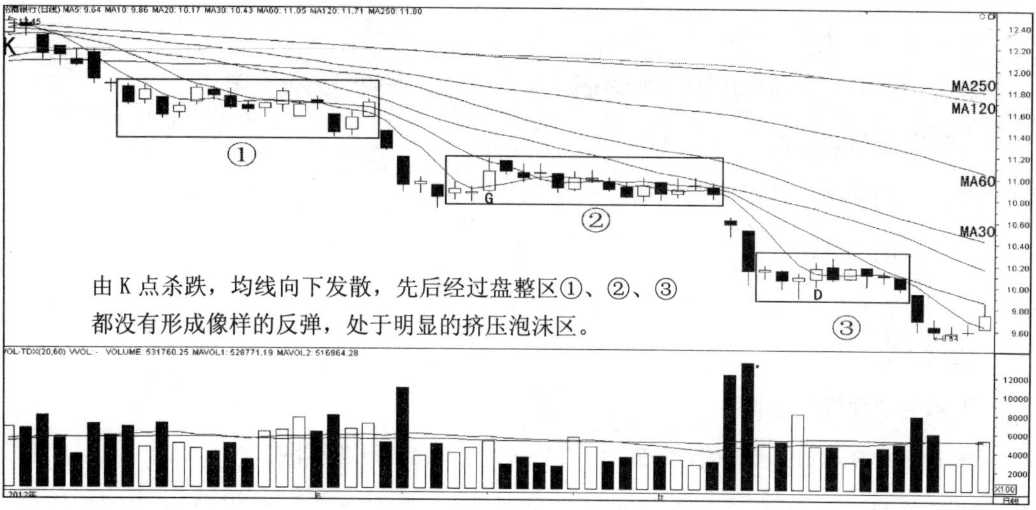

图5-30

图5-31　002298(鑫龙电器)2009.11.23～2010.2.25日K线图

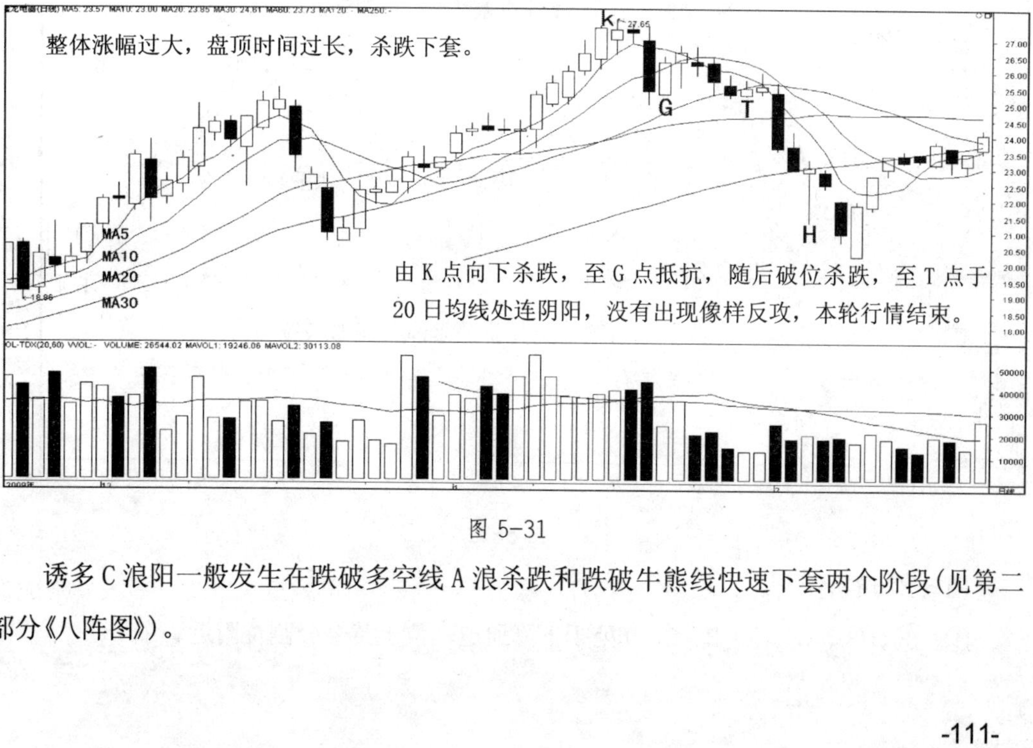

图5-31

诱多C浪阳一般发生在跌破多空线A浪杀跌和跌破牛熊线快速下套两个阶段(见第二部分《八阵图》)。

五、黄金阳

(一)黄金阳定义

黄金，指黄金分割线，若与重要的均线，重要的整数关口共振更好。阳，阳线。

黄金阳即黄金分割线附近出现的连阴阳、空倍阳和逼空阳。

(二)黄金阳分类

黄金阳分为下降通道中的反弹黄金阳和上升通道中的回档黄金阳。

(三)黄金分割比值

黄金分割的两个基本比值 0.618 和 0.382。

两组实用比值：

(1)0.191、0.382、0.5、0.618、0.809。

(2)1、1.382、1.5、1.618、2、2.382、2.618。

下降通道反弹黄金阳

图 5-32　999999(上证指数)2010.7.1～2011.6.27 日 K 线图。

上证指数于 2010 年 7 月 2 日见阶段最低点 2319.74，之后于 2011 年 10 月 24 日见阶段最高点 3186.72。①、②、③、④、A、B、E、F 发生发弹，有什么特点？

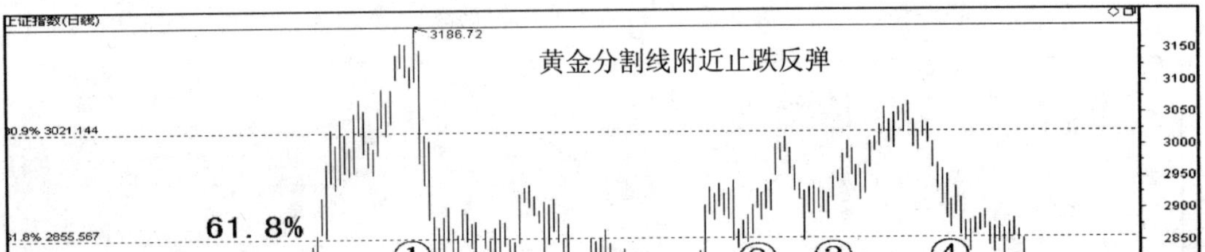

图 5-32

图 5-32 解析：

①、②、③、④、A、B、C、D 处于下降通道，位于黄金分割位附近。

(1)以 2319.74 为起点，以 3186.72 为终点，用行情软件画线工具画黄金分割线。

(2)①、②、③、④为 61.8%处反弹；A、B 为 50%处反弹；E、F 为 38.2%处产生反弹。

(3)股指下跌到黄金分割线附近反弹，反弹启动阳线一般为连阴阳、空倍阳、C 浪阳。

上升通道回档黄金阳

图 5-33　999999(上证指数)2005.6.2～2006.1.19 日 K 线图。

上证指数于 2005 年 6 月 6 日见 998.23 点，随后反攻，于 2009 年 9 月 20 日见 1223.56 点，确认上升通道，①、②、③、④、A、B、C 发生反攻，有什么特点？

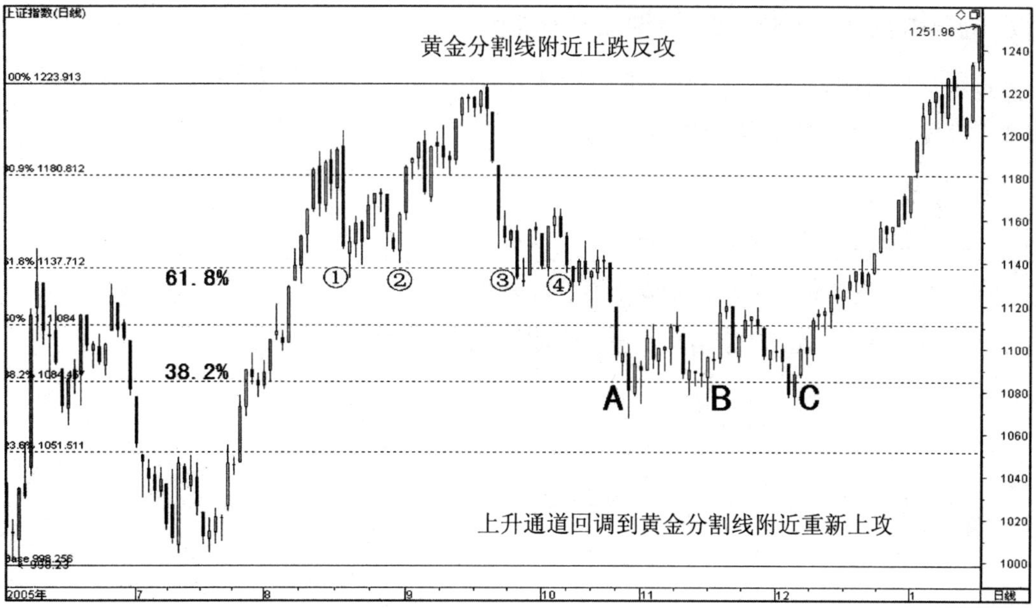

图 5-33

图 5-33 解析：

①、②、③、④、A、B、C 处于上升通道，位于黄金分割位附近。

(1)以 998.23 为起点，以 1223.56 为终点，用行情软件画线工具画黄金分割线。

(2)①、②、③、④为 61.8%处抵抗；A、B、C 为 38.2%处反攻。

(3)股指打压洗盘至黄金分割线附近，开始止跌反攻，启动阳线一般为连阴阳、空倍阳或 C 浪阳。

1. 黄金阳技法

①以最近一次趋势行情中的重要高点和低点之间的涨跌幅作为分析的区间范围，将原涨跌幅按 0.191、0.382、0.50、0.618、0.809 划分为 5 个黄金分割点，股指在回调或杀

跌过程中可能在这些黄金分割点上遇到暂时的支撑，或者止跌反攻。

②对于黄金分割线而言，最重要的两条线为 0.382 和 0.618，0.5 线表示回调或杀跌一半，出现反弹或反转的可能性也很大。

③若股指回调或杀跌到黄金分割线附近，出现连阴阳、空倍阳、逼空阳或者 C 浪阳，往往是股指反攻开始的信号。

2. 黄金阳心法

弱势行情往往超跌反弹，强势行情往往洗盘反攻，在黄金分割线附近容易产生共振。若黄金分割线附近同时又是重要的整数关口，则反攻的可能性更大。若出现连阴阳、空倍阳，逼空阳或者 C 浪阳，则是不可错过的机会。

特别是重要的技术关口，往往是多空双方必争之地，必须高度关注。一旦出现反攻阳线，设好止损买机会，必须果断介入。

3. 黄金阳手法

(1)一旦股指下跌到黄金分割线附近，注意了！

(2)一旦出现量价线异动，别开小差，盯紧了！

(3)一旦出现连阴阳、空倍阳、逼空阳或者 C 浪阳，缠多！

第三节　五暂不买

五暂不买定义

价格运行至某些重要压力位，量价出现明显异动，无法判断是继续上攻、区间震荡还是即将回调，此时投资者必须等待趋势进一步明确，不可急于买入。因为此时即使继续上攻，往往涨幅也不大，随后便会陷入盘整或回调。持仓的投资者可以等趋势进一步明确后再买入，但一般不可以加仓。

我们把暂时不能买入的情况分为五种，即弱势天量、大阳冲顶、短期暴涨、放量滞涨和暴跌中继，称之为五暂不买。

五暂不买辨析

掌握五暂不买，必须明确区分以下几种情况：

1. 明确起涨买点与上涨中继的区别

三突破买、五阳抢筹和踩线抢筹等为起涨买点，之后上攻概率和上涨空间更大。而上涨中继，再次上攻的时机和上涨空间都较难把握。

2. 明确强势上攻与暴涨冲顶的区别

强势上攻与暴涨冲顶走势上具有很多相似之处，是否能继续上攻主要取决于蓄势是否充足。若之前蓄势不足，上攻时能量释放过猛，则势尽见顶的可能性较大。

3. 明确共振买点与背驰买点的区别

共振买点是大级别走势和小级别走势都出现买入信号，一般会快速上涨，且涨幅较大，此时买入成功率较高。背驰买点是大级别走势呈现弱势或由强走弱，小级别走势出现买入信号，短暂上攻之后会快速杀跌，有的直接杀跌，风险相对较大。

五暂不买心诀

宁可错过，不可做错。

五暂不买心诀与五阳抢筹心诀之所以意思相反，是由各自形态特征决定的。五阳抢筹心诀是宁亏数点不拖半天，这是因为五阳为典型买点，机会大于风险，应设好止损买机会。而五暂不买形态，一般为弱势或由强走弱，后期出现调整或快速杀跌的可能性较大，风险大于机会，不符合三七交易法则。

一、弱势天量暂不买

(一)简明释义

弱势行情放天量为最K线，可暂时不买，待趋势进一步明确后再做决定。

弱势：30日、60日均线空头排列，或价格跌破30日均线，30日均线向下走。天量：成交量大于前根量柱和20日均量线的1.5倍。

(二)发生阶段

跌破多空线A浪杀跌，回档牛熊线B浪反弹，跌破牛熊线C浪下套(见第二部分《八阵图》)。

(三)暂不买原因

弱势说明多方力量不强，天量说明多方能量释放过快。之后走势有三种可能：

(1)放天量之后直接快速杀跌，跌破前期支撑位创新低。

(2)放天量之后连续几天上下搓，然后跌破前期支撑位创新低。

(3)放天量之后继续上攻，或者震荡整理之后再上攻。

其中第1、2两种情况发生的概率较大，第3种情况发生的概率较小。

图5-34　600036(招商银行)2008.1.9～2008.4.24日K线图

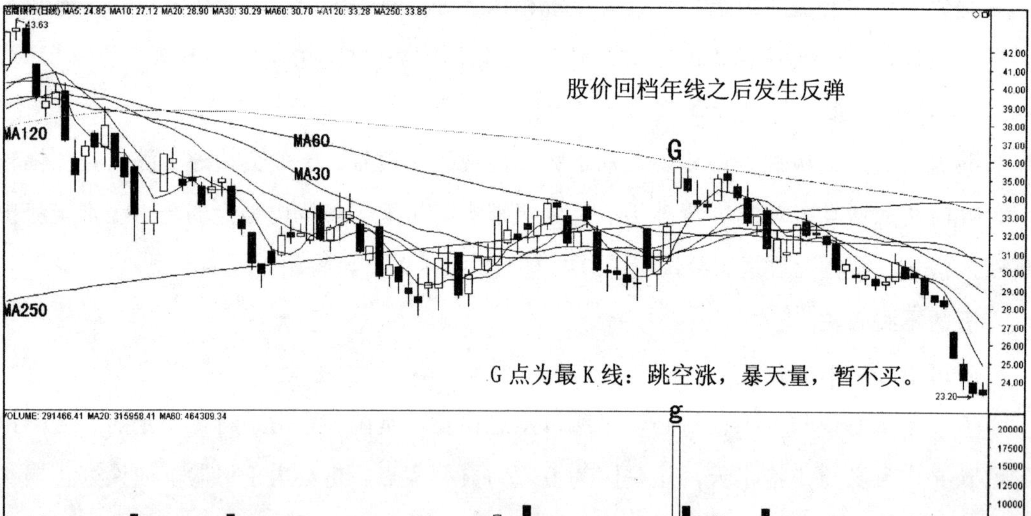

图5-34

图5-34解析：30日、60日均线空头排列，60日均线向下走，弱势行情。G点暴天量，做多能量释放过快，后续乏力。

图 5-35　002020(京新药业)2011.11.14～2012.3.29 日 K 线图

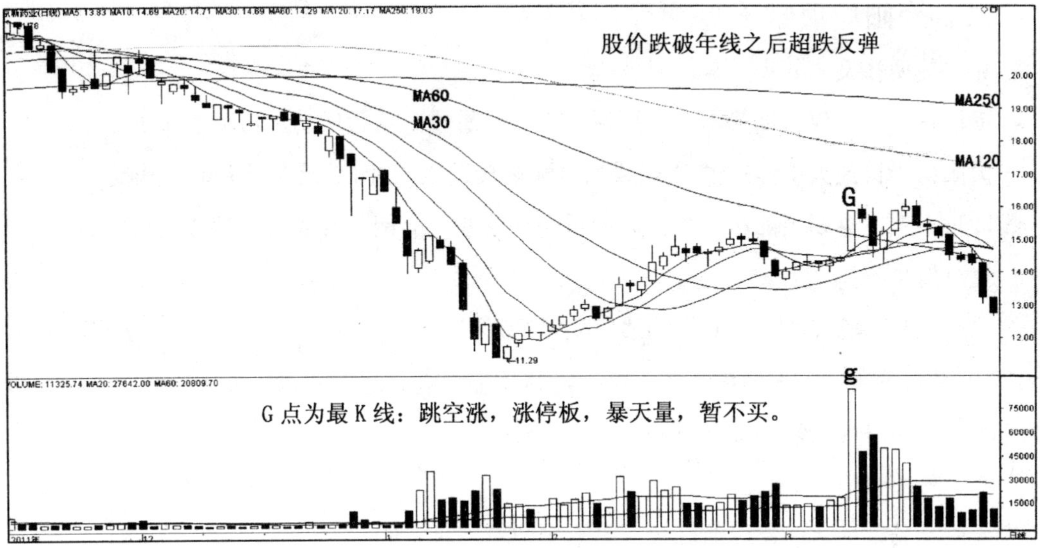

图 5-35

图 5-35 解析：价格跌破年线之后快速杀跌，形成超跌反弹，G 点天量上攻，但筑底时间短，60 日均线明显下压，仍为弱势行情，G 点为涨停诱多。

图 5-36　002044(江苏三友)2012.5.4～2012.9.7 日 K 线图

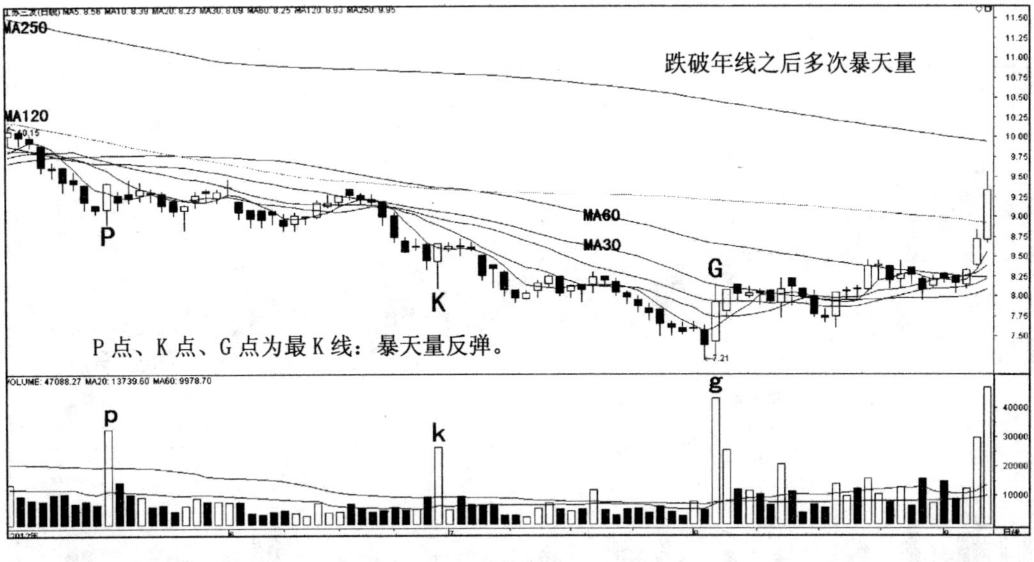

图 5-36

图 5-36 解析：P 点、K 点暴天量反弹，随即创新低，G 点暴天量反弹，横向整理，至短期均线黏合，随后上攻。

二、大阳冲顶暂不买

(一)简明释义

提前拉大阳线攻击重要压力位可暂时不买，看攻击是否成功后再动手不迟。

大阳：当日最大涨幅超过5%，或当日涨幅接近或超过60天内最大单日涨幅。

冲顶：攻击重要顶部和压力位，如重要均价线、前期平台或重要整数关口等。

(二)发生阶段

(1)弱势阶段：30日、60日均线空头排列。

(2)转弱阶段：中长期均线多头排列，整体涨幅大，之后回调幅度大，时间长，跌破30日均线，10日均线死叉20日均线，由强转弱。

(三)暂不买原因

大阳冲顶，做多能量提前释放，之后走势有三种可能：

(1)大阳冲顶后直接快速杀跌，跌破重要支撑位。

(2)大阳冲顶后连续几天上下搓，然后开始杀跌。

(3)大阳冲顶后继续上攻，或者震荡整理之后再上攻。

其中第(1)、(2)两种情况发生的概率较大，第(3)种情况发生的概率较小。

图5-37　600664(哈药股份)2012.5.9～2012.7.31日K线图

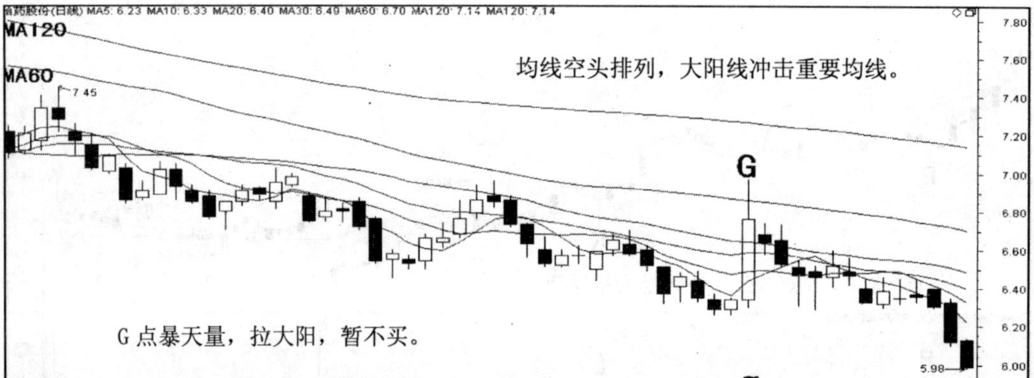

图5-37

图5-37解析：60日均线向下走，G点暴天量，做多能量释放过快，后续乏力。

图 5-38　000753(漳州发展)2012.5.17～2012.9.3 日 K 线图

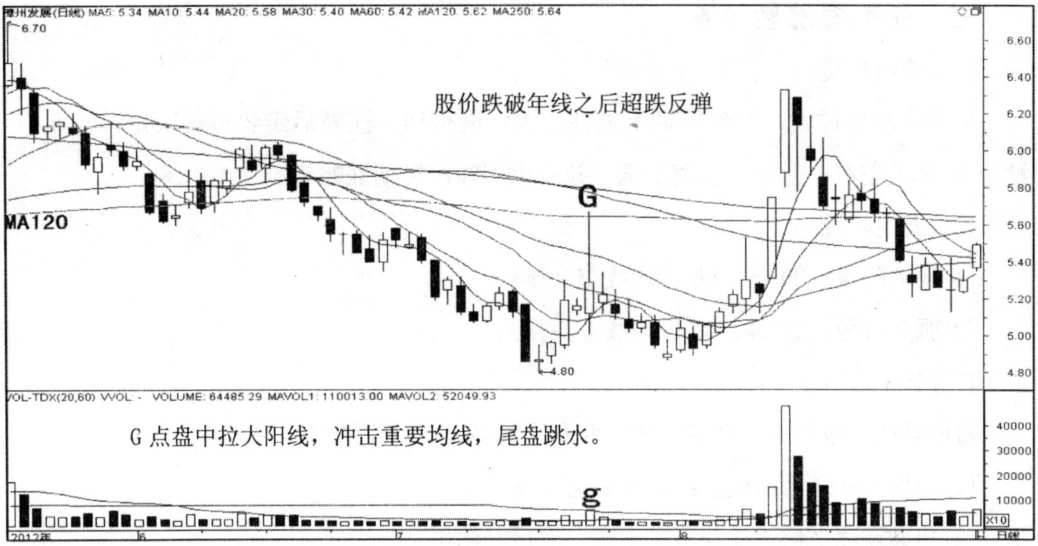

图 5-38

图 5-38 解析：价格跌破年线之后快速杀跌，形成超跌反弹，G 点拉大阳线攻击重要均线，尾盘跳水，使盘中追涨买入者吃套。

图 5-39　000421(南京中北)2012.3.29～2012.7.18 日 K 线图

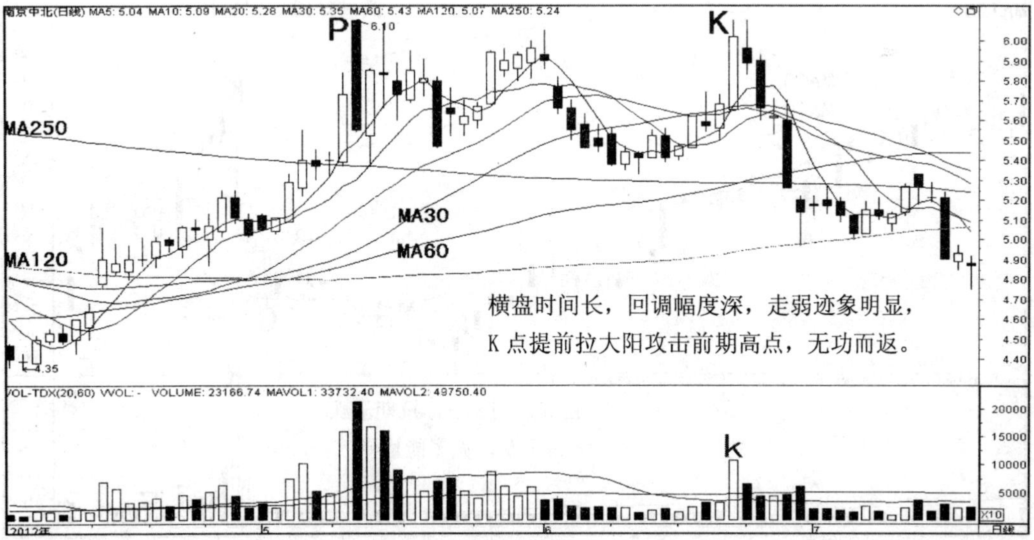

图 5-39

图 5-39 解析：突破半年线和年线之后，盘整时间长，回调幅度大，明显走弱，提前拉大阳线，做多能量过早释放。

三、短期暴涨暂不买

(一)简明释义

短期内涨幅过大，整理回调可能性较大，应密切关注随后走势再做决定。短期，一般指 3～8 天左右。暴涨，快速上涨，拉中大阳线，短期涨幅超过 20%。

(二)发生阶段

(1)弱势阶段：30 日、60 日均线空头排列。

(2)强势阶段：30 日、60 日均线多头排列。

(三)暂不买原因

短期暴涨，做多能量释放过快，获利浮筹多，之后走势有三种可能：

(1)短期暴涨之后出现暴跌，跌破重要支撑位。

(2)短期暴涨之后连续几天上下搓，然后开始杀跌。

(3)短期暴涨之后继续上攻，或震荡整理之后再上攻。

其中第(1)、(2)两种情况发生的概率较大，第(3)种情况发生的概率较小。

图 5-40　600161(天坛生物)2011.3.31～2011.8.9 日 K 线图

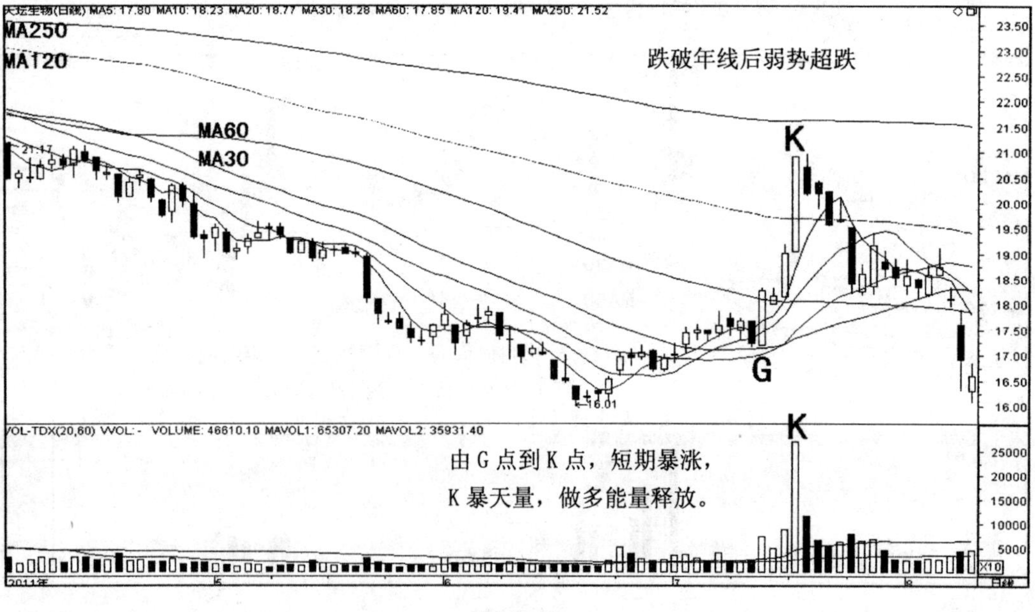

图 5-40

图 5-40 解析：30 日、60 日、120 日、250 日均线空头排列，弱势行情。G 点暴天量，做多能量释放过快，后续上攻乏力。

图 5-41　600082(海泰发展)2012.2.16～2012.6.6 日 K 线图

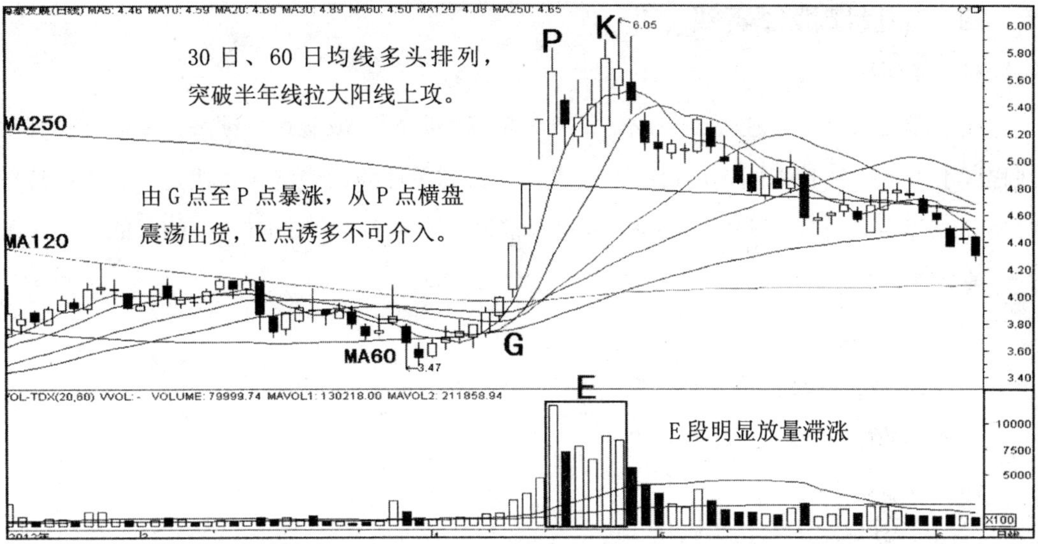

图 5-41

图 5-41 解析：经过长时间盘整，短期均线黏合，60 日均线上翘顶托，展开主升浪，突破半年线和年线，为快速上涨形，跌破 5 日均线一般不可再介入。

图 5-42　600663(永安林业)2010.8.20～2010.12.6 日 K 线图

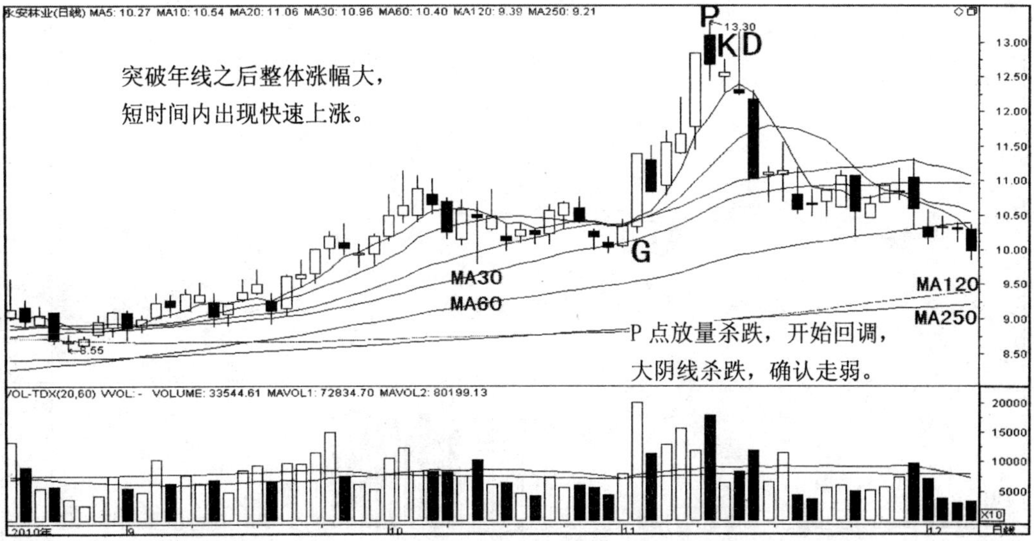

图 5-42

图 5-42 解析：突破年线之后，整体涨幅大，由 G 点开始快速上涨，至 P 点高位放量出货，随后震荡杀跌。

四、放量滞涨暂不买

(一)简明释义

放量滞涨指价格上涨幅度与成交量放大幅度不匹配。成交量连续暴大量，而价格上涨幅度不大，继续整理回调的可能性较大，应密切关注随后走势再作决定。放量：连续3~5天成交量大于20日均量线的1.5倍。滞涨：价格在一个相对窄小的区间内上下波动，或者涨幅很小。

(二)发生阶段

(1)低位放量滞涨：位于年线之下。

(2)高位放量滞涨：位于年线之上。

(三)暂不买原因

(1)低位放量滞涨：拉大阳线或涨停板吸引人气，然后调仓换股或者震荡出货。

(2)高位放量滞涨：整体涨幅大，均线多头排列，拉大阳线和涨停板吸引人气，然后回调，但成交量不见明显缩小。总是洗盘总不空，原本就在出货中。

图 5-43　002459(天业通联)2012.5.25～2012.8.30 日 K 线图

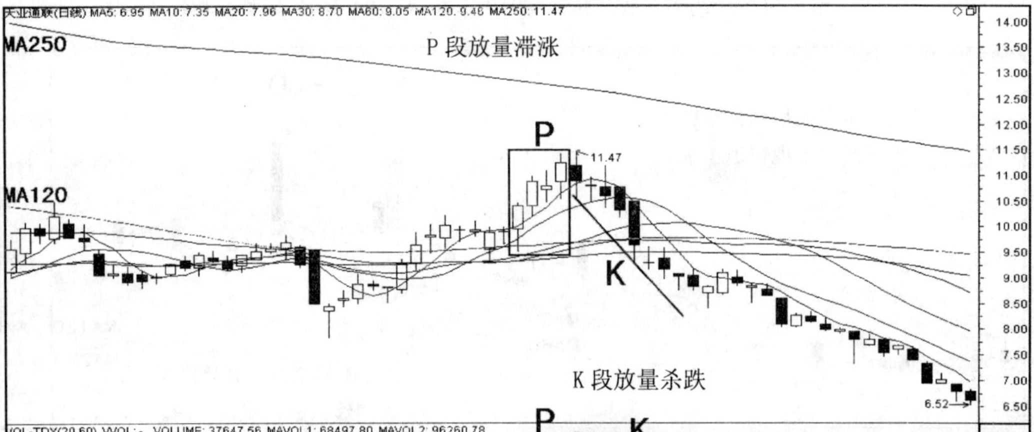

图 5-43

图 5-43 解析：120 日、250 日均线空头排列，展开超跌反弹，短期均线黏合上攻，P 段放量滞涨，K 段放量杀跌。

图 5-44　000019(深深宝 A)2011.3.10～2011.5.30 日 K 线图

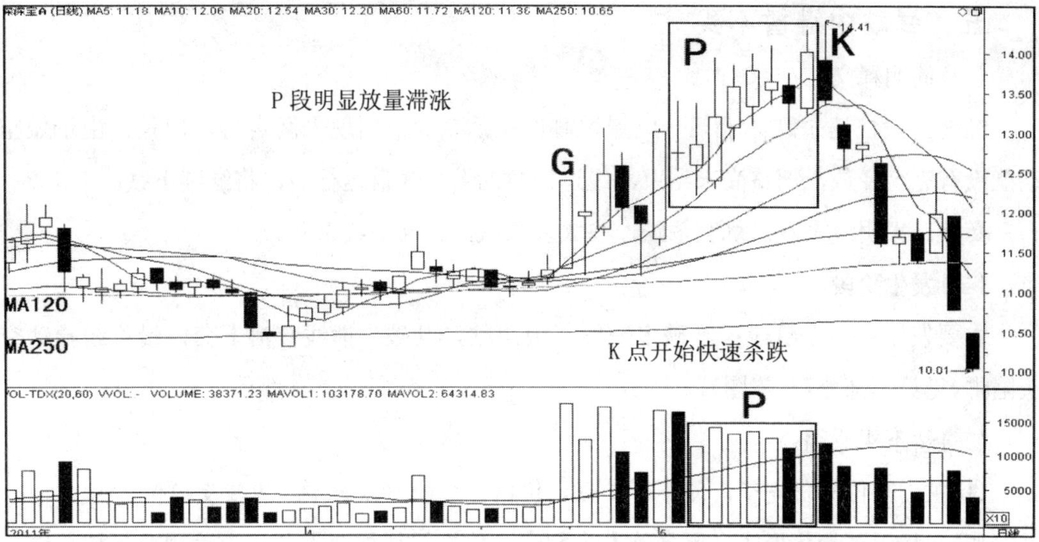

图 5-44

图 5-44 解析：120 日、250 日均线多头排列，盘整时间长，短期均线黏合，G 点展开上攻，P 段明显放量滞涨，K 点快速杀跌。

图 5-45　600078(澄星股份)2012.1.31～2012.7.31 日 K 线图

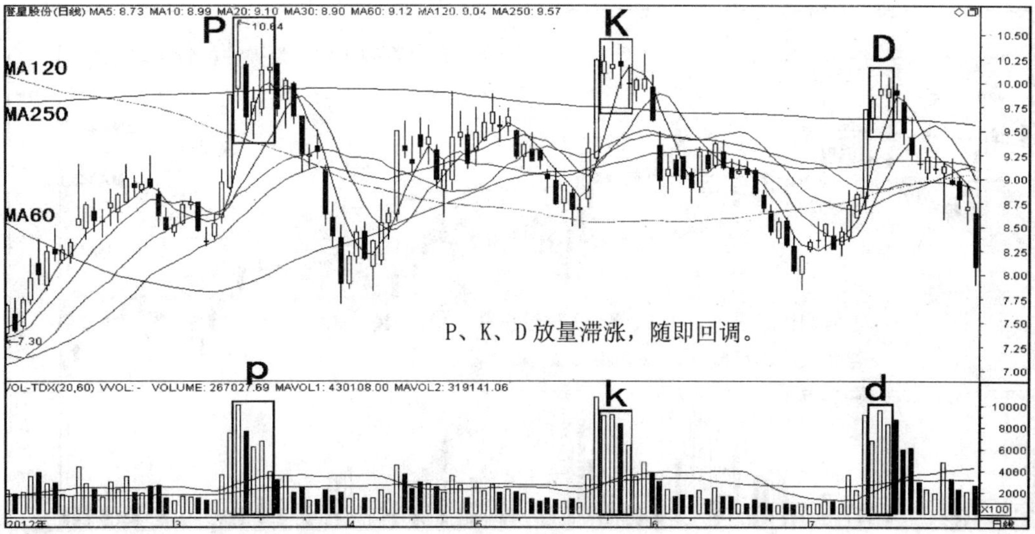

图 5-45

图 5-45 解析：于年线和半年线附近，宽幅震荡，P、K、D 三段放量滞涨，随即开始回调。

五、暴跌中继暂不买

(一)简明释义

经过一段快速杀跌，于某一位置暂时性止跌企稳，出现平衡走势。但是，由于做空动能没有完全释放，调整尚未结束，经过短暂的缩量横盘运行后，将继续下跌。

暴跌：大阴线杀跌，跳空杀跌，暴大量杀跌，连续阴线杀跌。

(二)发生阶段

主要发生在三个阶段：跌破多空线A浪杀跌，跌破牛熊线C浪下套，量价线异动空头陷阱(见第二部分《八阵图》)。

(三)暂不买原因

(1)主力高位出货完毕，便不再护盘，价格往往快速跌破多级重要支撑位。

(2)一旦下跌趋势形成，更多的人多翻空，价格往往加速下跌，中途稍有抵抗，便继续杀跌。

(3)空头陷阱阶段，往往会暴跌，之后便陷入长时间的盘整，小资金最好不要过早介入，以致损失机会成本。

图 5-46　600750(江中药业)2011.1.14～2011.6.17 日 K 线图

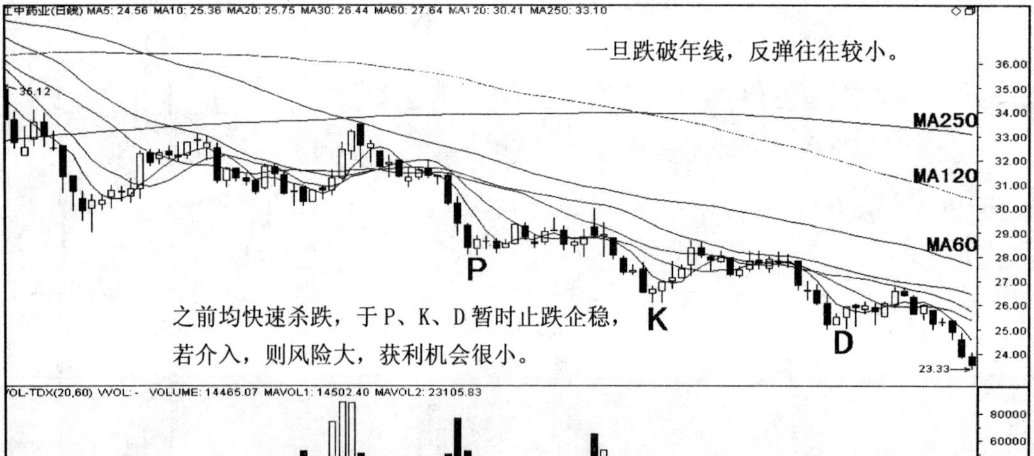

图 5-46

图 5-46 解析：价格跌破年线之后，震荡杀跌，中途多次抵抗，均无功而返，继续下跌。

图 5-47　000610(西安旅游)2011.2.15～2011.5.30 日 K 线图

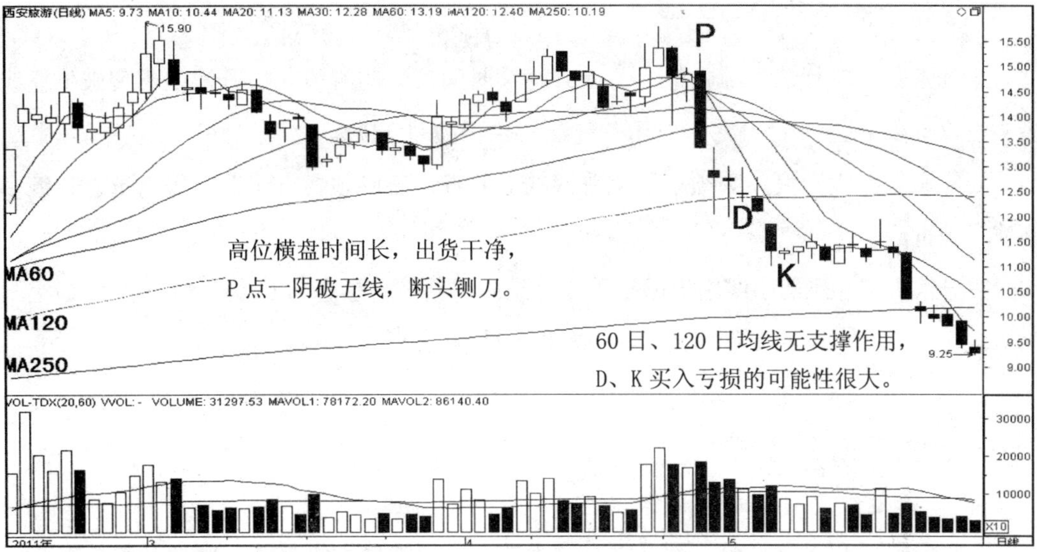

图 5-47

图 5-47 解析：高位盘整时间长，短期均线黏合，出货干净，P 点一阴破五线，断头铡刀，D、K 抵抗，买入亏损的可能性大。

图 5-48　000612(焦作万方)2008.9.17～2008.11.14 日 K 线图

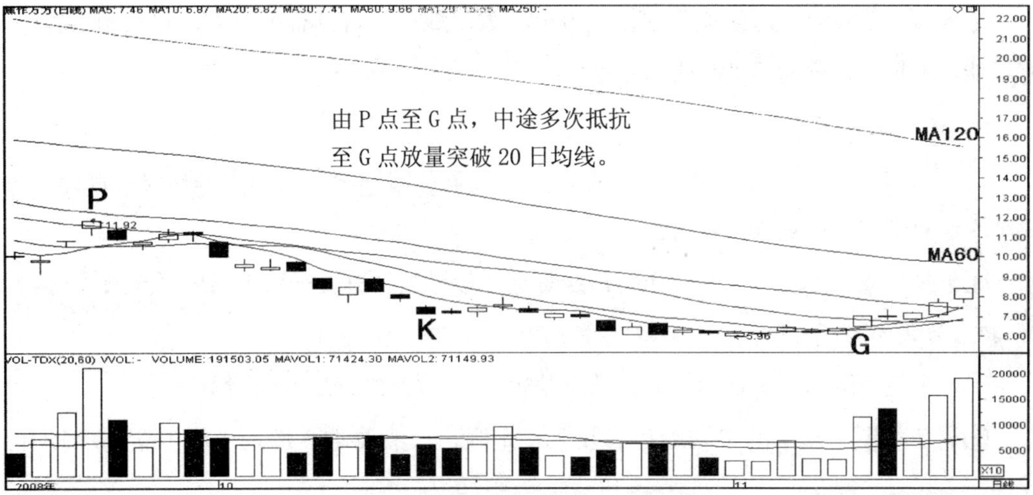

图 5-48

图 5-48 解析：由 P 点均线黏合向下发散，空方力量强大，中途虽多次收阳线反攻，如 K 处，但多方力量有限，仅为下跌中继，随后继续下跌。至 G 点 5 日均线上穿 10 日均线，且明显放量，才形成有效反弹。

第四节　主升浪大阳起飞

主升浪是一轮行情中涨幅最大、上升持续时间最长的阶段。主升浪处于突破牛熊线多头上攻阶段(见第二部分第十三章《突破牛熊线多头上攻》)。

要完整把握主升浪，必须谙熟主升浪的五要点：三必须、五步曲、等点抢筹、缠多不放、破位清仓。

主升浪大阳起飞的阳线为五阳抢筹之逼空阳，其技术形态与60逼空阳和120逼空阳相似。

一、主升浪三必须

1. 必须大盘没有暴跌的风险

在拉升阶段和出货阶段，都必须有大盘的配合，如果大盘暴跌，则拉升和兑现获利浮筹很难顺利完成。

大盘没有暴跌的风险，包括两种情况：一种是大盘处于明显上升通道，另一种是大盘长时期处于区间盘整。

①大盘处于明显上升通道：多头行情阶段，价格拉升和浮筹兑现相对容易。

②大盘处于长时期区间盘整：板块市值不大，炒作题材具有爆发力，热点相对集中，有可能出现板块走强的局部牛市。

2. 必须板块开始走强

没有板块走强，行情不可能持久。没有一定数量的同类个股的烘云托月，仅凭一两只个股逆势走强，注定难以持久。

无论是炒题材还是炒业绩，作为短线资金，最好等到板块开始走强后再介入。

3. 必须个股月、周、日K线共振

①月K线图所指示的长期趋势必须止跌企稳，一般要求站上5月均价线。

②周K线图所指示的中期趋势必须明显走强，一般要求5周均价线上穿10周均价线。

③日K线图30日、60日均线形成多头排列，突破半年线，出现标志性中大阳线或涨停板，宣告主升浪行情到来。

二、主升浪五步曲

抓大机会，必须深谙主升浪五步曲：区间整理充分、打压诱空凶狠、碎步儿登高助跑、放量大阳起飞、一线顶托到头。

主升浪序曲：区间整理充分，打压诱空凶狠，碎步儿登高助跑。

主升浪乐曲：放量大阳起飞，一线顶托到头。

主升浪终曲：一根大阴线破位，确认主升浪结束。

演奏乐器：K线、均价线、成交量、均量线，或曰四弦，心随弦动。

图 5-49　000990(诚志股份)2008.10.31～2009.3.11 日K线图

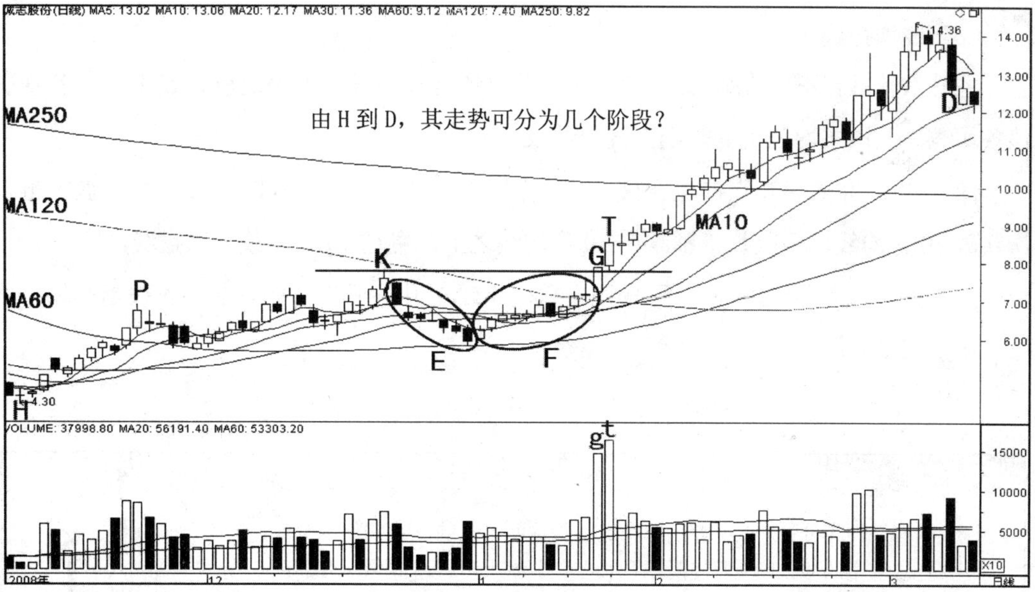

图 5-49

图 5-49 解析：

①区间整理充分。

只有经过充分的震荡整理，至短期均线黏合，中、长期均线上翘顶托，蓄势充分，再向上突破，爆发力强，涨幅大。

图 5-49，由H点上攻，放量突破60日均线，至P点开始长时间区间整理，直到短期均线5日、10日、20日、30日均线黏合，使60日均线由向下走变为向上走。

②打压诱空凶狠。

向上突破之前一般会进行打压诱空，造成破位下跌、趋势走坏的假象，使一部分短线浮筹离场，这是主升浪展开之前的最后一跌，也是最好的低吸机会。

图 5-49，由 K 点连续杀跌，长达 7 天之久，并且跌破 30 日均线，造成趋势走坏假象，使部分人斩仓离场。

③碎步儿登高助跑。

打压诱空之后，往往小阴小阳碎步儿上攻，成交量较小，看似有气无力，实则蓄势待发。

图 5-49，F 段小阳小阴上攻，成交量较小，慢慢接近前期高点 K。

④放量大阳起飞。

接近前期平台高点后，突然放量突破，拉大阳线，或涨停板，甚至跳空涨，有的经过短期洗盘之后再上攻，有的直接加速上涨，展开主升浪。

图 5-49，G 点突破高开，量比大，分时图步步高，放天量涨停。

⑤一线顶托到头。

主升浪往往沿某一条均线上攻，一般回调到该条均线上方附近就止跌上攻。若跌破该条均线，且该条均线走弱，则主升浪结束。

图 5-49，价格由 G 点向上突破，沿 5 日均线上攻，回调不破 10 日均线。盘中虽多次跌破 10 日均线，但收盘价都收在 10 日均线之上，可选 10 日均线为操盘线。

当 D 处一根大阴线跌破 10 日均线之后，本轮主升浪五步曲完。曲终收拨当心划，四弦一声如裂帛。

图 5-50　000695(滨海能源)2010.7.22～2011.3.30 日 K 线图

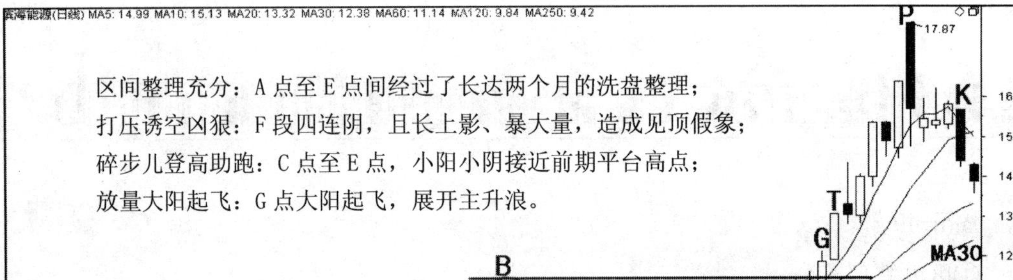

图 5-50

图 5-51 600060(海信电器)2009.3.9～2009.11.26 日 K 线图

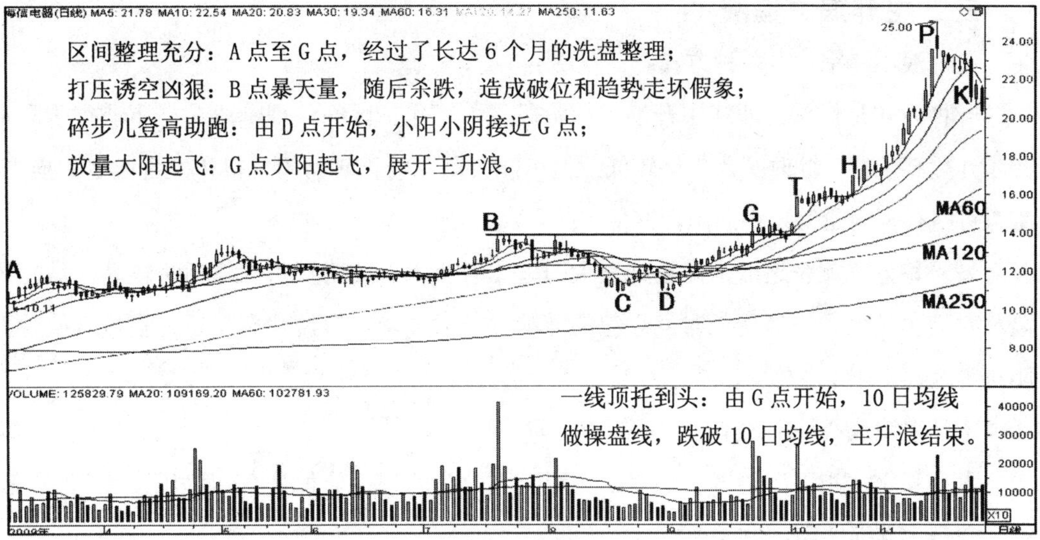

图 5-51

图 5-51 解析：价格突破年线后，区间整理时间较长，突破前期高点 B 后，先阶梯式上涨，后加速上涨，涨幅近 100%。

图 5-52 000522(白云山 A)2011.10.18～2012.7.30 日 K 线图

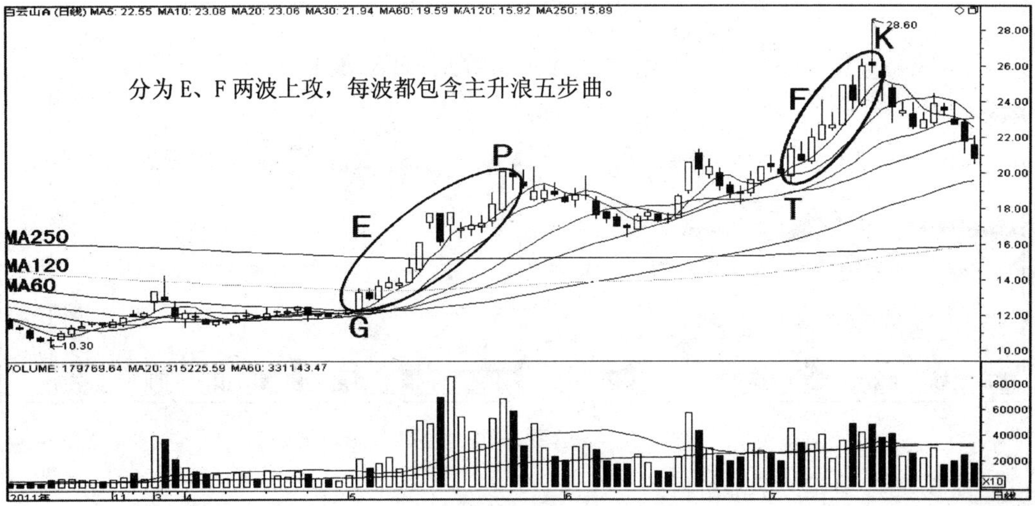

图 5-52

图 5-52 解析：价格由 G 点到 K 点分为两波上攻，且每波都经过平台整理、打压诱空、碎步儿登高、大阳起飞和一线到头五个阶段。

以上各例走势差异较大，手法大同小异，均可分解为主升浪五步曲。

三、主升浪之追涨

主升浪不踏空，有两种方式：

一种方式是低买，即在主升浪序曲阶段买入，包括区间整理阶段、打压诱空阶段和碎步儿登高阶段。此时买入价格较低，但可能会承受较长时间的盘整和机会成本的损失。临盘可执行五阳抢筹之连阴阳、空倍阳买入法。

另一种方式就是追涨，即主升浪大阳起飞时买入。此时买入价格相对较高，承担风险相对较大，但不用经受长时间盘整的煎熬，一旦成功，短期获利丰厚。临盘可执行五阳抢筹之逼空阳买入法。

主升浪追涨心诀：大小逼空，等点抢筹。

大小逼空：指五阳抢筹之逼空阳。逼空阳分为两种：一种是 60 逼空阳，为小逼空；另一种是 120 逼空阳，为大逼空。

等点抢筹：等主升浪大阳起飞，见 60 逼空阳或 120 逼空阳，按预订计划买入。

图 5-53　600756(浪潮软件)2009.1.6～2009.4.9 日 K 线图

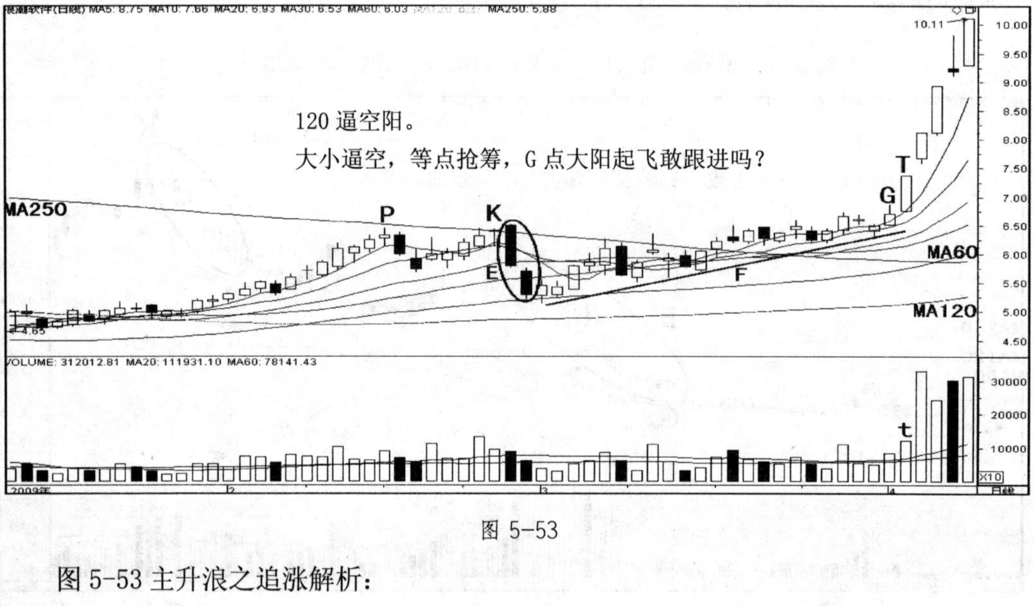

图 5-53

图 5-53 主升浪之追涨解析：

大小逼空，等点抢筹：P 点攻击年线无功而返，开始回调整理。至 K 点再次攻击年线无果，向下杀跌，形成“双头”，有见顶迹象。E 段连续两根大阴线杀跌，跌破 30 日均线，打压诱空凶狠。F 段开始小阳小阴上攻，碎步儿登高，逐渐接近前期高点。T 点放量大阳起飞，买！

四、主升浪之缠多

缠多，即对某种向上突破盘整区的走势做多，缠住不放。主升浪之缠多，要达到两个目的：其一是不被中途洗盘出局；其二是不坐过山车和套牢。两者相互影响，有人担心坐过山车而不停地高抛低吸，结果踏空。有人担心被洗盘出局而持股不动，结果坐过山车甚至套牢。

主升浪缠多心法：缠多不放，走空清仓。

(1)当60日、120日均线多头排列，250日均线向下走，整体涨幅小，价格回调跌破30日均线，形态仍没走坏。价格跌破60日均线，行情很可能由多转空，若之前没清仓的，则可设好回补卖风险。

(2)当60日、120日、250日均线多头排列，整体涨幅大，短期暴涨，随后价格回调，跌破30日均线，若之前没有清仓的，则可设好回补卖风险。

主升浪缠多手法：

(1)捂股待涨。选一根均线做操盘线以缠多，执行操盘心诀。

坚守一条线，直到趋势变，定线就定心，过线就兑现。

(2)长多短空。在30日均线之上做高抛低吸以缠多，执行双线高抛五阳回补(三线逃顶见第六章《设好回补卖风险》)。

图5-54　601318(中国平安)2009.2.3～2009.8.5日K线图

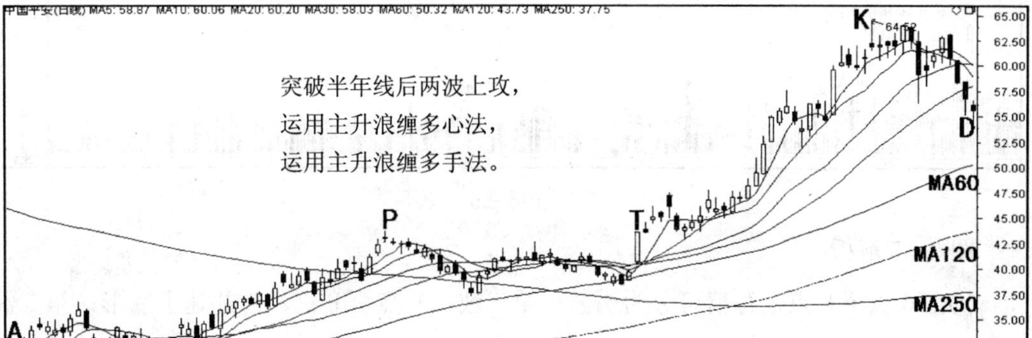

图5-54

图 5-54 解析：

①价格于 A 点突破半年线后继续上攻，此时 250 日线仍往下走。价格随后回落击穿 30 日均线，按主升浪缠多心法，可暂不清仓。价格回调至 60 日均线上方附近，由 G 点开始一波较大幅度上攻，并突破年线，至 P 点开始回调。

②价格由 P 点回调至 60 日均线上方附近，由 T 点开始又一波较大幅度上攻，此时 60 日、120 日、250 日均线多头排列，价格由 K 点开始回调，并于 D 处击穿 30 日均线，本轮上攻行情很可能宣告结束，按主升浪缠多心法，可先卖出规避风险。

下面我们通过两则实例来探讨主升浪缠多心法及缠多手法的重要性。

图 5-55　600801(华新水泥)2010.11.5～2011.5.23 日 K 线图

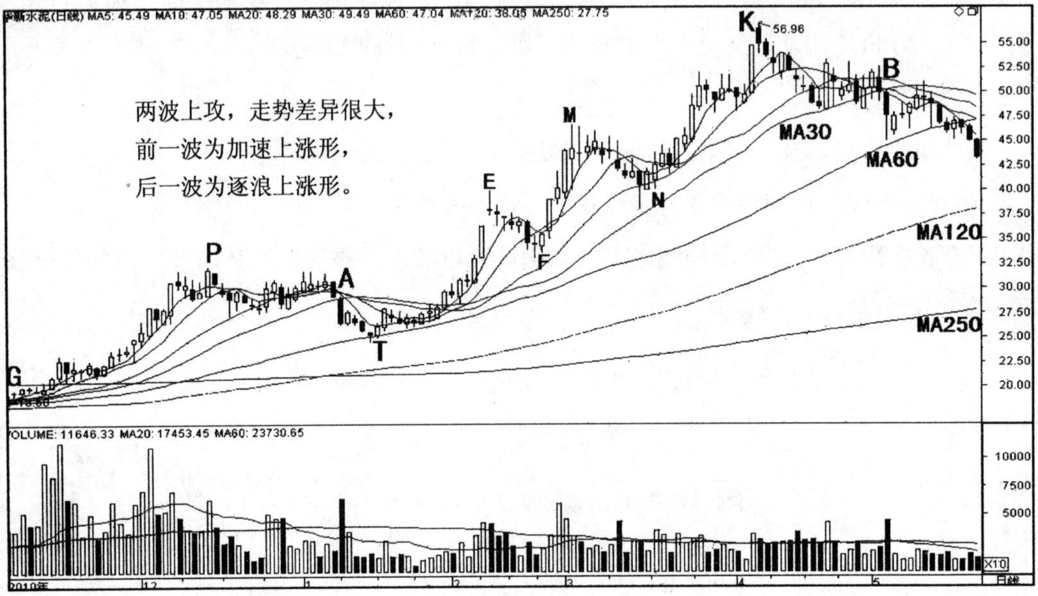

图 5-55

图 5-55 解析：

①由 G 点至 K 点，行情可分为两波：第一波由 G 点至 P 点，为加速上涨形；第二波由 T 点至 K 点，为逐浪上升形。

②价格于 G 点发起第一波上攻，走势相对简单，并突破年线，此时 250 日线仍往下走。价格于 P 回落，击穿 30 日均线，按主升浪缠多心法，可暂不清仓。价格回调至 60 日均线上方附近，由 T 点开始第二波上攻，走势相对复杂。

③价格由 K 点开始回落，此时 60 日、120 日、250 日均线多头排列。价格于 B 处击穿 30 日均线，本轮上攻行情很可能宣告结束，按主升浪缠多心法，可先卖出规避风险。

很显然，价格从 G 点上攻开始，至 K 点达最高点，至 B 点宣告本轮行情结束，其间产生不少假头部，若仅凭预测交易，则很可能早早地被洗盘出局，从而踏空大段行情。而按主升浪缠多手法，一直缠到趋势走空，再放手不迟。

图 5-56　601666(平煤股份)2007.6.4～2007.10.25 日 K 线图

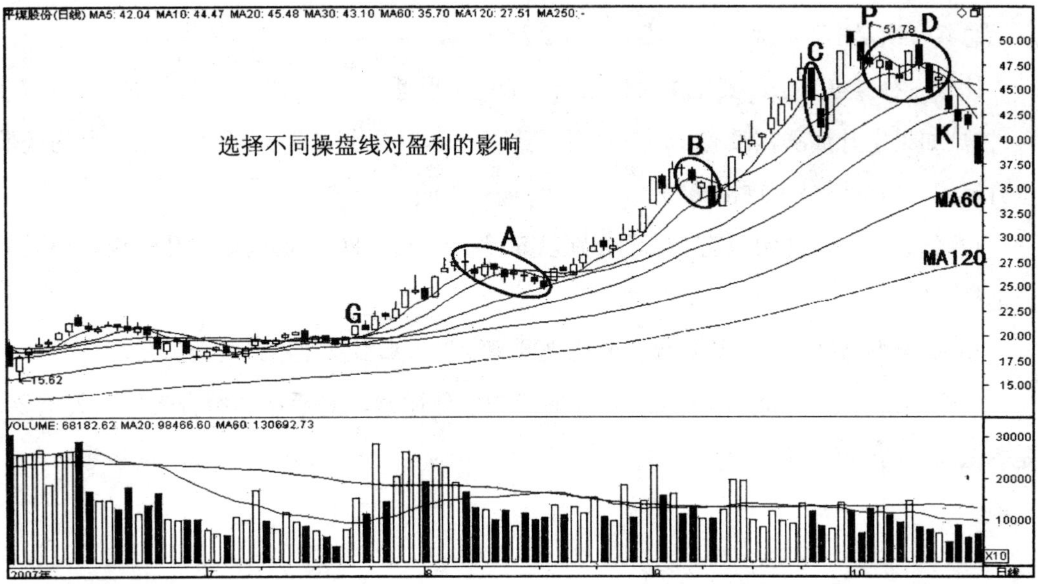

图 5-56

图 5-56 解析：

从 G 点大阳起飞，展开一轮主升行情，短时间内涨幅高达 158.9%！

期间买过该股票的人不少，能赚到大部分利润的人不多。中间 A、B、C 三段洗盘，让不少人中途出局。

按主升浪缠多心法，K 处跌破 30 日均线，可先卖出避风险。从 G 点至 P 点，要赚到大部分利润，可执行主升浪缠多手法：一种方式长多短空。在 30 日均线之上做高抛低吸以缠多，执行五阳抢筹三线逃顶。另一种方式是捂股待涨。选一根均线做操盘线以缠多，执行操盘心诀。

坚守一条线，直到趋势变，定线就定心，过线就兑现。

现在我们就本例探讨一下选择不同均线做操盘线，操作次数的差别以及对利润影响的大小。

我们分别选择 5 日、10 日、20 日做主升浪线，对比在图中 A 段、B 段、C 段、D 段各发生的卖出和买入次数，以及买卖的价差。

1. 选择5日均线做操盘线

总共有5次卖出，4次买入，其中D段2次卖出。买入的价与卖出的价格基本相等。

2. 选择10日均线做操盘线

总共5次卖出，4次买入，其中D段2次卖出。买入的价格略高于卖出的价格。

3. 选择20日均线做操盘线

总共2次卖出，1次买入，其中D段2次卖出。

比较三种操盘方法，其结果大致相同，请仔细思考一下：

(1)如果主升浪涨幅没有158.9%，而是只有80%？分别以5日、10日、20日均线做主升浪线，结果还会大致相同吗？

(2)如果主升浪涨幅只有30%，分别以5日、10日、20日均线做主升浪线，结果又会怎样呢？

(3)如果不是坚守操盘线，仅凭K线来预测操盘，那么操盘结果又会怎呢？

主升浪缠多心法和缠多手法对心态的影响格外微妙，对手法的组合应用至关重要，是术道双修的必由之路。

第五节　抢反弹三坑买涨

抢反弹重在“抢”字，必须快进快出。等待“三坑”出现，抢点坚决果断！

一、真假超跌

1. 超跌定义

只有同时具备了反弹空间和反弹合力的杀跌才叫超跌。超跌必须针对某一特定指标进行分析，如重要均价线、成交密集区等，才具有实际指导意义。

反弹空间：从起涨点至明显压力位的垂直距离，一般用百分数表示。

最小反弹空间推算。弱势行情止损位的设置一般为3%～5%，根据三七交易法则，没有3倍的风险回报不做，实际操作掐头去尾，则理论反弹空间一般不得小于15%。

反弹合力：运行环境和技术走势支撑上涨的动力。从技术面看，反弹合力指大盘、板块和个股同时具备上涨的动力。如果大盘、板块同时杀跌，个股逆势反弹，则没有形成反弹合力，反弹难以持久，且随时有可能补跌。

2. 超跌分类

超跌可分为技术超跌和价值超跌。

技术超跌：只有中线超跌、短线急跌，造成技术指标严重背离，在技术上有修正要求的超跌才叫技术超跌。如跌破30日均线之后，再出现多波杀跌，并出现底背驰，形成技术超跌的可能性较大。

价值超跌：因恐慌性抛售，使市场价格远远低于内在价值。如跌破年线之后，经过多波杀跌，形成价值超跌的可能性更大。

如果仅仅是技术超跌，那么，一般反弹之后仍会创新低。只有价值超跌才可能形成见大底反转。若同时具备了技术超跌和价值超跌，则是抢反弹的较好时机。

3. 超跌级别

月K线、周K线、日K线、分时图，超跌级别不同，对走势影响不同。如果月K线、周K线只是破位，没有出现超跌，只有日K线、分时图出现超跌，那么，往往反弹力度很小，一般随后会继续杀跌。

而根据共振交易，只有月K线、周K线超跌，日K线急跌，中线、短线都有技术修正的要求，形成共振，反弹的概率和力度才大。

二、反弹策略

1. 抢反弹原则

①抢反弹只适合小资金短线快进快出。

②只做超跌不追涨，大盘企稳才可抢。

简明释义：

①抢反弹只适合小资金短线快进快出。

大资金进出一般需要较长时间和较大空间，且必须有相应的对手盘，而反弹持续时间短，幅度有限，且成交量小，不适合大资金运作。

②只做超跌不追涨，大盘企稳才可抢

只做超跌不追涨：

弱势行情，一般不建议抢反弹。若抢反弹，则最好只做挖坑突破和黏合突破的个股；若短期涨幅过大，则最好不要追。

大盘企稳才可抢：

弱势行情，大盘跌，绝大多数个股都跌，大盘跳水，绝大多数个股往往应声下跳。能逆势飘红的个股一般会出现补跌。弱势抢反弹，必须踏准大盘节奏，在大盘连续下跌之后，有止跌企稳迹象才可抢反弹。

2. 抢反弹纪律

三五仓位，三五止损，涨三不追，破五先卖。

简明释义：

三五仓位：一般三成仓位，最多不超过五成。

三五止损：一般亏损 3%～5%必须止损。

涨三不追：涨了 3 天，或已经放大量、拉大阳的股票不要追。

破五先卖：跌破 5 日均线往往加速下跌，若情况不明，则可以先落袋为安。

3. 抢反弹位置

①重要中长期均线附近。如 60 日、120 日、250 日均线附近。

②前期价格密集成交区。

③黄金分割线或重要整数关口附近。

④重要的时间窗附近。

三、三坑买涨

超跌三坑：即周K线超跌坑、日K线急跌坑、分时图回踩坑。

1. 周K线超跌坑

从周K线图上看价格出现超跌，下跌时间长，下跌空间大，拉开了反弹的空间。对应到日K线图上，就是价格与30日和60日均价线乖离率过大，从中线来看有技术修正的必要。周K线成交量有走出圆弧底的可能。

2. 日K线急跌坑

从日K线图上看价格出现急跌，出现连续阴线杀跌或大阴线杀跌，短线出现超跌，有进行技术修正的必要。日K线成交量有走出圆弧底的可能。

3. 分时图回踩坑

分时图强势上攻，涨幅以超过2%为宜，但最好不超过6%，放量但不暴大量，以免做多能量释放过快。即时线回踩黄线，不破前期低点，再次放量上攻，呈“V”形走势更好。此为较好的抢反弹买点。

抢反弹三坑买涨与五阳抢筹相结合，成功概率更大。

下面我们通过一则实例来详解抢反弹三坑买涨。

图5-57 600060(海信电器)2008.1.11～2008.4.18周K线图

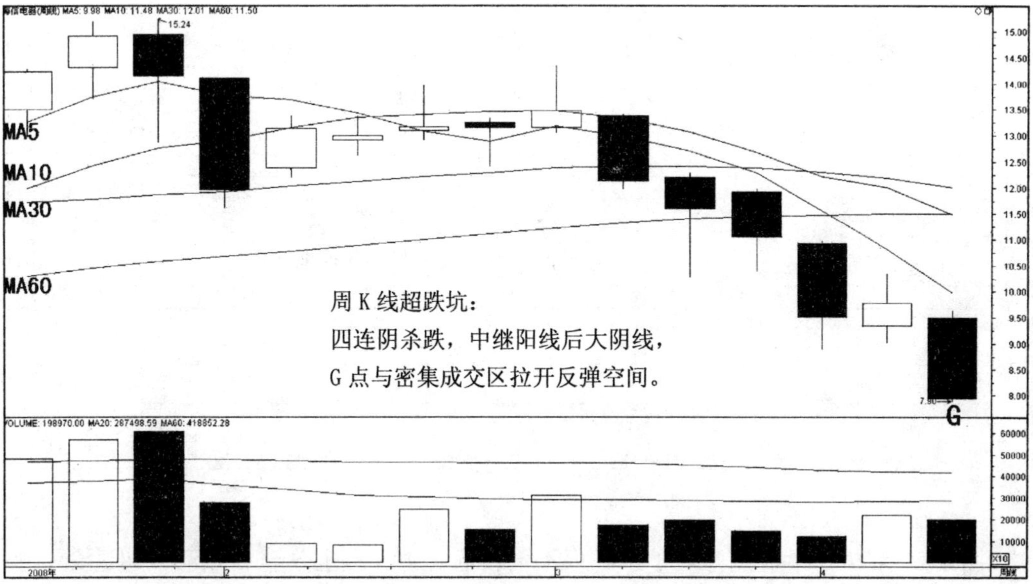

图5-57

图5-57解析：周K线快速杀跌，G点中线套牢严重，拉开了反弹空间。

图 5-58　600060(海信电器)2008.1.11～2008.4.21 日 K 线图

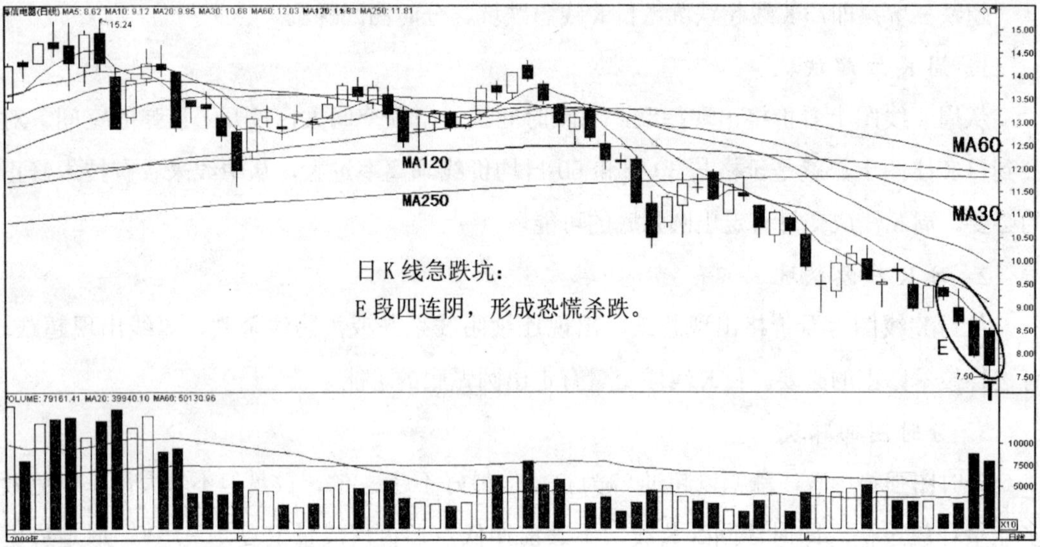

图 5-58

图 5-58 解析：E 段四连阴杀跌形成急跌坑，且成交量明显异动，深套暴大量是谁在买？一般散户在暴跌时不敢大量买入，主力在此主动吸筹的可能性较大。

图 5-59　600060(海信电器)2008.4.22 分时图

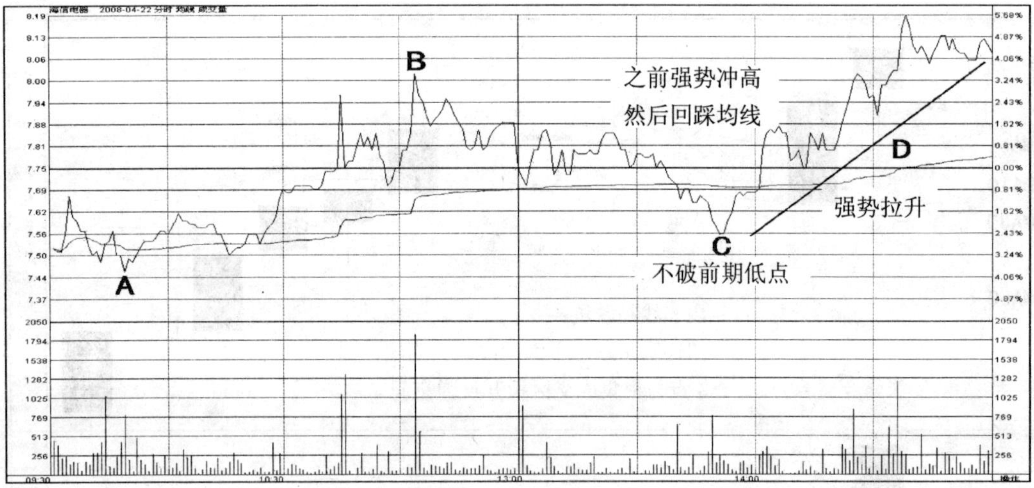

图 5-59

图 5-59 解析：早盘低开后 1 小时内不创新低，由 A 点上攻至 B 点涨幅超过 2%，振幅超过 4%，为强势反弹，回调至 C 点不创新低，形成强势回调坑，随后沿 45° 角上攻，是很好的买点。

第六节　三买区与三买点

买入的点、区、级别，决定了买入的风险和收益。不明点、区、级别，是最大的风险，也会错过最大的机会。

一、买区与买点解构

1. 买区与买点

区是具有共同特征的点的集合，点是构成区的基本单元。不同级别的区和点风险不同，收益也不同。

买区由具有共同特征的买点构成，买点是符合买入法则和处于买入形态的点。买区由诸多买点构成，买点只是买区的一个元素。

2. 三重买区

我们把具有相同位置和相同走势特征且符合三七交易法则的K线段作为相同的买区，根据买区相对位置的不同，分为三个梯次买区：首买区、次买区、三买区。

首买区震荡筑底：包括量价线异动空头陷阱阶段和双突破逼空涨见大底阶段。

次买区主升行情：包括突破牛熊线多头上攻阶段。

三买区多头陷阱：包括量价线异动多头陷阱阶段和回档牛熊线B浪反弹阶段(见第二部分《八阵图》)。

3. 三重买点

买区由买点构成，根据买点在买区先后位置的不同，可分为三重买点：首买点、次买点、三买点。

首买点五阳抢筹：五阳指连阴阳、空倍阳、逼空阳、C浪阳、黄金阳。首买点一般是一波行情的起涨点，是确认买入信号的第一根阳线。

次买点平衡不破：K线走势保持其原有运行节奏，没有出现暴涨暴跌、天量半量。次买点是首买点五阳之后的一根或几根K线，既可以是阳线，也可以是阴线。

三买点大阳起飞：经过充分的蓄势整理，通过对首买点和次买点之后的做多趋势的确认，拉大阳线或涨停板上攻。三买点是确认展开主升浪的一根或几根K线。

不同买区的风险与收益不同，相同买区的不同买点风险与收益差异较小，不同买区的同种买点风险与收益相差较大。

不同级别的买区和买点，只要买区和买点相对位置相同，比如都是首买区和首买点，由大级别买区和买点引发的上涨，比小级别买区和买点引发的上涨，一般涨幅更大，持续时间更长。

唯其如此，资金规模不同，资金性质不同，投资者选择进行交易的级别也往往不同。

二、首买区震荡筑底

图 5-60　999999(上证指数)2008.9.16～2009.2.4 日 K 线图

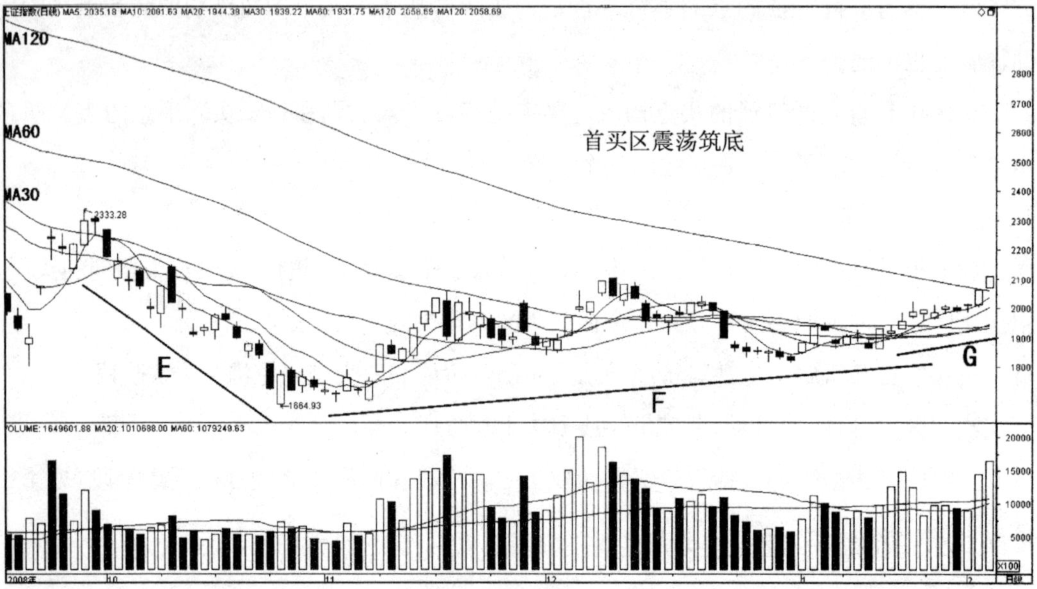

图 5-60

1. 位置形态

首买区包括量价线异动空头陷阱阶段和双突破逼空涨见大底阶段。

①打压诱空：30 日、60 日、120 日和 250 日均线空头排列，均线乖离率大，连续阴线杀跌，或小阳线大阴线组合杀跌，诱空迹象明显。图 5-60 中的 E 段。

②宽幅震荡：30 日均线上穿 60 日均线，且使 60 日均线明显上翘，暴涨暴跌，如常出现大阳线大阴线，涨多跌少，重心上移。图 5-60 中的 F 段。

③碎步儿突破：震荡整理时间长，至短期均线黏合，小阳小阴逼近颈线位，60 日均线上翘顶托，大阳线突破半年线。图 5-60 中的 G 段。

2. 风险评估

短线有风险，中线机会极大。短线可能因踏错节奏而暂时吃套，中线等待主升浪行情。

首买区可做中线买点。

首买区短线进出一般更注重首买点和次买点，不抢三买点。

首买区二次背离短线一般不可再买入，以卖出为宜。

首买区大资金往往会抢三买点，为主动买套。

3. 操盘策略

①股指站稳 60 日均线之前，稳健做法是按弱市行情对待，按抢反弹三坑买涨操作。待股指站稳 60 日均线之后，加码到位。

②大资金圆弧底分批建仓，以 60 日均线为参数。

③短线资金可双线高抛五阳回补，行缠术之缠多。

三、次买区主升行情

图 5-61　999999(上证指数)2009.1.14～2009.7.13 日 K 线图

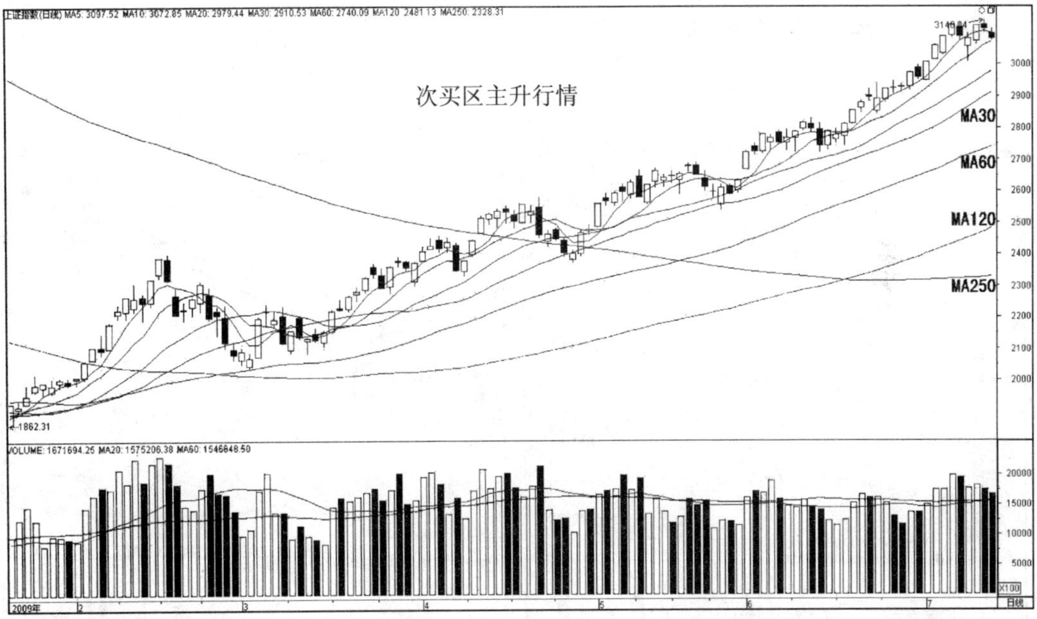

图 5-61

1. 位置形态

次买区包括突破牛熊线多头上攻阶段。

①开始阶段：30 日、60 日均线多头排列，放量突破半年线，回踩不破 60 日均线。

②持续阶段：量价平稳，突破年线，30 日、60 日、120 日和 250 日均线多头排列，

回踩一般不破 30 日均线。

③结束阶段：量价异动明显，平衡打破，如前期放量上涨，之后缩量上涨，或者前期缩量上涨，之后放量上涨，阴线明显增多，阴线实体较大。

2. 风险评估

短线机会较多，中线机会较大。短线有可能因踏错节奏而暂时吃套，一般会很快解套。主升浪行情，涨多跌少，以捂股待涨为主。

次买区可做中线买点。本阶段最大风险是踏空大段行情。

次买区首买点、次买点、三买点均可积极介入。

3. 操盘策略

①大势研判：主升浪行情，在量价出现明显异动之前，不要妄猜顶部。

②以捂股待涨为主，仓位大于 85%。

③也可长多短空，行缠术之缠多。

四、三买区多头陷阱

图 5-62 999999(上证指数)日 K 线图

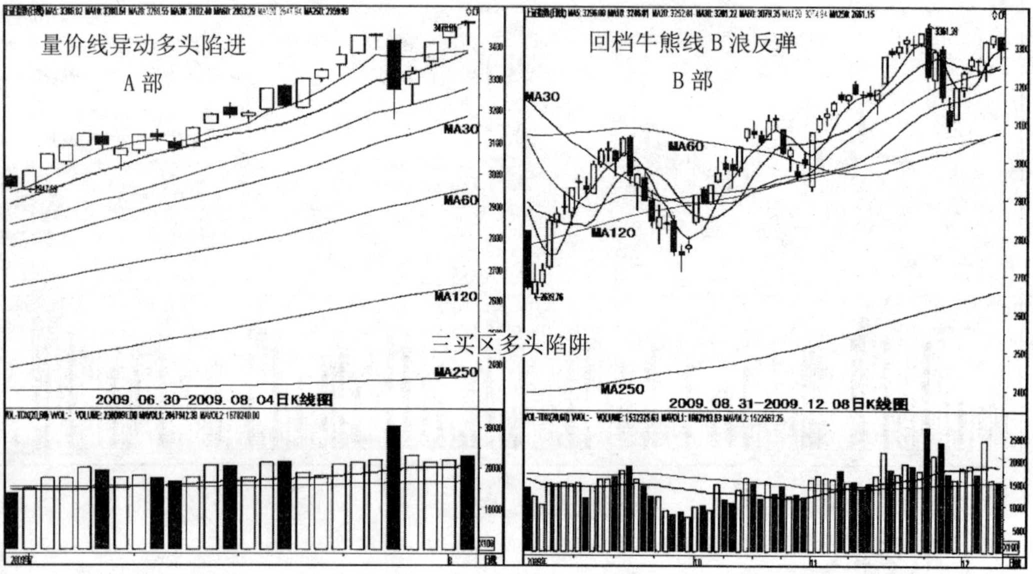

图 5-62

1. 位置形态

三买区包括量价线异动多头陷阱阶段和回档牛熊线 B 浪反弹阶段。

①量价线异动多头陷阱：主升行情之后，整体涨幅大，走势明显异动，为拉高出货阶段。图 5-62 中的 A 部。

②回档牛熊线 B 浪反弹：股指见大顶之后，经过 A 浪杀跌，直到半年线和年线附近，才开始 B 浪反弹，为反弹出货阶段。图 5-62 中的 B 部。

2. 风险评估

短线有机会，中线风险大。短线可能会出现暴涨，但多为诱多出货。一旦破位，往往下跌时间长，跌幅大。

三买区只能做短线买点，只适合小资金快进快出，大资金均以减仓为主，或仅以小仓位滚动操作。

三买区更注重首买点，一般不抢三买点。

三买区二次背离无论短线中线都不可再买入。

3. 操盘策略

①大势研判：多头陷阱阶段，以诱多出货为主。

②暴涨减仓，破位清仓。

③股指跌破 5 日均线即减仓或清仓。

五、首买点五阳抢筹

每个买区都有首买点，首买点由五阳构成，五阳指连阴阳、空倍阳、逼空阳、C 浪阳、黄金阳。

首买点一般是一波行情的起涨点，是一根阳线。

起涨点，可能是五阳之一，也可能是其中的两种或多种构成。

买在首买点，就占据了主动。特别是弱势行情，有的反弹往往只有两三个交易日，而且反弹幅度有限，一般不要抢反弹。若抢反弹，最好能买在首买点，一旦错过了首买点，再去追高，往往容易吃套。

首买点买入之后，短线一般以首买点开盘价或最低价作为止损位。

首买点五阳抢筹，培养对首买点的敏锐性，做等点、抢点的捕猎者，才能在市场中占据主动地位。

图 5-63　000060(中金岭南)2010.7030～2010.9.30 日 K 线图

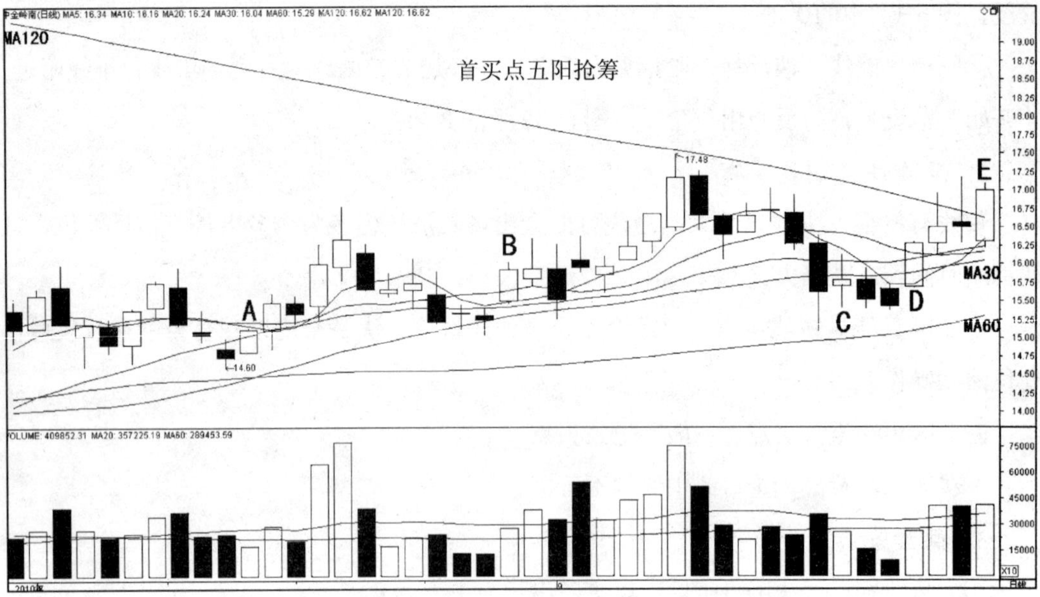

图 5-63

图 5-63 解析：

30 日均线上穿 60 日均线，震荡整理至短期均线黏合，60 日均线上翘顶托，至 E 点突破半年线。很显然处于首买区震荡筑底阶段，短期有风险，中线机会极大。

A 点：连阴阳。30 日均线上穿 60 日均线，整体重心上移，之前连续 3 根阴线洗盘，且为小阴线。

B 点：C 浪阳，连阴阳，空倍阳。B 点之前 6 根 K 线洗盘，分两波杀跌，第二波连续 3 根小阴线，且成交量见明显空洞。

C 点：C 浪阳，连阴阳。C 点之前 6 根 K 线洗盘，分两波杀跌。

D 点：空倍阳。D 点之前 9 根 K 线洗盘，打压诱空凶狠，成交量见明显空洞。

E 点：逼空阳。短期均线黏合，60 均线上翘顶托，为 60 逼空阳。不足之处是成交量没有放大，涨幅稍小。

六、次买点平衡不破

首买区、次买区和三买区三个梯次买区，每个买区一般都包含次买点。

次买点平衡不破是指 K 线走势保持其原有运行节奏，没有出现暴涨暴跌，天量半量。次买点是首买点五阳之后的 1 根或几根 K 线，阳线或阴线均可。

从价量变化考虑平衡不破：

(1)次买点若下跌，则不跌破首买点的开盘价或者最低价。

(2)次买点若上攻，若非短黏长翘，则不突然拉大阳线或跳空涨。

(3)次买点无论涨跌，成交量均不得暴天量，或者半量。

图 5-64　600158(中体产业)2009.12.14～2010.4.6 日 K 线图

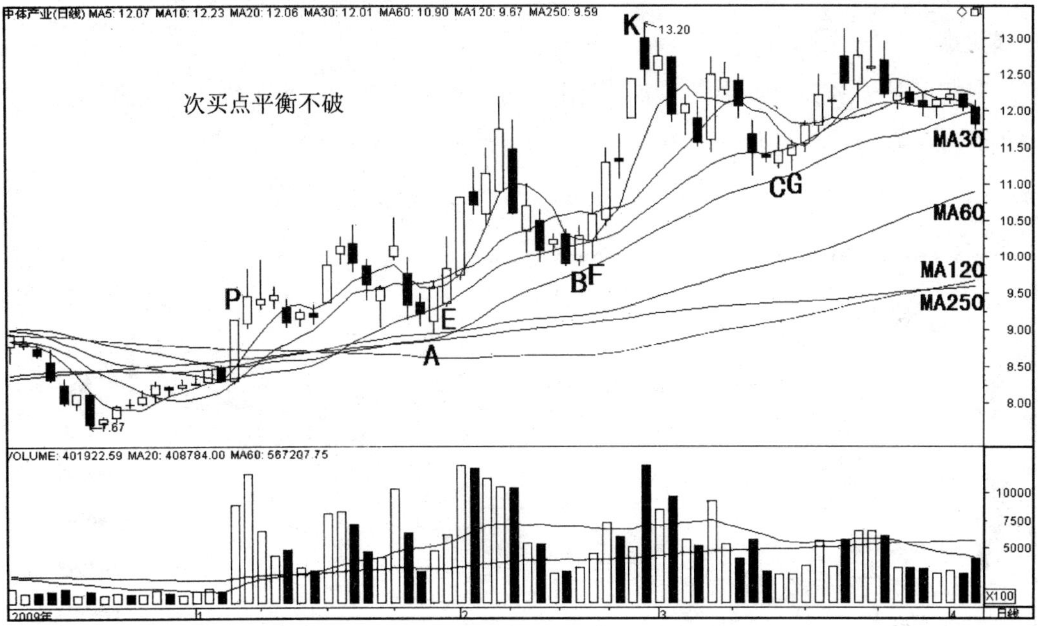

图 5-64

图 5-64 解析：

P 点向上突破，一阳穿七线，展开主升行情，为次买区。

从 B 点至 K 点，明显量价背离，高位阴天量，进入多头陷阱，为三买区。

A、B、C 为首买点，E、F、G 为次买点，操盘线为 30 日均线。

A 点、B 点为空倍阳，之前成交量见空洞。

C 点为连阴阳、C 浪阳。从 K 至 C 分两波杀跌，C 之前为三连阴。

E、F、G 三点：不破前根 K 线开盘价，量价平稳，稳中有升，平衡不破。

七、三买点大阳起飞

三买点主要发生于次买区主升行情。通过首买点和次买点，进行拐点确认和做多能量的初步释放，开始拉大阳上攻，进入快速上涨或加速上涨阶段。

三买点是 1 根或几根 K 线。三买点的首根阳线一般为逼空阳，60 逼空阳或 120 逼空阳。

三买点捕捉暴涨，一旦成功短期内收益十分可观。

捕捉三买点心诀：短黏长翘等突破，大阳起飞莫错过。

首买区处于震荡筑底阶段，仍为弱势行情，拉大阳线之后回调的可能性较大。对短线来说，一般不存在三买点，但大资金圆弧底建仓，有时会在明显压力位主动买套，是中线买点，则另当别论。

三买区处于多头陷阱阶段，多以大阳线或涨停板诱多，拉大阳线往往是逢高卖出的时机，故一般不存在三买点。

图 5-65　000525(红太阳)2007.11.6～2008.2.1 日 K 线图

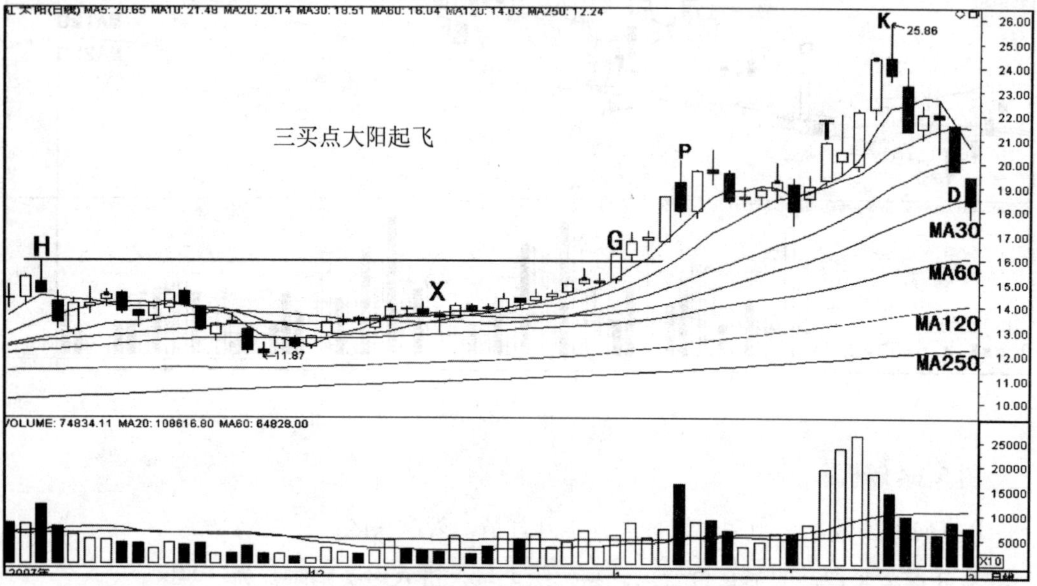

图 5-65

图 5-65 解析：

X 处短期均线黏合，60 日、120 日、250 日多头排列，形成短黏长翘攻击形态。

G 点放量大阳起飞，突破前期高点 H，开始加速上攻。连续几天均为买点。

于 P 点回调整理，至 10 日均线，成交量缩小，见明显空洞。于 T 点再次放量上攻，高位暴大量，至 K 点见顶回落，

三买区分为首买区震荡筑底、次买区主升行情和三买区多头陷阱。三重买点分为首买点五阳抢筹、次买点平衡不破、三买点大阳起飞。首买区和三买区一般只包含首买点

和次买点，不包含三买点大阳起飞，只有次买区包含全部三重买点。

图 5-66 600505(西昌电力)2010.12.17～2011.5.27 日 K 线图

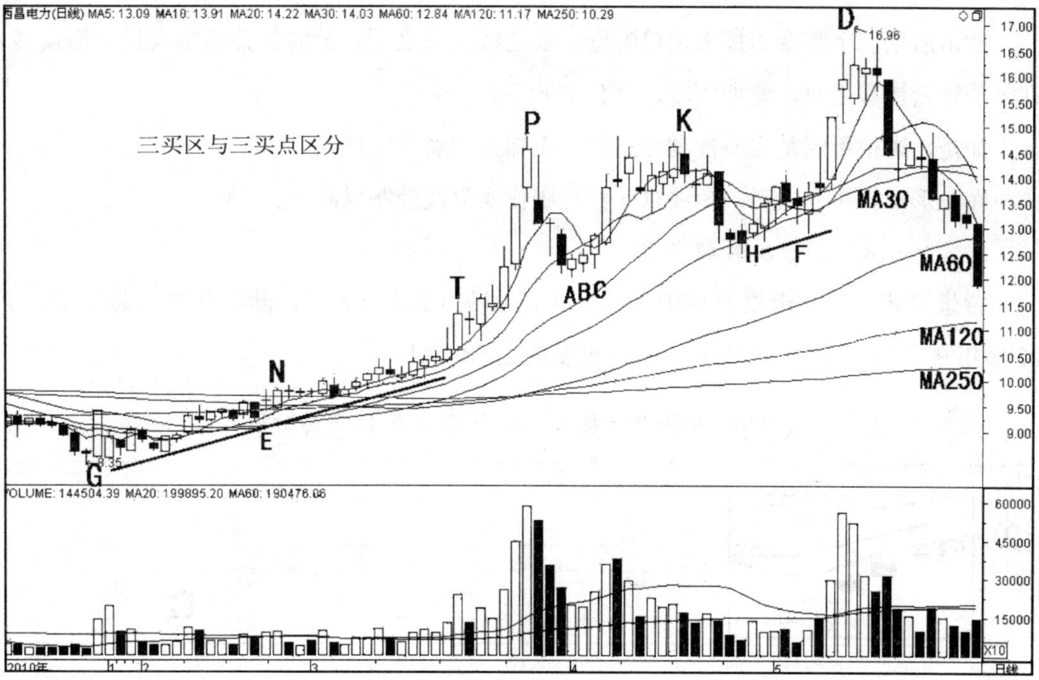

图 5-66

图 5-66 解析：

三买区划分：

G～N：首买区震荡筑底。N～P：次买区主升行情。P～D：三买区多头陷阱。

三买点划分：

G 点：连阴阳，为首买点。E 段：平衡不破，为次买点。T 点：大阳起飞，三买点。A 点、H 点：连阴阳，首买点。B 点、C 点，F 段：平衡不破。

八、V 形反转提前买

总有一些突发大事件会在短期内改变股市走向，有的持续时间较短，有的却能引发一波中级反弹，甚至是一轮大牛市。行情的大小，看事件对股市的刺激力度的强弱。

突发事件降临之前，盘面分时图往往会发生明显异动。

1. 分时图暴大量 V 形反转

(1)早盘大幅低开之后，再凶猛杀跌，随后股指陡峭飙升，或者早盘大幅低开之后，直接逐波拉升。

(2)成交量迅速放大，盘中出现明显抢筹。

(3)回升 2.5 个百分点以上。

熊市后期，至重要的技术关口附近，或连续杀跌之后，分时图突然暴大量 V 形反转。在一片愁云惨雾之时，乾坤倒转，谁有拿云手？

如是，则很可能是实质性利好出台，先知先觉者提前抄底！

在 V 形反转买入之后，短线以 5 日均线作操盘线控制风险。

2. “9·18” V 形反转提前买

背景描述：上证指数于 2007 年 10 月 16 日见 6124 点大顶，随即开始震荡杀跌，至 2008 年 9 月 17 日跌至 1929 点，下跌幅度高达 68.5%！

图 5-67　999999(上证指数)2008 年 9 月 18 日分时图

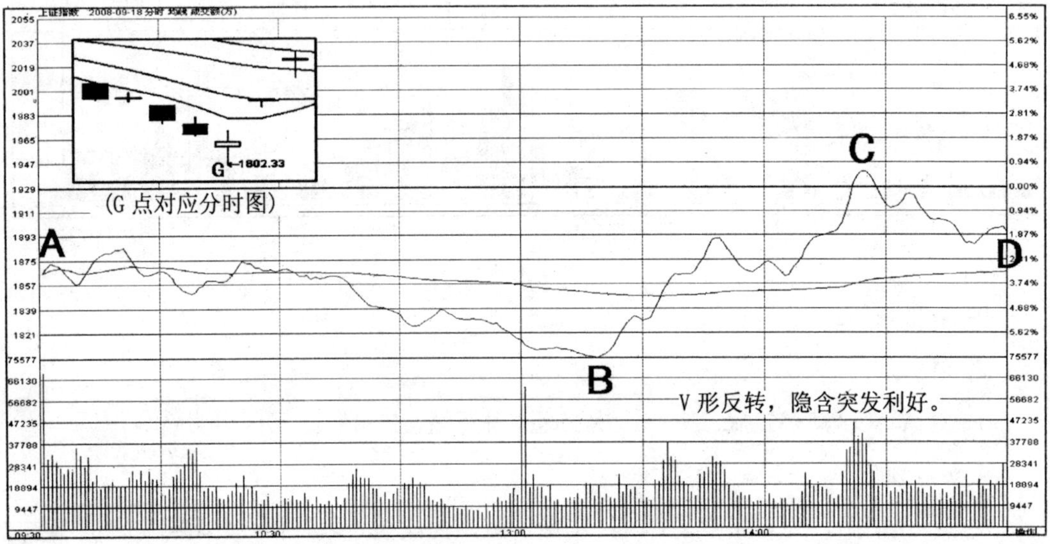

图 5-67

图 5-67 解析：

2008 年 9 月 18 日，中国股市惊心动魄的一幕！

早盘大幅跳空低开 52.93 点，跌 2.74%！

此后震荡杀跌，至下午 13 时 18 分左右，最低杀跌至 1802.33 点，跌 126.72 点，跌幅高达 6.57%！

此后经过两波快速拉升，至下午 14 时 23 分左右，最高涨至 1942.85 点，在短短的 66 分钟之内，竟然暴涨 140.52 点，涨幅高达 7.80%！

振幅如此之大，是谁在翻手为云，覆手为雨？

次日，谜底揭开，政府三箭齐发救股市：印花税即日起单边征收；汇金将增持工、中、建三银行股票；国资委鼓励回购或增持上市公司股份。

是日，两市A股、权证、封基午后全部涨停，仅有2只B股没有出现涨停！

此后短短几个交易日，展开一波强势反弹，最高涨到2333点。

第六章　设好回补卖风险

熟练掌握三重卖区与三重卖点的走势特征、风险特征和操作技巧，根据不同的市场行情，有计划、分步骤地减仓和清仓，及时兑现账面浮盈，规避风险。

第一节 三卖区三线逃顶

一轮完整的牛熊交替，价格运行的所有阶段，都伴随着买入与卖出。我们不仅要精准地把握买入的时机，还要适时地将账面利润兑现，以规避风险和获取最大的收益。

一、卖区与卖点解构

1. 卖区与卖点

与买区和买点类似，卖点是符合卖出法则和处于卖出形态的点，卖区是符合卖出条件的点的集合。卖和买共同构成一个完整的交易体系。

2. 三重卖区

根据卖区相对位置的不同，分为三个梯次卖区：首卖区、次卖区、三卖区。

首卖区多头陷阱：包括量价线异动多头陷阱阶段和回档牛熊线 B 浪反弹阶段。

次卖区震荡筑顶：包括暴跌空涨破位见大顶阶段。

三卖区暴跌下套：包括跌破多空线 A 浪杀跌阶段和跌破牛熊线 C 浪下套阶段(见第二部分《八阵图》)。

三重卖区均为中线卖点。特别是对于大资金，三重卖区构成了一个完整的减仓到清仓的流程。

3. 三重卖点

卖区由卖点构成，以操盘线为依据，根据卖点与操盘线的相对位置，可分为三重卖点：首卖点、次卖点、三卖点。

首卖点量价异动卖回补：价格在跌破操盘线之前，量价发生明显异动，可以提前卖出，并根据情况，决定当日或数日后是否补回。首卖点一般卖在暴涨 K 线，即 1 根或几根放量加速上涨的中大阳线。

次卖点跌破操盘线必卖：K 线有效跌破操盘线必须先卖出。次卖点是 1 根 K 线。

三卖点三空卖空必须卖：中线走空，短线走空，当日分时图走空，必须坚决卖出。三卖点为中线卖点，是 1 根或几根 K 线。

不同操作级别和操作风格的投资者，选择的卖区和卖点一般会有所不同。

二、首卖区多头陷阱

图 6-1　999999(上证指数)日 K 线图

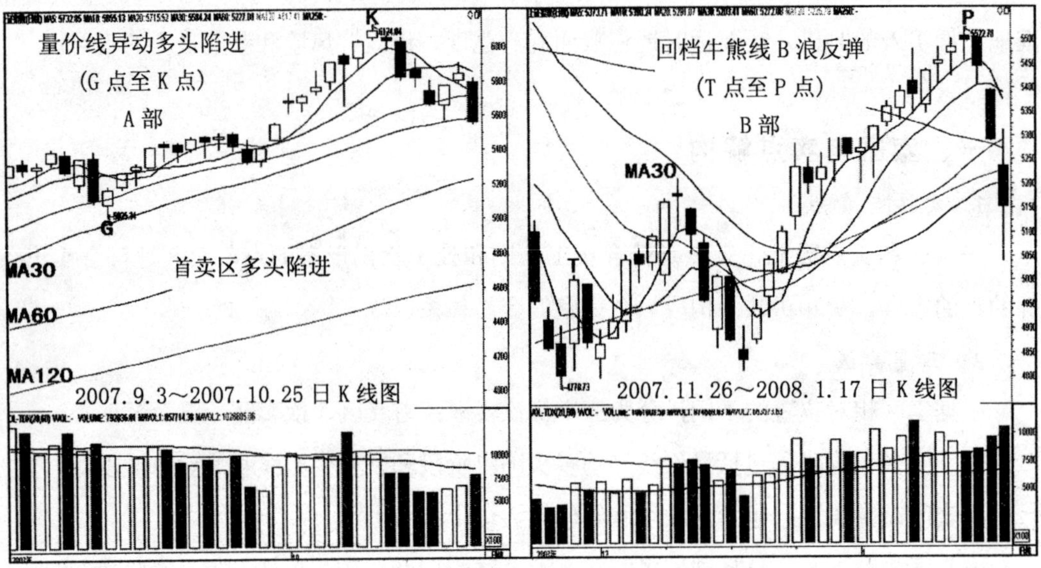

图 6-1

1. 位置形态

首卖区多头陷阱包括量价线异动多头陷阱阶段和回档牛熊线 B 浪反弹阶段(图 6-1)。

①量价线异动多头陷阱：股指整体涨幅大，获利浮筹多，出现区间震荡之后，如果再度上攻，明显出现量价背离冲顶的走势，则多为诱多出货。图 6-1 中的 A 部。

②回档牛熊线 B 浪反弹：股指见大顶之后向下杀跌，回调至半年线或年线附近，主力利用牛市余威制造超跌反弹，出清手中剩余筹码。图 6-1 中的 B 部。

2. 风险评估

首卖区卖在涨势，主要是利用人们的追涨心理，以及行情火爆时成交量大，对手盘多，出货相对轻松。资金量大的，出货需要较长的时间和较大的空间，一般会选择分批出货，在上涨末期，更是要越涨越卖。

首卖区卖在涨势，对短期账面浮盈虽有所影响，但只有将账面浮盈适时落袋为安，才能确保安全和利润。

首卖区最大风险是错判行情，将上攻时正常的量价变化当作多头陷阱而减仓或清仓，从而踏空大段行情。

3. 操盘策略

①整体涨幅大，短期又出现暴涨，资金量大的可及时减仓。

②对于技术超跌反弹，资金量大的，以出货为主，不可加仓和追涨。

③短线资金可以卖冲顶大阳线，也可以在股指跌破 5 日均线时卖出。

三、次卖区震荡筑顶

图 6-2　999999(上证指数)2007.9.25～2007.11.6 日 K 线图

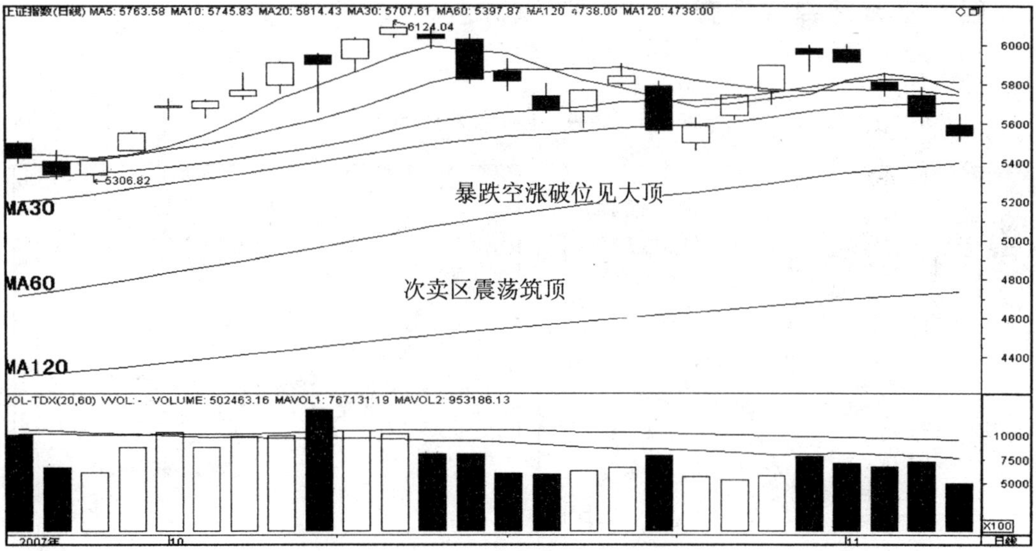

图 6-2

1. 位置形态

次卖区震荡筑顶包括暴跌空涨破位见大顶阶段(图 6-2)。

①暴跌：暴大量杀跌，大阴线杀跌，长影线杀跌，四连阴杀跌。见顶是一个逐步确认的过程，一般是从一次看似突如其来的暴跌开始，随后继续诱多出货。暴跌之后的反弹是不可错过的清仓时机。

②空涨：空，上涨过程中成交量缩小，明显小于 20 日、60 日均量线。空涨是后市不被看好，买盘缩手，等待方向性选择。

③破位：跌破重要支撑位，如重要均线和颈线位，确认见大顶。

2. 风险评估

震荡筑顶，往往暴涨暴跌，在趋势没有明显走坏之前，利用人们追涨杀跌心理，吸引跟风盘，从而达到出货目的。

次卖区最大风险是将阶段洗盘顶部当作大顶，大幅减仓或清仓离场，从而踏空大段行情。

3. 操盘策略

①整体涨幅大，阶段涨幅大，一旦出现破位，必须果断清仓。

②对于短线技术超跌反弹，不可盲目追涨。

③短线交易股指跌破5日均线清仓离场，中线跌破30日均线或跌破颈线位必须离场。

四、三卖区暴跌下套

图 6-3 999999(上证指数)日K线图

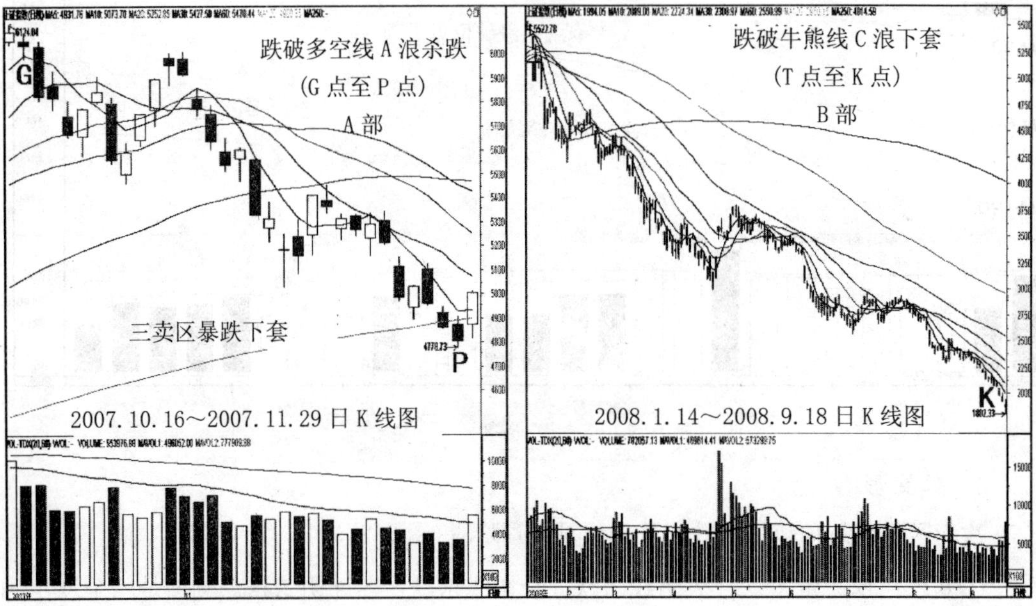

图 6-3

1. 位置形态

三卖区暴跌下套包括跌破多空线A浪杀跌阶段和跌破牛熊线C浪下套阶段(图6-3)。

①破位暴跌：股指跌破重要支撑位，一般为大阴线或连续阴线，确认下跌趋势形成。

②持续杀跌：均线开始向下发散，下降趋势进一步明显，反弹无力，一般阴线大阳线小，成交量缩小，做空量能继续释放。

③诱空杀跌：整体跌幅大，短期急跌，技术上出现严重超跌，短线有进行技术修正

的必要。若没有形成价值超跌，则反弹之后继续杀跌的可能性很大。

2. 风险评估

三卖区卖在跌势。由于人们习惯追涨杀跌，下跌过程中纷纷卖出，争抢跑道现象严重，而买盘较少。特别是大资金，冲击成本高，如果仓位重，则很难全身而退。

3. 操盘策略

①在破位初期，能利用反弹出货最好，没有也要利用一切机会伺机出货。

②技术超跌反弹，如回档牛熊线 B 浪反弹，是大资金利用反弹出货的好时机。

③跌破牛熊线之后严重超跌，若又出现诱空杀跌，则深套者不可盲目斩仓。

五、三线逃顶

顶分短期顶、中期顶和大顶。逃顶则可按分时图、日 K 线和周 K 线逃顶。月 K 线由于周期太长，作为逃顶指标，反应太过迟缓，只能做趋势确认。

1. 三线划分

以操盘线为界，分为线上线，线下线，与操盘线一起，合为三线。

操盘线：根据操盘线逃顶。可用于确认阶段顶部。

线上线：K 线和比操盘线周期更短的均线，可用于确认当日顶和波段顶。

线下线：K 线和比操盘线周期更长的均线。日线指 30 日和 60 日均线，周线指 5 周和 10 周均线，月线指 5 月均线，可用于确认大顶。

根据卖点与操盘线的相对位置，可将卖点分为三重卖点：首卖点、次卖点、三卖点。

2. 首卖点量价异动卖回补

价格在跌破操盘线之前，量价发生明显异动，可以提前卖出，并根据情况，决定是否补回，即在操盘线上做高抛低吸。

3. 次卖点跌破操盘线必卖

K 线有效跌破操盘线必须先卖出。操盘线作为交易指令，必须始终严格执行。

4. 三卖点三空卖破必须卖

三空即中线走空、短线走空、当日分时图走空。

中线技术指标指多空线 30 日、60 日均价线，或周线技术指标 5 周、10 周均价线。

短线技术指标指 5 日、10 日、20 日均价线。

超短线技术指标指分时图、60 分钟 K 线图、10 小时均价线。

5. 以日K线界定中线走空

①处于上升通道：价格跌破30日均价线，且使10日均价线死叉20日均价线。

②处于盘整区：价格跌破颈线位，或跌破盘整区下边线。

一旦形成三空，必须果断卖出，稍有迟疑，往往损失较大，甚至打乱整个操盘节奏。

第二节　量价异动卖回补

当价格上涨到一定阶段，多空分歧必然加大，K 线形态和成交量大小一般出现较明显的变化。

一、简明释义

价格沿操盘线上攻，如果短期涨势过猛，则一般会出现冲顶回落。经过震荡整理之后，有的继续上攻，有的跌破操盘线。在跌破操盘线之前，量价发生明显异动，可以提前卖出，并根据情况，决定是否回补，即在操盘线上做高抛低吸。

之所以要求回补，是因为价格没有跌破操盘线，行情并没有确认走弱，很可能只是短线快速回调，或者仅当日回调。

二、强弱研判

分为弱势行情和强势行情。“弱势”简明判断标准为价格跌破 30 日均线，30 日均线往下走，或者 30 日、60 日均线空头排列。“强势”简明判断标准即 30 日、60 日均线多头排列，价格不跌破 30 日均线。

三、双线高抛

双线指冲顶大阳线和 10 小时均价线。

①短期出现加速上涨，见冲顶大阳线卖出。

②短线暴涨之后价格跌破 10 小时均价线卖出。

四、五阳回补

五阳回补包含两层含义：

其一，抢在五阳之前回补：双线高抛之后，价格回踩操盘线，见探底阴线时回补。

其二，见五阳之后再回补：双线高抛之后，开始震荡整理，见五阳时回补。

对于走势相对飘忽、操盘线无法确定的情况下，按五阳回补更有效。

在弱势行情，上涨时间较短，涨幅有限，一般出现最 K 线之后即见顶回落，甚至创新低，回补要特别谨慎。

在强势行情，特别是主升浪行情，上涨时间较长，涨幅较大，其间一般会出现或大或小的洗盘，可根据情况做高抛低吸。

按回补时间可分两种情况：一种是当日回补，即 T+0；另一种是之后回补，回踩操盘线不破，即 T+N。

现以主升浪行情为例，讲解回补的技法。

主升浪阶段，短线见冲顶阳线高抛之后，必须及时进行回补。

五、实例印证

强势行情和弱势行情双线高抛五阳回补技法差别较大，且强势行情中逐浪上升形、阶梯上升形与快速上涨形、加速上涨形操作技法也有很大不同。

1. 逐浪上升形和阶梯上升形

逐浪上升形和阶梯上升形双线高抛之后回调时间一般 3～8 天，且跌幅相对较大，有做高抛低吸的空间。

请用量价异动卖回补理论解析 A、B、C、D、E、F、P、K 操盘技法。

图 6-4　002160(常铝股份)2010.12.10～2011.3.1 日 K 线图

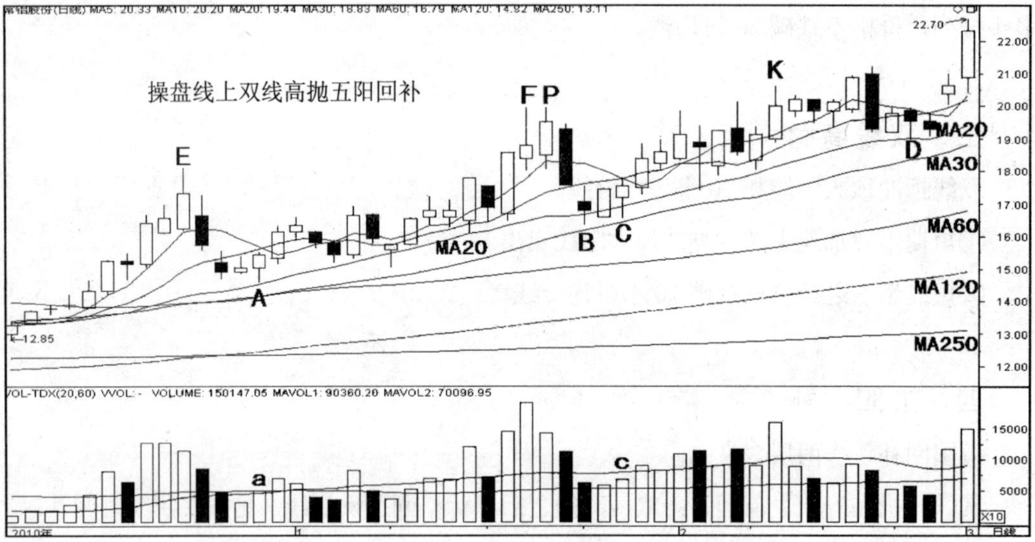

图 6-4

图 6-4 解析：

①按双线高抛技法，E 处见冲顶阳线高抛，价格回调，按五阳回补技法，至 A 处 20 日均线上方附近，见空倍阳回补。20 日均线可做操盘线。

②按双线高抛技法，F处、P处见冲顶阳线高抛，价格快速回调，按五阳回补技法，于B处回踩操盘线20日均线回补。C处空倍阳，可回补。

③按双线高抛技法，K处见冲顶阳线高抛，之后价格震荡回落，按踩线回补技法，于D处踩20日操盘线可回补。

2. 快速上涨形和加速上涨形

快速上涨形和加速上涨形回调时间一般1～2天，且回调幅度小，做高抛低吸风险较大，很容易踏空而错过大段行情。

图6-5 002260(伊立浦)2010.5.24～2010.9.16日K线图。

不少投资者于T点卖出，其理由是：跳空涨，长上影，暴大量，卖！结果踏空大段行情。也有不少投资者坚决持股不动，其理由是：价格回档年线，均线短黏长翘，60日均线顶托上行，为主升浪行情，以捂股待涨为主(图6-5)。

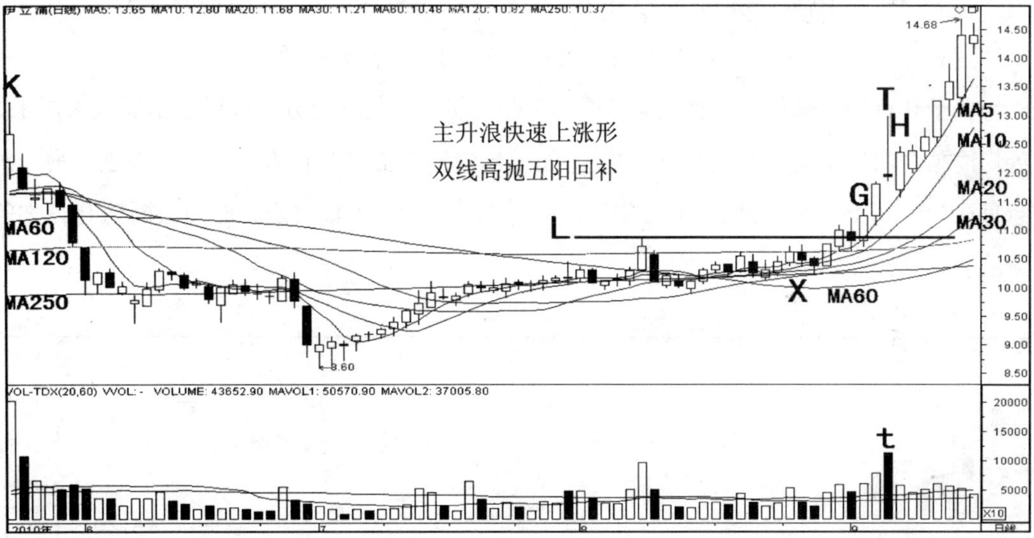

图 6-5

图6-5解析：

1. 以大统小解盘

①价格由K点回档年线，并击穿年线，然后反弹，经过较长时间的盘整，于X处短期均线黏合，60日均线上翘顶托，K线碎步儿登高助跑，符合60逼空形态。

②于G处放量大阳起飞，展开主升浪。G点为60逼空阳。

③主升浪行情，蓄势整理充分的，一般以捂股待涨为主。

2. 攻防兼备策略

①T 点放量攻击前期高点 K，压力较大，出现跳空涨、长上影、暴大量，有见顶可能。但由于之前蓄势充分，且阶段涨幅小，做多能量释放较少，继续上攻的可能性较大。主升浪行情，不要因为一根洗盘 K 线而看空。

②主升浪之缠多：主升浪一般不跌破 5 日均线不卖。也可于操盘线之上执行双线高抛五阳回补策略。

③若 T 点高抛之后，则可当日回补，也可次日回补。必须承担的风险是，一旦抛错了，往往要花高价买回。

如果一只股票进入主升浪，最好"一线顶托到头"，不要随意做高抛低吸，因为一旦卖出，股票若急拉快跑，就只有追高买入了，稍微迟疑，很可能就此踏空了。

3. 弱势行情和由强转弱

弱势行情和由强转弱时，跳空涨，大阳冲顶，暴天量，见顶的可能性较大。

图 6-6　002166(莱茵生物)2011.4.14～2011.7.19 日 K 线图。

关于 G 点如何操作，一种意见认为，G 点之前区间整理充分，成交量明显放大，于 X 处均线黏合，放量向上突破 60 日均线，长上影快速洗盘，为仙人指路，应跟进。另一种意见认为，30 日、60 日均线空头排列，明显弱势，G 点大幅跳水，必须果断清仓。你的看法呢？

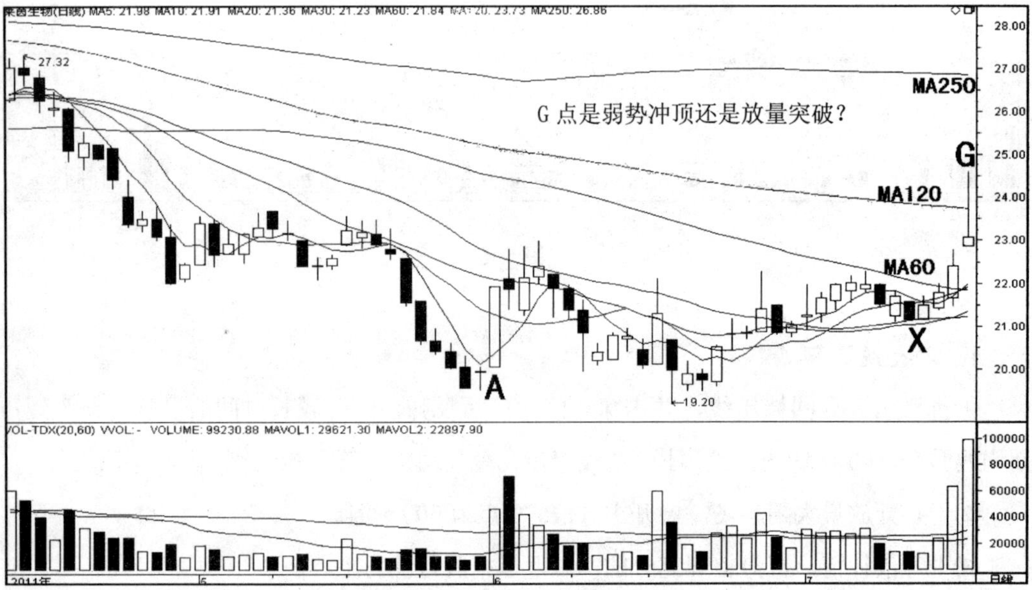

图 6-6 （后续走势见图 6-7）

图 6-6 解析：

以大统小解盘

①30 日、60 日、120 日均线空头排列，弱势行情。于 X 处均线黏合，但 60 日均线明显下压，区间整理时间不够。

②成交量从 A 点起有所放大，但没有形成持续放大的步步高走势，没有明显的增量资金进场。

③G 点攻击 120 日均线之后，大幅跳水，收出长上影，反弹结束的可能性更大。根据弱势只做挖坑不追涨的原则，卖出是较好的选择。

图 6-7　002166(莱茵生物)2011.4.14～2011.7.19 日 K 线图

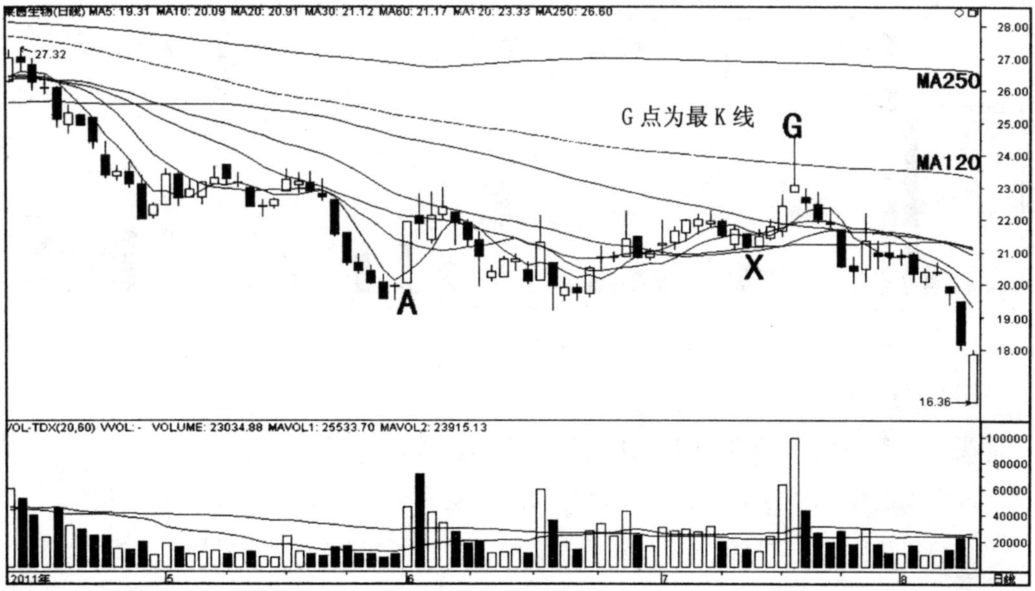

图 6-7　(图 6-6 后续走势图)

图 6-7 解析：

G 点次交易日即低开低走，且连续 5 天杀跌，快速下套，并一路震荡下行，短期跌幅超过 20%。

第三节 跌破操盘线必卖

操盘心诀：坚守一条线，直到趋势变。定线就定心，过线就兑现。

跌破操盘线必卖！这是铁的纪律，没有任何借口！

图 6-8 002268(卫士通)2011.5.20～2011.7.26 日 K 线图

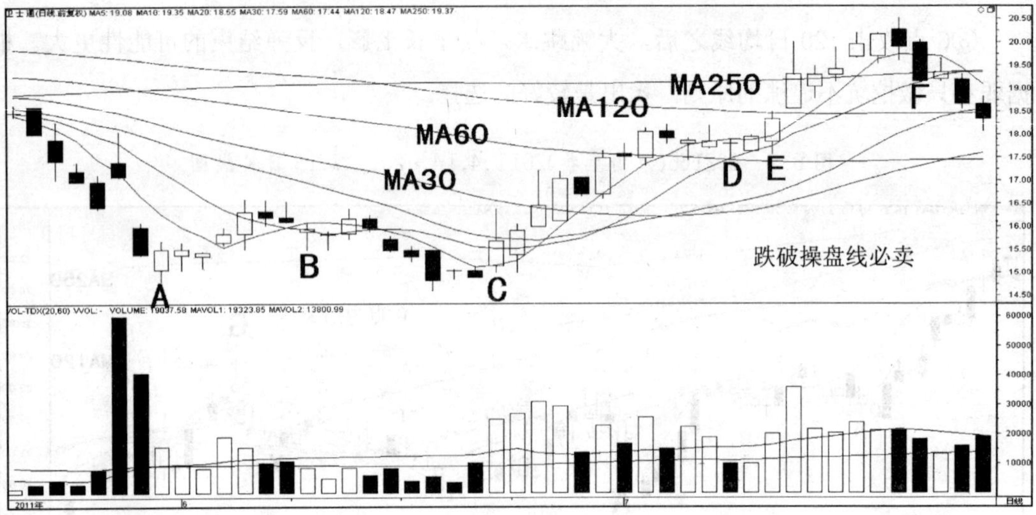

图 6-8

图 6-8 解析：

买入指令：五阳抢筹。止损设置：跌破五阳开盘价或最低价。

确定操盘线：30 日、60 日、120 日、250 日均线呈空头排列，明显弱势行情。

弱势行情快速上涨确定 5 日均线为操盘线，碎步儿登高确定 10 日均线为操盘线。

A 点：符合五阳抢筹，连阴阳买入。

B 点：明显弱势反弹，跌破 5 日均线必卖。

C 点：符合五阳抢筹，连阴阳买入。

D 点：快速上涨，跌破 5 日均线必卖。

E 点：符合五阳抢筹，空倍阳买入。

F 点：快速上涨，跌破 5 日均线必卖。

操盘一气呵成，根本不需要做过度分析！

等到有一天，直效法则、三七交易法则、操盘心诀、实战铁律、五阳抢筹、三线逃顶成了你的潜意识，成了你的习惯，你离成功就不远了。

第四节　三空卖空必须卖

三空卖空：三空，即周 K 线破位走空、日 K 线反弹走空、当日分时图跳水走空。K 线图出现三空走势，临盘必须果断清仓或反手做空。

一、周 K 线中线走空

1. 周 K 线破位走空

价格跌破 5 周均价线，则中线走空的可能性较大。若 5 周均价线和 10 周均价线接近黏合，价格同时跌破 5 周和 10 周均价线，形成二次走弱，则中线杀伤力极大。

2. 周均线空头排列

周均线空头排列，中线走空，持续时间长，跌幅大。

3. 周 K 线反弹冲顶

若价格超跌反弹，回升至下压长期均线，反弹受阻，则是卖空的好机会。一般周 K 线反弹冲顶，很有可能出现快速下跌。

下面我们通过一幅实例图讲解周 K 线走空的进程。

图 6-9　399300(沪深 300)2011.4.8～2011.11.11 周 K 线图

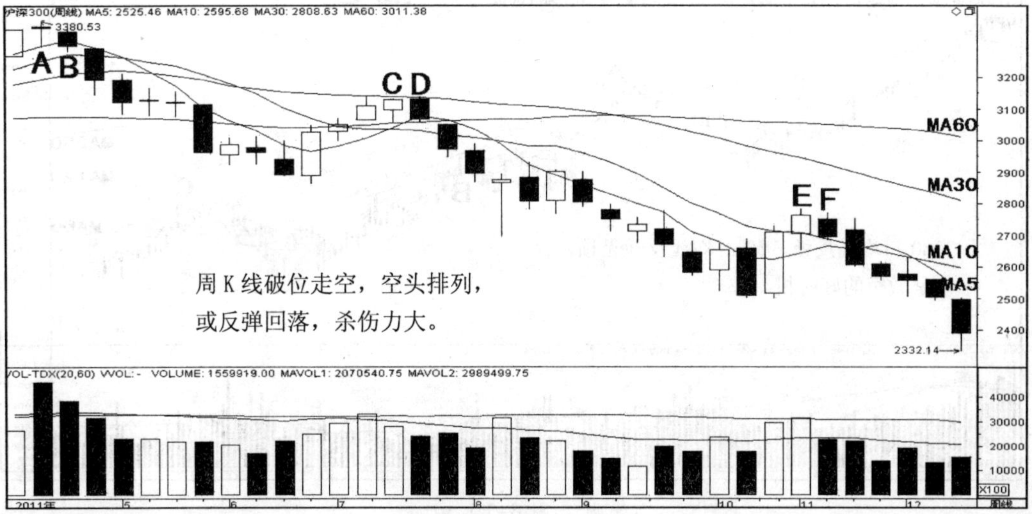

图 6-9

图 6-9 解析：A～B 点：周均价线呈多头排列，A 点出现走弱迹象，B 点跌破 5 周均

价线下行，短期均线5周、10周均价线走空，带动10周、30周均价线走空。

C～D点：周K线超跌反弹，至C点背离，D点受下行的30周均线压制回落。

E～F点：周均线10周、30周、60周均线完全空头排列，周K线超跌反弹，至E点遇阻回落。

二、日K线反弹走空

1. 冲顶首次回落

价格反弹至下压均价线附近，且下压均价线仍往下走，若出现冲顶阳线，则反弹见顶的可能性极大。若10日、20日均线下行，则可信度更高。

2. 冲顶二次走弱

若反弹时间较长，幅度较大，至10日、20日均线开始上行，首次回落后再度反弹的可能性较大，则之后很可能形成小圆弧顶或小双头。若K线同时跌破5日和10日均价线，形成二次走弱，则随后几天连续杀跌的可能性极大。

3. 黏合向下发散

若反弹幅度较大，盘顶时间较长，多条均线接近黏合，再向下破位，特别是形成断头铡刀或跳空低开下套，使均线转而向下发散，则通常杀跌时间长，跌幅大。

图 6-10　399300(沪深 300)2011.4.8～2011.11.16 日 K 线图

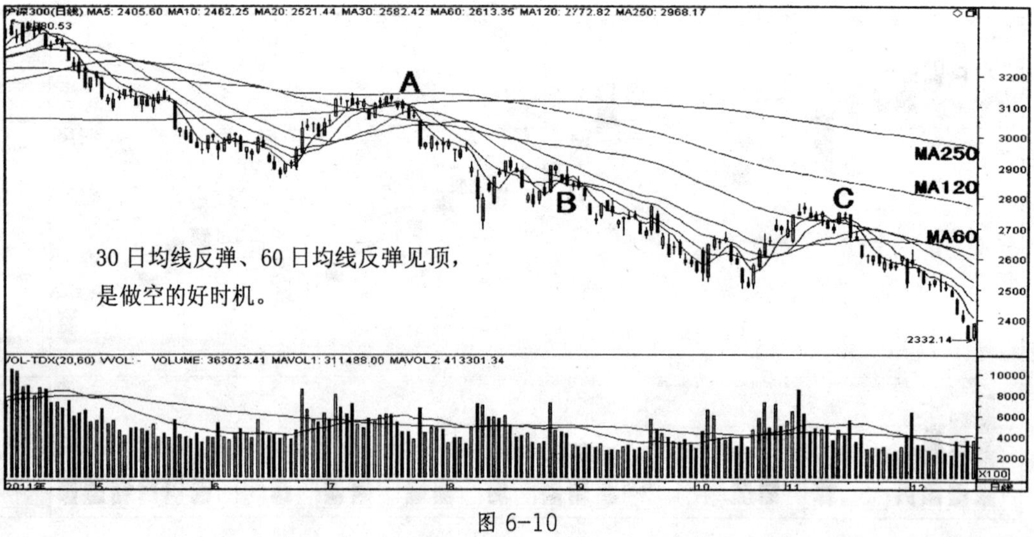

图 6-10

图6-10解析：A处：反弹至半年线和年线附近，受半年线压制和季线向下引带，形成小双头见顶形态，至A处向下破位，均线向下发散，股指加速下跌，下跌时间长，下

跌幅度大。

B 处：反弹至 30 日均线下方附近，受下行 30 均线压制和 20 日均线向下引带作用，形成小双头见顶形态，至 B 处再次向下杀跌，均线向下发散，下跌时间长，下跌幅度大。

C 处：股指反弹至 60 日均线附近，形成小圆弧顶走势，受下行的 60 日均线的向下引带作用，至 C 点形成一阴破三线的断头铡刀，那么后势走势会如何呢？临盘该如何决策？断头铡刀，逃之夭夭。

三、分时图跳水走空

价格反弹至重要压力位，日 K 线或 60 分钟 K 线呈顶背驰或顶背离，一旦分时图出现跳水走势，则随后几天加速杀跌的可能性极大，临盘必须果断卖出，卖错了也要卖！

三种基本走势：高开跳水、平开跳水、低开下套(见第七章《分时图缠背驰》)。

图 6-11　399300(沪深 300)2011.8.30 日分时图

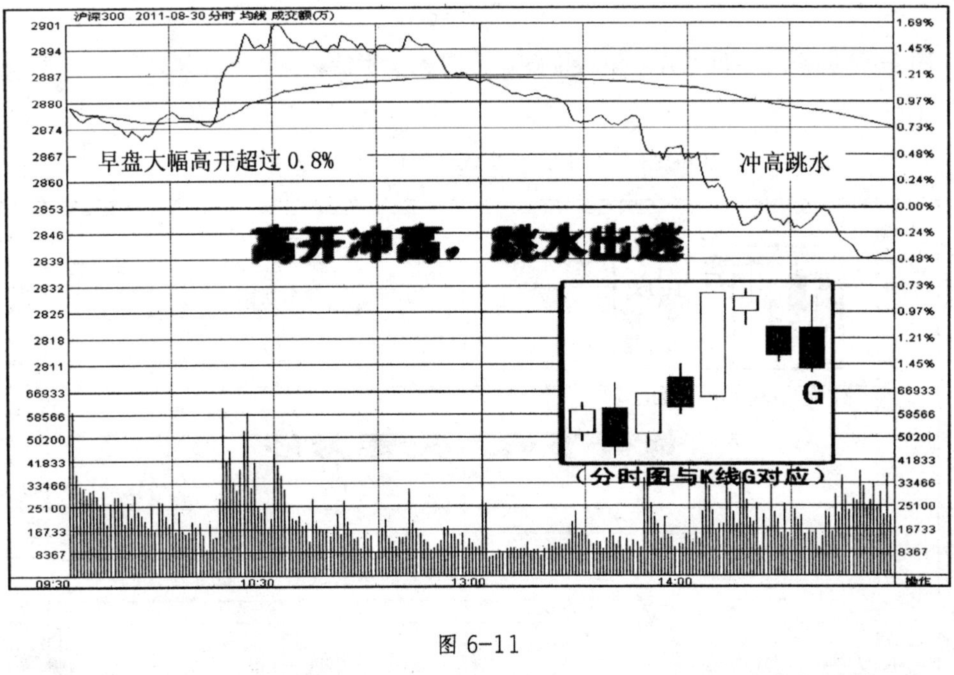

图 6-11

图 6-11 解析：早盘大幅高开，经过一段时间上下搓之后又长波冲顶，再高位横盘整理，然后单边下跌。

图 6-12　399300(沪深 300)2011.11.16 日分时图

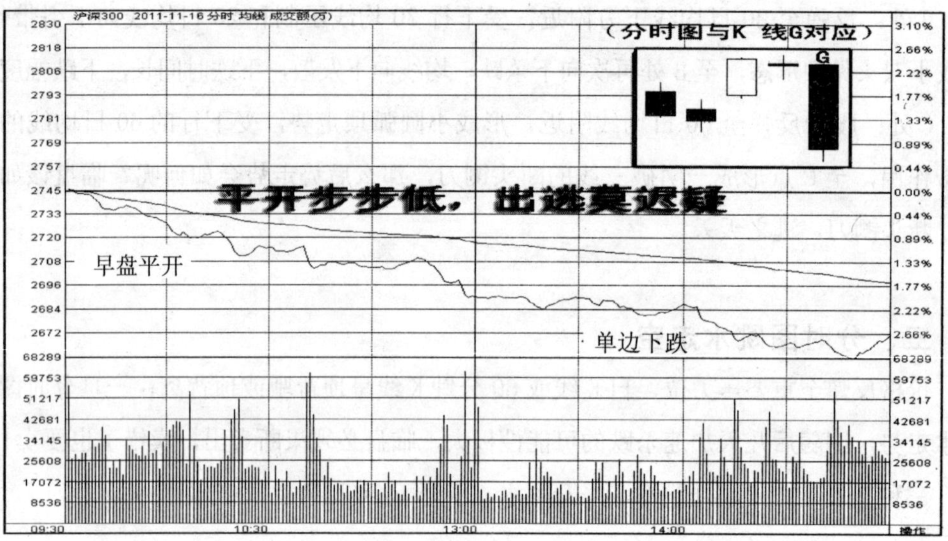

图 6-12

图 6-12 解析：早盘平开，单边下跌，分时图步步低。

图 6-13　399300(沪深 300)2011.4.19 日分时图

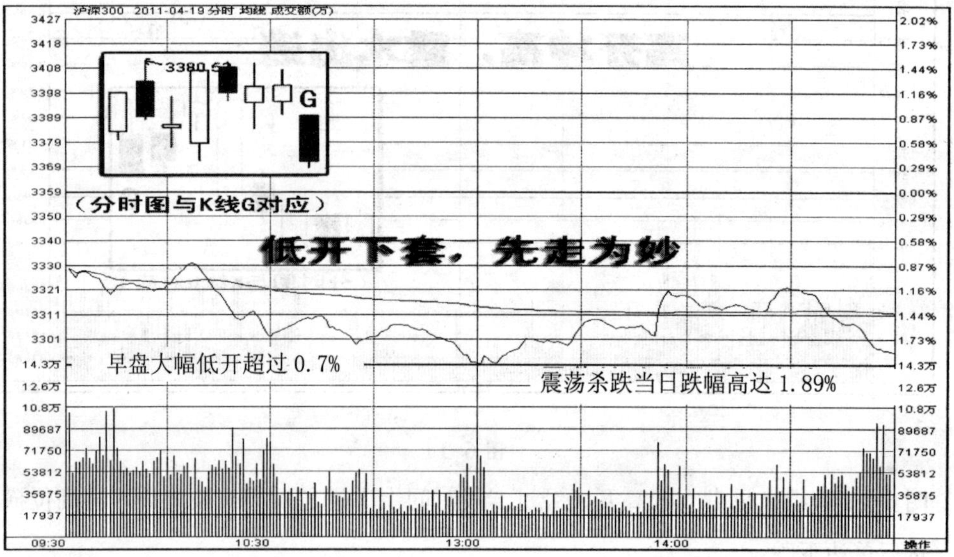

图 6-13

图 6-13 解析：早盘大幅低开下套，杀跌开始。

第五节 突然跳水提前卖

受不确定性因素影响，证券市场有时会出现突然暴跌，必须果断减仓或清仓，若等弄清原因再做处理，则可能为时已晚，损失惨重。

让我们先回顾一下著名的“5•30”暴跌。

图 6-14 999999(上证指数)2007.4.6～2007.6.5 日 K 线图

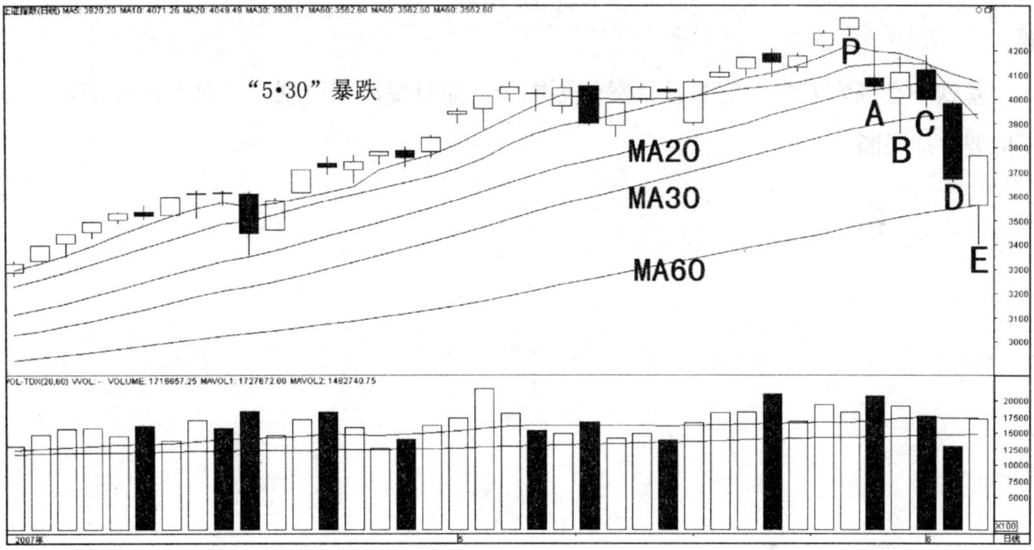

图 6-14

2007 年，大牛市。只要敢买就能赚，激奋，疯狂。

悄悄地，牛的脚步来到 5 月 29 日，沪指收盘 4334.92 点。

5 月 30 日凌晨，提高印花税率至 3‰！当日，沪指早盘跳空低开近 5.7%，早盘强势拉升，随后跳水，当日跌 281.83 点，跌幅达 6.5%。

5 月 31 日，早盘快速杀跌，最低杀跌 4.8%，随后大幅反弹 320 点！收盘涨 56.56 点，涨幅达 1.40%。

6 月 1 日，先涨后跌，跌 108.91 点，跌幅达 2.65%。

6 月 4 日，周一，经过周六、周日双休日发酵，终见腥风血雨。一场真正的大屠杀开始了！

当日两市垂直下挫，沪指飞流直下，连破 4000 点、3900 点、3800 点、3700 点 4 个整数关口，深证成指下跌近千点。两市近千只股票被砸在跌停板上！

6 月 5 日，单日蹦极，大悲大喜。当日，管理层批准 4 只新基金发行，火线救市。早盘惯性杀跌至 3404.15 点，这个低点与 5 月 29 日 4334.92 点，5 个交易日，下跌极限近 1000 点，跌幅高达 21%！

随后 V 形反转，拉升竟然高达 364.41 点！大盘涨幅虽然不过 2.63%，振幅却高达 9.93%。

突然跳水，V 形反转，长阴控海，长阳破空，单日蹦极。市场，让多数人——崩溃！

“5•30”暴跌不会简单地重复，但类似的事情时有发生。说不定哪天，又会不期而遇。

暴跌不会经常发生，但防暴预案却不能少，而且要简明直观，平时多加预演，应急反应要快捷果断！

第七章　分时图缠背驰

分时图用于精准捕捉买卖点，缠背驰用于牢牢抓住大机会。

第一节　分时读心术

K 线图是欲望的画卷，分时图是读心的密码。

一、以大统小

研判大级别、长周期，可正趋势。研判小级别、短周期，可明拐点。唯有大小双修，长短兼顾，方如庖丁解牛，游刃有余。

首先通过长周期 K 线，如月 K 线、周 K 线、日 K 线研判，决定某日或者某个价位附近买入或卖出，然后再通过分时图把握更精确的买点或卖点。

如果我们仅沉迷于分时图的上蹦下跳，则很可能一叶障目，不见泰山。

二、看盘设置

1. 大盘指数即时分时走势图

白色曲线：表示大盘加权指数，即证交所每日公布的大盘实际指数。

黄色曲线：大盘分时图显示均线。

红绿柱线：在红白两条曲线附近有红绿柱状线，是反映大盘即时所有股票的买盘与卖盘在数量上的比率。红柱线的增长缩短表示上涨买盘力量的增减；绿柱线的增长缩短表示下跌卖盘力度的强弱。

黄色柱线：在红白曲线图下方，用来表示每 1 分钟的成交量，单位是手。

2. 个股即时分时走势图

白色曲线：表示该种股票即时实时成交的价格，也叫即时线。

黄色曲线：表示该种股票即时成交的平均价格，即当天成交总金额除以成交总股数，也叫均价线。

黄色柱线：在红白曲线图下方，用来表示每 1 分钟的成交量，单位为手。

三、分时图解构

分时图看似千差万别，实则可以根据不同特征进行区分。根据波长区分，可分为短波、中波和长波。根据波形区分，可分为基本波和复合波。

1. 根据波长区分，可分为短波、中波和长波

根据波长划有两种划分方法，绝对划分法和相对划分法。绝对划分法是按涨幅划分，相对划分法是按步长划分。

涨幅：单波上涨或下跌的幅度。

步长：日常性调整的单波大小。

短波：波长一般小于 1%，或一步长。多为蓄势或调整。

中波：波长一般小于 2%，或二步长。多为推升或试探。

长波：波长一般大于 3%，或三步长。

长波分类

长波分为杀跌长波和上攻长波。杀跌长波又分为长波下套和长波探底，上攻长波可分为长波逼空和长波冲顶。

长波下套

①一般发生在较长时间的区间盘整之后，突然破位，长波快速杀跌。

②由于还没有形成超跌，强势反弹的可能性较小，随后几天一般仍会继续杀跌。

③如果破位之后跳空低开，开盘一个小时不能收阳线的，那么跳水的可能性较大。

长波探底

①中线超跌之后再短线急跌，易形成长波探底，之后往往止跌回升。

②成交量一般会发生较明显异动。

③长波探底之后，并不一定立即上攻，有时仍会继续探底。

若大盘企稳，板块反弹，个股长波探底，则可先于下空洞适量建仓。

长波逼空

①区间盘整时间长，均线短黏长翘，放量上攻，出现长波逼空的可能性大。

②形成长波逼空的一般有 60 逼空形态、120 逼空形态等。

③一旦出现长波逼空，往往直接高走高收，短期无低吸机会。

长波冲顶

①当做多能量提前释放，上攻至明显压力位时，易发生长波冲顶。

②长波冲高之后，并不一定立即回落，有时仍会高位盘整，但一般很快下跌。

③一旦出现长波冲顶，应果断减仓或清仓，并根据情况决定是否回补。

长波下套

图 7-1　002203(海亮股份)2010.11.12 分时图

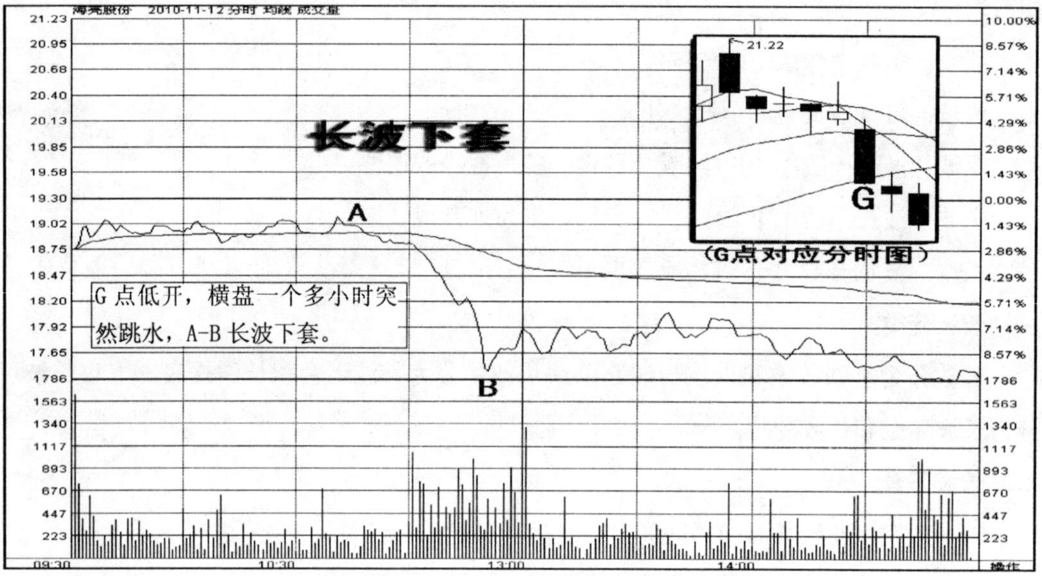

图 7-1

图 7-1 解析：高位横盘震荡走弱，G 点突然破位杀跌，为长波下套。

长波探底

图 7-2　000570(苏常柴 A)2010.7.2 分时图

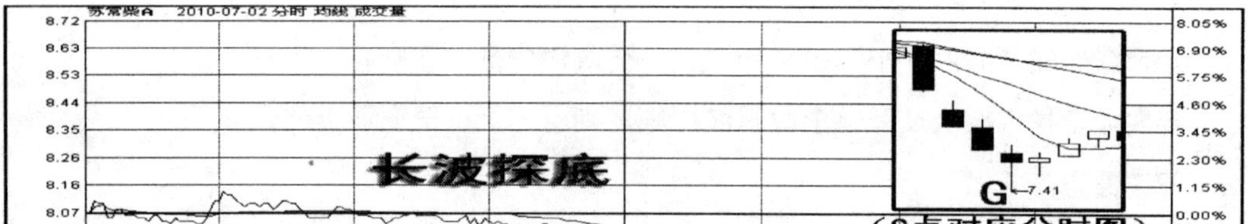

图 7-2

图 7-2 解析：三连阴杀跌之后，于 G 点长波探底，随后开始反抽。

长波逼空

图 7-3　600222(太龙药业)2009.10.29 分时图

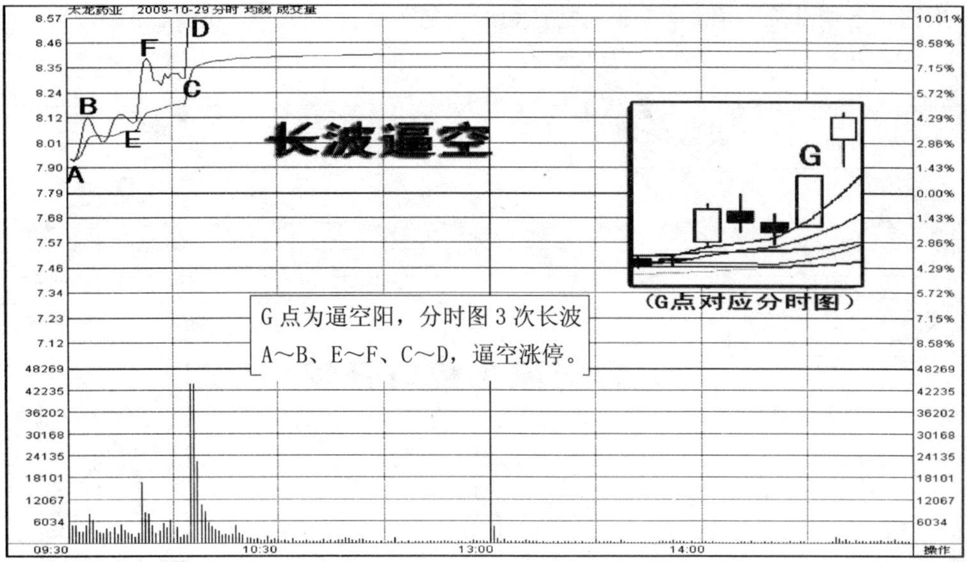

图 7-3

图 7-3 解析：均线明显短黏长翘，蓄势充分，G 点形成逼空走势，为长波逼空。

长波冲顶

图 7-4　600219(南山铝业)2012.2.27 分时图

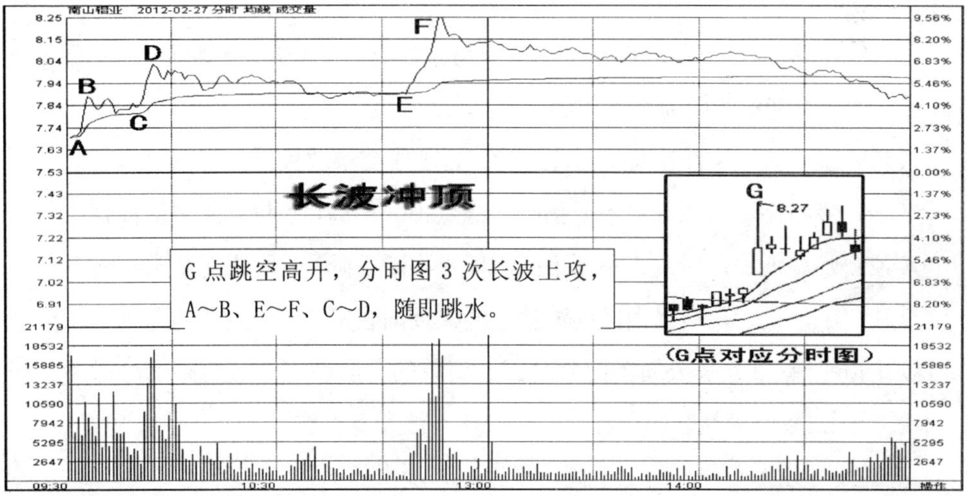

图 7-4

图 7-4 解析：短期涨幅大，长期均线下压，遇明显压力位，为长波冲顶。

2. 根据波形区分，可分为基本波和复合波

图 7-5　000568(泸州老窖)2012.7.12 分时图。

分时图看似杂乱无章，其实形态特征和形态含义差别很大，A、B、C、D 四段有何特点？

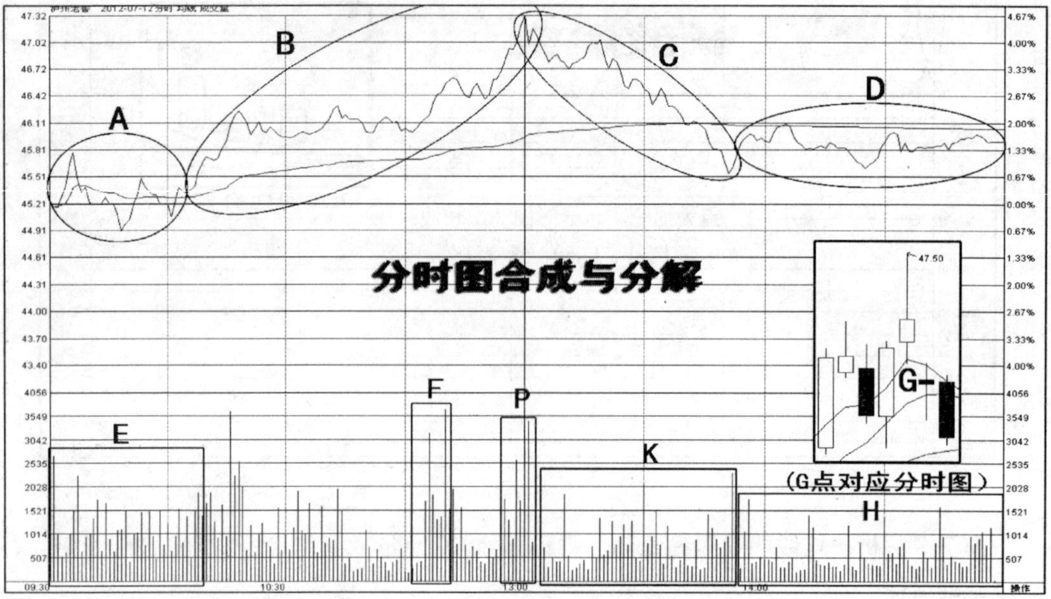

图 7-5

图 7-5 解析：

根据分时图形态特征和运行方向，将全天分时图进行分解，A 段为上下搓，B 段为步步高，C 段为步步低，D 段为上下搓。

①A 段：上下搓，白线围绕黄线上下穿，E 段成交量放大。

②B 段：步步高，白线高点不断抬高，低点不断抬高，F 与 P 成交量背驰。

③C 段：步步低，白线高点不断下降，低点不断下降，K 段成交量明显缩小。

④D 段：上下搓，白线横向区间波动，波幅逐渐收窄，成交量大幅缩小。

复杂的分时图可分解成简单的分时图，简单的分时图可合成复杂的分时图。级别不同，本质一样。故可将复杂的分时图分解成基本波和复合波。

①基本波可分为三种，即上下搓、步步高和步步低。

上下搓：洗盘或出货。步步高：逼空或诱多。步步低：洗盘或下套。

②复合波：由基本波中的两种或三种构成的波形。如上下搓洗盘 + 步步高逼空，上下搓出货 + 步步低跳水，步步低诱空 + 步步高逼空等。

图 7-6　600971(恒源煤电)2009.9.24 分时图

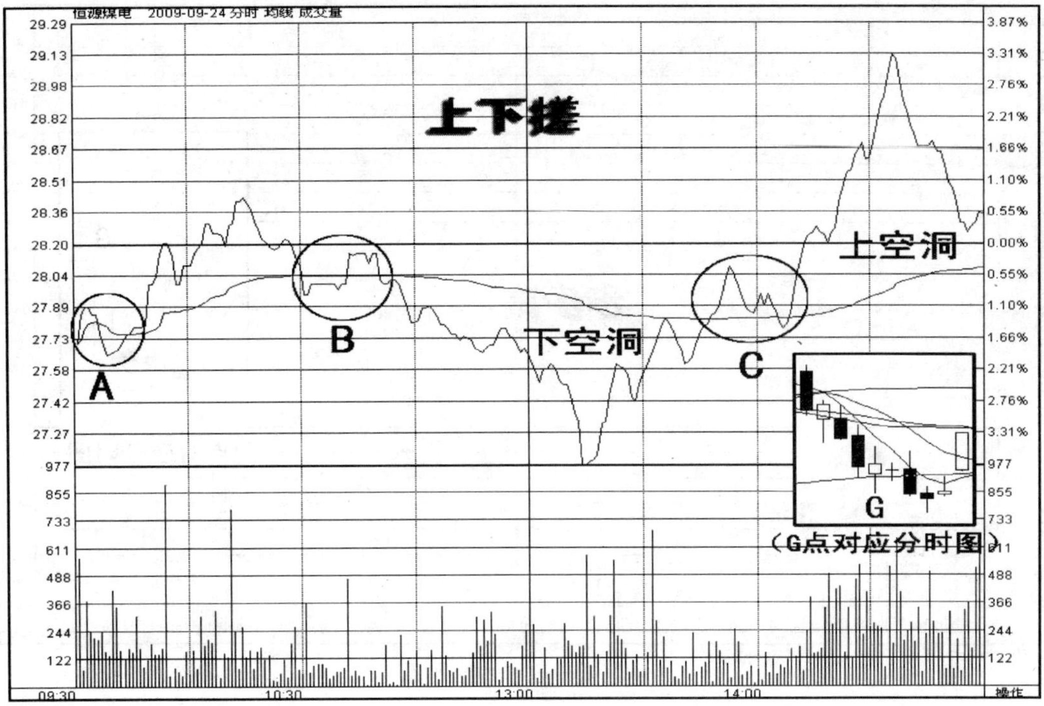

图 7-6

图 7-6 解析：

上下搓，即时线(交易软件中一般为白线)和平均线(交易软件中一般为黄线)在 A 段、B 段、C 段多次下穿、上穿平均线。

1. 简明释义

上下搓：白线多次上穿黄线和下穿黄线。白线上下穿，黄线上下弯。

上空洞：白线上穿黄线，与黄线之间形成的垂直距离。

下空洞：白线下穿黄线，与黄线之前形成的垂直距离。

2. 发生阶段

上下搓一般发生在筑底、筑顶和中继阶段。

3. 形态心诀

见底上下搓，见顶上下搓，只要不量变，还会上下搓。

量变，指成交量发生显著变化。

4. 应对策略

上下搓形态，一般于黄线附近和下空洞买入。

图 7-7　000022(深赤湾 A)2011.2.16 分时图

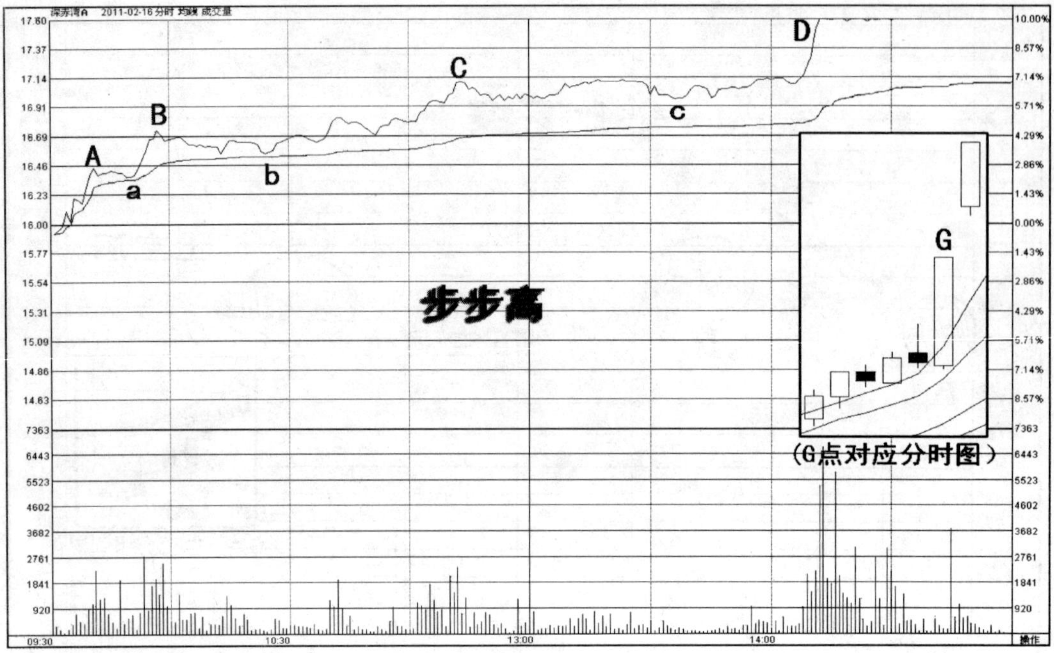

图 7-7

图 7-7 解析：

G 为逼空阳，放量大阳起飞，开始加速上涨。

步步高：高点 A、B、C、D 不断抬高，低点 a、b、c 也不断抬高，即时线位于均价线之上，均价线上翘，成交量放大。

1. 简明释义

白线(即时线)的高点不断抬高，低点不断抬高，一般除早盘很短的时间外，白线基本位于黄线(均价线)之上，很少下穿黄线，黄线明显上翘。

2. 发生阶段

步步高一般发生在突破上攻阶段，且成交量放大。

3. 形态心诀

黄线顶白走，白线不回头。均价线上翘，顶托即时线上行，即时线处于明显上升通道。

4. 应对策略

步步高走势一般以早盘的价格较低，且很少跌破黄线，若买入，则一般以早盘买入为宜，可于黄线上方附近买入。

图 7-8　000028(国药一致)2011.12.27 分时图

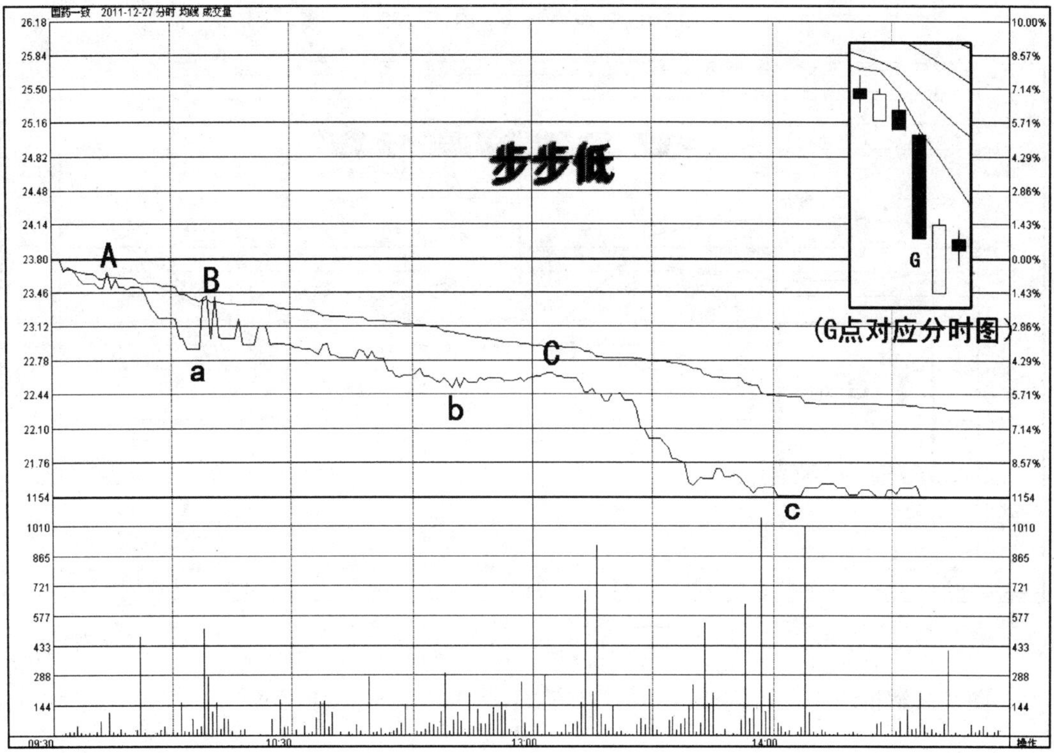

图 7-8

图 7-8 解析：

步步低：高点 A、B、C 不断降低，低点 a、b、c 不断降低，即时线位于均价线之下，均价线明显下压。

1. 简明释义

白线(即时线)的高点不断下降，低点不断下降，除早盘很短的时间外，白线基本位于黄线(均价线)之下，很少上穿黄线，黄线明显下压。成交量可能放大，也可能缩小。

2. 发生阶段

步步低一般发生在破位杀跌和加速下跌阶段。

3. 形态心诀

黄线压白走，白线不回头。

4. 应对策略

步步低走势一般以早盘的价格最高，盘中反弹很少突破黄线。若开盘 1 小时，白线不能向上突破并站稳黄线，则可卖出。

复合波：由基本波上下搓、步步高和步步低中的两种或三种构成。

图 7-9　002294(信立泰)2012.8.30 分时图

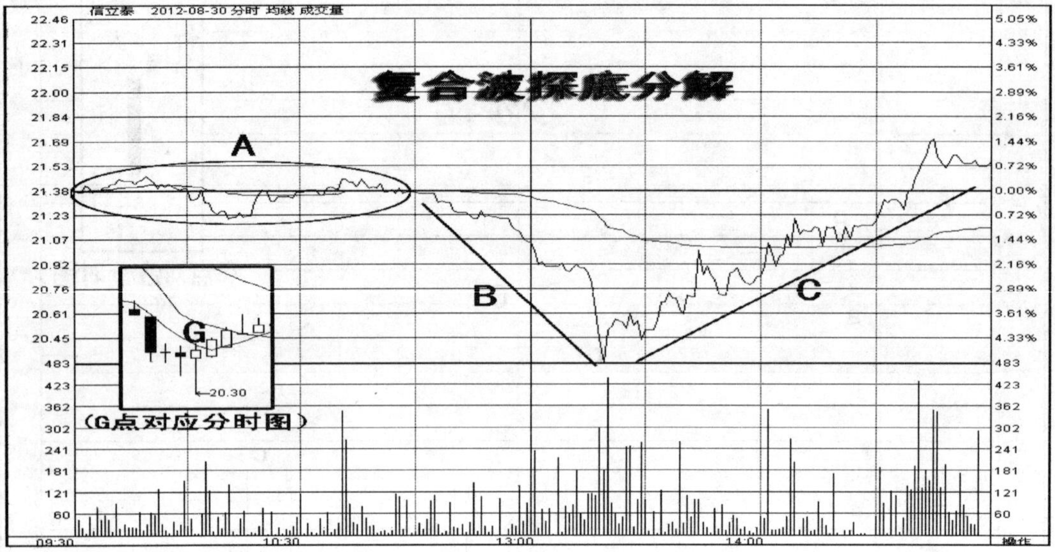

图 7-9

图 7-9 解析：由三波构成：A 段上下搓 +B 段步步低 +C 段步步高。

图 7-10　600893(航空动力)2012.3.7 分时图

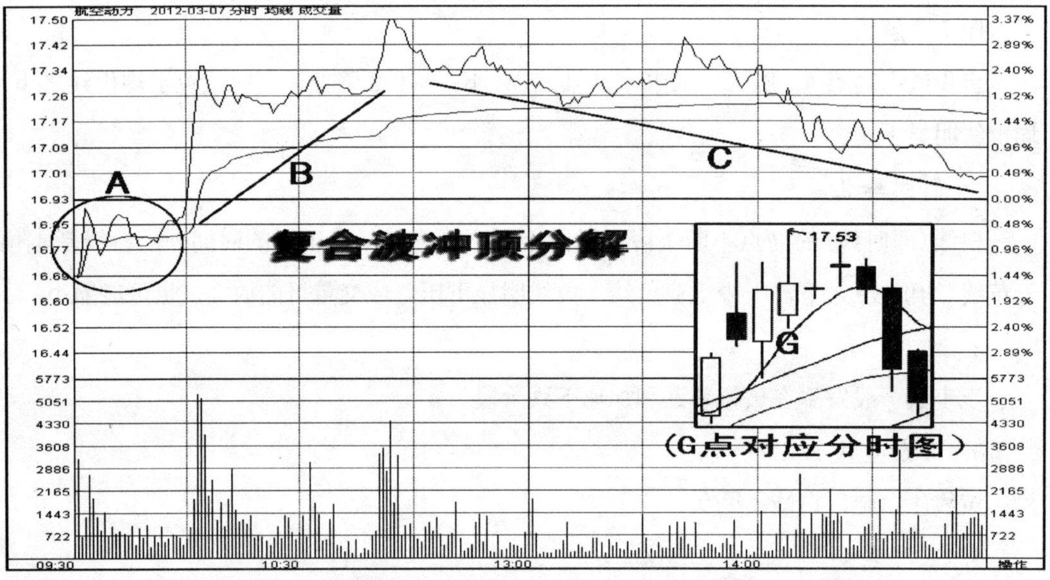

图 7-10

图 7-10 解析：由三波冲顶：A 段上下搓 +B 段步步高 +C 段步步低。

第二节　拐点三线两格

拐点三线两格是按三线两格对当日分时走势进行直观度量，快速确认当下走势是否会出现变盘，以便及时准确地制定操盘策略，做到实战操盘等点抢点。

图 7-11　600993(马应龙)2007.1.8 日分时图

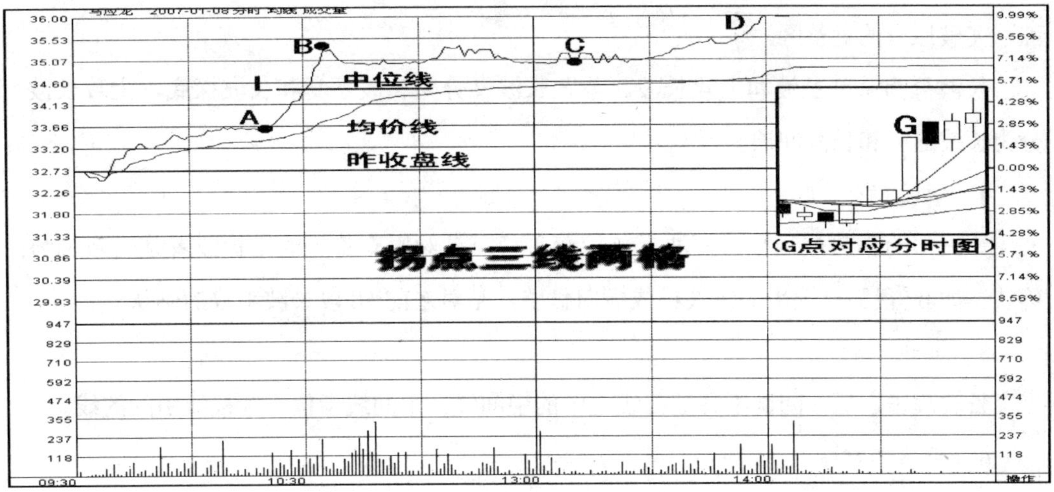

图 7-11

一、三线两格变盘心诀

长波变盘，短波确认。三线不破，两格不破。

1. 拐点

变盘即形成拐点，拐点有两种：其一是运行方向发生改变，其二是运行速率发生改变。拐点是对原来趋势的否定。拐点的形成包括三个阶段：一是原有趋势的背驰，二是原有趋势的否定，三是新趋势的确认。

若日 K 线图走势之前出现背驰，分时图拐点则有可能成为日 K 线拐点，从而实现大级别的趋势改变。若日 K 线图走势强势，则可能要经过多次背驰，其运行趋势才可能改变。分时图拐点与日 K 线图拐点共振，则很可能出现暴涨或暴跌。

2. 三线两格

①三线指长波中位线、分时图均价线和昨收盘线。

长波中位线：通过长波中间点的水平线。如 AB 为长波，其中位线为 L(图 7-11)。

分时图均价线：由即时成交的平均价格构成。

昨收盘线：通过上个交易日收盘价的水平线。

②两格指60分钟，每30分钟为1格，60分钟为2格。如B点到C点，时间长约60分钟，达2格。

3. 长波变盘

长波攻击时间短，力量强，一般会改变原有的即时运行趋势。如AB为长波，加速上涨，突破原有的盘整区。

长波分为杀跌长波和上攻长波。杀跌长波又分为长波下套和长波探底，上攻长波可分为长波逼空和长波冲顶。

4. 短波确认

短波多为蓄势或调整。短波走势相对平稳，是对原有趋势的维护或者是对新趋势的确认。如BC段为一连串的短波构成横向盘整，是对之前AB段长波上攻的确认。

5. 三线不破

长波攻击之后，回调不突破三线之中的中间线。中间线指位于3根线中间的线。

6. 两格不破

长波攻击之后，60分钟之内回调，不破三线之中的中间线。

短波三线不破和两格不破是对之前长波上攻的有效性的确认，是对新趋势即拐点的确认，且当日内之后的走势，只要不击穿三线中最后一线，不能否定新趋势。

二、三线两格实用推论

1. 卖点推论

若原有趋势为涨势，当日确认长波变盘，则变盘确认点为第一卖点。若反弹，则上空洞为第二卖点，但第二卖点有可能并不存在。

2. 买点推论

若原有趋势为跌势，当日确认长波变盘，则变盘确认点为第一买点。若回调，则圆弧底为第二买点，但第二买点有可能并不存在。

3. 新高推论

蓄势上攻，三格不破，四格不跳，或有新高。

4. 涨停推论

若涨停打开，回调幅度超过3%，或者涨停打开超过60分钟(2格)，则确认点为第一卖点。若再次封涨停，则涨停价为第二卖点，但第二卖点有可能并不存在。

三、三线两格实例印证

1. 卖点推论

①之前日K线走势出现背驰或者背离。②或者上涨至强压力位附近。③之前或者当日出现明显量价异动(图7-12、图7-13)。

图7-12　000858(五粮液)2012.7.12分时图

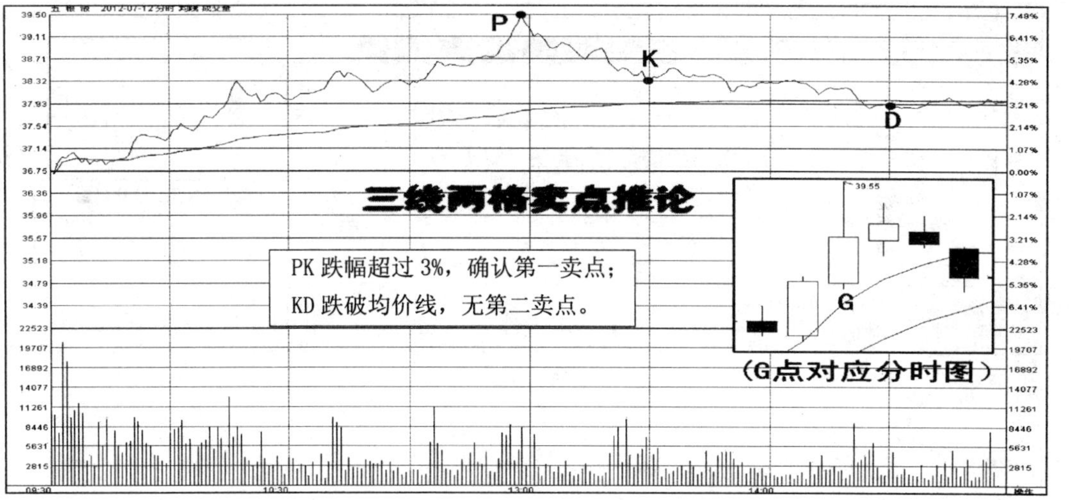

图7-12

图7-13　000762(西藏矿业)2012.3.21分时图

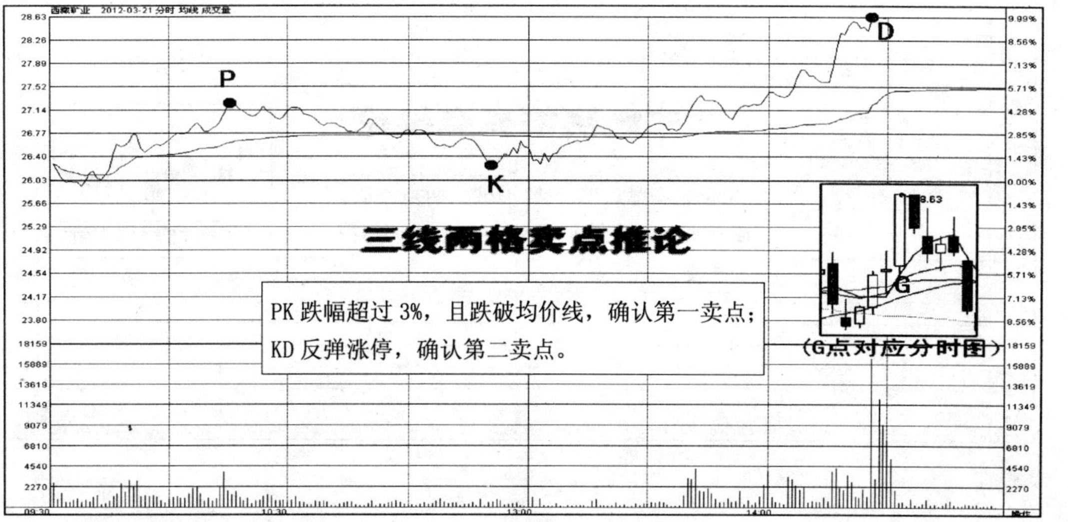

图7-13

2. 买点推论

①之前日 K 线走势出现背驰或背离。②成交量出现空洞更好。③当时成交量有所放大为宜(图 7-14、图 7-15)。

图 7-14　600619(海立股份)2008.8.19 分时图

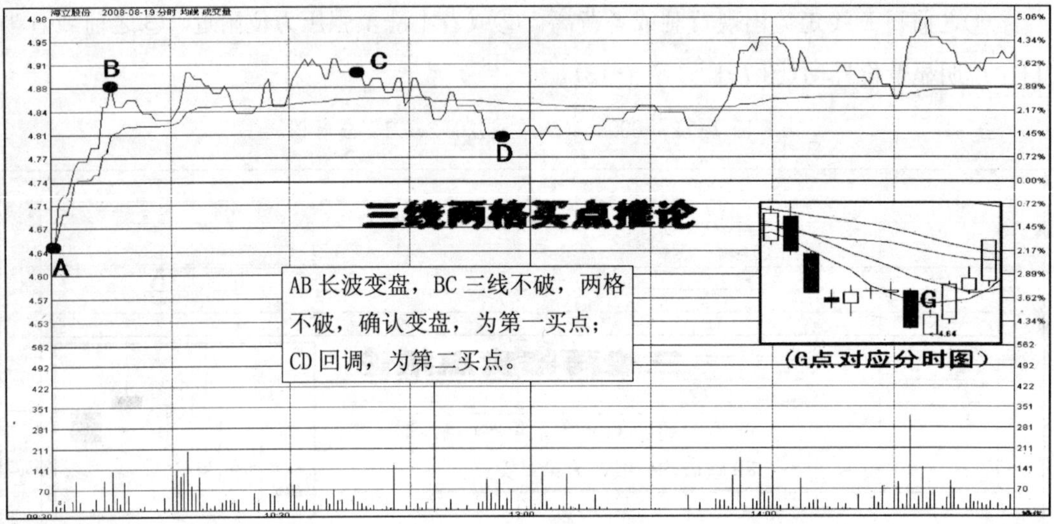

图 7-14

图 7-15　600538(北海国发)2012.1.31 分时图

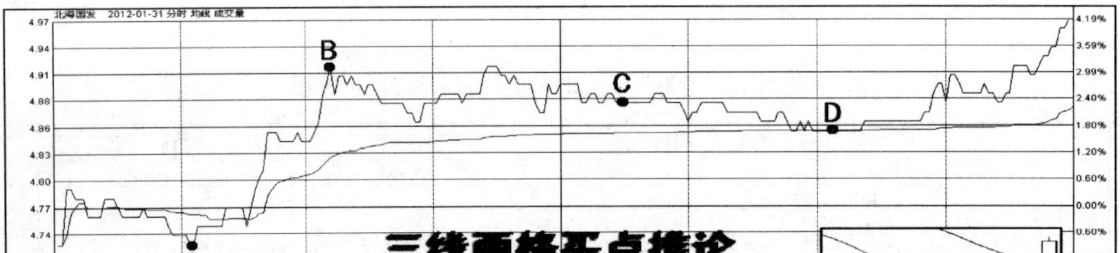

图 7-15

一旦长波变盘确认，当日内只要不击穿三线最后一线，不能否定新趋势。

3. 新高推论

蓄势上攻，三格不破，四格不跳，或有新高。

之前没有拉大阳线或暴大量，当日开盘后或长波上攻后窄幅震荡，一个半小时不破最后一线，两个小时不出现跳水，之后上涨的可能性较大(图 7-16、图 7-17)。

图 7-16　000725(京东方 A)2012.9.14 分时图

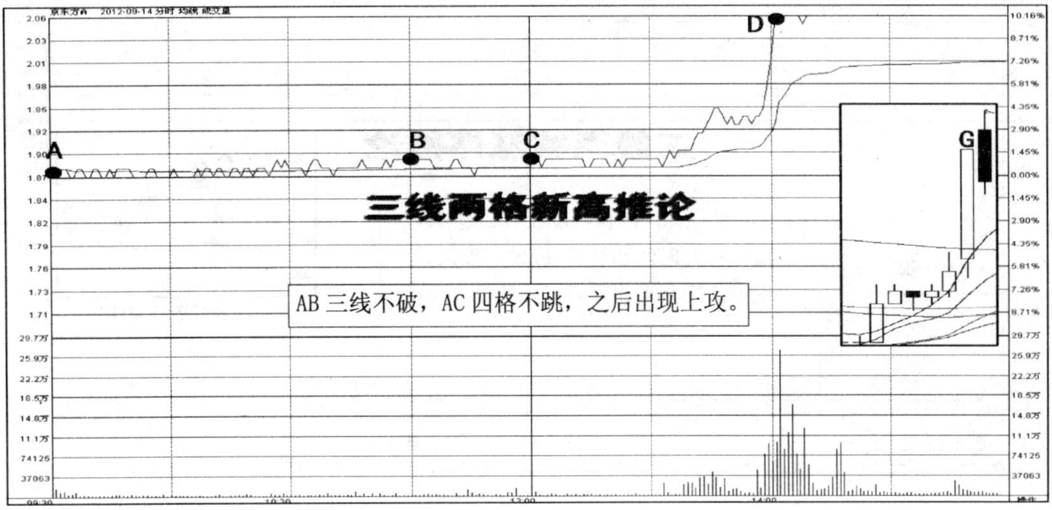

图 7-16

图 7-17　000525(红太阳)2009.4.16 分时图

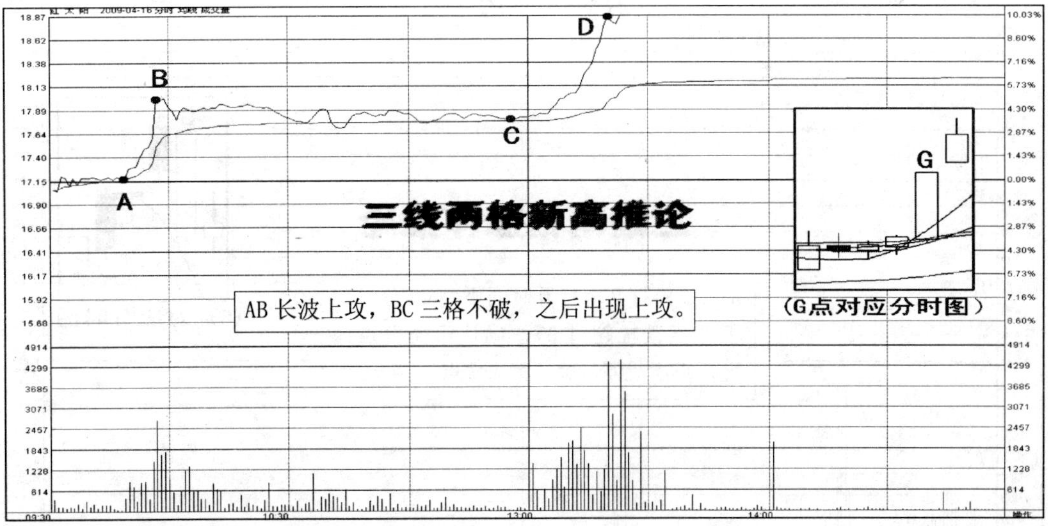

图 7-17

4. 涨停推论

①之前日K线走势出现背驰或背离。②或者上攻至强压力位附近。③之前或者当时出现明显量价异动(图7-18、图7-19)。

图7-18　000522(白云山A)2012.6.19分时图

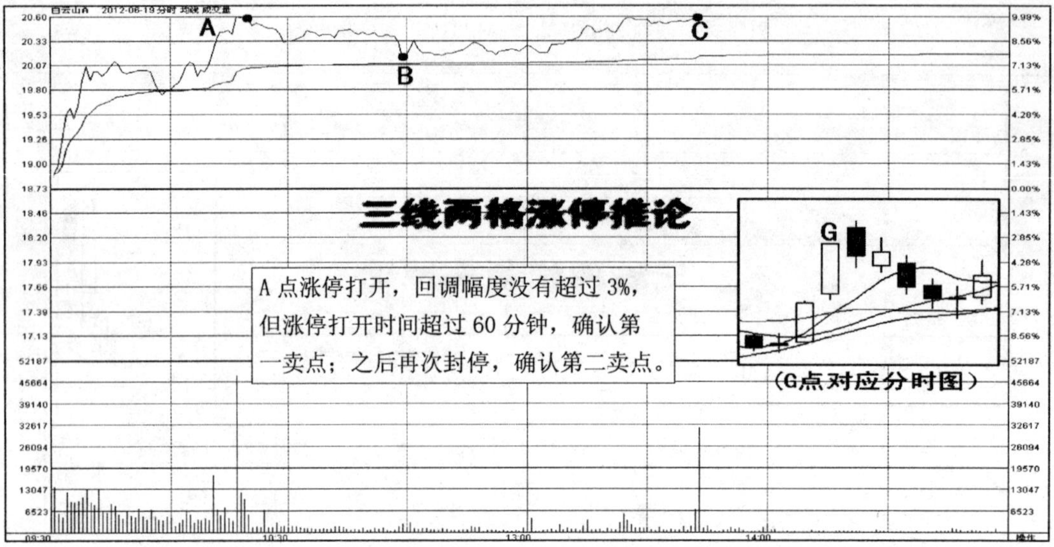

图7-18

图7-19　000534(万泽股份)2011.6.14分时图

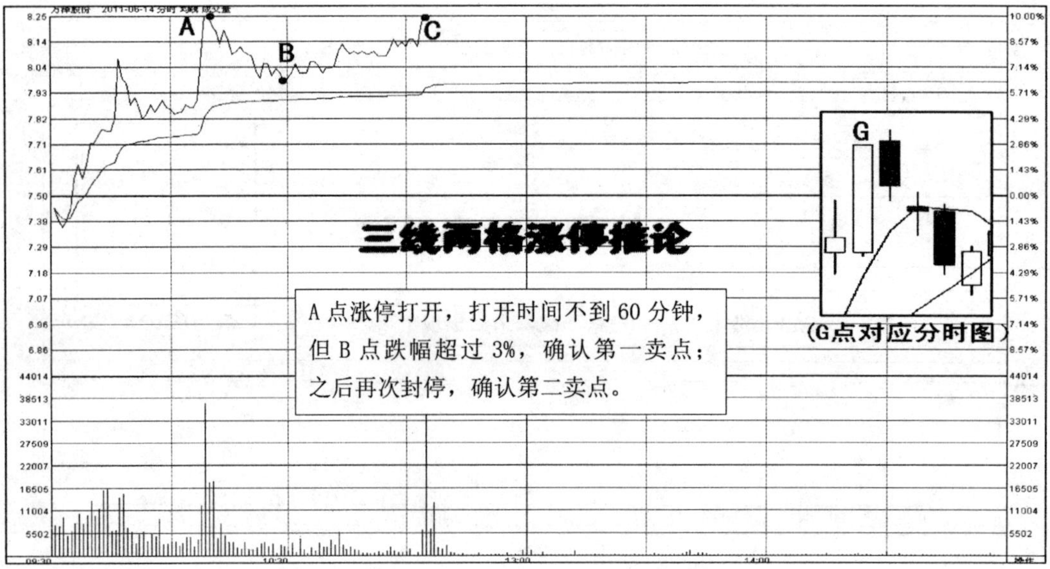

图7-19

第三节　突破分时图

突破分时图是指价格脱离盘整区向上突破所形成的分时走势。

突破分时图对应K线为五阳。谙熟五阳之分时图，抢筹从容不迫。

图 7-20　600967(北方创业)2007.10.29 分时图

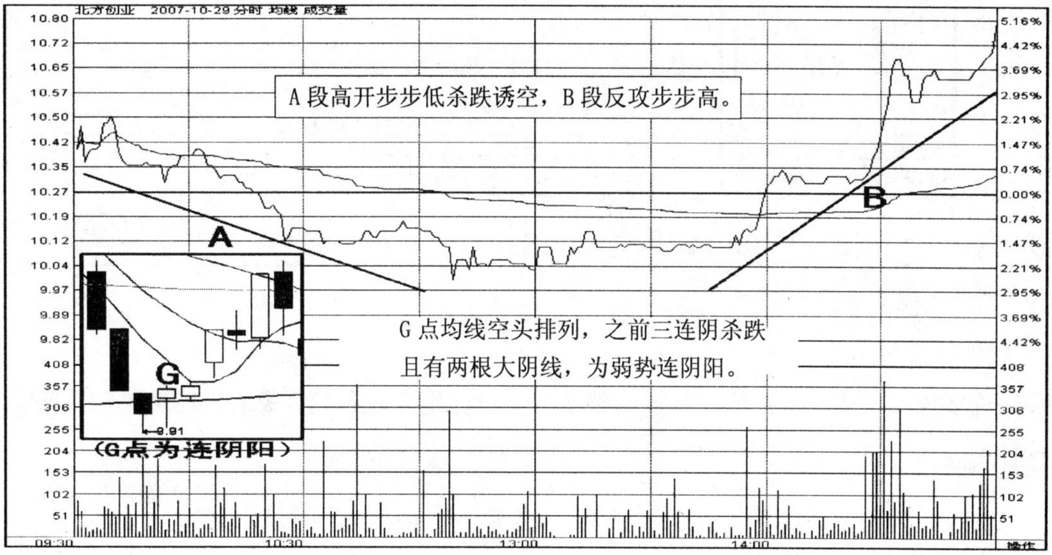

图 7-20

图 7-21　600297(美罗药业)2010.8.23 分时图

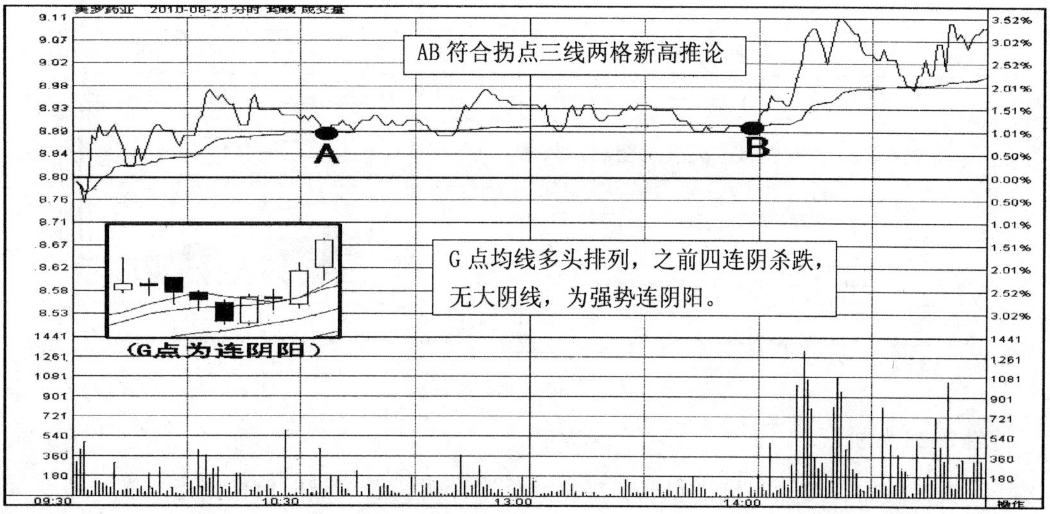

图 7-21

图 7-22 000401(冀东水泥)2009.9.29 分时图

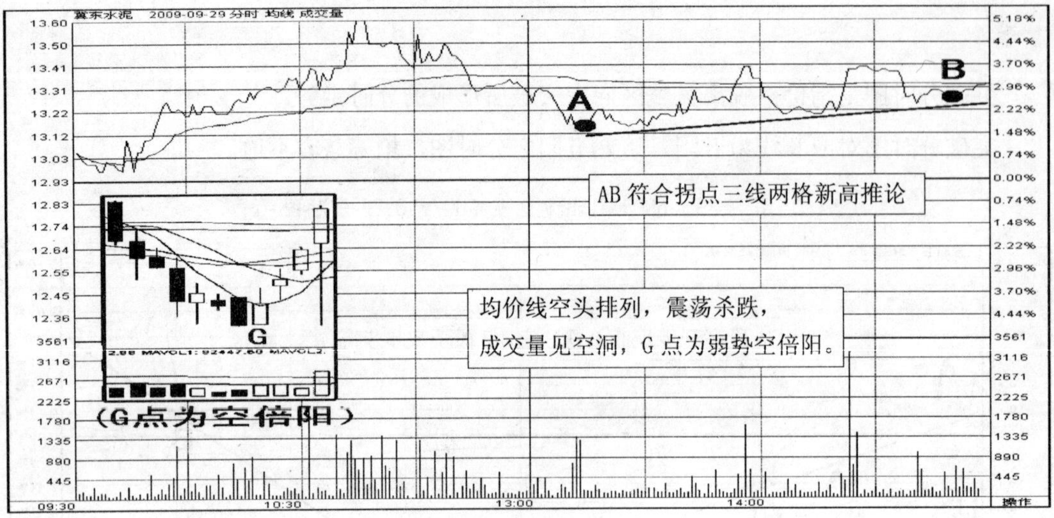

图 7-22

图 7-22 解析：

价格挖坑，成交量挖坑，量价调整基本到位，用分时图确认突破，能够更加精确地把握买点。

图 7-23 002166(莱茵生物)2009.6.11 分时图

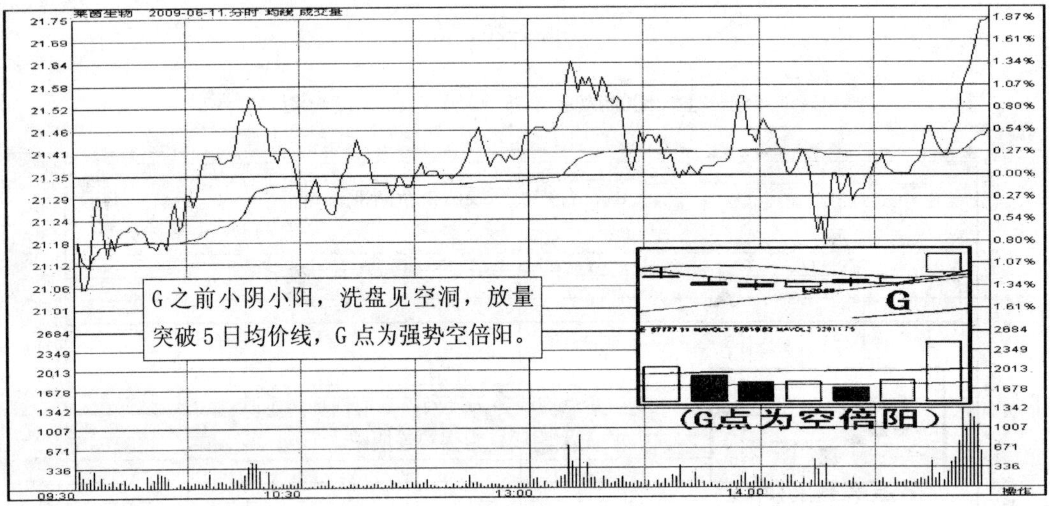

图 7-23

图 7-23 解析：

确认突破的有效性，价格和成交量达到标准即可，若突破时价格高出太多，成交量太大，则做多能量损耗过多，对后市走势不利。

图 7-24　601600(中国铝业)2009.2.3 分时图

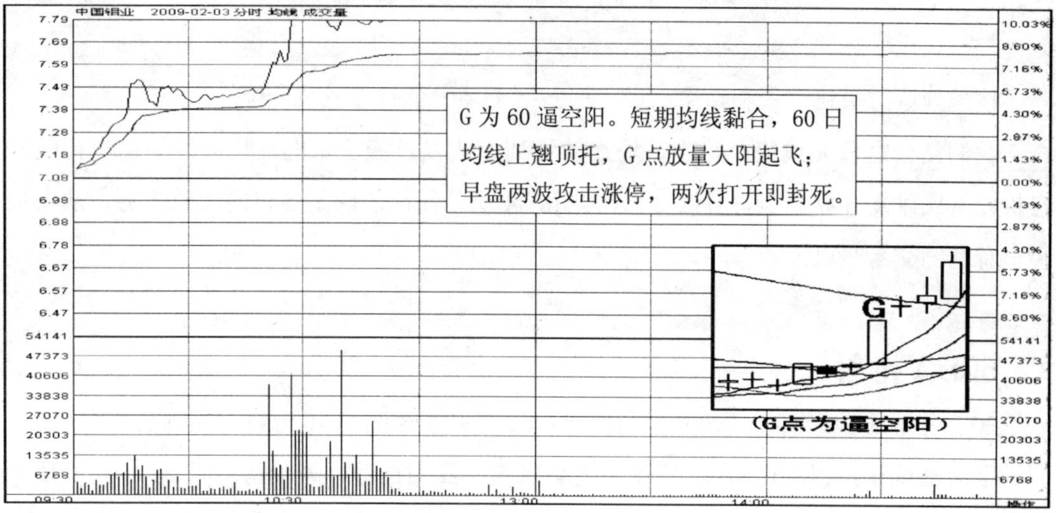

图 7-24

图 7-24 解析：

G 点之前形成明显的短黏长翘，60 日均线上翘顶托，120 日均线仍下压。G 点走出逼空上涨，见此走势第一时间跟进。

图 7-25　600508(上海能源)2010.10.8 分时图

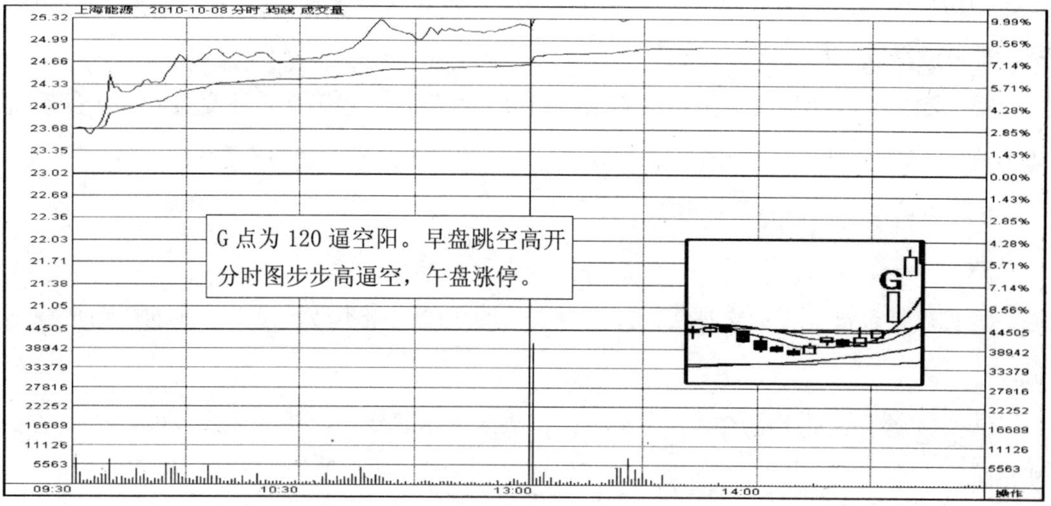

图 7-25

图 7-25 解析：

均线短黏长翘，120 日均线上翘顶托。如果形成逼空形态，K 线小阳小阴上攻，一旦出现放量长波逼空，则很有可能展开主升浪，临盘必须第一时间跟进。

第四节 60B3抢筹

技术理论的量化过程和结果，最终都归结于某一个时点或某一价位。

我们结合之前K线组合形态、均线的排列方式以及成交量的变化，再根据当日的开盘价、量比以及开盘后60分钟之内分时图的波动，往往能确定当日的大致走势，从而把握更有利的交易时机。

60B3抢筹

60：指3个60确认，即60日均价线、60分钟K线图和60分钟拐点确认。

①大势确认：以60日均价线作为大势研判的简明标准。若价格位于60日均价线之上，60日均价线刚刚走平或上翘，属于强势行情，则价格距60日均价线越近越好，操盘应长多短空。若价格位于60日均价线之下，特别是60日均价线下压，属于弱势行情，则价格距60日均价线越远越好，执行抢反弹三坑买涨策略。

②形态锁定：当日K线出现买入形态，以60分钟K线图更加精确地锁定买点形态。60分钟K线图对量价进行了有效分解，对控制买点的稳定性和精确性比较合适。

③拐点确认：开盘后60分钟、收盘前60分钟以及盘中任一时段60分钟分时图走势，都可能形成拐点确认。

根据拐点三线两格买点推论：若原有趋势为跌势，当日确认长波变盘，则变盘确认点为第一买点；若回调，则圆弧底为第二买点，第二买点有可能并不存在。

B：买的英文“Buy”的缩写。

3：指买前三问。

①买点是否符合三七交易法则：没有3倍的风险回报不做，没有7成的成功把握不做。

②买区属于三重买区的哪一个买区：首买区震荡筑底，次买区主升行情，三买区多头陷阱。

③买点属于三重买点的哪一个买点：首买点五阳抢筹；次买点平衡不破；三买点大阳起飞；V形反转提前买。

若符合60B3，则果断买入。

60B3 抢筹的实例印证

图 7-26　000968(煤气化)2010.6.21～2010.10.12 日 K 线图。

请运用 60B3 抢筹解析 A、B、C、D 以及 A2、B2、C2、D2、D3。

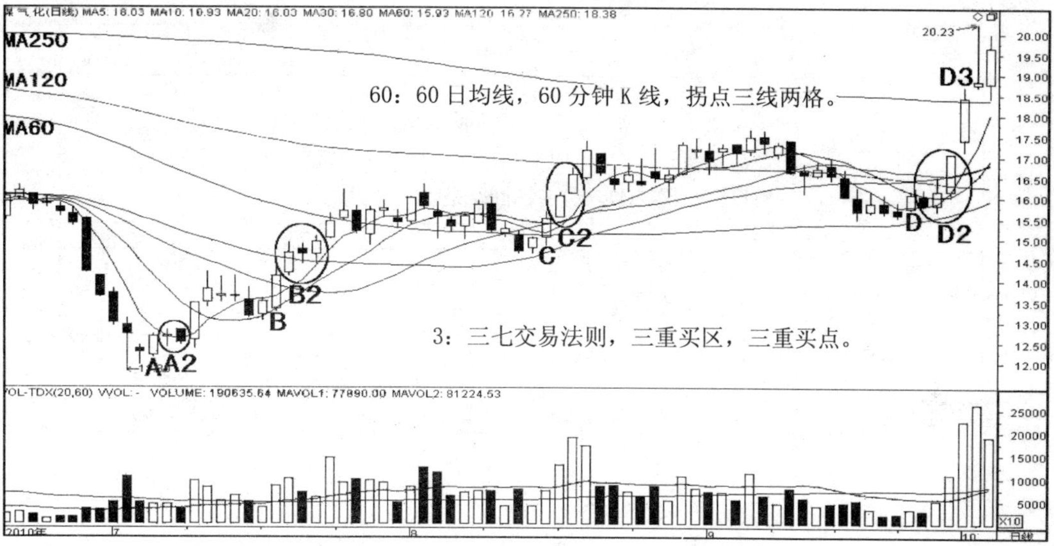

图 7-26

图 7-26 解析：

1. 60 即 3 个 60 确认

D 之前，60 日均价线仍往下走，为弱势行情，执行抢反弹三坑买涨策略。

D 及之后，60 日均价线明显上行，强势行情，操盘应长多短空。

以 60 分钟 K 线图精确锁定买点形态。

以当日分时图确认买入时段。

2. 3 指买前三问

A、B、C、D 以及 A2、B2、C2、D2 处于首买区震荡筑底。

A、B、C、D 为首买点，A2、B2、C2、D2 次买点。

A 点为连阴阳，B、C、D 点为空倍阳。

A2、B2、C2、D2 量价没有明显异动，为次买点。

D3 处于次买区主升行情，为逼空阳，符合主升浪大阳起飞，为三买点。

A 点：之前七连阴杀跌，中长期均线向下发散大，中线超跌，短线急跌，超跌深套暴大量，符合抢反弹三坑买涨，A 为连阴阳，当日尾盘分时图冲高回踩，随之反攻，于黄线附近是很好的买点。A 点对应的分时图如图 7-27。

图 7-27　000968(煤气化)2010.7.6 分时图

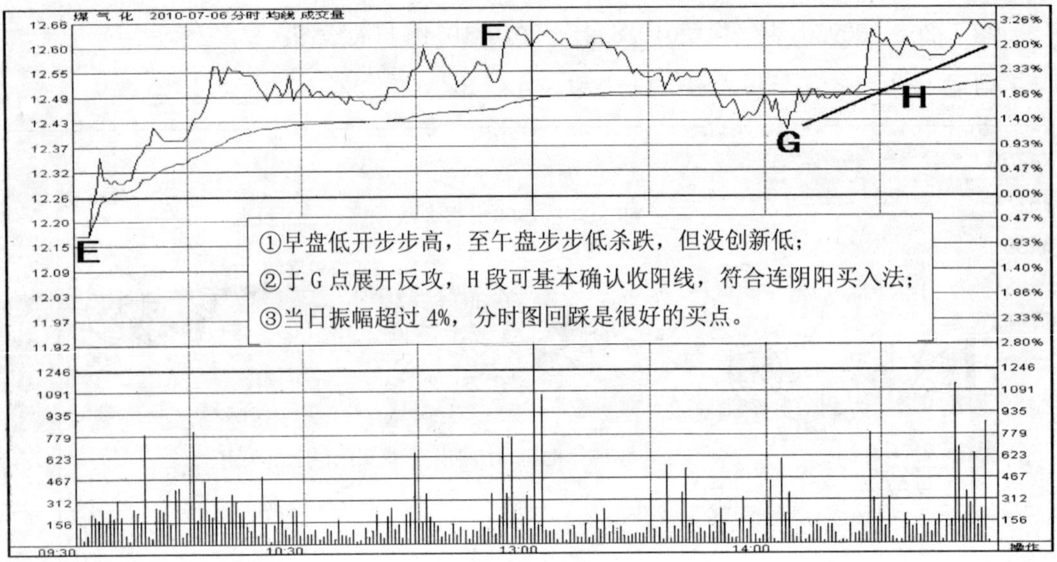

图 7-27

图 7-28　000968(煤气化)2010.10.8 分时图

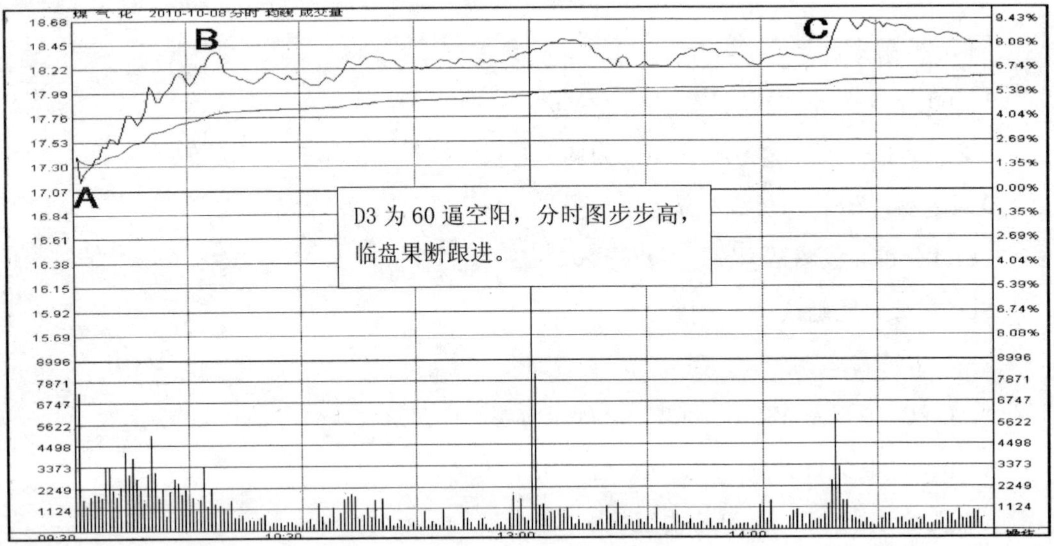

图 7-28

图 7-28 解析：

(1)D3 之前经过较长时间的震荡筑底，成交量明显放大，至 60 日均线明显上翘顶托，短期均线黏合，蓄势充分。如图 7-26 中 D3 的分时图和图 7-28 所示。

(2)D3 跳空高开，成交量放大，突破前期高点，并突破年线，形成逼空走势。

第五节　杀跌分时图

杀跌分时图是指价格在某一时段出现步步低走势，短时间内跌幅较大。

1. 杀跌分时图发生的位置

①冲顶之后快速跳水：多发生在弱势行情或行情转弱后冲顶。

②盘整之后突然跳水：多发生在盘整之后出现明显背驰走弱。

③下跌抵抗之后跳水：多发生在短线技术超跌之后反弹失败。

2. 杀跌分时图的组合形态

①高开—步步高(或者区间上下搓)—步步低，或者高开步步低。

②平开—步步高(或者区间上下搓)—步步低，或者平开步步低。

③低开—步步高(或者区间上下搓)—步步低，或者低开步步低。

图 7-29　600158(中体产业)2011.11.4 分时图

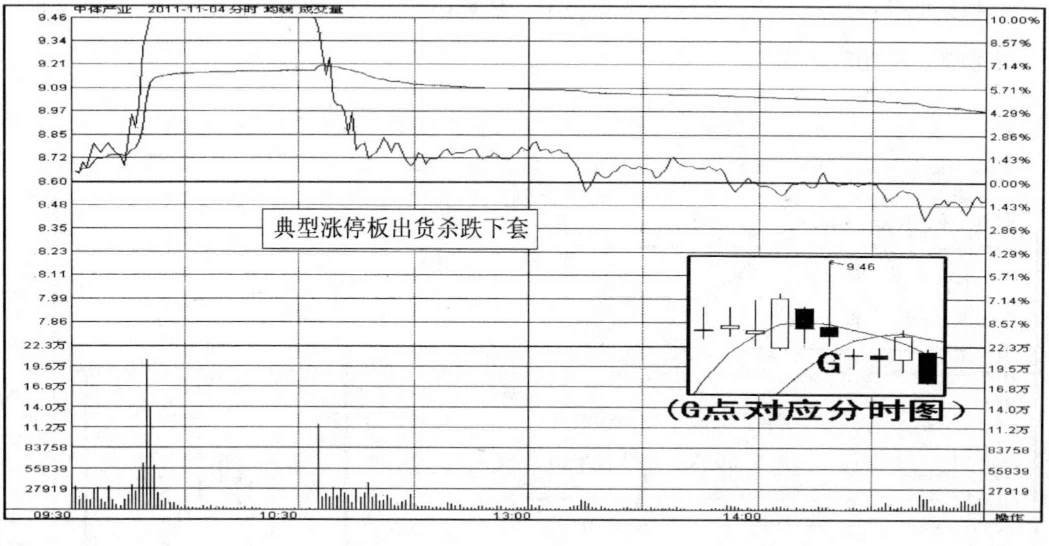

图 7-29

图 7-29 解析：

(1)早盘平开快速拉高封涨停，随后大单凶狠砸盘出货，是典型的涨停板出货法。

(2)涨停板打开之后快速下套，步步低杀跌。

(3)由涨停到收盘反而下跌 1%多，当日追高买入的，由于 T+1 交易制度，无法止损，悉数套牢。

图 7-30　000762(西藏矿业)2010.11.2 分时图

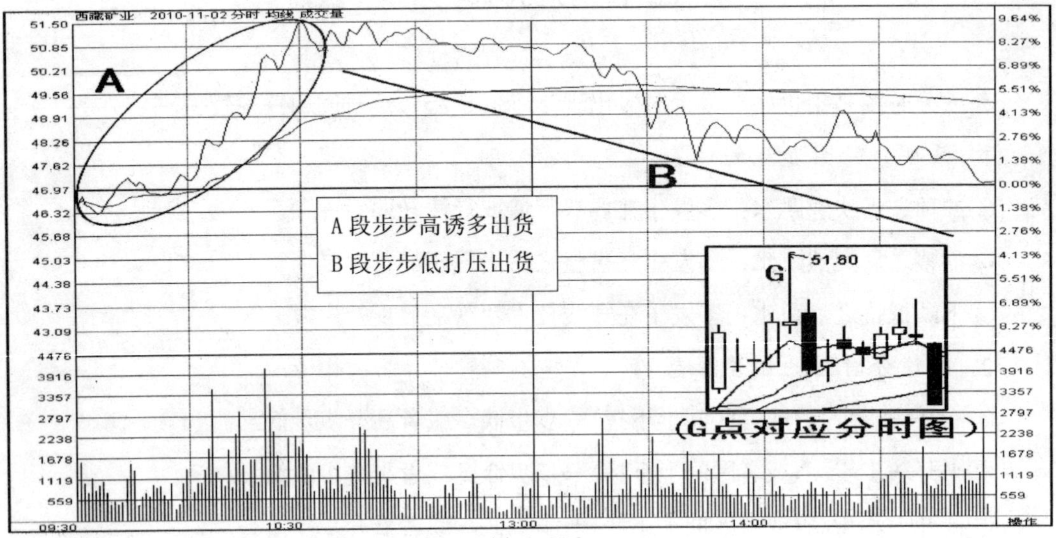

图 7-30

图 7-30 解析：

早盘低开，放量上攻，A 段步步高诱多，接近涨停，利用追涨心理出货。B 段步步低快速杀跌，实施打压出货。

图 7-31　000567(海德股份)2010.11.10 分时图

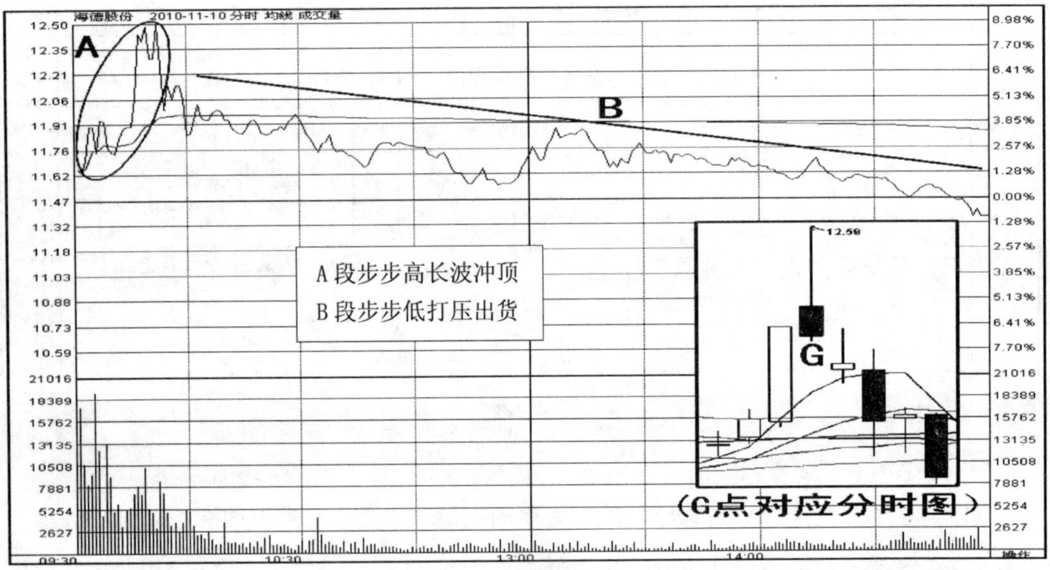

图 7-31

图 7-31 解析：

非逼空形态连续冲击涨停，必须格外当心，以防诱多出货。

图 7-32　002509(天广消防)2012.3.14 分时图

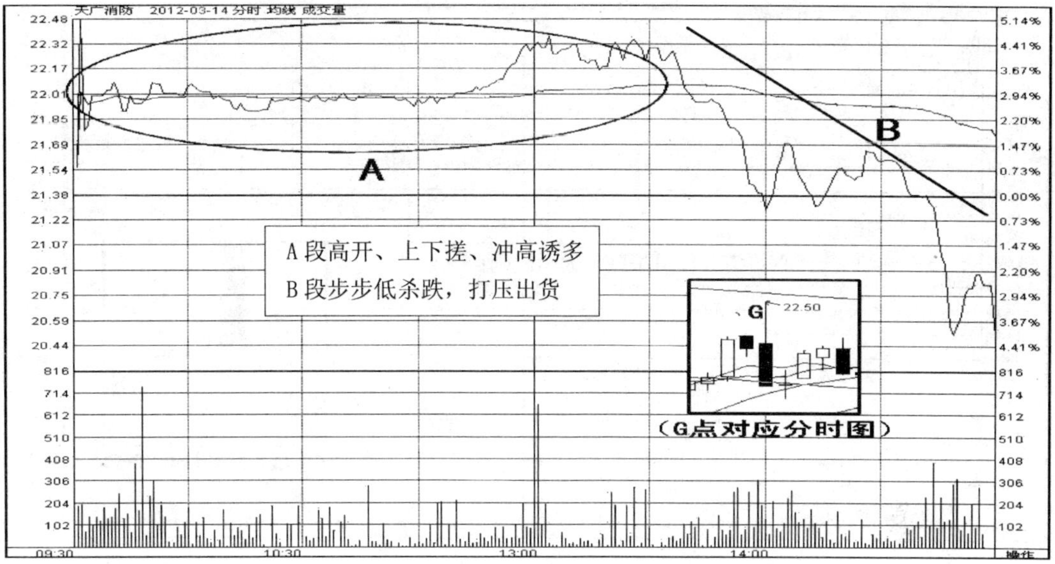

图 7-32

图 7-32 解析：

A 段早盘、中盘看似强势，实则诱多出货。B 段突然跳水，步步低杀跌，打压出货。

图 7-33　600326(西藏天路)2010.11.12 分时图

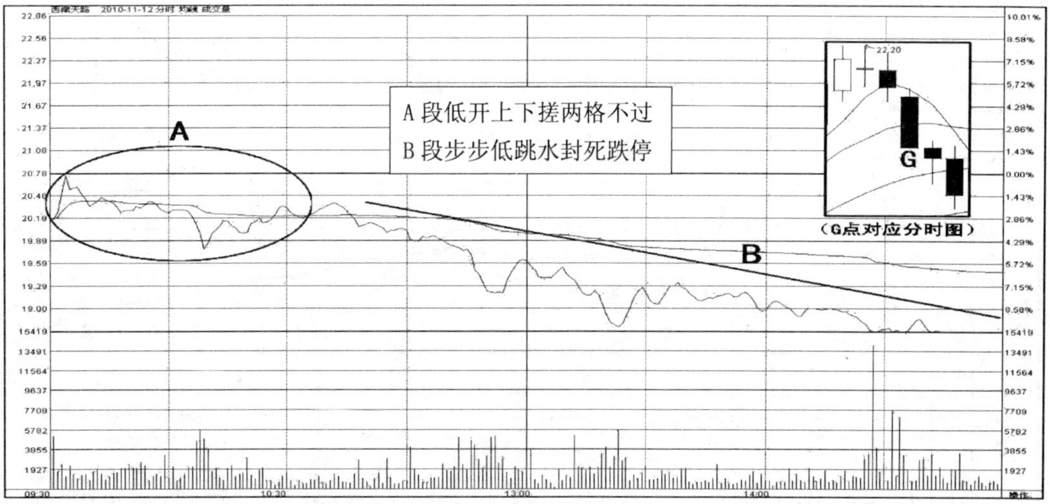

图 7-33

图 7-33 解析：

A 段看似有企稳迹象，实则是下跌中继。一旦破位杀跌，次级别的企稳反弹跟进风险极大。

图 7-34　600397(安源煤业)2011.11.15 分时图

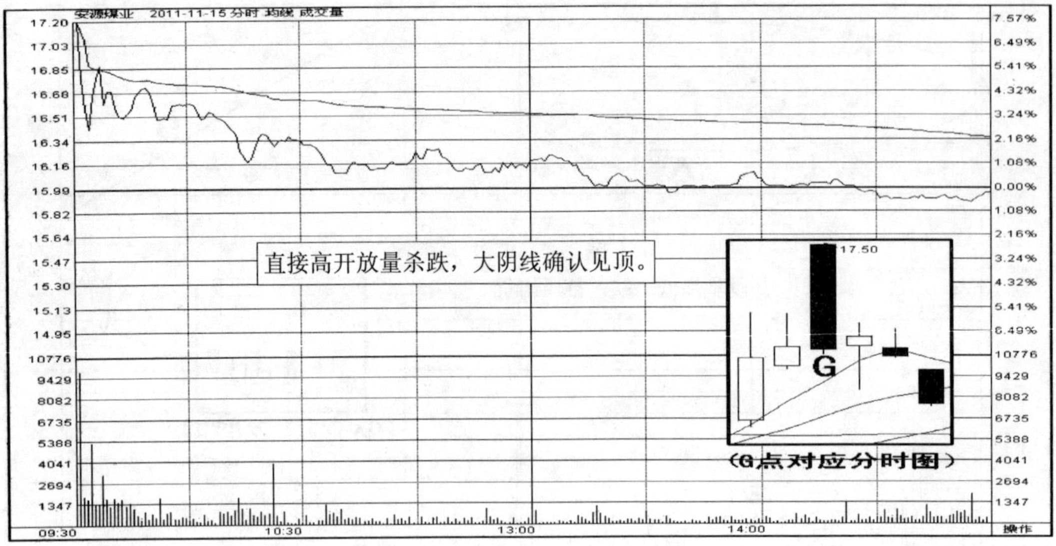

图 7-34

图 7-34 解析：

高位大幅高开步步低，大阴线使价格短时间内难以翻身。

图 7-35　600141(兴发集团)2010.5.7 分时图

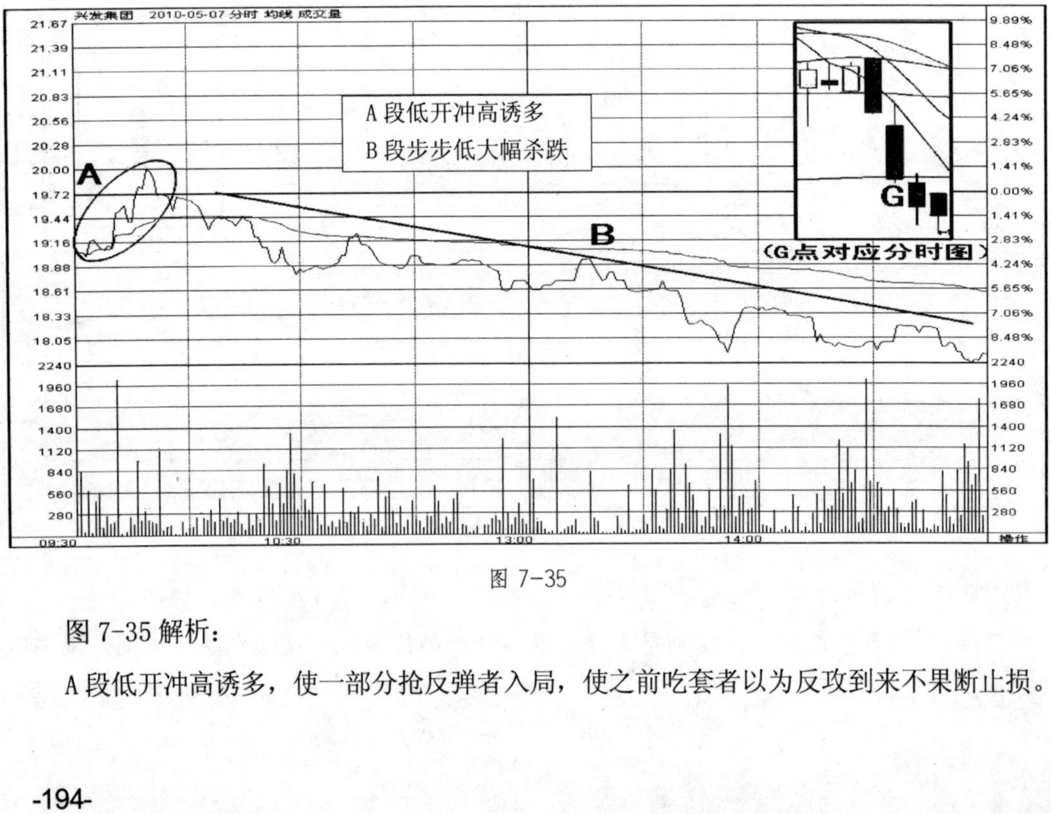

图 7-35

图 7-35 解析：

A 段低开冲高诱多，使一部分抢反弹者入局，使之前吃套者以为反攻到来不果断止损。

第六节　3T42 逃顶

逃顶，其一是为了保住盈利，适时落袋为安，一旦赚了绝不让它变成亏损；其二是为了截断亏损，保住本金安全，一旦亏了绝不让它超过可承受的范围。

逃顶有主动逃顶和被动逃顶。主动逃顶一般是在趋势还没有走坏之前分步撤离，被动逃顶是在趋势走坏甚至吃套之后不得不清仓走人。

3T42 逃顶

3：包括三层含义：三种形态，三重卖区，三重卖点。

①三种形态：挖坑突破形态，黏合突破形态，顶线突破形态。

三种突破形态，一般有与之对应的操盘线，从而形成了较明确的卖出指令。

②三重卖区：首卖区多头陷阱，次卖区震荡筑顶，三卖区杀跌下套。

三重卖区的走势特征和风险级别差异较大，其操盘策略明显不同。

③三重卖点：量价异动卖回补，跌破操盘线必卖，三空卖空必须卖。

三重卖点的形态特征、卖出手法以及回补策略相差较大。

T：逃的拼音“tao”的首字母，也是时间“Time”的缩写，在 T+N 天做好回补。

42：指 42 空洞卖出法和 42 跳水卖出法。

42 空间卖出法：卖 Pt 冲顶。

①4：当日涨幅(或振幅)超过 4%，当日有超买可能。

②2：分时图长波冲顶，即时线超过均价线 2%，做多能量加速释放。

即时线与平均线形成上空洞，若之前形成背驰，当日量价明显异动，回落的可能性较大，一般可于上空洞先卖出，即 42 空洞卖出法。

若价格处于首卖区和首卖点，则必须做好回补的准备。

42 跳水卖出法：卖在跳水。

①4：当日跳水(跌幅或由当日冲高后回调幅度)超过 4%，做空动能强大。

②2：当日跳空低开，两格(1 小时)内不能收成阳线，表明反攻能量严重不足，尾盘出现跳水的可能性较大。

在一波上攻途中，一般很少出现中大阴线杀跌和跳空低开下套，若阶段涨幅大，开始出现大阴线或跳空低开，则一般会陷入盘整或者杀跌；若之前出现背驰，则见顶的可能性较大，可按 42 跳水卖出法先行卖出。

3T42 逃顶的实例印证

图 7-36　000591(桐君阁)2010.3.31～2010.5.13 日 K 线图。

用 3T42 逃顶，简述 A、B、C、D、E、F 如何操作。

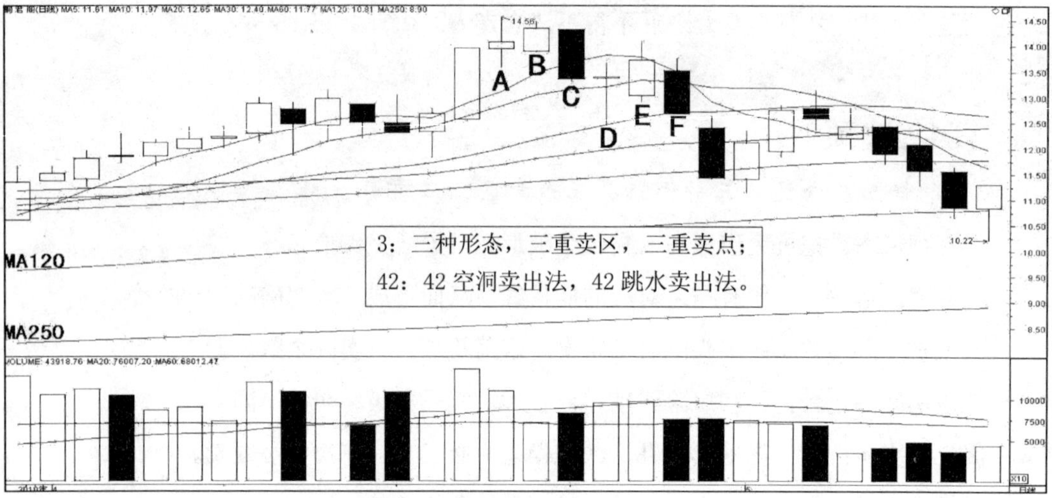

图 7-36

图 7-36 解析：3T42 之 3：处于三重卖区之次卖区震荡筑顶。次卖区短线一般以 5 日均线做操盘线。A、B 为首卖点量价异动卖回补，C 为次卖点跌破操盘线必卖。

图 7-37　000591(桐君阁)2010.4.22 分时图

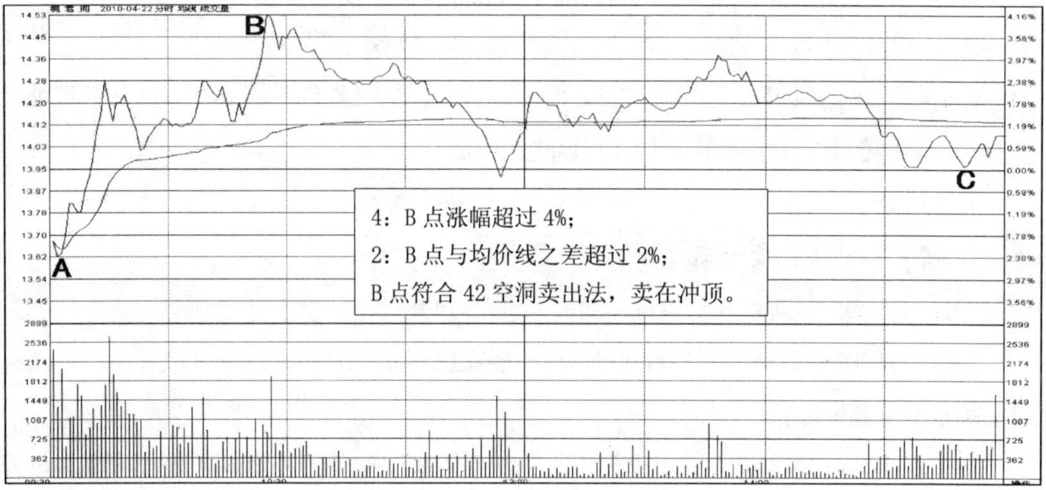

图 7-37　（图 7-36 中 A 点对应分时图）

图 7-37 解析：

B 点可执行 42 空洞卖出法，由于仍位于操盘线 5 日均线之上，尾盘可于 C 处回补。

图 7-38　000591(桐君阁)2010.4.23 分时图

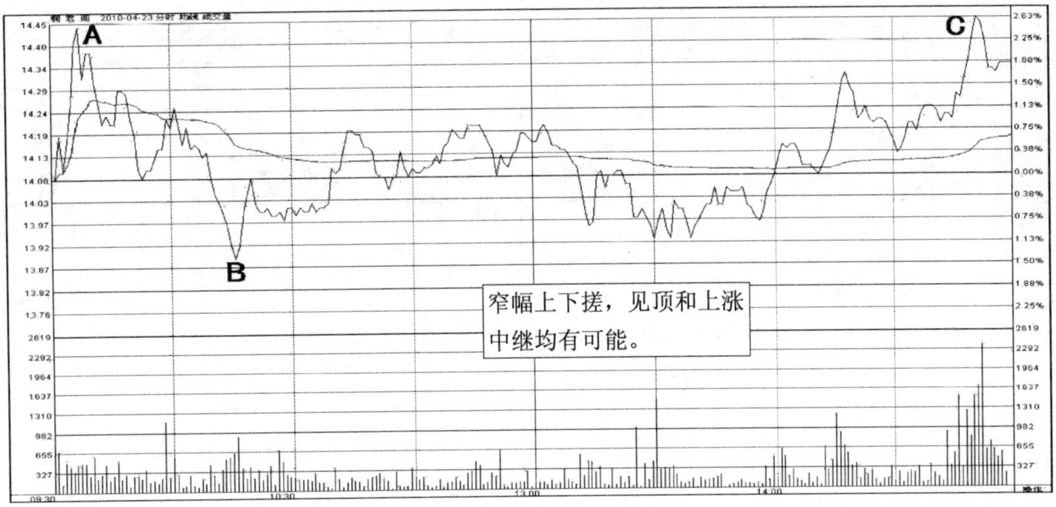

图 7-38　(图 7-36 中 B 点对应分时图)

图 7-38 解析：

由 A、B 确认的区间内上下搓，之后继续上攻和见顶回落的可能性哪个更大无法判断，但次卖区为中线卖点，大资金以出货为主。

图 7-39　000591(桐君阁)2010.4.26 分时图

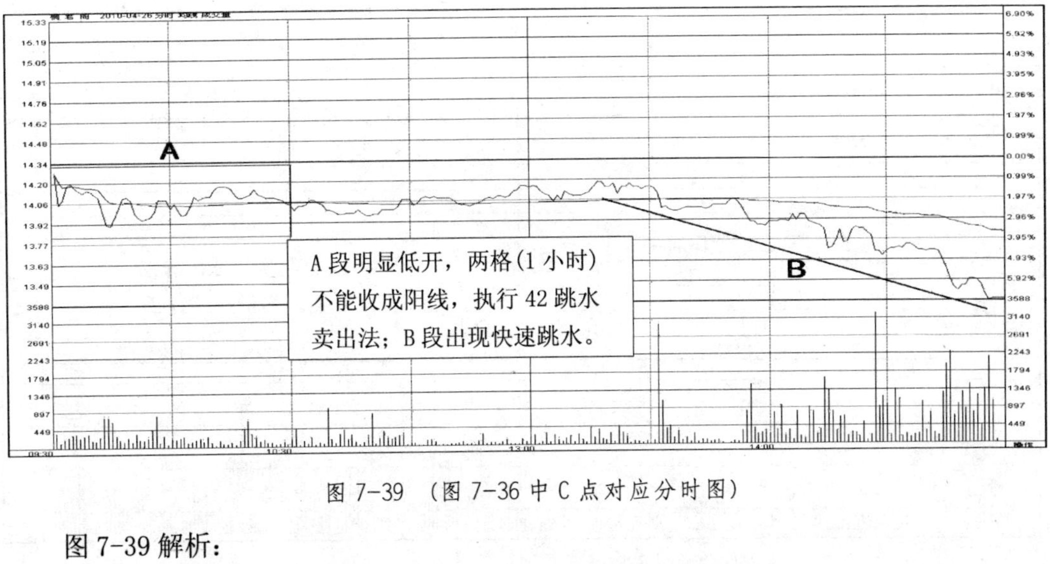

图 7-39　(图 7-36 中 C 点对应分时图)

图 7-39 解析：

早盘低开后上下搓，1 小时内没有收成阳线，反攻力量较弱，必须先卖出。下午收盘前 1.5 小时出现大幅跳水，跌幅超过 4%，符合 42 跳水卖出法，同时跌破 5 日均线，符合跌破操盘线必卖。

图 7-40　000591(桐君阁)2010.4.27 分时图

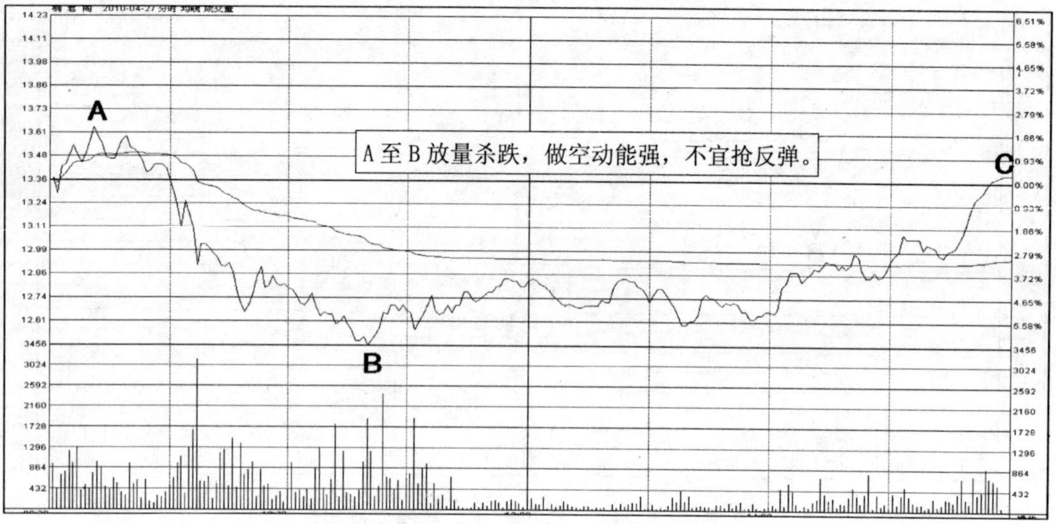

图 7-40　(图 7-36 中 D 点对应分时图)

图 7-40 解析：

早盘冲高诱多后快速大幅杀跌，至 20 日均线附近反弹。中线以卖出为主。

图 7-41　000591(桐君阁)2010.4.28 分时图

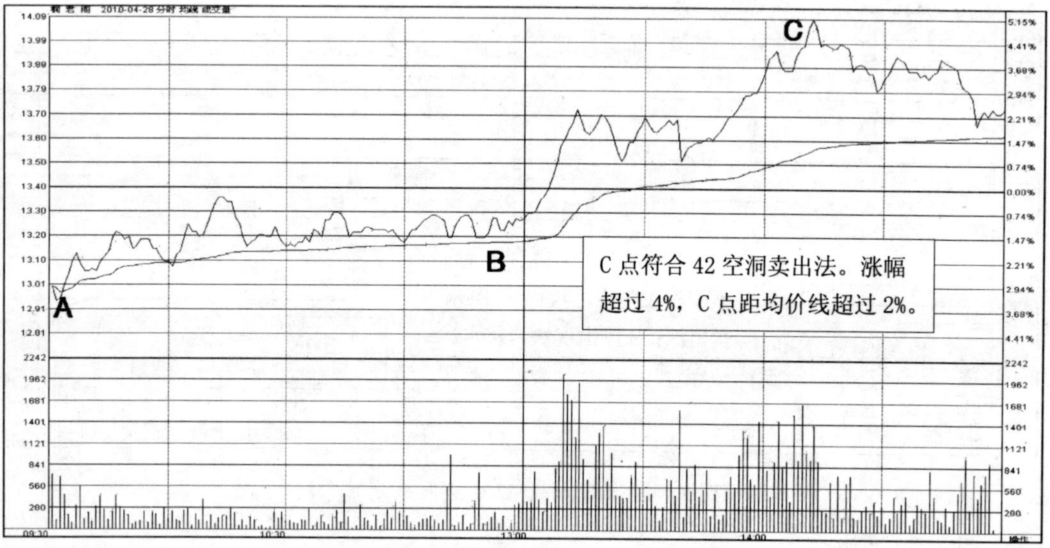

图 7-41　(图 7-36 中 E 点对应分时图)

图 7-41 解析：

早盘低开，1 小时不能收成阳线，明显弱势。B 点放量反弹，为诱多出货，临盘以卖出为主，C 点符合 42 空洞卖出法。

图 7-42　000591(桐君阁)2010.4.29 分时图

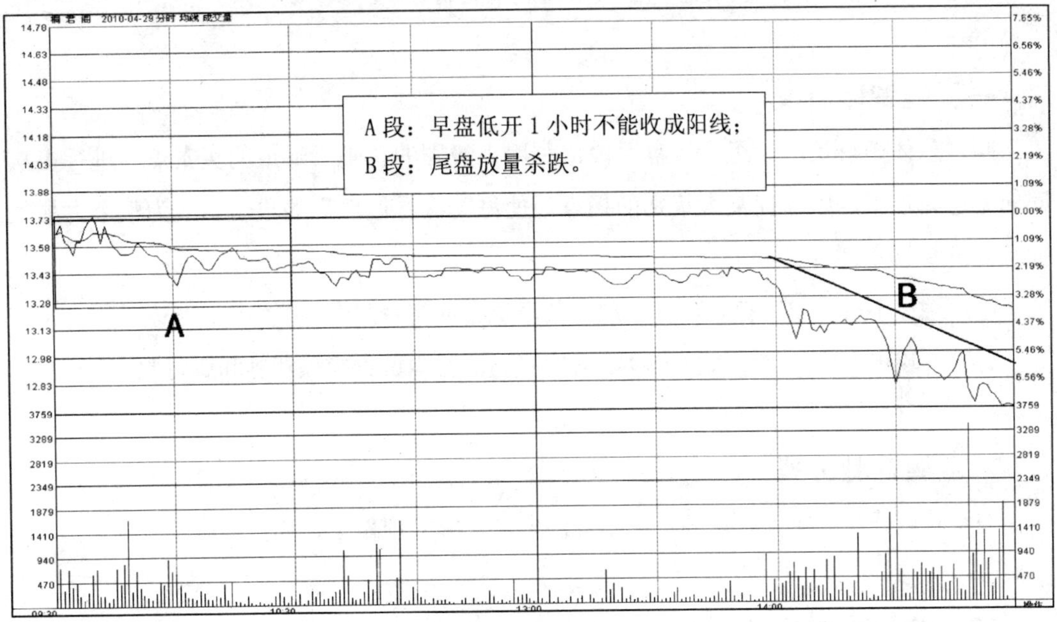

图 7-42 （图 7-36 中 F 点对应分时图）

图 7-42 解析：

早盘低开震荡走低，1 小时不能收成阳线，符合 42 跳水卖出法。至尾盘 B 段放量杀跌，展开快速下套。

第七节　缠背驰 T+N

缠背驰 T+N，就是以小博大，通过严格控制多次甚至上十次小的亏损，捕捉一次绝不可错过的大行情，从而实现总体上大幅盈利的目标。

一、缠背驰释义

制定总体操盘策略和组合操盘手段，利用小级别的背驰所形成的买卖点，进行多次同向无遗漏攻击，以捕捉某大级别的拐点。使每一次看似孤立的攻击，成为整个大战役的有机组成部分。

缠：缠住不放，牢牢抓住，绝不放过某个机会或某种趋势。

背驰：攻击力度比上一波同向攻击力度减弱。背驰可分为顶背驰和底背驰。

二、缠背驰分类

缠背驰可分为：缠大底做多、缠主升浪做多、缠大顶做空、缠 C 浪做空。

三、缠背驰技法

(1)通过某根最 K 线缠背驰。

如大阳线、大阴线、暴天量 K 线等。

(2)通过某根均价线缠背驰。

如 60 日均线、120 日均线、250 日均线等。

(3)通过某重要技术关口缠背驰。

如颈线位、盘整区边线、黄金分割位、重要整数关口等。

四、缠背驰心法

以小缠大，背驰交易，宁亏数次，不失先机。

在整个缠背驰过程中，通过做小级别的背驰，来捕捉大级别的拐点，通过小的亏损，来捕捉大的行情。

五、缠背驰手法

根据个人操盘风格及风险控制要求不同，缠背驰手法设计思路可分为两种：

第一种是：只要风险在可控范围内，不计较短期的盈亏，以能抓住之后的大趋势、大行情、大利润为终极目标。

第二种是：在确保能抓住大趋势、大行情的前提下，适时打短差，积累更多的博弈资本。

(一)底背驰缠多手法

首买区包括量价线异动空头陷阱阶段和双突破逼空涨见大底阶段，必然发生底背驰，是进行缠多攻击不可错过的地方。

①以某种技术指标缠多，直到由下降趋势转为上升趋势。比如，以某根均线为操盘线缠多。

②做高抛低吸缠多，直到由下降趋势转为上升趋势。可以按双线高抛五阳回补操作。

缠背驰 T+N(0≤N≤X　，X≤大盘回调时间 +3)。

缠背驰 T+0：可确保不踏空。缠背驰 T+N，可执行 60B3 抢筹、3T42 逃顶。

图 7-43　999999(上证指数)2011.7.12～2011.11.2 日 K 线图。

某位投资者于大盘的 B 点、E 点、H 点精准出击，均获利清仓。试用缠背驰 T+N 之底背驰缠多手法解析 A、B、C、D、E、F、G、H、T 操作方法。

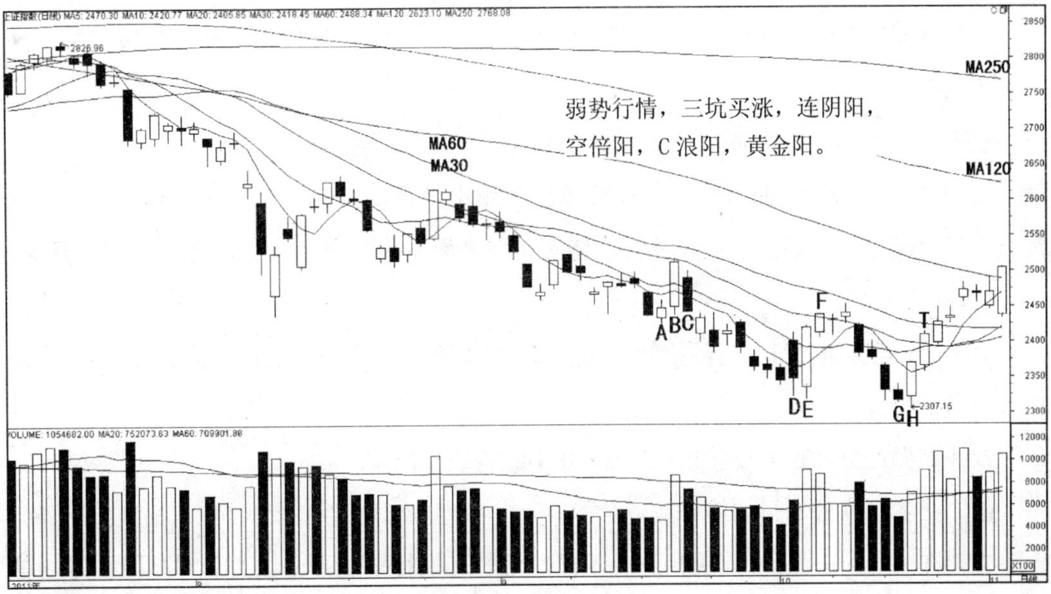

图 7-43

图 7-43 解析：

举本例原因有两个，一是能比较好地解析缠背驰 T+N 之应用，二是本例来源于我的一位朋友，也是公司的大客户，文刀先生。

1. B 点攻防

2011 年 9 月 21 日，星期三(对应图中 B 点)，下午 1 点多钟，文刀匆匆忙忙来到营业部，进入他单独的贵宾室。几台电脑早已打开，并调到了他熟悉的行情面板。

当时，上证指数、深证成指、中小板指、创业板指出现久违的大涨，上证指数当日涨幅超过 2.6%，且成交量放大近一倍。

当日的走势是文刀没有想到的，因为他头一天刚刚建仓(图中 A 点)，如果大盘温和上攻，则估计可以持股两三天。

我知道文刀要做什么，五暂不买里讲过，弱势天量暂不买，大阳冲顶暂不买。文刀此时不可能买入，只可能卖出。

一个多小时，文刀不断卖出，他非常清楚当下的风险，他知道时间的价值。弱势行情，单日暴天量，大阳线冲顶，均线压制，卖错了也要卖。直到收盘前 10 多分钟，文刀才将仓位调整完毕，才算松了一口气。

第二天，大盘直接跳空低开(对应图中 C 点)，昨天尾盘追涨的人大多数吃套。

2. E 点攻防

E 点介入没有任何犹豫，符合五阳抢筹之连阴阳、空倍阳、黄金阳。也符合抢反弹三坑买涨。

弱市中这样的反弹位必然会被高度重视。

卖出技术很简明，弱市行情，只要成交量跟不上来，一定清仓。若等到大盘和个股跌破 5 日均线再卖，则往往损失较大，特别是资金量大的，弱势行情一般卖在冲顶阳线。

3. H 点攻防

H 点与 E 点类似，符合五阳抢筹之连阴阳、空倍阳、黄金阳。也符合抢反弹三坑买涨。

弱市卖出技术：

双线高抛：见冲顶 K 线卖出或跌破 10 小时均线卖出。

破 5 必卖：跌破 5 日均线必卖。

文刀在 A 点、E 点、H 点进行缠多攻击。他一直执行抢反弹三坑买涨和五阳抢筹，等点抢点，很少受外界影响。

很多人谈起技术分析来，头头是道，而在文刀看来，那只不过是夸夸其谈的事后诸葛而已，真要打起硬仗来，往往六神无主。

(二)顶背驰缠空手法

首卖区量价线异动多头陷阱阶段和次卖区暴跌空涨破位见大顶阶段，必然发生顶背驰，是进行缠空攻击不可错过的地方。

①以某种技术指标缠空，直到由上升趋势转为下降趋势。

比如，以某根均线为操盘线缠空，以某根最 K 线缠空等。

②做高抛低吸缠空，直到由上升趋势转为下降趋势。

可以按双线高抛、五阳平仓，但一般不要反向开仓。

图 7-44　399300(沪深 300)2011.10.12～2011.12.16 日 K 线图。

试用缠背驰 T+N 之顶背驰缠空手法解析 A、B、C、D、E、F、G、H、T 操作方法。

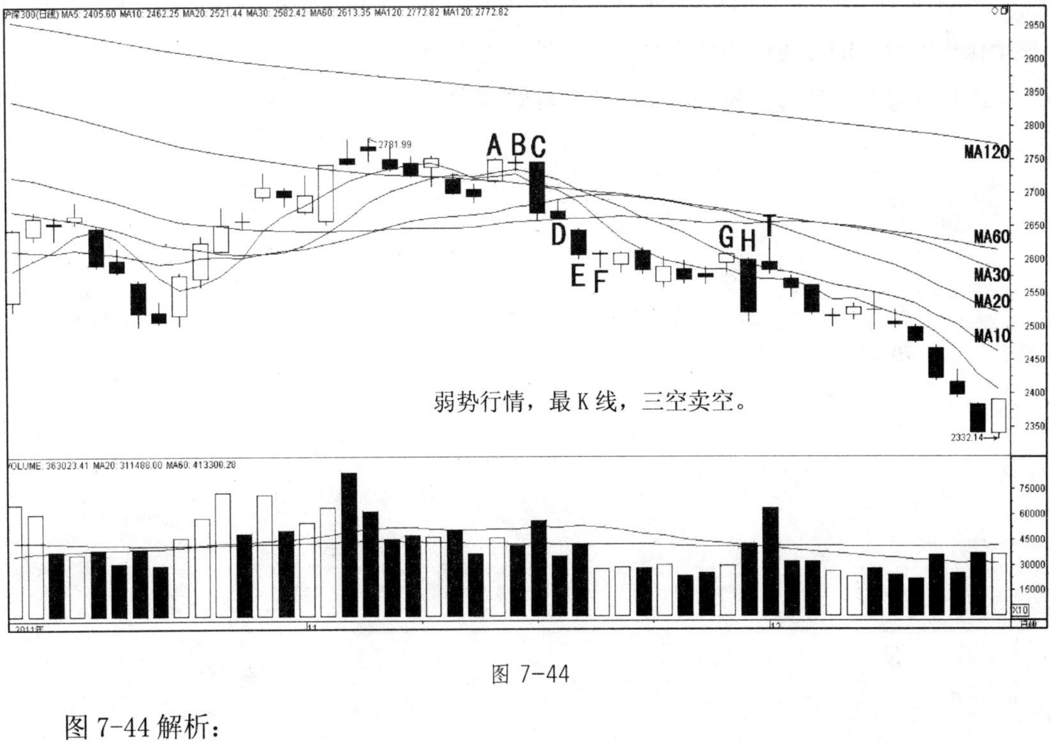

图 7-44

图 7-44 解析：

本例取源于文刀股指期货做空实战案例。

本波反弹突破 60 日均线之后，我们认为，期指三空卖空的机会来了。因为在大盘 60 日均线没有明显上翘的时候就一路上攻的可能性较小，因此再次跌破 60 日均线继续寻底就是大概率事件。

A 点跳空高开，分时图步步高，强势上攻超过 2%，造成一定迷惑，等待。

B 点低开缩量上下搓，继续观望。

C 点分时图步步低杀跌，符合三空卖空必须卖。适量做空，尾盘没加仓，防范逆火的风险。

D 点，当日分时图上空洞继续做空，持仓。

E 点继续持仓，没有任何犹豫。

F 点平仓。符合五阳之连阴阳，有可能形成反弹，落袋为安。

等待，静静地等待。

G 点跳空高开，尾盘冲高，与 A 点类似，再次果断于上空洞做空。

H 点暴跌，超过 3%，当日盈利颇丰。此时仍坚定持仓不动。

意外：当晚公布降息！

黑色星期四(T 点)：早盘大幅高开，还小有盈利，随后继续上冲，小亏平仓。检讨整个操作没有大的问题，趋势没有改变，做空是正确的决策。

之后跌破 5 日均线，执行既定策略，继续缠空。

第八章　四阶梯次选股

选股的标准经常在变，选股的程序却相对固定。通过四阶梯次比较选股，不仅可以对所有板块的相对强弱有一个比较清晰地了解，也可以从中筛选出潜力股和强势股。

第一节　四阶选股

选股成功的关键是思路，没有固定的标准，是一个动态的过程。要提高选股的成功率，必须遵循一套科学的流程，层层筛选，反复比较，找出适合自己操作风格的股票，建立自己的股票池。

熟练运用选股四阶八问，选股程序由面到点，由大到小，多重比较，精确出击。

四阶梯次选股：

四阶指大盘、板块、个股和目标。选股首先看大盘，其次选板块，然后找个股，最后定目标。

四阶选股八问：

(1)当下大盘处于什么运行阶段？

(2)上证指数、深圳成指、中小板指和创业板指相对强弱？

(3)走势强于大盘的板块有哪些？

(4)强势板块中的领涨板块是哪个？

(5)走势强于各自板块指数的个股有哪些？

(6)强势股中的领涨股是哪个？

(7)从强势股中确定哪些个股进行交易？

(8)强势股中哪些个股作为板块轮动的候补？

一、看大盘

看大盘具体分为大盘定位和大小比较。大盘定位指看大盘处于何种运行阶段，大小比较指分析上证指数、深圳成指、中小板指和创业板指相对强弱。

1. 大盘定位

大盘定位即研判大盘处于何种走势阶段，可按第二部分《八阵图》进行比较分析。

大盘所处的走势阶段不同，各板块表现差异较大。如果大盘处于强势，那么各板块均会有一定表现，二线蓝筹表现相对较好，但只有领涨板块涨幅更大；如果大盘处于弱势，那么一般只有市值较小，且有利好刺激的中小板块才会有所表现。

2. 大小比较

沪市和深市的市值较大，中小板和创业板市值较小。比较上证指数、深圳成指、中小板指以及创业板指走势，可分为大小同步和大小背驰。

大小同步分为大小走强和大小强势，大小走弱和大小弱势。

大小背驰可分为顶背驰和底背驰。

顶背驰：此冲顶，彼破位，先后走弱。

底背驰：此继续探底，彼见底回升，次第走强。

大小比较选股：

若大小底背驰，则择强抄底；若大小同步走强和大小强势，则可选范围大；若大小顶背驰，则分批减仓或清仓；若大小同步走弱和大小弱势，则空仓为宜，或执行抢反弹三坑买涨。

二、选板块

选板块只选强势板块和领涨板块。强势板块是指走势强于大盘的板块，领涨板块指强势板块中的领涨板块。通过板块指数与大盘比较，选出强势板块。通过强势板块相互比较，选出领涨板块。

1. 指数与大盘比较

板块指数与大盘指数比较，筛选出走势强于大盘的板块，即强势板块。一般不要选走势落后于大盘的板块。

2. 指数与指数比较

强势板块指数相互比较，筛选出领涨板块。

三、选个股

选个股只选强势股和领涨股。强势股是指走势强于板块指数的个股，领涨股指强势股中的领涨个股。通过个股与板块指数比较，选出强势股。通过强势股相互比较，选出领涨股，也叫龙头股。

领涨股走势特征：率先止跌企稳，率先盘整到位，率先轻松突破。

1. 选率先止跌企稳的股票

板块处于杀跌或回调之中，个股提前止跌。

2. 选率先盘整到位的股票

板块仍在震荡整理，个股提前出现买点。

3. 选率先轻松突破的股票

比板块提前突破同级别阻力位，且突破相对轻松。

我们可以将一部分板块的强势股和个别板块的龙头股构成股票池。好的股票池应包含不同的板块，不同走势特征的个股。各板块、个股的走势最好拉开一定距离，一部分个股强势，一部分个股走强，一部分个股盘整，尽量避免股票池中经常出现同涨同跌的情况。

四、定目标

按下列要求从股票池中筛选出合适的个股作为目标股。

1. 选择自己更了解的行业和更熟悉的股票

能让你更有效地捕捉机会和规避风险。

2. 选择涨跌节奏与自己操盘风格相近的股票

个股涨跌节奏与自己的操盘风格越一致，操作越轻松。

3. 选择交易量更适合自己资金进出的股票

根据自己资金量进出的难易程度，选择适合自己交易的股票。

四阶八问梯次选股是由大到小逐级锁定，选股也可以由点至面，不可墨守成规。

第二节 四级牛形

月K线图、周K线图、日K线图、分时图，四级技术选股。月K线图、周K线图主要用于选股，日K线图、分时图主要用于选时。若出现月K线图、周K线图、日K线图和分时图买点四级共振，则爆发力极强。

一、月K线选股

首选月K线图走强，次选月K线图强势，三选月K线图企稳。

1. 月K线走强

月K线图走强，即月K线震荡筑底或结束长时间盘整，进入快速或加速上涨的主升行情。

(1)价格站稳5月均价线，5月均价线走平或上翘。

5月均价线走平或上翘，蓄势相对充分，进入快速或加速上涨可能性更大。

(2)K线为小十字星或实体较小的小K线更好。

一旦月K线出现中大阳线之后，开始调整的可能性更大。若K线向上突破站上5月均线，实体过大，短期做多能量释放过快，之后洗盘的时间可能更长。

(3)成交量有效放大。

若是由下降趋势转为震荡筑底之后走强，成交量必须有效放大，则5月均量线上穿20月均量线更好。若是短期暴涨之后长时间洗盘，然后重拾升势，则成交量走出圆弧底即可。

月K线“蛟龙出海”：“蛟龙出海”是指价格向上突破时，一根阳线上穿短期、中期、长期均价线，成交量也随之放大。

月K线走出“蛟龙出海”是明确的做多信号。月K线“蛟龙出海”有时几年都难得一见，做多信号强烈，绝不可错过。

2. 月K线强势

5月、10月均价线多头排列，价格沿5月均价线上攻。月K线没有出现大阳线，成交量平稳放大，做多能量没有过快释放，无明显见顶迹象。

3. 月K线企稳

价格大幅度下跌之后，形成严重超跌，开始横盘整理或者震荡筑底。月K线图出现止跌企稳时再分批介入，可以更有效地防范风险，把握机会。

图 8-1　000799(酒鬼酒)2010.6.30～2012.5.31 月 K 线图

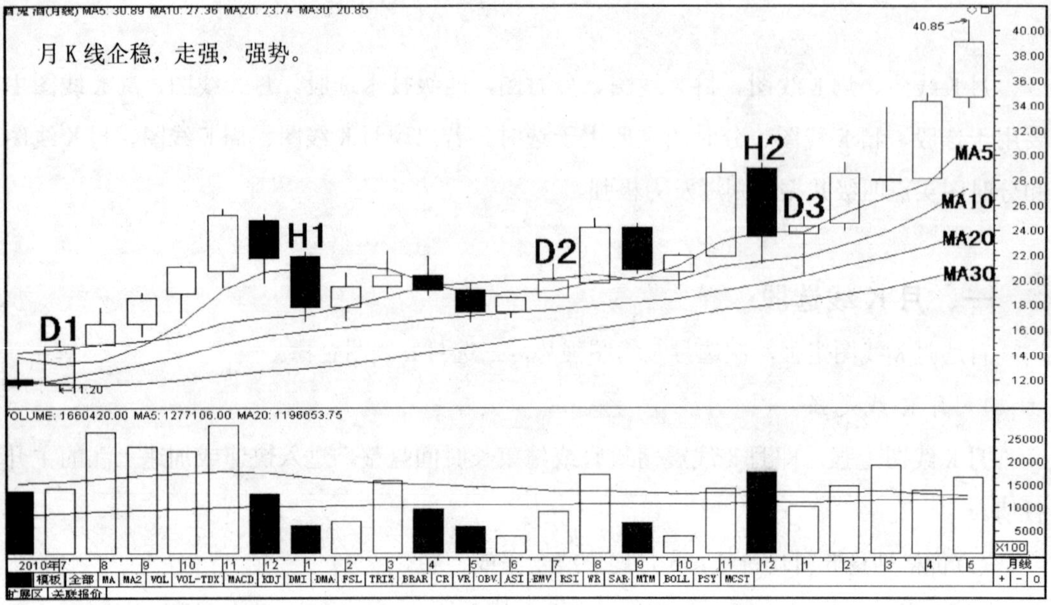

图 8-1

图 8-1 解析：

月 K 线 10、20、30 均价线呈多头排列，明显强势行情。

D1：股价向上突破 5 月均价线，一阳穿四线，形成“蛟龙出海”之势，且成交量有所放大。随后股价继续上攻，带动 5 月均价线由向下走变为向上走。

H1：股价跌破 5 月均价线，随后开始长达半年的调整。月 K 线出现破位，往往调整时间长，回调幅度大。

D2：上攻小阳线，重新站上 5 月均价线，且 5 月均价线上行，成交量放大。

H2：股价跌破 5 月均价线，为突破前期大顶之后的深度回调洗盘。

D3：长下影线，实体较小，探底回升，之后重拾升势。

二、周 K 线选股

首选周 K 线图走强，次选周 K 线图强势，三选周 K 线图企稳。

周 K 线图走势中短兼顾，对实战的指导作用更强。

1. 周 K 线走强

周 K 线图走强，即周 K 线震荡筑底或长时间盘整结束，进入快速或加速上涨的主升行情。

(1)5 周均价线上穿 10 周均价线，价格沿 5 周均价线上攻。

10 周均价线走平或上翘，很有可能展开主升浪行情，进入快速或加速上涨的可能性更大。

(2)K 线阳大阴小，阳多阴少，没有出现连续中大阳线。若周 K 线形成一连串的小阳小阴,区间窄幅震荡，随后出现放量上攻，则爆发力强。

周 K 线一旦出现连续中大阳线，之后长时间回调的可能性较大。若介入过早，则往往会陷入较长时间盘整。

(3)成交量有效放大。

若是由下降趋势转为震荡筑底之后走强，成交量必须有效放大，则 20 周均量线上穿 60 周均量线更好。

若是短期暴涨之后长时间洗盘，然后重拾升势，则成交量走出圆弧底即可。

周 K 线“蛟龙出海”：是指价格向上突破时，一根阳线上穿短期、中期、长期均价线，成交量也随之放大。周 K 线“蛟龙出海”是明确的做多信号，临盘绝不可错过。

2. 周 K 线强势

周 K 线走明显多头行情。

(1)5 周、10 周、30 周均价线多头排列。

(2)价格没有出现暴涨暴跌，没有出现冲顶迹象。若周 K 线出现强势回调更好，价格企稳回升，则 K 线为小十字星或小阳线。

(3)成交量平稳放大，没有出现明显量能异动，做多能量没有过快释放，没有出现背驰。

3. 周 K 线企稳

周 K 线由下降趋势开始止跌企稳。

(1)之前价格大幅下跌，形成底背驰和底背离。

(2)价格突破 5 周均价线，开始横盘整理或震荡筑底。

(3)成交量走出圆弧底，突破 5 周均线时明显放大。

图 8-2　000799(酒鬼酒)2010.5.28～2012.6.1 周 K 线图

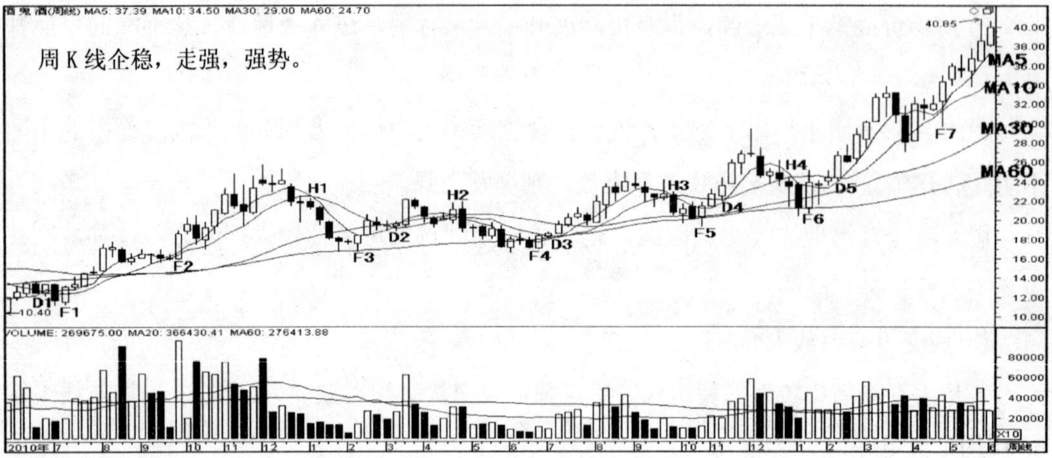

图 8-2

图 8-2 解析：

①D1、D2、D3、D4、D5：

5 周均价线上穿 10 周均价线，股价走强。若成交量有效放大，则走强迹象更为明显和可靠。D1、D4、D5 明显放量。

②H1、H2、H3、H4：

5 周均价线下穿 10 周均价线，有走弱的迹象，但由于长均线向上顶托和引带作用，转而走强。

③F1、F2、F3、F4、F5、F6、F7：

符合五阳抢筹。

三、日 K 线选股

日 K 线主要用于选时，用于精确把握买卖点。

1. 日 K 线见底

30 日均线上穿 60 日均线，20 日均量线上穿 60 日均量线。

2. 日 K 线强势

30 日、60 日均线呈多头排列，突破半年线和年线。

3. 大涨小回

短期强势股回调一般不跌破 5 日均线，深幅回调一般不跌破 10 日均线；中期强势股一般不跌破 30 日或 60 日均线。

可运用三突破买、五阳抢筹、踩线抢筹和三坑买涨把握买点。

运用双线高抛、跌破操盘线必卖和三空卖空把握卖点。

图 8-3　000799(酒鬼酒)2012.1.5～2012.6.14 日 K 线图

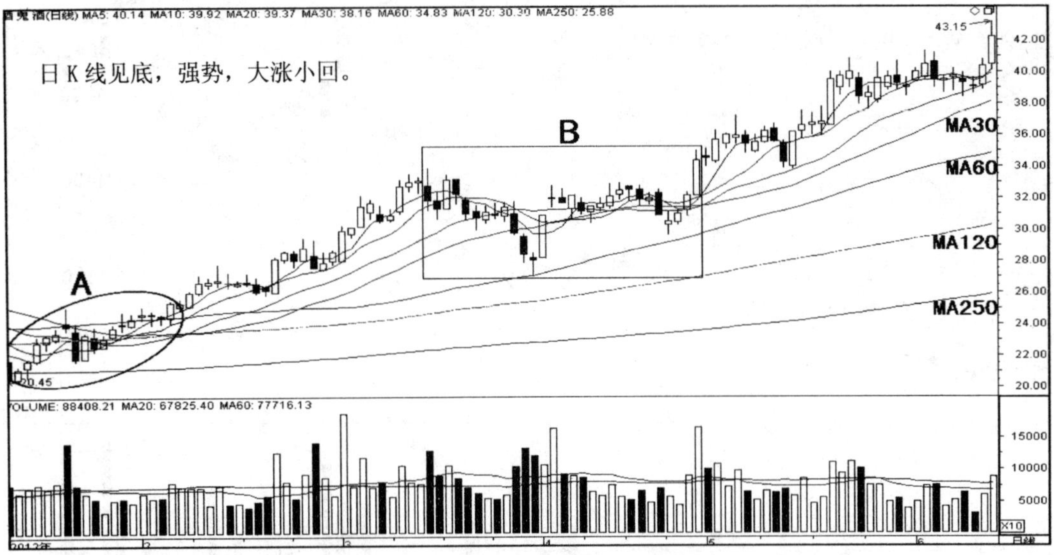

图 8-3

图 8-3 解析：

A 段：股价突破多条均价线层层压制，明显走强。此后随着股价上攻，形成多头行情，带动均价线走出多头排列。

B 段：震荡洗盘凶狠，但回调没有跌破 60 日均价线，30 日、60 日均线始终保持强势。

四、分时图选股

分时图包括两种：一种指 60 分钟 K 线图，另一种指当日即时图，习惯上也叫分时图。

60 分钟 K 线图比日 K 线灵敏，对于应对股价的快速变化有利。也可选周期更短的分时图，但要注意，若选的周期太短则过于灵敏，出现杂波较多，稳定性和准确性会减弱。

应用 60 分钟 K 线图必须注意，只有 60 分钟 K 线走势必须跟其他较长周期 K 线走势结合起来，才能作为确认买卖点的依据。

应用即时图交易必须注意，只有根据日 K 线图和 60 分钟 K 线图确认了某价位或某区间买入或卖出，才能根据当时即时图进行交易。临盘可执行 60B3 抢筹、3T42 逃顶、分时图缠背驰和拐点三线两格。

图 8-4　000799(酒鬼酒)2012.6.11～2012.7.9　60 分钟 K 线图

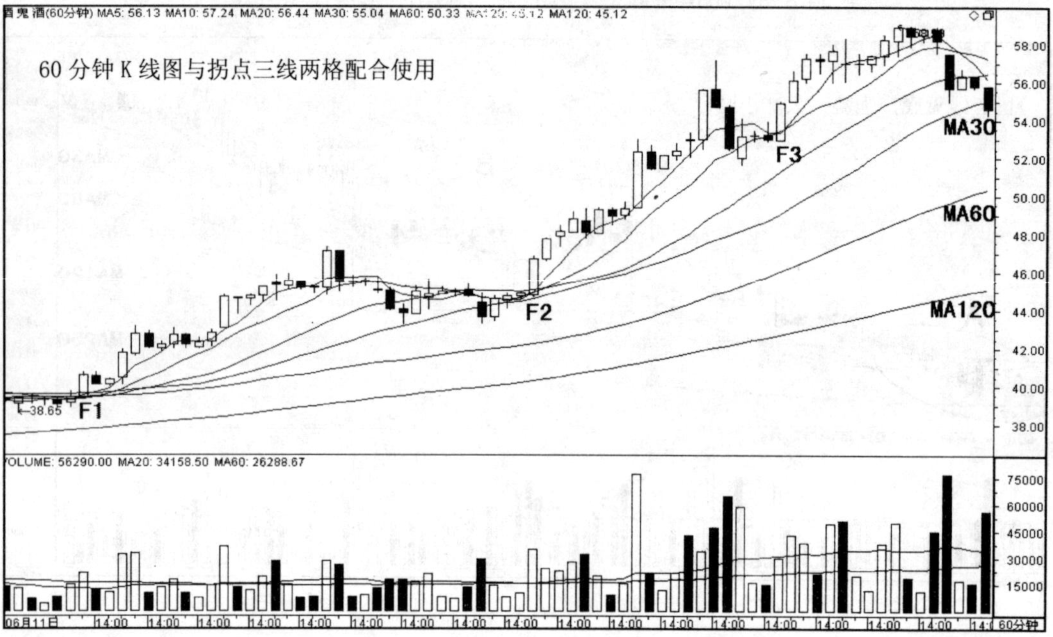

图 8-4

图 8-4 解析：

若该股上攻过程中一般不跌破 10 小时均线，则 10 小时均线可做操盘线。

F1、F2、F3：符合五阳抢筹。F1、F2 为空倍阳和逼空阳，F3 为空倍阳。

第三节　四季涨停

捉涨停原则：冲顶等回踩，强势追涨停。

整个市场运行可以分为震荡筑底、多头上功、震荡盘顶和空头下跌四个阶段，四季与之对应。震荡筑底阶段——春季，多头上攻阶段——夏季，震荡筑顶阶段——秋季，空头下跌阶段——冬季。

不同季节的涨停，具有不同的市场含义，捉涨停的策略和手法差别较大。

一、春季涨停

春季：生机勃勃倒春寒。震荡筑底阶段，行情由弱转强。

图 8-5　000878(云南铜业)2008.9.16～2009.1.5 日 K 线图

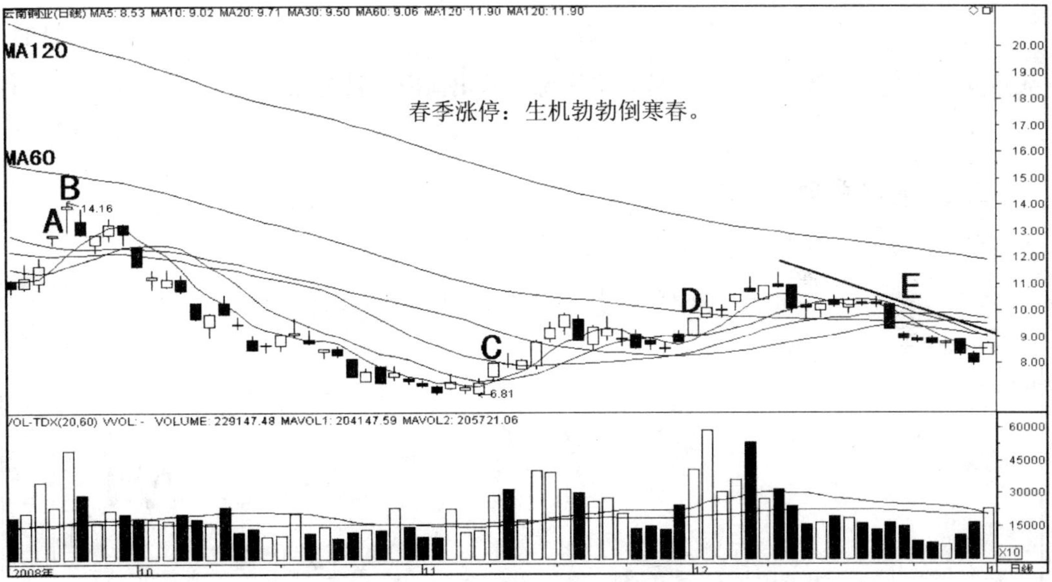

图 8-5

图 8-5 解析：

①处于震荡筑底阶段：30 日、60 日均线由空头排列转为 30 日均线上穿 60 日均线，20 日均量线上穿 60 日均量线，成交量显著放大，明显出现抢筹迹象。如春回大地，万物复苏。

②A 涨停，B 涨停打开，次日直接低开下套，追涨风险大，此后跌幅超过 50%。C、D 涨停之后继续创新高，追涨有机会，涨幅可观。

③B之后价格跌去一半，D之后见顶E段回落，跌破D开盘价，筑底期间深幅回调，具有较大杀伤力。如春之倒春寒，亦可伤及作物。

技术特征：

均线：30日均线上穿60日均线，角度较陡，60日均线由向下走变为向上翘。

K线：突破30日均价线和60日均价线，必须是放量大阳线，且突破之后，能够惯性上冲更好。

成交量：成交量明显放大，20日均量线上穿60日均量线，有场外资金抢筹。

倒春寒：突破30日、60日均线价之后，有时会出现快速杀跌，包括大阴线杀跌和跳空杀跌。

对应八阵图：量价线异动空头陷阱和双突破逼空涨见大底。

风险评估：短线有风险，中线机会大。

春季涨停，以吸筹为目的的涨停较多。临盘可按双线高抛五阳回补。

主力利用人们逢高抛售和落袋为安的心理，通过涨停来拉高吸筹，达到抢筹的目的。涨停吸筹的股票，调整过后，一般还会上涨，拉出大阳，甚至涨停。

二、夏季涨停

夏季：夏日炎炎雷雨急。多头上攻阶段，主升行情。

图 8-6　600685(广船国际)2008.12.31～2009.4.28 日 K 线图

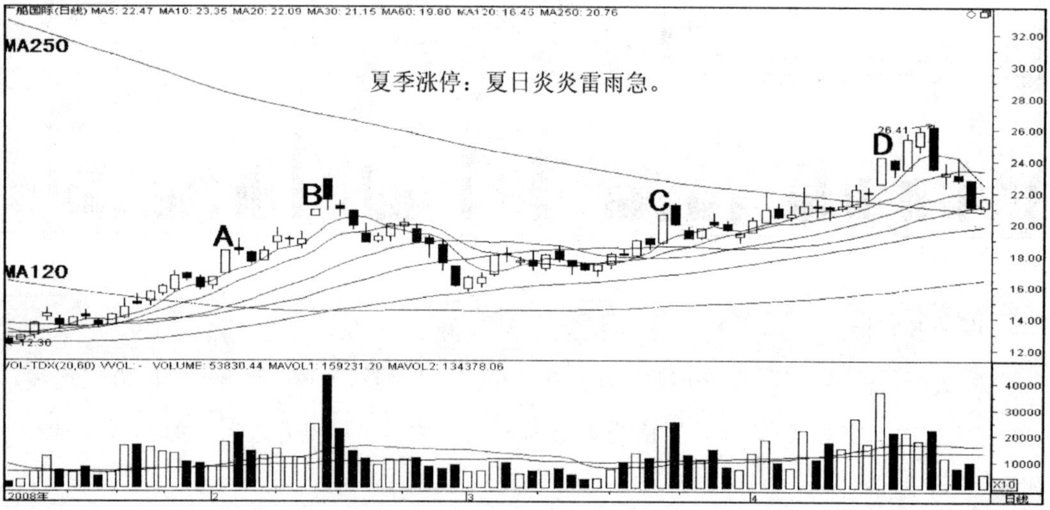

图 8-6

图 8-6 解析：处于突破牛熊线多头上攻阶段，主升行情，攻势旺盛，如夏日炎炎。

A、B、C、D 四处涨停，之后均出现快速回调，其中 B、D 之后回调幅度大，速度快，随后重拾升势，如暴风骤雨，来的急，去得也快。谓之雷雨急。

技术特征：

均线：30 日、60 日均线多头排列，突破半年线和年线。

K 线：往往是阳多阴少，红肥绿瘦，会出现大阳线、跳空涨。

成交量：成交量有效放大，稳步推升，保持相对平衡。

雷雨急：有时会短期暴跌，但一般不会跌破 10 日均线。若处理不当，高抛之后回补不及时，只能追高买入，否则只有踏空。跌破 30 日均线，必须能够快速拉起，否则趋势很可能发生改变。

对应八阵图：突破牛熊线多头上攻。

风险评估：短线机会大，中线机会大。

夏季为主升浪行情，往往会出现连续上攻，甚至连续涨停。因此，夏季追涨停成功的机会很大。

三、秋季涨停

秋季：硕果累累秋风扫。震荡筑顶阶段，行情由强转弱。

图 8-7　600432(吉恩镍业)2009.7.13～2009.9.28 日 K 线图

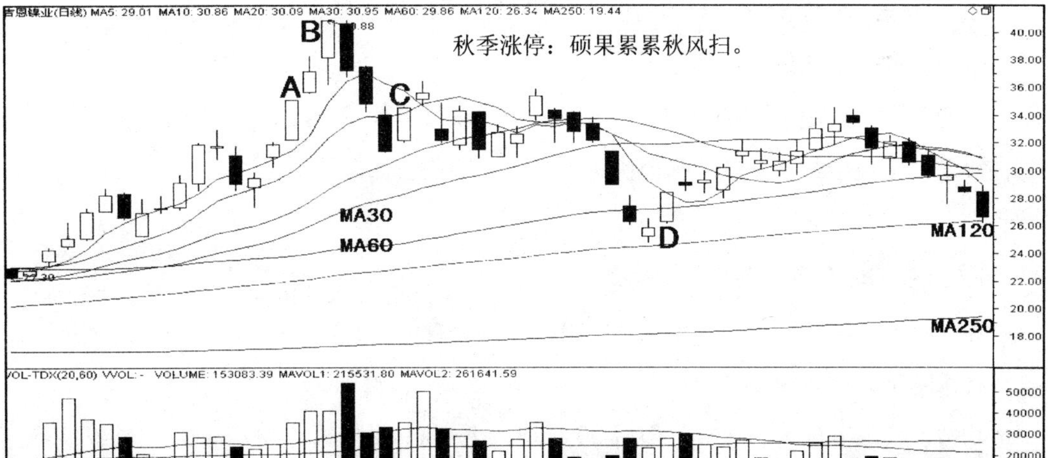

图 8-7

图 8-7 解析：

①处于震荡盘顶阶段。之前整体涨幅大，短期出现暴涨，很多投资者盈利丰厚，可

谓硕果累累。

②A、B、C、D四处涨停，其中A和D有盈利机会，B处为最高点，C之后暴跌。

③B之后短期整体跌幅超过30%，没有及时出逃的损失惨重，甚至陷入亏损。其势如秋风扫落叶，急转直下。

技术特征：

均线：短期均线由上翘走平到下行，价格跌破30日均线，使30日均线由上翘变为下压，并下穿60日均线。

K线：出现快速或加速上涨，冲顶迹象明显。出现长影线、大阴线或跳空跌的频率明显增多。

成交量：成交量一般会出现明显异动，之前缩量上涨的，往往会放量，之前放量上涨的，往往会缩量。成交量很不规则，高位出现阴天量，或连续杀跌成交阴量不见明显缩小。

秋风扫：冲高之后一般会出现快速杀跌，一旦价格跌破30日均线且不能快速拉起，往往会出现加速下跌，没有及时出逃的往往损失惨重。

对应八阵图：量价线异动多头陷阱，暴跌空涨破位见大顶，跌破多空线A浪杀跌，回档牛熊线B浪反弹。

风险评估：短线风险大，中线风险大。

秋季涨停一般为出货，有的短暂上攻之后随即出现暴跌，有的当天涨停后分时图出现跳水，有的下个交易日直接低开下套。

主力利用涨停造成强势假象，利用人们追涨的心理，顺势出掉手中的筹码。涨停出货的股票，一般会继续下跌，甚至快速下套，不断创新低。

四、冬季涨停

冬季：寒冬腊月一把火。空头杀跌阶段，弱势行情。

技术特征：

均线：一般跌破形态颈线，随后30日均线下穿60日均线，30日、60日均价线成空头排列。

K线：绿多红少，绿大红小，涨得慢，跌得快。

成交量：成交量大幅减少，一般明显低于20日和60日均量线。反弹时往往会短期放量，如单日放大量。

一把火：一般连续杀跌之后往往会出现短暂反弹，一般首次反弹突破 30 日或 60 日均线往往会创新低。

对应八阵图：跌破牛熊线 C 浪下套。

风险评估：短线风险大，中线风险大。

冬季涨停：冬季有可能因超跌反弹和突发利好等因素引发涨停等，但之后一般仍会创新低。

如果大盘、板块和个股均严重超跌，则有可能引发强劲反弹，出现大阳甚至涨停。弱势行情，追涨风险较大，一般按抢反弹三坑买涨提前埋伏，或者待涨停之后回踩，见五阳买入信号后再介入。如果遇到突发大利好，则可能由超跌反弹引起连续涨停逼空，这时需要具体情况具体分析。

图 8-8　600573(惠泉啤酒)2011.6.14～2011.10.12 日 K 线图

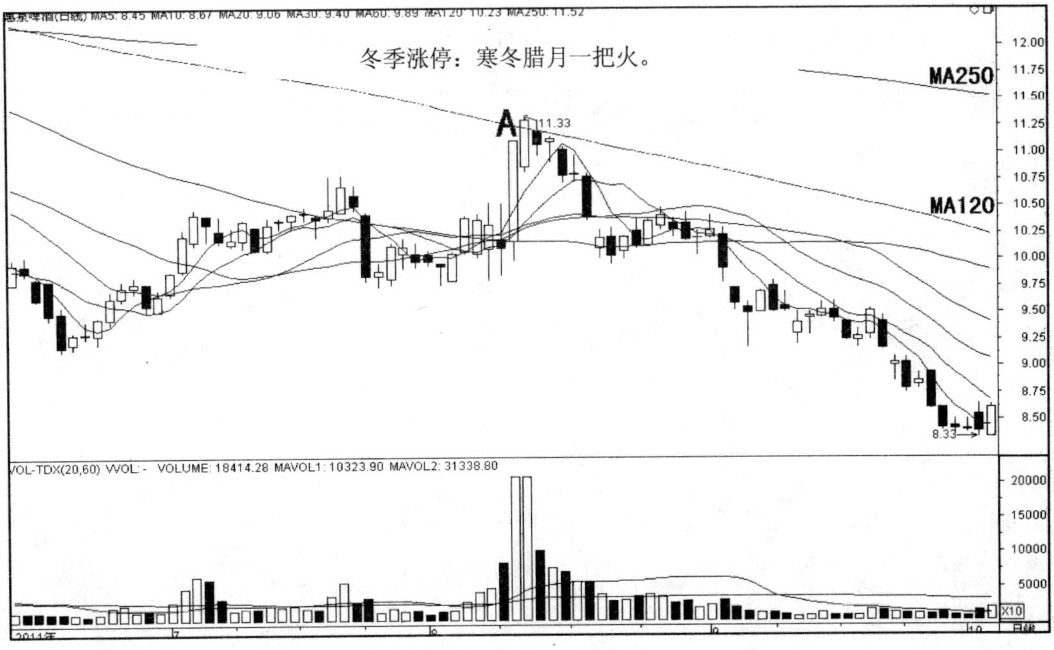

图 8-8

图 8-8 解析：

①120 日、250 日均线空头排列，60 日均线明显下压，为跌破牛熊线快速下套阶段，整体跌幅大，成交量小，反弹幅度小，市场低迷，如寒冬腊月一般。

②A 处突然暴天量涨停，次日震荡冲高，暴天量，之后快速杀跌，创新低。

③整个反弹过程中，只有 A 处暴涨，又快速结束，如冬天的一把火。

第九章　真传一句话

真传一张纸，一句话，一个字，一道闪电照亮天际。

第一节　止损心诀

止损心诀：不设止损不买股，不到止损不卖股，一到止损先卖股

不设止损不买股：买股票之前就必须设好止损位，确保将每次可能的损失控制在自己能承受的范围内。必须永远将风险控制放在首位，绝不可因一次失误，而导致风险全面失控。

不到止损不卖股：买了股票之后，如果没有立即上涨，而是区间整理，只要不跌破止损位，就不要随意卖出股票。

一到止损先卖股：一旦价格并没有按预期上涨，跌破止损位必须先卖出。止损必须坚决果断，决不能犹豫不决，放任损失扩大。

请用 G、P、A、B、C、D、E、F 诠释止损心诀。

图 9-1　600456(宝钛股份)2007.8.31～2009.1.23 月 K 线图

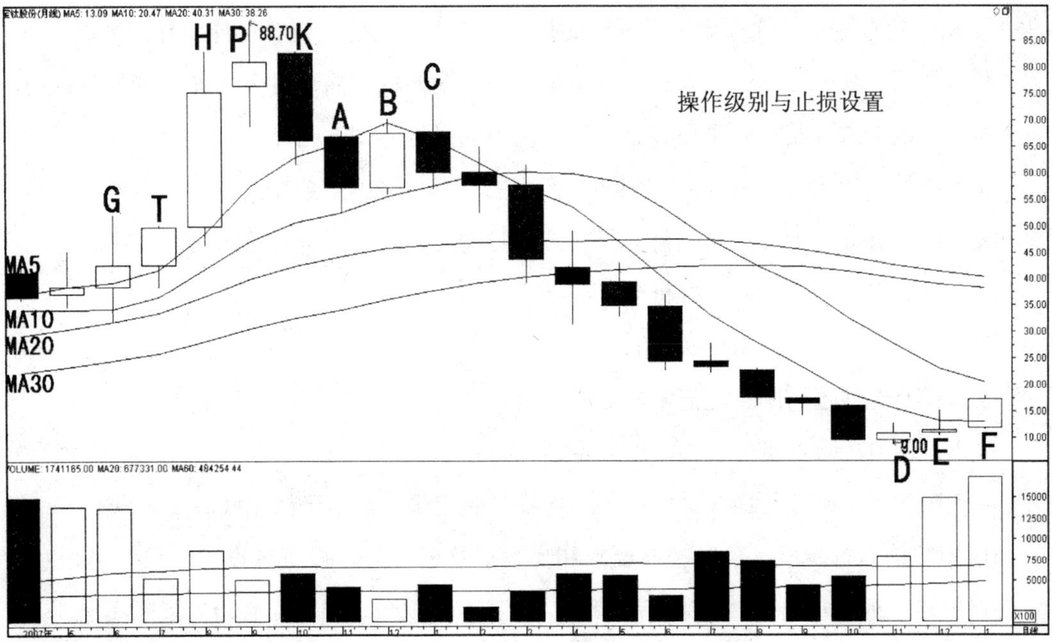

图 9-1

图 9-1 解析：

1. 不设止损不买股

①熊市不言底。从 P 点最高价 88.7 元到 D 点最低价 9 元，跌幅高达 89.8%，其间

“跌了这么多了，不会再跌了”都只是一厢情愿的臆测。

②不止损巨亏。如果买入之前没有设定明确的止损位，杀跌之后又不及时果断止损，必然会损失惨重。

凡事预则立，不预则废。在买入之前不做好周密的操盘计划，怎么可能在风云突变之时沉着冷静地应对呢？

不设止损不买股，是实战的基本要求。

2. 不到止损不卖股

没有出现明确的止损信号，就匆匆卖出，很可能错失一轮大行情。

G 点反复上下震荡，但收盘并没有跌破 5 月均价线，趋势并没有走坏，在没有出现明显的卖出信号之前，不少人匆忙卖出，且没有做好回补，因此错过了之后 T 和 H 两个月的暴涨。

不到止损不卖股，是一个沉稳的实战高手的必修之课。

3. 一到止损先卖股

价格运行过程中，往往会出现不同的技术卖点，不同的投资者选择差异较大。

H 点：月 K 线带上影线大阳线，成交量较小，明显顶背离，资金量大的可分批减仓。

P 点：缩量螺旋桨，有见顶迹象。资金量小的量价异动卖回补。

K 点：放量大阴线，H、P、K 也构成了黄昏之星，卖出信号比较强。

A 点：跌破 5 月均线。高位月 K 线跌破 5 月均线，是行情由强转弱的重要特征。

B 点：缩量反弹是高抛的好机会。

C 点：结束反弹，行情彻底走熊。

D 点：月 K 线连阴阳、空倍阳，形成反攻。

E 点：放量上攻，重心上移，逐渐走强。

F 点：放量突破 5 月均线，并使 5 月均线开始走平，基本确认见底。

根据行情运行阶段、风险控制要求和操盘风格的差异，投资者设置止损位也相对确定。在价格接近止损位时，必须高度警惕，一旦有效跌破止损位，必须先果断卖出。

4. 止损修炼

要做好止损，必须掌握如何正确设置止损位，止损之后如何做好回补以及如何克服止损心理误区。

一、如何正确设置止损位

包括按价格止损和按时间止损两种方式。

(1)价格止损：价格跌破规定值，必须止损。

价格止损可分为两种形式：

①价格跌破预先设置的绝对值止损。

②技术指标出现规定的卖出信号止损。

(2)时间止损：运行时间超过规定值，果断止损。

止损位设置实质上就是确认卖点，可研习《K线均线成交量》《定线定心操盘线》《设好止损卖风险》《分时图缠背驰》。

二、止损之后如何做好回补

止损之后的走势有三种：

①止损之后继续下跌，出现新的买点再回补。

②止损之后不跌反涨，根据情况决定是否回补。

③止损之后陷入盘整，等形势转好之后再回补。

回补实质上是确认买点，可研习《K线均线成交量》《定线定心操盘线》《设好止损买机会》《分时图缠背驰》。

三、如何克服止损心理误区

1. 一买就割

如果买入后总是不停地止损，那就可能不单是止损的问题，而是买点也出了问题，请认真研习《K线均线成交量》《定线定心操盘线》《设好止损买机会》《分时图缠背驰》。

2. 一割就涨

如果严格执行止损之后，总是出现大幅上涨，那很可能是止损点设置有问题，请仔细研读《K线均线成交量》《定线定心操盘线》《设好回补卖风险》《分时图缠背驰》。

3. 支撑位不止损

支撑位“先养后杀”：主力会不失时机地培养你不止损的习惯。他们对一般止损位设在哪里很清楚，往往会快速击穿某支撑位，然后快速拉起，让你产生某支撑位有效的认可。最后一次，价格没有像原来一样拉起来，反而一根大阴线或跳空大阴线，将你深套了。

4. 跌多了不止损

很多人往往觉得跌得这么多了不会再怎么跌了，于是抢反弹或抄底不成功就不再止损，从而损失惨重。

熊市来了，很多股票的跌幅让你难以想象。价格跌去十之七八的股票很多，价格跌去九成多的股票也为数不少。

下面通过一个实例讲解止损位的设置与执行。

图 9-2 002324(普利特)2010.11.4～2010.12.27 日 K 线图。

通过 A、B、C、D、E、F、K、T 简述止损位设置和执行。

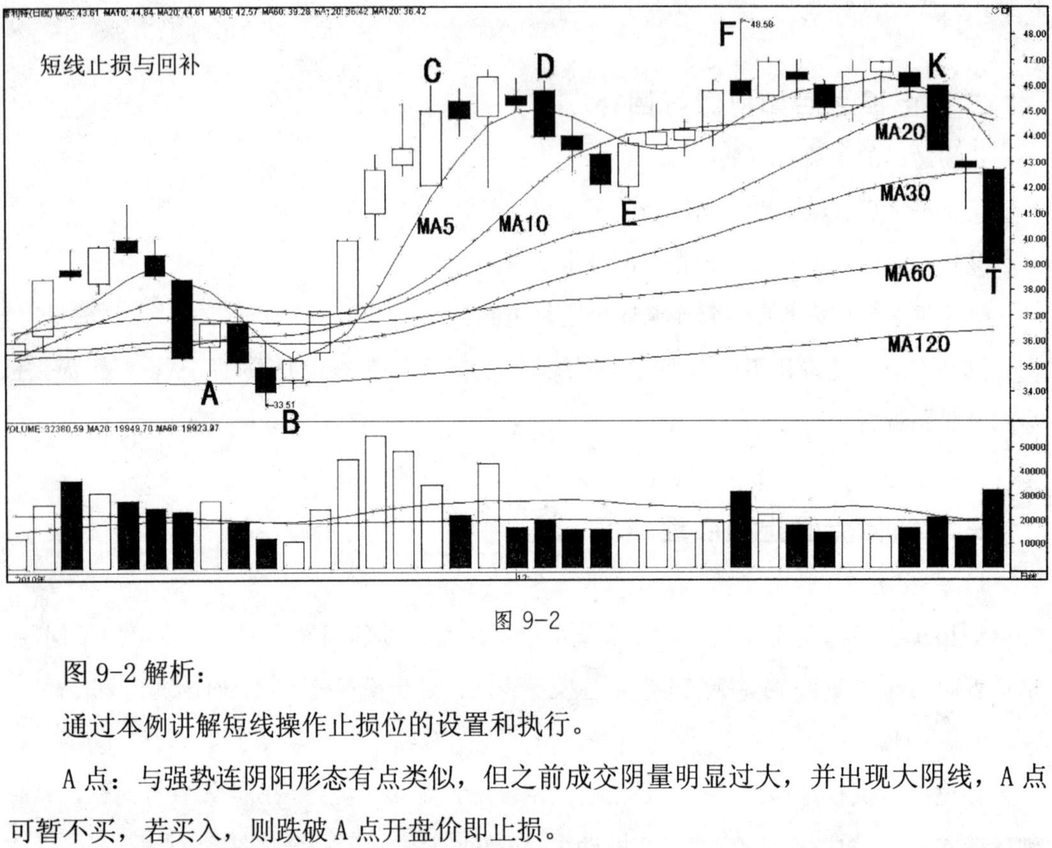

图 9-2

图 9-2 解析：

通过本例讲解短线操作止损位的设置和执行。

A 点：与强势连阴阳形态有点类似，但之前成交阴量明显过大，并出现大阴线，A 点可暂不买，若买入，则跌破 A 点开盘价即止损。

B 点：符合连阴阳买入法，跌破 B 点开盘价即止损。此后快速上攻，以 5 日均线作为操盘线，跌破 5 日均线止损。

C 点：出现明显顶背离，按三线逃顶，操盘线 5 日均线之上，量价异动卖回补，执行双线高抛五阳回补。

E 点：符合连阴阳买入法，跌破 E 点开盘价止损。

F 点：之前明显出现顶背驰，F 点分时图出现长波冲顶，可先卖出。

K 点：一阴破三线，断头铡刀，卖错了也要卖。

T 点：下跌刚刚开始，即使吃套了也要斩仓离场。

根据实际走势，按五阳三线操盘，设置止损位快速合理，执行止损轻松果断。不患得患失，不顾此失彼，严格按纪律操盘，才能真正适应实战。

第二节　止盈心诀

止盈心诀：次级震荡盯价量，背驰冲顶即减仓，本级破位必清仓

次级震荡盯价量：价格发生次级别大幅波动，有可能形成阶段顶或底，盯紧成交量和价格的异动。次级别，相对于日K线，60分钟、15分钟等K线图均为次级别，当日分时图也为次级别。

背驰冲顶即减仓：当日分时图出现长波冲顶，执行3T42逃顶；若本级别没走弱，也可按60B3抢筹，做T+0；次级别K线图出现顶底背驰可做次级别双线高抛五阳回补，可做T+N。

本级破位必清仓：一旦本级别走势出现破位，必须清仓。

图9-3　600779(水井坊)2012.6.4～2012.7.31日K线图。

请用G、T、P、K、A、B、C、D、E、F诠释止盈心诀。

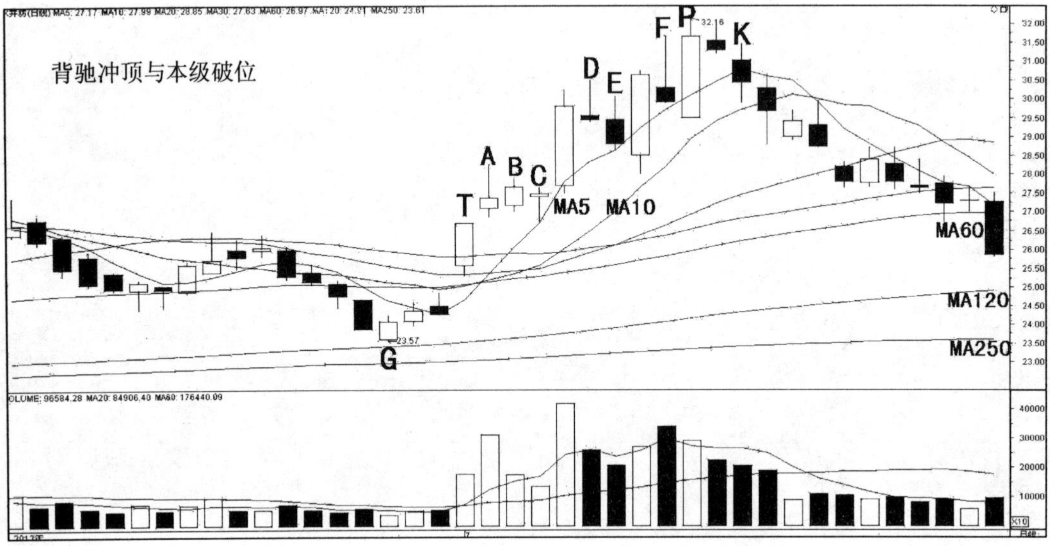

图9-3

图9-3解析：

G点：符合连阴阳买入法，跌破G点开盘价止损。

T点：放量涨停，且使5日均线明显上翘，以5日均线做操盘线。

1. *次级震荡盯价量*

A、B、C、D、E、F分时图明显上下搓，K线出现长影线，震荡凶狠，量价出现较明显异动。

2. 背驰冲顶即减仓

成交量出现明显顶背离，如F、P成交阴量明显放大，成交阳量明显缩小，可提前减仓。

3. 本级破位必清仓

至K点跌破5日均线，必须果断卖出，绝不能心存侥幸。此后价格一路下跌，趋势彻底走坏。

4. 止盈修炼

要做好止盈，必须掌握如何正确设置止盈位，止盈之后如何做好回补以及如何克服止盈心理误区。

一、如何正确设置止盈位

设置止盈位就是确认卖点，可研习《K线均线成交量》《定线定心操盘线》《设好止损卖风险》《分时图缠背驰》。

二、止盈之后如何做好回补

做好回补就是确认买点，可认真研习《K线均线成交量》《定线定心操盘线》《设好止损买机会》《分时图缠背驰》。

三、如何克服止盈心理误区

1. 赚不起

不少人亏了拿得住，一旦回本了或小赚了，就匆匆忙忙地清仓走人，结果错过之后的大段行情。造成赚不起的原因可能有以下几种：

①长期套牢造成心理压力过大，解套之后害怕再次套牢，急于变现。

②对大势研判不清，把反转行情当成弱势反弹，把洗盘当成出货，把阶段顶部当成大顶。

③操作理念存在明显问题，不符合三七交易法则和缠论之缠趋势。

2. 没底线

不少人在一轮大行情中，赚得盆满钵满，可最后却亏损严重。究其原因，可能有以下几种：

(1)过于执迷。过于相信某些事件对行情的推动作用、某个人或某机构对行情的乐观预期，以致当大势明显走坏时仍执迷不悟。

(2)过于自信。当行情走熊后仍然追涨杀跌，逆势而动，以致小赚大赔。

(3)一旦操作出现严重失误之后，不是调整心态，积极补救，而是放任自流，使盈利变成亏损，使亏损继续扩大。

3. 弱势行情止盈

买点可执行五阳抢筹，可选5日(或10日)均线做操盘线，也可在10日均线之上执行双线高抛五阳回补。

图9-4　000045(深纺织A)2011.6.13～2011.8.2日K线图。

通过A、B、C、D、E、F解析弱势行情如何止盈。

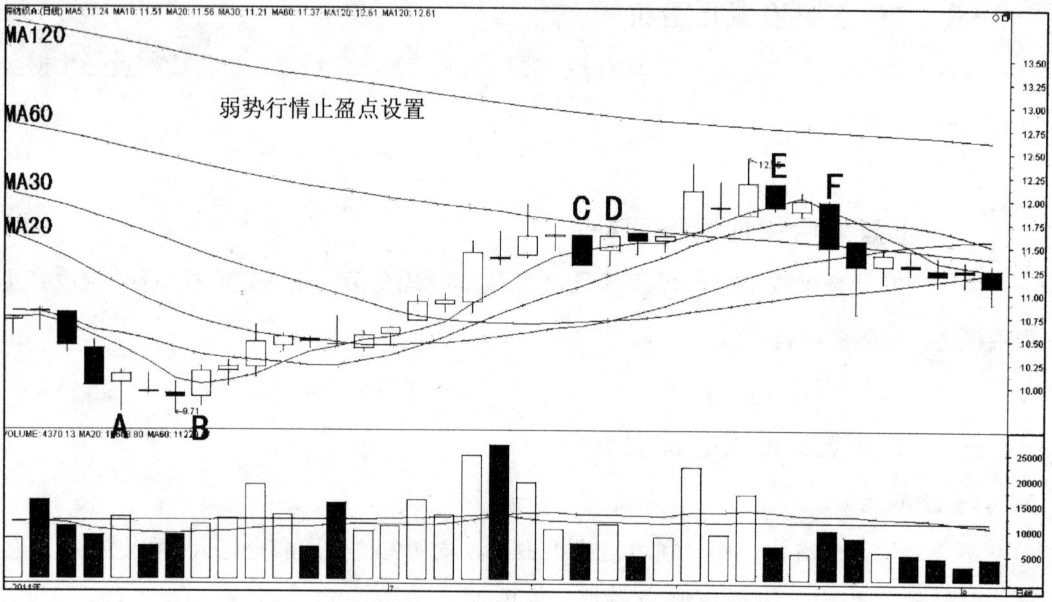

图 9-4

图9-4解析：

大势研判：均线30日、60日、120日均线空头排列，弱势行情。

A点：符合五阳抢筹，连阴阳买入法。A点最低价作为止损位，跌破即卖。

B点：符合五阳抢筹，空倍阳买入法。弱势行情以5日均线作为操盘线。

C点：之前价格沿5日均线上攻，虽然多次下探5日均线，均有惊无险，收盘都在5日均线之上，至C点跌破5日均线，根据操盘心诀过线就兑现，必须止盈卖出，此时盈利十几个点。

D点：D点又重新站上5日均线，符合五阳抢筹，空倍阳买入法。根据设好止损买机会原则，此时应及时回补，跌破 D 点最低价止损。

E 点：跌破 5 日均线卖出。

F 点：一阴破三线，断头铡刀，本轮反弹行情结束。

4. 强势行情止盈

买点可执行五阳抢筹，可选 5 日或 10 日均线做操盘线。操盘线不好确认的，可在 30 日均线之上执行双线高抛五阳回补。

图 9-5　000151(中成股份)2010.1.19～2010.5.11 日 K 线图。

通过 A、B、C、D、E、F、G 解析强势行情如何止盈。

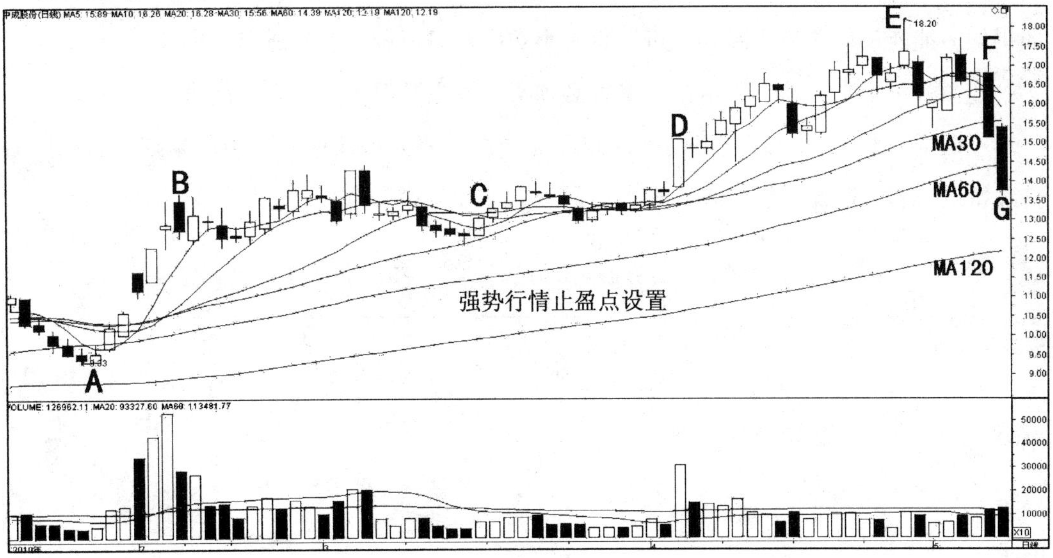

图 9-5

图 9-5 解析：

大势研判：30 日、60 日、120 日均线多头排列，属于强势行情。

A 点：为连阴阳、空倍阳，是很好的买点。

B 点：暴大量，筹码松动，开始较长时间洗盘。

C 点：成交量明显减少，变盘在即，向上或者向下。

D 点：突然放量上攻，跌破 5 日均线(或 10 日均线)清仓。

E 点：缩量长波冲顶，K 线长上影。

F 点：一阴破四线，断头铡刀，并且跌破了 30 日均线，卖错了也要卖。

G 点：杀跌刚刚开始，即使吃套了也要先斩仓出局。

第三节 持股心诀

持股心诀：不拉大阳不卖，不暴大量不卖，不破操盘线不卖

不拉大阳不卖：只要价格位于操盘线之上，小阴小阳往上攻，之后很可能有一根或几根大阳线，作为做多能量的加速释放。只要大盘或板块不出现暴跌，临盘不可随意卖出，以持股待涨为宜。

不拉大阳不卖，并不表示出现大阳线之后就必须卖，如主升浪。

不暴大量不卖：价格沿操盘线上攻，在没有拉大阳线、大阳冲顶和短期暴涨之前，如果做多能能量释放较为温和，可以暂时不卖出，等待做多能量进一步释放。

不暴大量不卖，并不表示暴大量就必须卖，如主升浪暴大量大阳起飞。

不破操盘线不卖：若价格没有跌破操盘线，只要大盘或板块不出现暴跌，就应耐心持股待涨。若跌破操盘线，则应先卖出。

图 9-6 002120(新海股份)2011.12.30～2012.2.29 日 K 线图

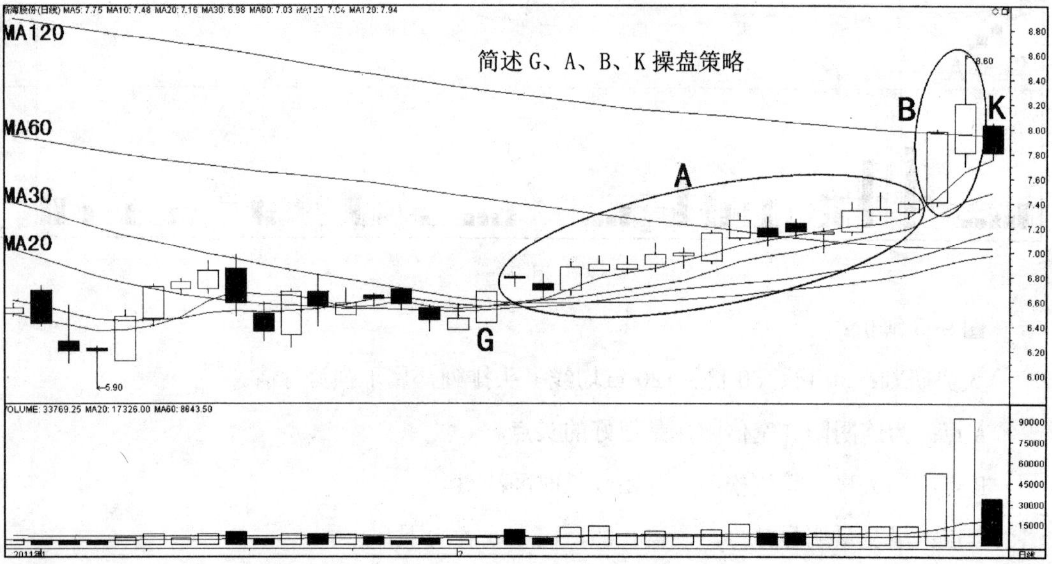

图 9-6

图 9-6 解析：

大势研判：30 日、60 日、120 日均线空头排列，属于弱势行情。

G 点：一阳穿四线，展开反攻，买入。

A 段：沿 10 日均线小阴小阳上行，积蓄做多能量，持股待涨。

B 段：突然放大量，拉大阳。弱势行情，做多能量释放过快，按五暂不买弱势天量暂不买和大阳冲顶暂不买，可考虑卖出，按 3T42 高抛。

K 点：早盘低开，明显下套，可按双线高抛五阳回补。

弱势和由强走弱行情，由于做多能量不足，一般突然拉大阳线或放大量，可考虑双线高抛。

图 9-7　000960(锡业股份)2010.8.18～2010.10.15 日 K 线图

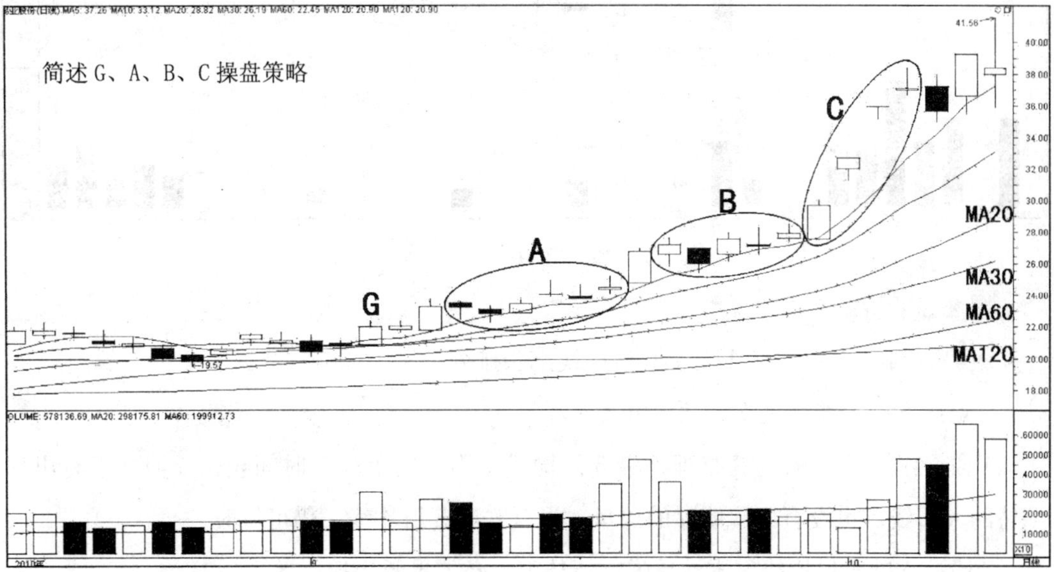

图 9-7

图 9-7 解析：

大势研判：G 点之前均线短黏长翘，60 日均线明显上翘顶托，G 点放量大阳起飞，展开主升浪行情。主升浪行情，以捂股待涨为主。

A 段：小阳小阴上攻，不破 5 日均线，蓄势待发。

B 段：沿 5 日均线上攻，边洗盘边上攻，此时应持股待涨，等待大阳线。

C 段：开始连拉大阳线，出现冲顶走势，可减仓。

对于强势行情，特别是主升浪行情，即便拉大阳暴大量，一般不破位不要轻易卖出，但可在操盘线上做双线高抛五阳回补。

图 9-8　600327(大东方)2012.6.29～2012.8.16 日 K 线图

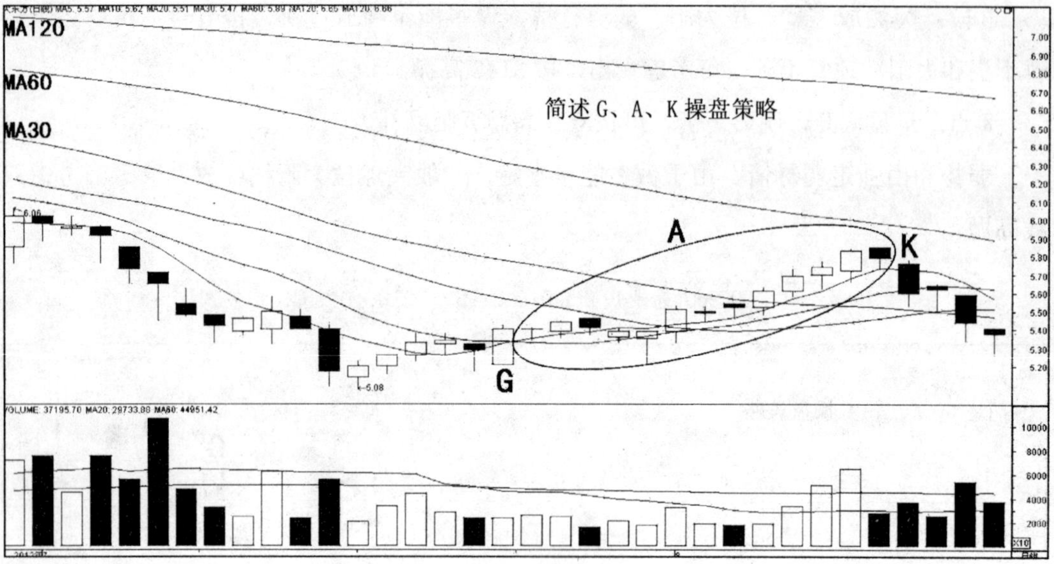

图 9-8

图 9-8 解析：

大势研判：30 日、60 日、120 日均线空头排列，属于弱势行情。

G 点：下探上涨，止跌企稳，可买入。

A 段：经过几天的震荡整理，沿 5 日均线小阳小阴上攻，时间较长，但并没有出现期待的大阳线，也没有出现明显的放量，没有跌破 5 日均线，仍可持股。

K 段：跌破 5 日均线，本波反弹行情结束，必须果断止损。

弱势和由强走弱行情，抢反弹必须快进快出，一旦破位，必须赚也走，亏也走。

第四节　空仓心诀

空仓心诀：不是超跌反攻不买，不是短黏长翘不买，不突破压力位不买。

不是超跌反攻不买：弱势行情，不出现明显超跌不要抢反弹，临盘可执行抢反弹三坑买涨。

不是短黏长翘不买：经过较长时间的区间震荡，短期均线黏合。若中长期均线仍下压，且次级走势出现顶背离，则此时下跌的可能性更大，不可买入。

不突破压力位不买：若价格上攻至明显压力位，短期上涨幅度较大，次级走势出现顶背驰，则本次上攻突破压力位的可能性不大，多会选择回调或陷于盘整，不可买入。

图 9-9　000060(中金岭南)2009.7.31～2009.9.15 日 K 线图

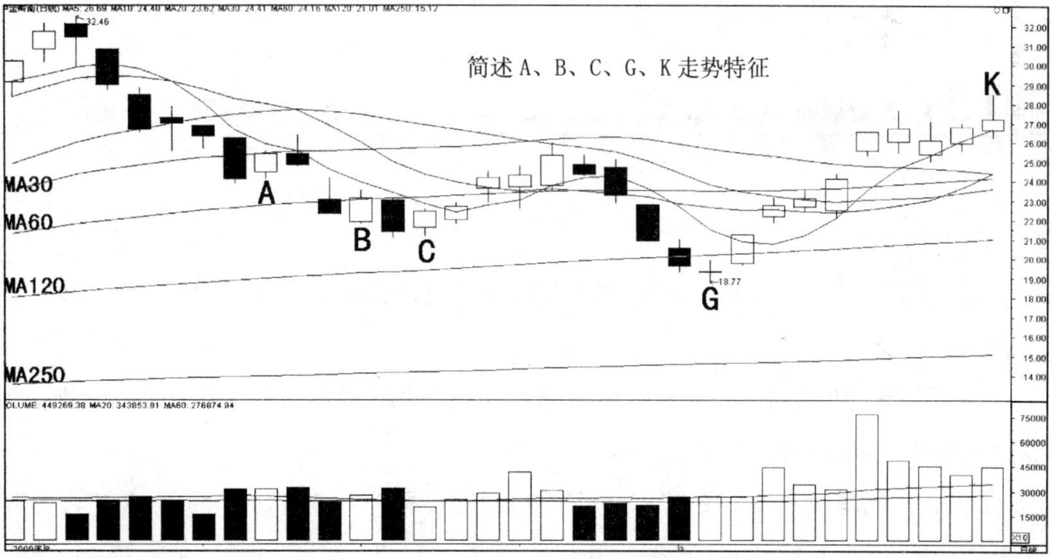

图 9-9

图 9-9 解析：

大势研判：价格跌破 30 日、60 日均线，时间短，跌幅大，为 A 浪杀跌，至半年线 120 日均线附近，展开反攻，为 B 浪反弹。

价格跌破 30 日均线之后，30 日均线由支撑位转而变成强压力位，A 点展开反攻，由于没有与 30 日均线形成超跌，做多能量不足，不能形成有效反弹。

价格跌破 60 日均线，B 点反弹之后再次杀跌，于 C 点展开反弹，反弹幅度超过 20%。

价格反弹至 30 日均线下方再次杀跌，形成四连阴，至半年线附近，G 点为连阴阳，随后反攻，反弹幅度超过50%。

图 9-10 600432(吉恩镍业)2011.3.30～2011.7.25 日K线图

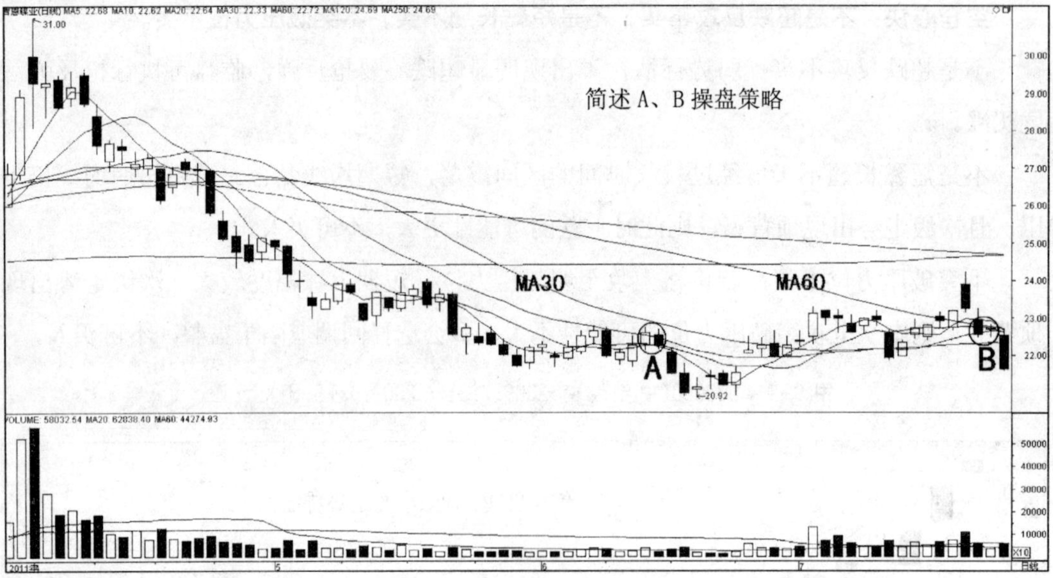

图 9-10

图9-10解析：

大势研判：价格跌破半年线和年线，30日、60日均线空头排列，为跌破牛熊线C浪下套阶段。

A点：短期均线5日、10日和20日黏合，30日均线下压，量价没有明显异动，继续探底的可能性大，可暂不买。

B点：短期均线5日、10日、20日和30日均线黏合，60日均线下压，量价没有明显异动，继续探底可能性大，可暂不买。

第五节　防跳心诀

价格出现上跳或者下跳，趋势改变的可能性较大，必须做好相应对策。跳：高开或跳空高开，低开或跳空低开，或分时图尾盘跳水，或K线出现跳空缺口。

一、两格不过，走弱出货

(1)之前顶背驰，做多能量大量释放，如暴天量、拉大阳，或均线黏合或死叉。

(2)当日早盘低开，且开盘后60分钟(分时图4小时共8格，两格就是60分钟)内最高价不能超过昨收盘价，可先卖出。

图9-11　000606(青海明胶)2011.2.23～2011.4.18日K线图。

C点之后面临方向选择，是向上突破还是跌破10日均线杀跌，临盘应如何快速应对？

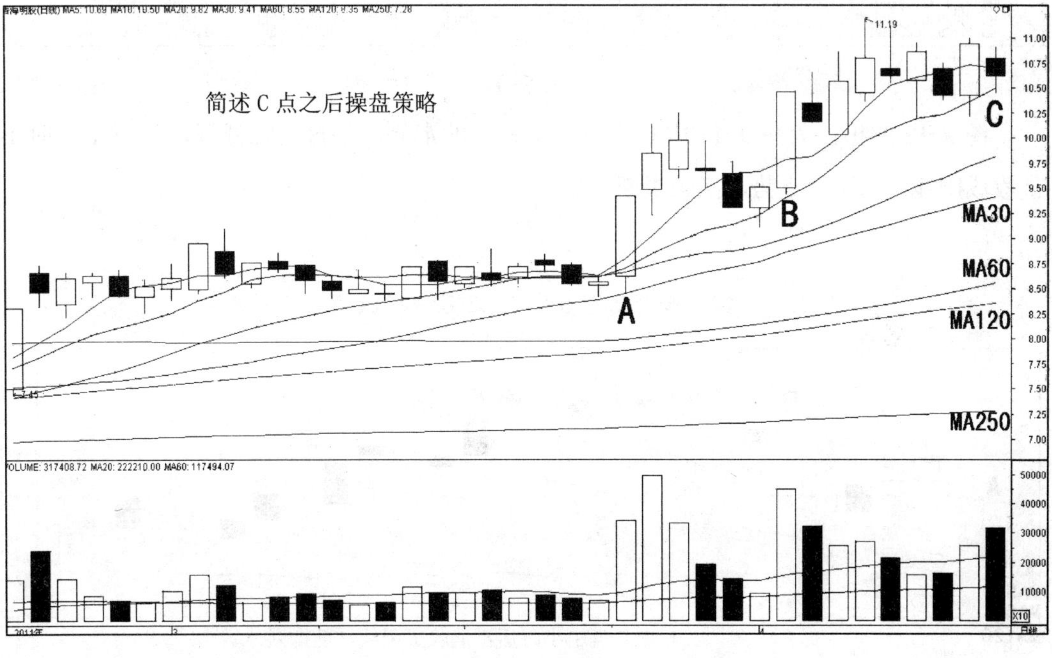

图9-11　(后续走势见图9-13)

图9-11解析：

①大势分析：均线明显多头排列，整体涨幅大。A点放量上攻，回调不破10日均线，10日均线可做操盘线。B点放量上攻，之后明显顶背驰，有冲顶走弱迹象。C点放量下跌，出货可能性较大。

②操盘策略：次日不破操盘线10日均线，可继续持股，若跌破操盘线10日均线，

根据操盘线过线就兑现原则，则必须卖出。若早盘明显低开，且两格(60 分钟)不能收成阳线，则应先卖出，临盘不可犹豫。

图 9-12　000606(青海明胶)2011.4.19 分时图

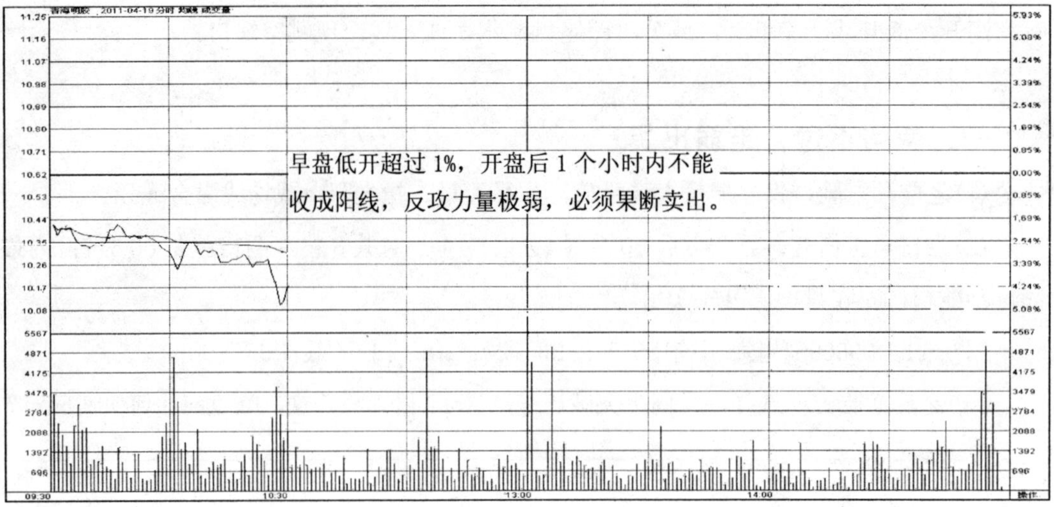

图 9-12

图 9-12 解析：为图 9-11 中 C 点下个交易日的走势，早盘大幅低开，开盘 1 小时不能收成阳线，为下套走势，必须果断卖出。

图 9-13　000606(青海明胶)2011.3.23～2011.5.6 日 K 线图

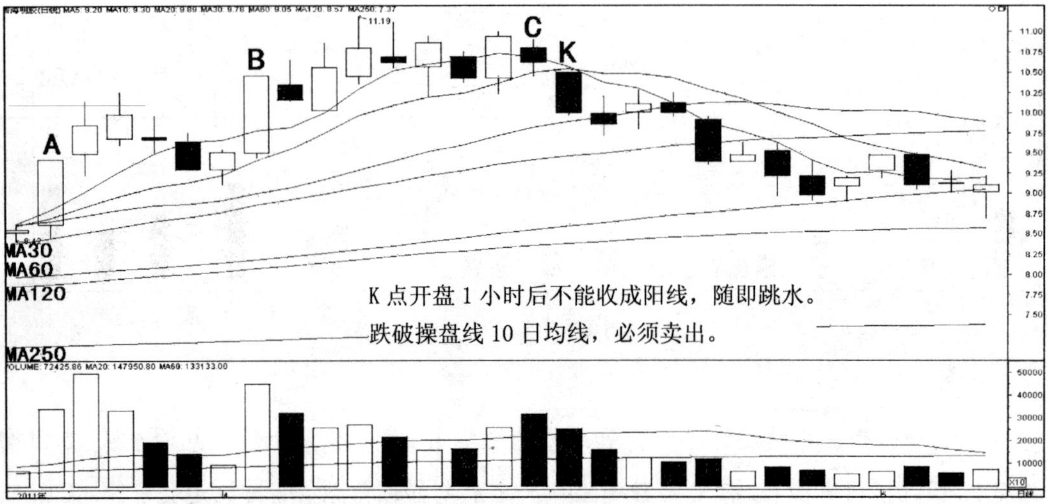

图 9-13　(图 9-11 后续走势图)

图 9-13 解析：顶背驰之后低开下套，此后一路下跌。

二、低开下套，先走为妙

(1)上证指数、深证成指、中小板、创业板弱势或由强转弱。

(2)早盘同时低开，且幅度较大(比如超过 0.4%)。

根据以大统小法则，手中有股的，不必再等反弹，先卖出为宜。

图 9-14　9999(上证指数)2011.7.12～2011.8.26 日 K 线图。

G 点一阳穿三线，且成交量放大，P 点小阳线。有人认为 G 点向上攻击信号力量强，P 点只是短暂洗盘，向上突破可能性大，应持股待涨；有人认为均线空头排列，成交量没明显放大，仅是弱势反弹，行情看跌。你认为呢？

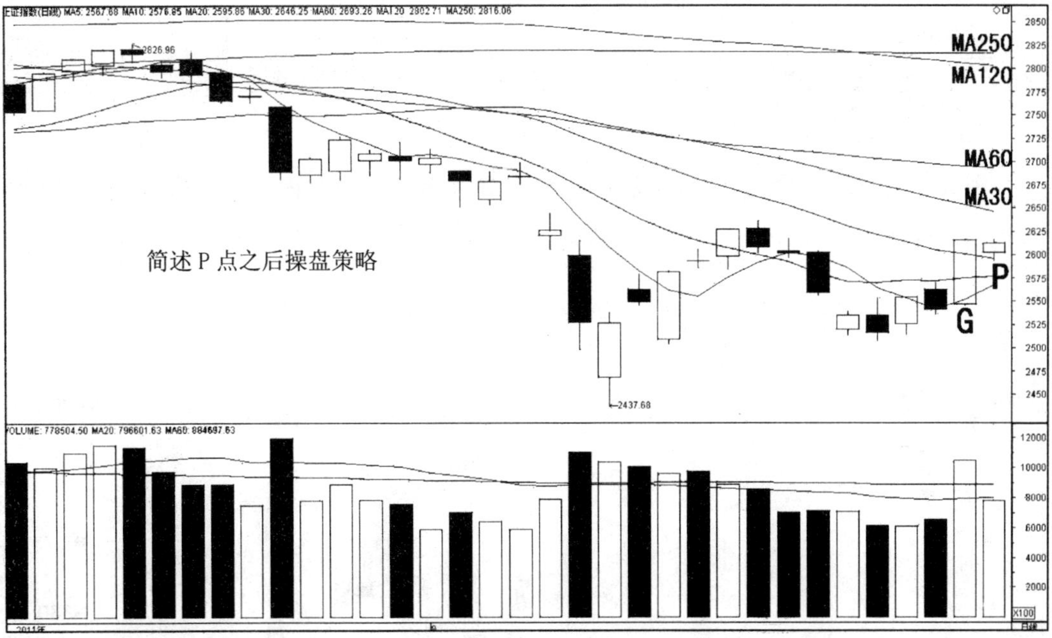

图 9-14　(后续走势见图 9-16)

图 9-14 解析：

①大势研判：30 日、60 日、120 日和 250 日均线空头排列，成交量较小，做多动能不足，为反弹行情。

②操盘策略：弱势行情以 5 日均线为操盘线，跌破 5 日均线必须卖出。

下个交易日不跌破 5 日均线，可继续持股。若跌破 5 日均线，根据操盘线过线就兑现原则，则必须卖出。若开盘明显杀跌下套，则可提前卖出，临盘不可犹豫。

图 9-15　999999(上证指数)2011.8.29 分时图

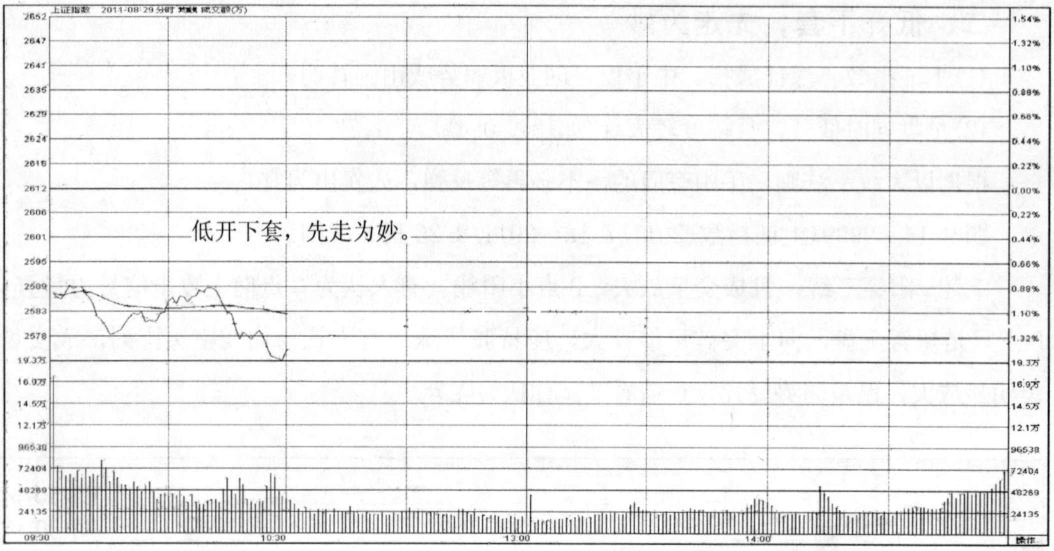

图 9-15

图 9-15 解析：早盘大幅低开超过 0.8%，且开盘后 1 小时内不能收成阳线，空方力量强劲，继续杀跌的可能性极大，必须果断卖出。

图 9-16　999999(上证指数)2011.7.18～2011.9.19 日 K 线图

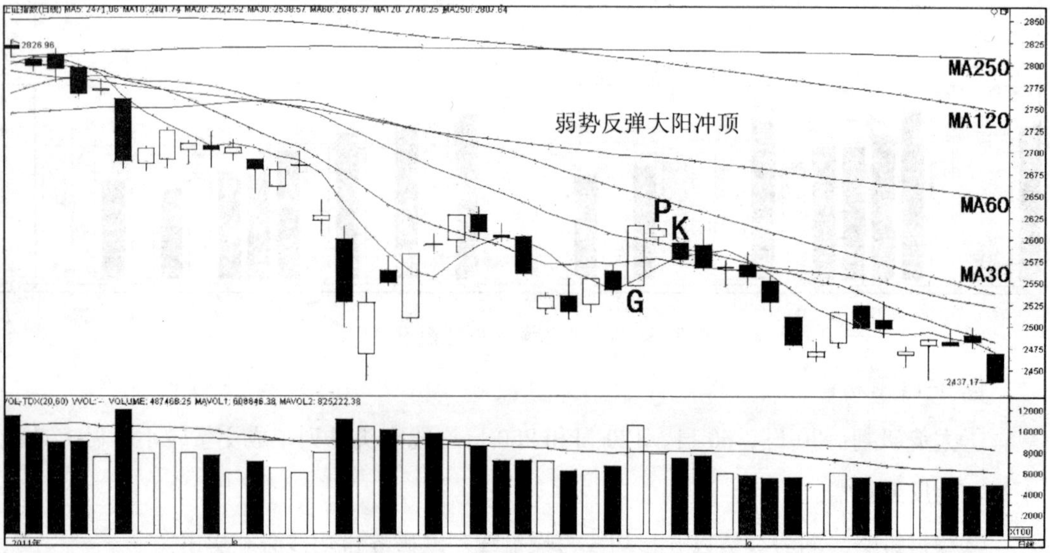

图 9-16　(图 9-14 后续走势图)

图 9-16 解析：K 点早盘大幅低开，明显弱势，且收盘价跌破操盘线 5 日均线，本轮反弹结束。

三、短黏长翘，逼空抢跳

(1)短期均线黏合，长期均线上翘顶托，蓄势充分。

(2)早盘跳空高开，量比放大，分时图步步高。

一般为主升浪大阳起飞，分为60逼空阳和120逼空阳，可抢先买入。

图9-17　000758(中色股份)2010.4.19～2010.9.30日K线图。

如图9-17所示，有人认为G点是加速上涨的信号，次日应果断抢进；有人认为G点量能不继，形成双头的可能性很大，应落袋为安。你认为呢？

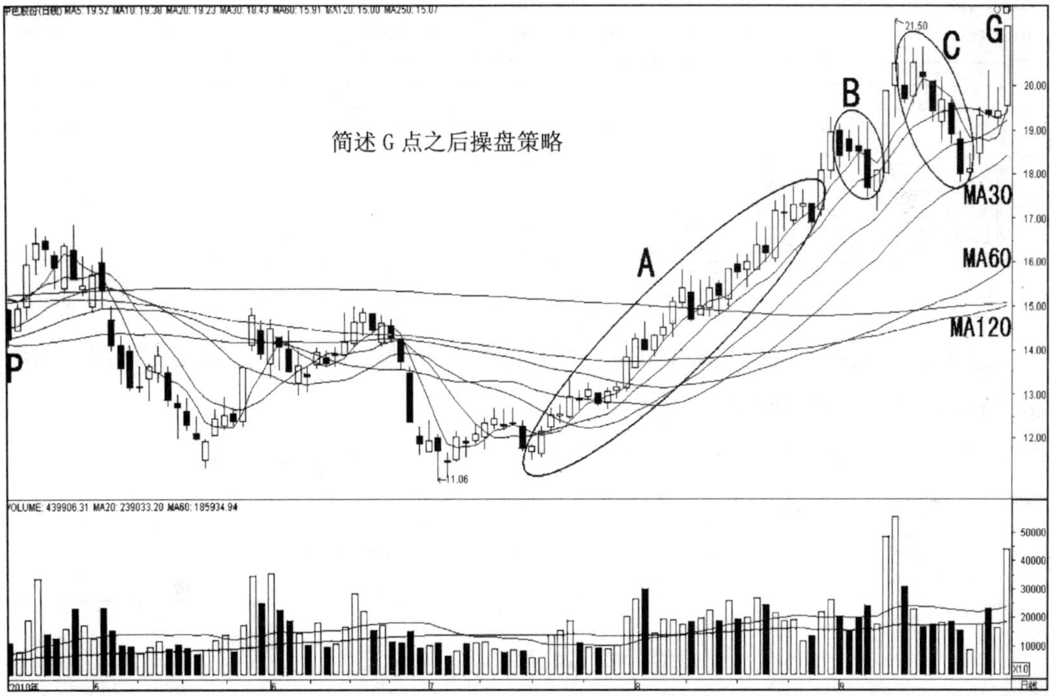

图9-17　(后续走势见图9-19)

图9-17解析：

①大势研判：由P点开始，区间整荡充分，A段碎步儿登高，B段四连阴，C段震荡凶狠，成交量较小，筹码高度锁定。

均线短黏长翘，蓄势充分，为主升浪五步曲之序曲。

G点大阳起飞，其成交量明显放大，但比前期高点成交量小。只要筹码锁定性好，突破阻力位时抛盘就小，突破时成交量并不需要并前期高点成交量大。

②操盘策略：G点之后的下个交易日做好抢进的准备，展开主升浪行情的可能性更大。临盘不可犹豫。

图 9-18　000758(中色股份)2010.10.8 分时图

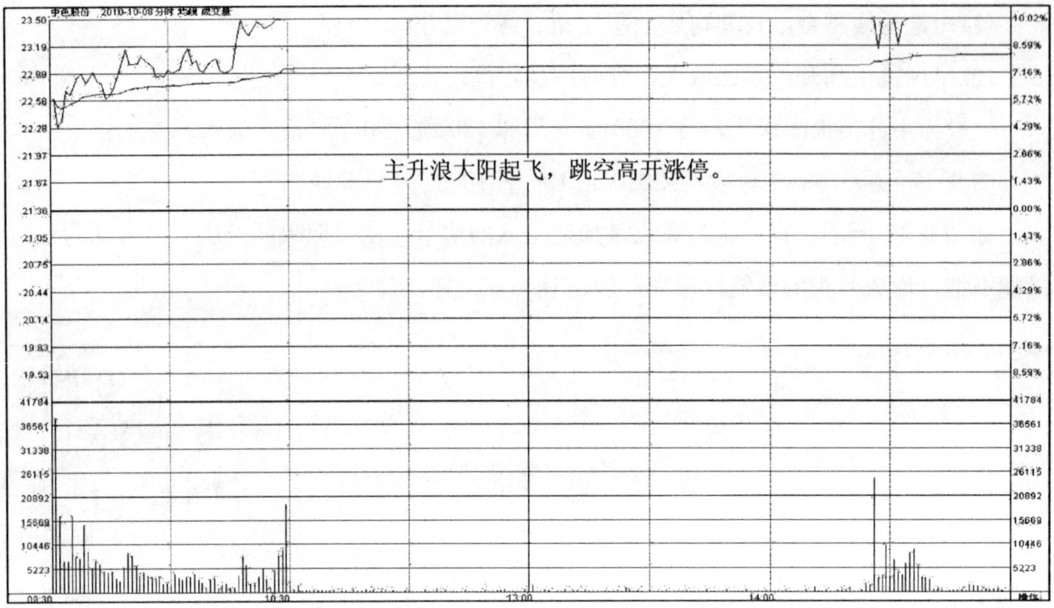

图 9-18

图 9-18 解析：早盘大幅跳空高开，且量比大，分时图步步高，形成逼空走势，临盘必须果断抢进，不可等回调。

图 9-19　000758(中色股份)2010.8.23～2010.11.2 日 K 线图

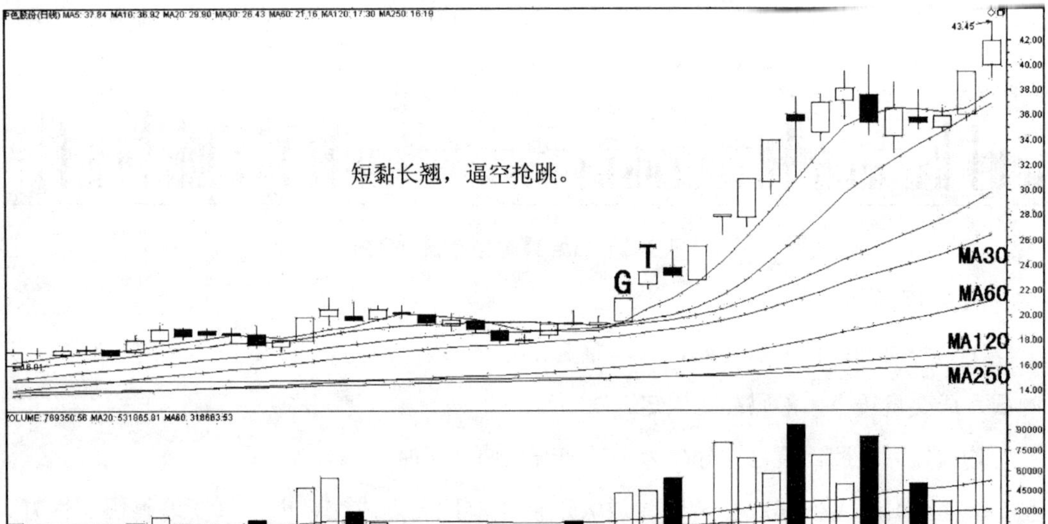

图 9-19 （图 9-17 后续走势图）

图 9-19 解析：G 点放量大阳起飞，T 点跳空高开涨停，展开主升浪，沿 5 日均线上攻。

四、暴涨再跳，破五先抛

(1)短期暴涨之后又跳空上涨，很可能是最后的冲顶，随后快速杀跌的可能性较大。

(2)若之后价格回落，跌破5日均线，则需注意防范风险，及时减仓或清仓。

图9-20　000806(银河科技)2009.4.7～2009.5.8日K线图。

A段连拉3个涨停板，T点又跳空高开涨停。如果你正好持有此股，之后你会如何进行操作？

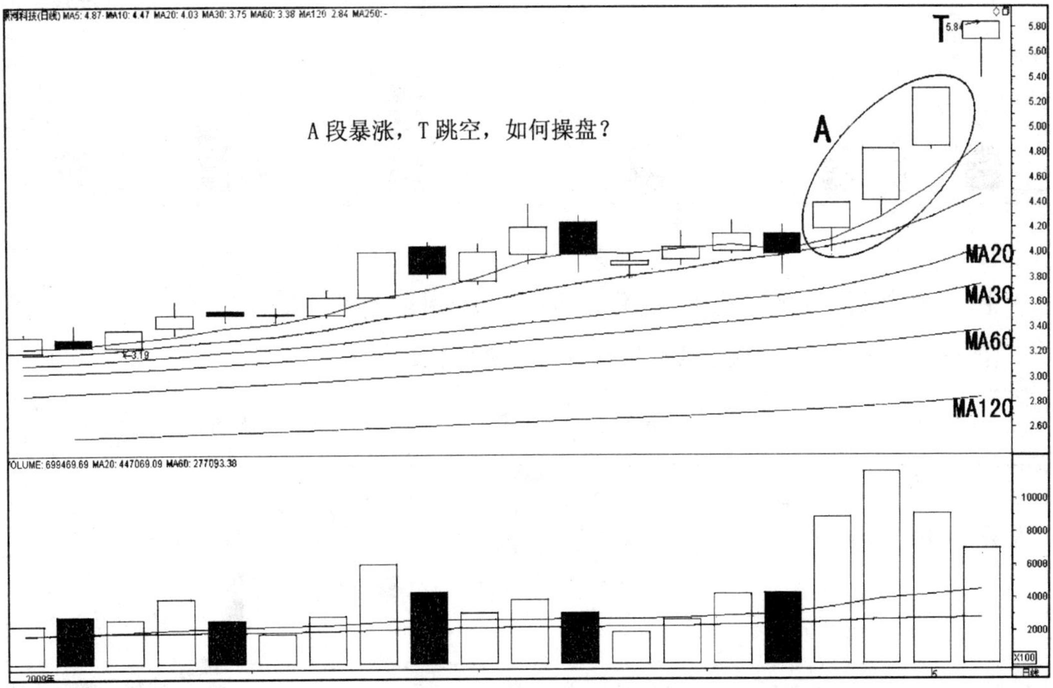

图9-20　(后续走势见图9-21)

图9-20解析：

①大势研判：30日、60日、120日均线多头排列，明显主升浪行情。

对于短期暴涨股票，一般以5日均线作为操盘线。

②操盘策略：A段连续3个涨停，做多能量释放过快，T点又跳空高开，震荡相对凶狠，筹码出现松动。

若随后价格出现回落，跌破操盘线5日均线，则应及时卖出。根据实际走势，看是否五阳回补。

图 9-21　000806(银河科技)2009.4.16～2009.5.21 日 K 线图

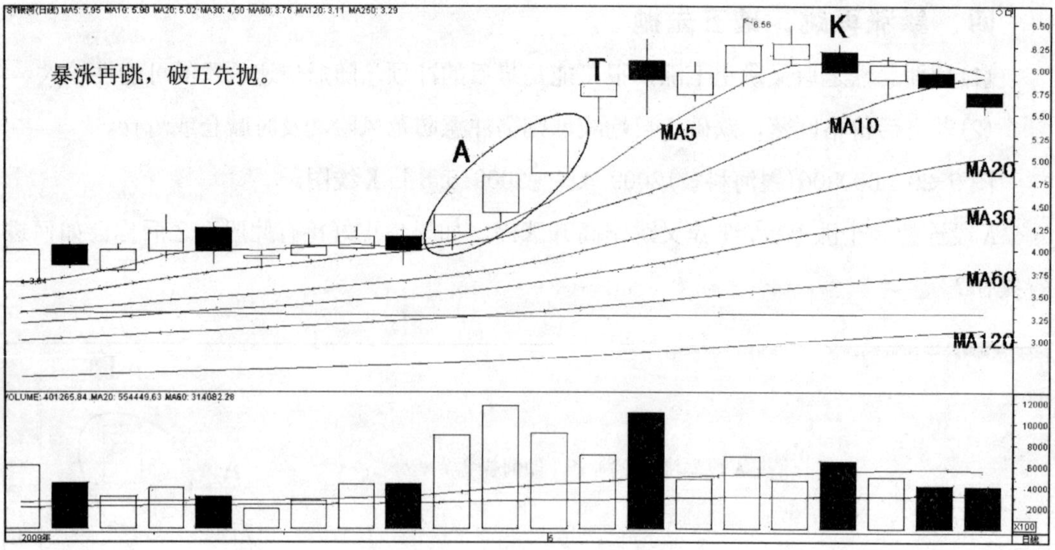

图 9-21

图 9-21 解析：A 段连续 3 个涨停之后，T 点再跳空上涨，做多能量透支，之后陷入高位盘整，至 K 点，跌破操盘线 5 日均线，本波行情结束。

图 9-22　600759(正和股份)2011.7.18～2011.9.9 日 K 线图

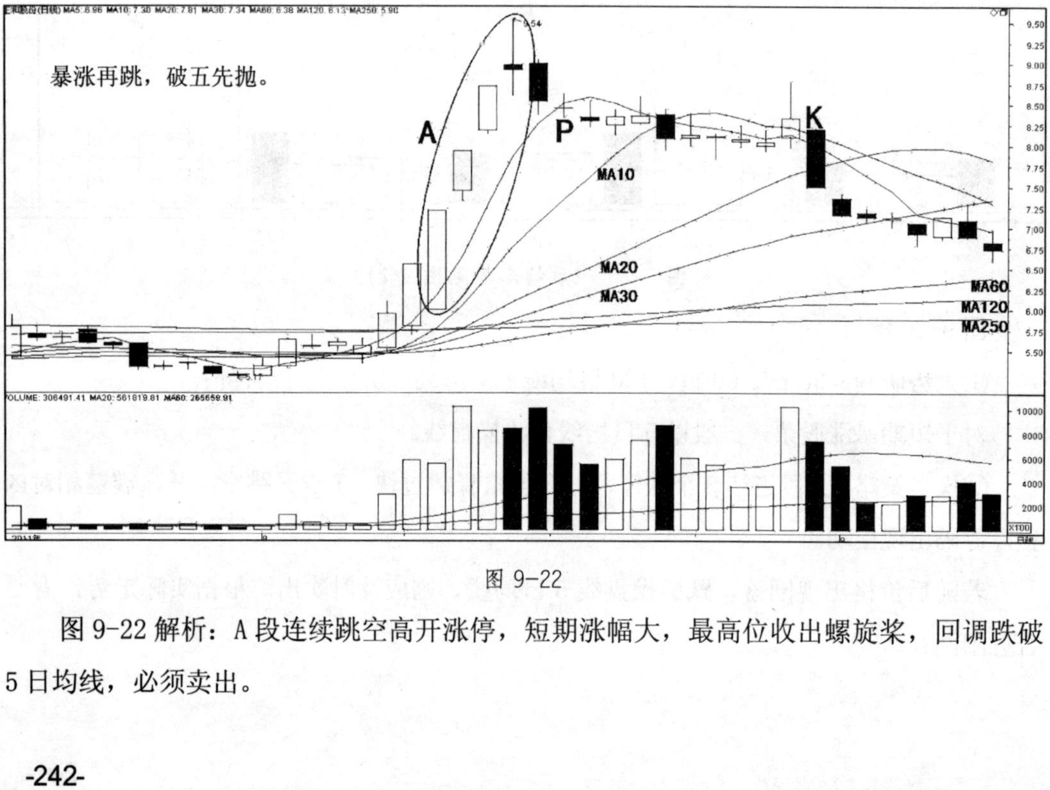

图 9-22

图 9-22 解析：A 段连续跳空高开涨停，短期涨幅大，最高位收出螺旋桨，回调跌破 5 日均线，必须卖出。

五、弱势怕跳，跳水必逃

(1)弱势怕跳。30 日、60 日均线明显下压，发生超跌反弹，无论上跳或下跳，之后都不妙。

(2)跳水就逃。若当日高开或跳空高开，则当日跳水或尾盘跳水可能性较大。或次日低开，一般无反弹，加速下跌的可能性较大。

弱势跳水，一般不必等到跌破 5 日均线，及时清仓是上策。

一种意见认为，该股经过一段时间的整理，短期均线开始黏合上翘，此时放量跳空高开，突破短期盘整平台，向上攻击意图明显，属于仙人指路，后市应看涨。而另一种意见认为，该股中长期均线仍然下压，属于弱势行情，向上突破条件并不成熟，此时放量高开，尾盘出现跳水，之后继续杀跌的可能性较大，必须果断清仓离场。你同意哪种意见？

图 9-23 600206(有研硅股)2011.9.6～2011.11.16 日 K 线图

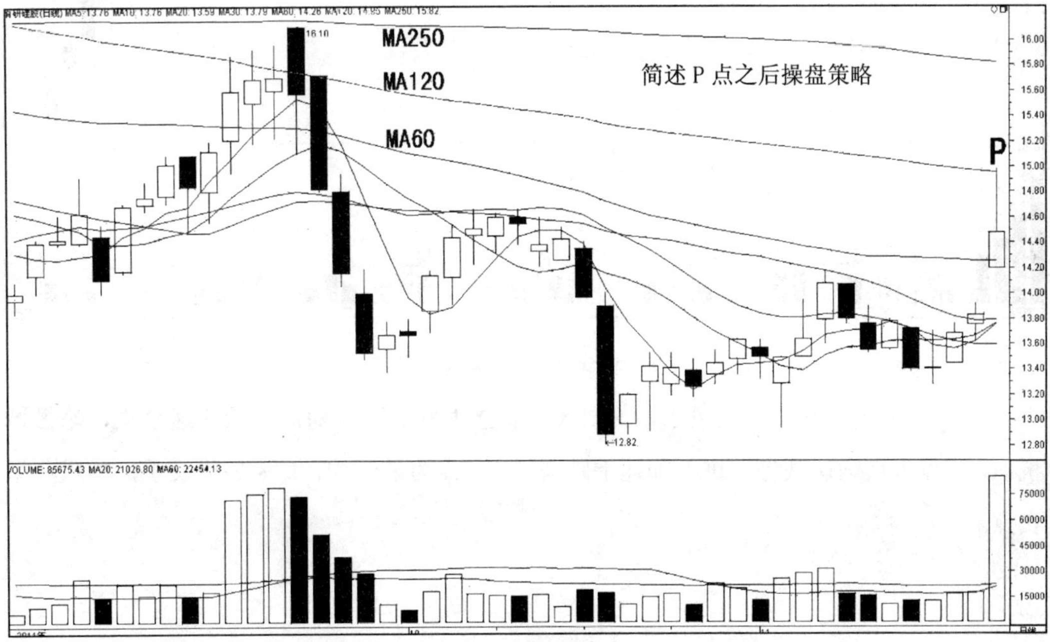

图 9-23 (后续走势见图 9-24)

图 9-23 解析：

1. 大势研判

30 日、60 日、120 日、250 日均线空头排列，属于弱势行情。前期反弹放量破位杀跌，主力出逃迹象明显，短期不可能再次大举介入。

2. 操盘策略

①P点跳空高开，暴天量冲高跳水，根据五暂不买，弱势天量暂不买，大阳冲顶暂不买，此种情况不可追高买入。

②由于之前放大量之后又创新低，短期突破前期压力位的可能性较小，而继续下探的可能性极大，临盘应减仓或者清仓。

图 9-24　600206(有研硅股)2011.9.26～2011.12.15 日 K 线图

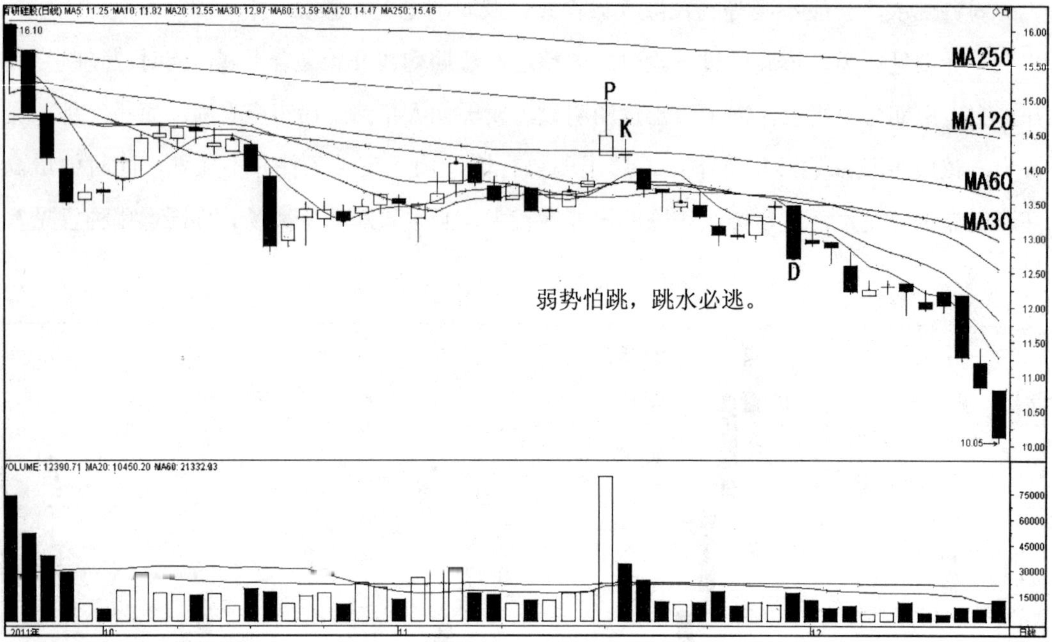

图 9-24　(图 9-23 后续走势图)

图 9-24 解析：P点尾盘跳水，次日K点直接大幅低开，随后几天快速杀跌，略做抵抗后，D点再次确认跌势，进入加速下跌通道。P点为最K线，K为最值反手，构成典型卖点。

第二部　八阵图

八阵图汲取了波浪理论、道氏理论和突破理论的精华，同时融汇了中国古代兵法八阵图的原理，将一轮完整的牛熊更替，按运行特征的不同，划分为八个阶段，即八阵图。

八阵图对每阵的确认、持续、终结以及向新阵转化的技术标准和条件进行了深入研究，并对市场运行环境、交易者心理博弈以及如何制定相应的操盘策略进行了探讨。

第十章　趋势·拐点·八阵图

将一轮完整的牛熊更替，根据其不同运行特征，划分为不同的阶段，而只有掌握了划分的理论依据和划分方法，并由此及彼，由表及里，才能融会贯通，举一反三。

第一节　八阵图的构建

实战性不仅是一切技术理论的生命，也是一切技术理论的归宿。实战技术最重要的是进行趋势和拐点的确认。趋势理论的实战应用，必须与形态结构理论和突破理论相结合，将抽象的技术理论进行量化处理，转化为直观的技术规则和技术标准，根据技术指标和K线结构精准定位。

道氏理论和波浪理论，总体上来说是趋势理论，构成了传统技术分析的基石，其缺陷是没有阐明如何发现、判断和确认原有趋势的终结和新趋势的形成，给实际应用带来很大困惑，而八阵图旨在构建趋势的确认、持续、转化的技术标准，以及如何制定操盘策略，并对相应的运行环境、交易者心理博弈进行探讨。

投资者最常用的技术指标有K线、均线和成交量。均线是追踪趋势最有效的指标，K线和成交量有助于确认拐点和突变，均价线交叉点和均量线交叉点可以作为阶段划分的分界点。

研判大趋势和拐点的技术指标：

1. 日K线图主要研判指标

均价线：30、60、120、250。

均量线：20、60。

2. 周K线图主要研判指标

均价线：5、10、30、60。

均量线：20、60。

3. 月K线图主要研判指标

均价线：5、10、20、30。

均量线：5、20。

4. K线：趋势持续和转换的标志

长影线、螺旋桨：对趋势拐点进行预警。周K线、月K线长影线、螺旋桨，周期长短不同，对趋势预警效果不同。

大阳线、大阴线：对趋势拐点进行确认。日K线、周K线、月K线大阳线或大阴线，周期长短不同，对趋势确认效果不同。

我们根据均价线、成交量、K线三指标将一轮完整的牛熊更替，按大盘循环周期分成八个阶段，每个阶段界线分明，又循环不已，称为八阵图。

量价线异动空头陷阱；双突破逼空涨见大底；

突破牛熊线多头上攻；量价线异动多头陷阱；

暴跌空涨破位见大顶；跌破多空线A浪杀跌；

回档牛熊线B浪反弹；跌破牛熊线C浪下套。

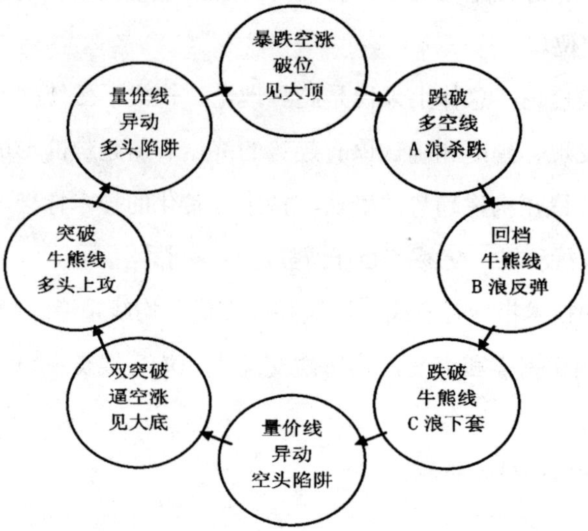

图 10-1　八阵图循环模型

模型解析(图 10-1)：

(1)量价线异动空头陷阱与双突破逼空涨见大底共同构成筑底阶段。其中，双突破逼空涨见大底是明确划分八阵图的重要拐点。确认了大底，随后主升浪则相对容易识别和抓住。

(2)突破牛熊线多头上攻为多头行情，也是主升浪阶段。量价线异动多头陷阱是多头行情的末期，暴跌空涨破位见大顶是多头陷阱的收尾。

(3)跌破多空线A浪杀跌是对见大顶的有效确认，也是明确划分八阵图的重要拐点。确认了A浪杀跌，随后的回档牛熊线B浪反弹、跌破牛熊线C浪下套的划分也相对简明。

(4)量价线异动空头陷阱是跌破牛熊线C浪下套的最后一跌。

第二节　八阵图的特点

八阵图构建了趋势的确认、持续、转化的技术标准，以及如何制定操盘策略，并对相应的运行环境、交易者心理博弈进行探讨，具有完整性、确定性、直观性和实战性。

八阵图研判的重点

(1)趋势的确认、趋势的持续、趋势的终结和新趋势的形成。

(2)股市运行环境对大盘走势的影响。

(3)走势对投资者交易心理及交易行为的影响。

(4)根据不同阶段制定相应的操盘策略。

构建八阵图的意义

(1)八阵图的构建，避开了波浪数浪的困扰，实现了突破理论的直效运用。

运用趋势理论和突破理论进行行情的跟踪分析，制定相应的操盘策略，并做好实际操盘中的突变应对，而不是盘后解读，做事后诸葛。

(2)八阵图的构建，能更好地进行不同循环周期同阵差异的对比研究。

比如，同样是见大底，催生"5•19"行情、"998"行情与"1664"行情的运行环境和技术走势有何异同？哪些是见大底的共同特征？哪些属于环境差异所致？

(3)八阵图的构建，能更好地进行相同循环周期邻阵转化条件的研究。

原有趋势的终结以及新趋势的形成，通常由形态上的有效突破来作为方向上的转化确认，包括向上突破和向下突破。要形成突破，运行环境和技术指标必须满足哪些条件？

(4)八阵图的构建，能更好地对股市运行全程进行研究。

八阵图有助于我们更好地对一轮牛熊更替进行全局的、细致的研判，既能把握整体，又能深入局部。

第三节 八阵图的应用

用八阵图解读上证指数的一轮牛熊更替。

图 10-2 9999(上证指数)2005.1.4～2009.2.10 日 K 线图

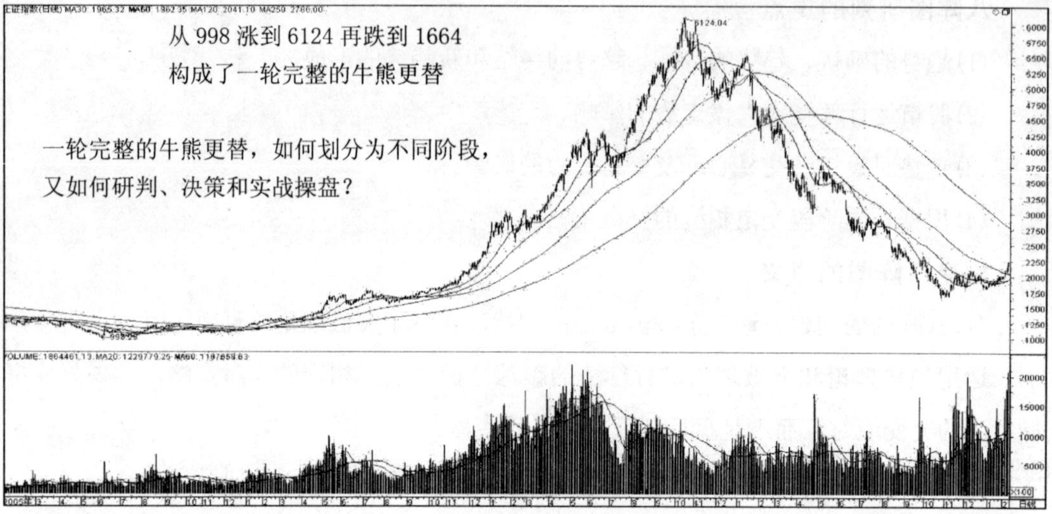

图 10-2

图 10-2 是上证指数于 2005 年 6 月 6 日见 998 点大底，到 2007 年 10 月 16 日见 6124 点大顶，再到 2008 年 10 月 28 日见 1664 点大底。

如果我们将它按趋势和拐点划分，可明显地分为八个阶段：

量价线异动空头陷阱：2005.3.9～2005.6.3，为 C 浪杀跌的最后一跌。

双突破逼空涨见大底：2005.6.6～2005.8.17，与空头陷阱为筑底阶段。

突破牛熊线多头上攻：2005.8.1～2007.10.16，确认主升浪，识别假头部。

量价线异动多头陷阱：2007.9.4～2007.10.16，为多头上攻的疯狂阶段。

暴跌空涨破位见大顶：2007.10.12～2007.11.8，为多头陷阱的变盘阶段。

跌破多空线 A 浪杀跌：2007.10.17～2007.11.28，为牛熊转换的确认阶段。

回档牛熊线 B 浪反弹：2007.11.29～2008.1.14，为技术超跌反弹出货阶段。

跌破牛熊线 C 浪下套：2008.1.15～2008.10.27，杀跌下套，识别诱多反弹。

量价线异动空头陷阱：2008.9.26～2008.10.27，新的循环周期开始。

双突破逼空涨见大底：2008.10.28～2009.2.6，与空头陷阱为筑底阶段。

如此多空转换，牛熊更替，八阵循环，看似浑然一体，实可量化分解。

下面我们将图 10-2 按八阵图分解成如下几幅图：

图 10-3　999999(上证指数)2005.1.4～2005.8.17 日 K 线图

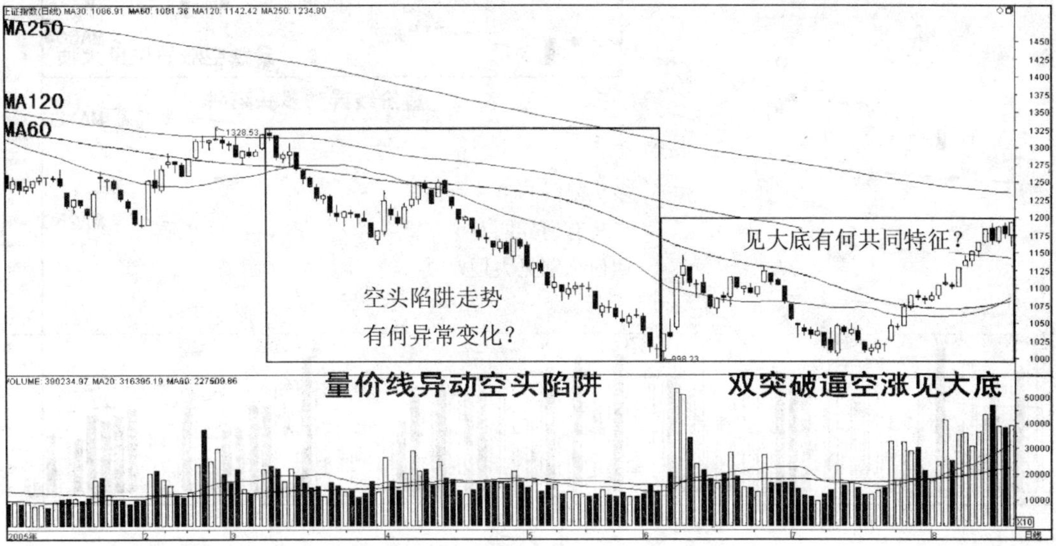

图 10-3

量价线异动空头陷阱：成交量、均量线、K 线，均价线悄悄发生变化(图 10-3)。

双突破逼空涨见大底：价格突破，成交量突破，出现逼空涨。

图 10-4　999999(上证指数)2005.8.12～2007.10.16 日 K 线图

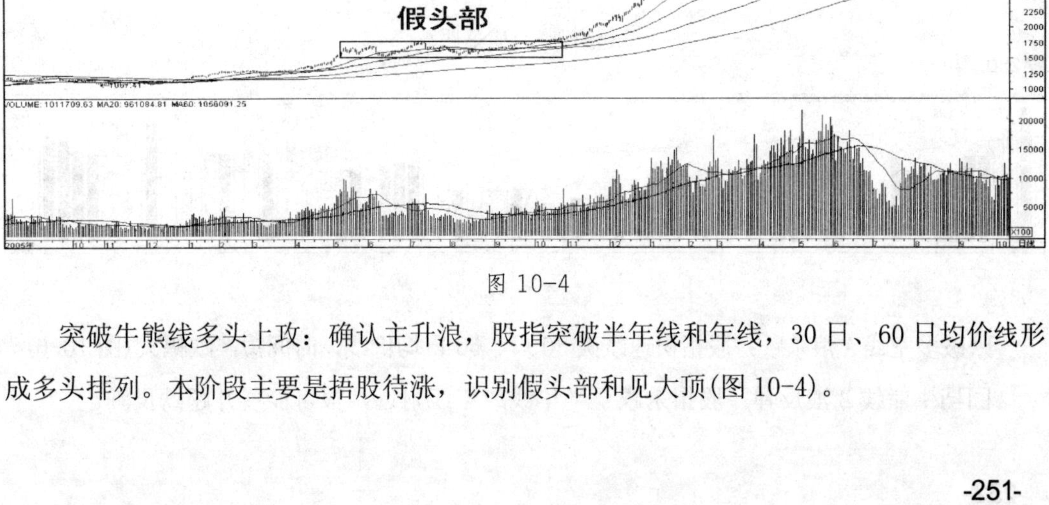

图 10-4

突破牛熊线多头上攻：确认主升浪，股指突破半年线和年线，30 日、60 日均价线形成多头排列。本阶段主要是捂股待涨，识别假头部和见大顶(图 10-4)。

图 10-5　999999(上证指数)2007.7.20～2007.11.8 日 K 线图

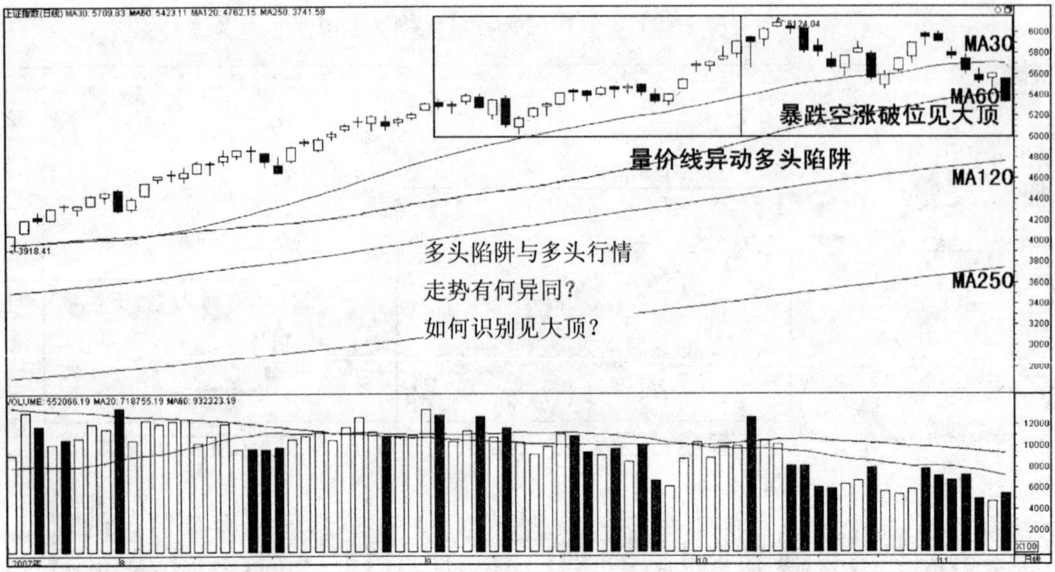

图 10-5

量价线异动多头陷阱：成交量，K 线、均价线与之前会有较明显变化(图 10-5)。

暴跌空涨破位见大顶：股指出现暴跌，缩量上涨，跌破重要支撑位。

图 10-6　999999(上证指数)2007.10.11～2008.1.7 日 K 线图

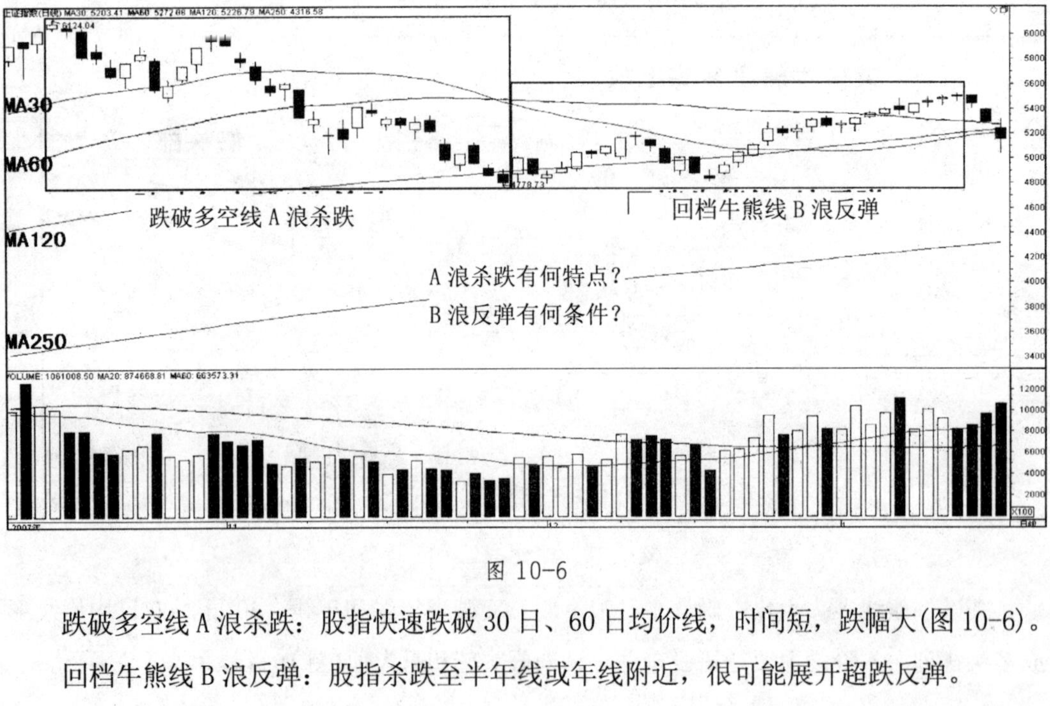

图 10-6

跌破多空线 A 浪杀跌：股指快速跌破 30 日、60 日均价线，时间短，跌幅大(图 10-6)。

回档牛熊线 B 浪反弹：股指杀跌至半年线或年线附近，很可能展开超跌反弹。

图 10-7 999999(上证指数)2008.1.11～2008.10.30 日 K 线图

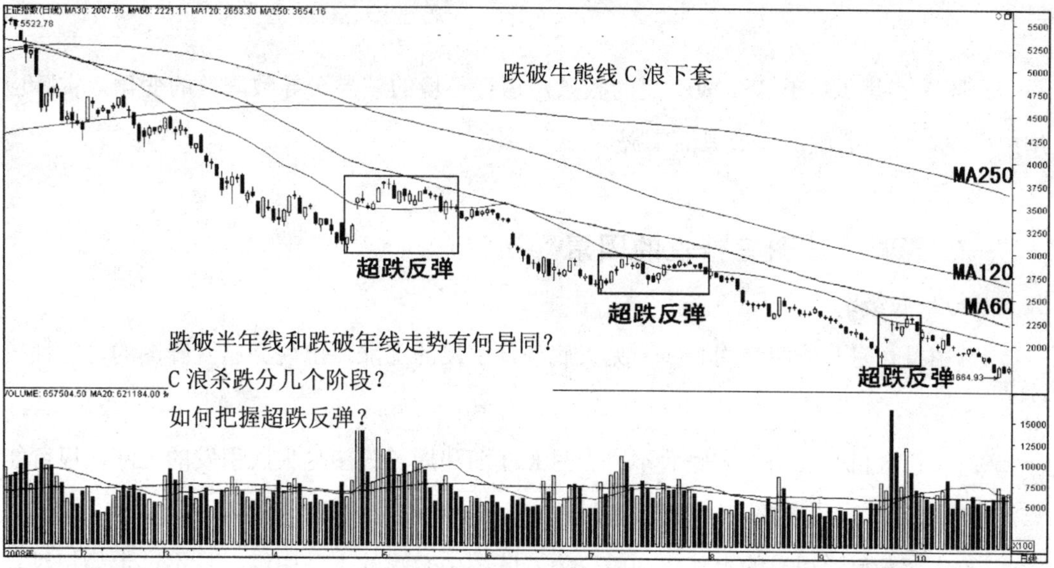

图 10-7

跌破牛熊线 C 浪下套：股指跌破半年线和年线，时间长，跌幅大。此阶段一般会发生数次超跌反弹，重要的是如何区分反弹与反转(图 10-7)。

图 10-8 999999(上证指数)2008.9.4～2009.2.10 日 K 线图

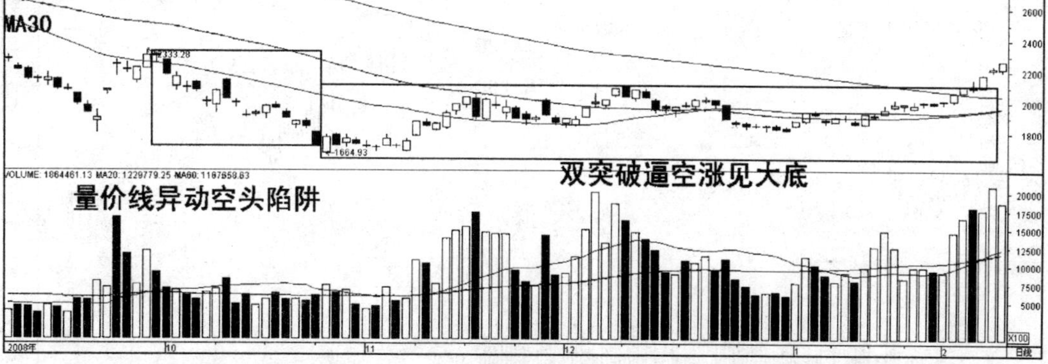

图 10-8

量价线异动空头陷阱——双突破逼空涨见大底：新一轮的八阵循环周期开始(图 10-8)。

第四节　八阵图的变异

八阵图不是机械的、一成不变的教条，运行环境的差异会导致阵数的变化，实际应用中必须按每阵的确认标准灵活掌握。

一、影响八阵图完整性的因素

(一)顶底级别

(1)由符合月K线图和周K线图见大底条件引发的上涨，出现完整八阵图的可能性较大。

(2)仅符合日K线图见大底而不符合月K线图和周K线图见大底引发的上涨，很可能只是中期底部，出现完整八阵图的可能性不大，一般可能只有五阵或者六阵。

(3)由超跌反弹引发的上涨，一般仅为八阵图中C浪的下跌中继，只不过走势相对复杂而已。

(二)运行环境

宏观经济运行稳健，政策措施利于股市，股市自然运行，出现完整八阵图的可能性较大。若宏观经济过热或过冷，政策调控严厉，股市往往陡起陡落，出现完整八整图的可能性不大。

图 10-9　999999(上证指数)2003.9.29～2004.9.10 日 K 线图

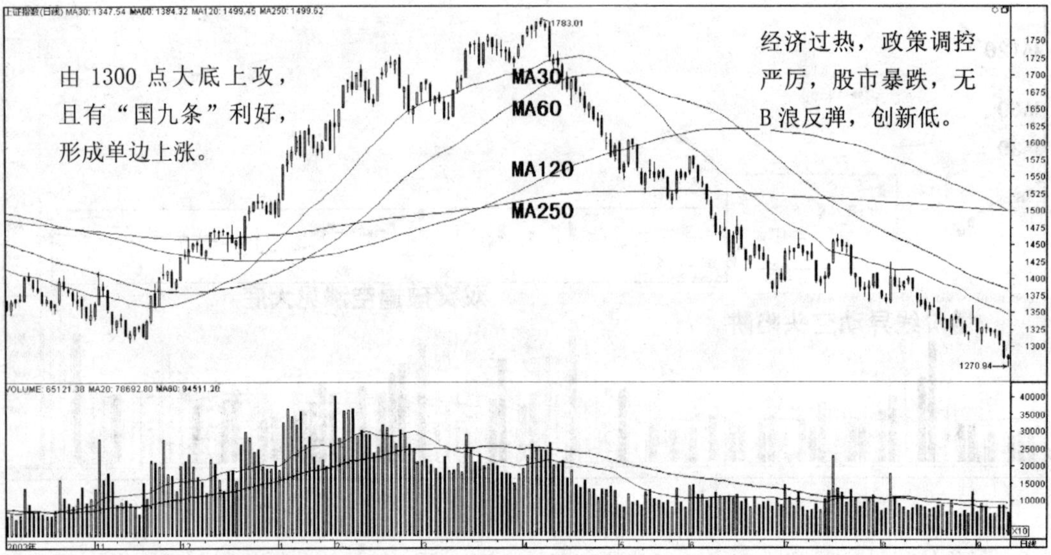

图 10-9

如图 10-9 所示，上证指数由 1300 点多年大底上攻，但由于经济过热，政策调控严厉，信贷政策与产业政策联合绞杀，清查债券回购，严查委托理财黑洞，股市暴跌，跌破近 4 年大底 1300 点，快速创新低，无 B 浪反弹。

二、八阵图及其变异是股市运行的必然规律

(一)运行环境决定股市走势

股市的走势是由运行环境决定的。越是自然运行的经济周期，越是易形成比较完整的八阵图。但经济循环并不会简单的重复，往往会受一些突发的重大事件影响，从而改变或暂时影响经济的发展轨迹，导致八阵图出现变异，实际走势或许只有五阵或六阵等。

(二)变异是八阵图生命之源

即便运行环境相同，股市也不可能呈现完全相同的走势。证券投资实为博弈，既然是博弈，就不可能完全重复之前的某种固定的模式。博弈的双方总想出其不意，攻其不备，从而成为博弈的胜者。投资观念在变，投资策略在变，投资手法在变，股市的走势也随之而变。

但万变不离其宗，股市走势归根到底是由股市运行环境决定的，受人类贪婪与恐惧的制约。所以，只要人类贪婪与恐惧的本性不变，股市的运行规律则永难改变。

第十一章　量价线异动空头陷阱

研判熊市是否进入最后一跌即空头陷阱，掌握空头陷阱的运行特征，准确及时地识别空头陷阱，对于我们制定正确的操盘策略，包括正确处理套牢盘、是否补仓或抄底至关重要。

第一节　空头陷阱与运行环境

一、量价线异动空头陷阱

熊市的最后一跌，异常惨烈，先知先觉者逆势加仓，悲观失望者割肉离场。

(一)什么是空头陷阱

空头陷阱，就是主流资金在拉高之前向下砸盘，造成破位假象，诱使投资者恐慌性抛售廉价筹码，之后再快速拉高，使低位卖出者踏空。

空头陷阱包括熊市杀跌阶段的最后一跌和牛市上升阶段的打压洗盘。

我们这里讲的空头陷阱是指大盘见大底之前的最后一跌，也是大盘跌破牛熊线C浪杀跌的最后阶段。

C浪杀跌一般包括三个阶段：挤压泡沫阶段、价值中枢阶段、价值超跌阶段。量价线异动空头陷阱一般处于价值超跌阶段。

(二)空头陷阱阶段划分

起点：股指最后一波突破30日均价线反弹见顶之后，开始杀跌的位置。

终点：股指见大底的起点。也可说是一浪上升的起点，一般指股指放量突破60日均线并使60日均线明显上翘的反攻起点。

下面通过一幅实例图解析空头陷阱。

图11-1　399001(深证成指)2008.7.25～2008.10.28日K线图

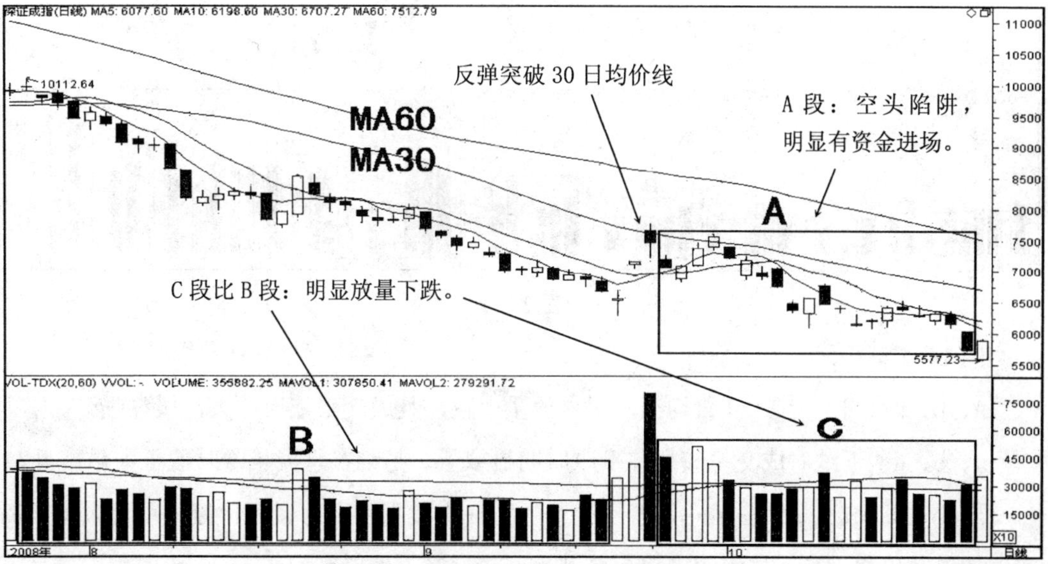

图11-1

图 11-1 解析：

A 段：股指处于跌破牛熊线 C 浪下套阶段，明显弱势行情。之前反弹后再次向下杀跌，成交量较之前有所放大，显示有主力资金开始悄悄进场。

B 段：成交量明显小于 20 日、60 日均量线，反弹成交量几乎没有放大。

C 段：与 B 段相比，成交量明显放大，异动明显，显示有主力资金开始介入。此时股指继续下跌，为明显空头陷阱。

(三)空头陷阱特征

成交量异动，K 线异动，均价线异动。

1. 成交量异动

观察成交量异动，主要看两个方面：一看上攻至明显压力位时成交量的变化，冲顶放天量谁在抢筹？一看下跌时成交量是否明显异动，深套放量跌谁在接盘？

下面通过实例来分析。

图 11-2　999999(上证指数)2003.9.1～2003.12.12 日 K 线图

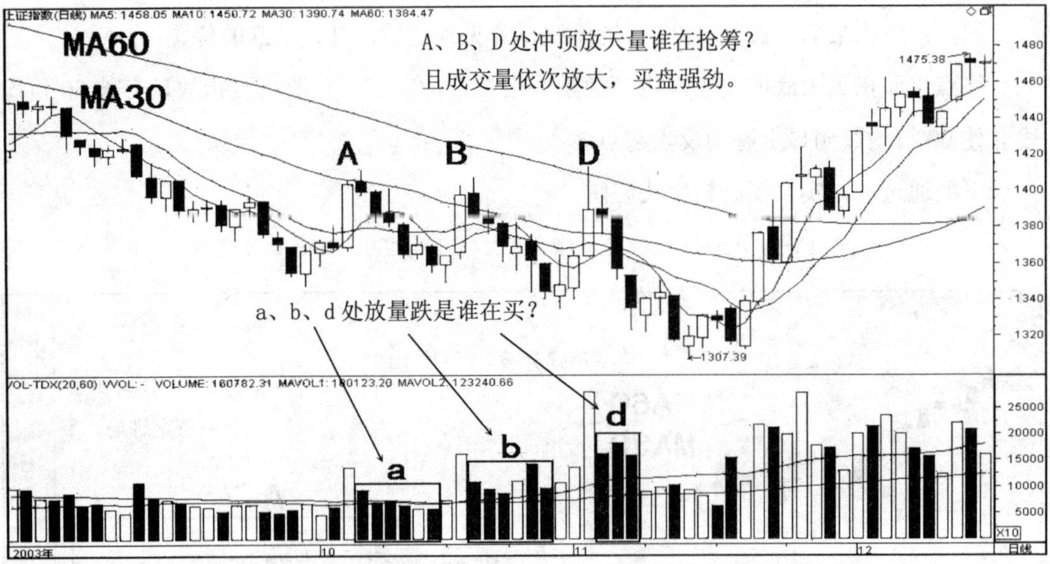

图 11-2

图 11-2 解析：

A、B、D：向上突破 30 日均线，明显放量上攻，且成交量依次放大，买盘强劲。

a、b、d：下跌时成交量较之前下跌时明显放量，是谁在恐慌杀跌时敢于大量接盘？

a、b、d：成交量明显放量，会不会是主力在出货呢？主力会在价值超跌时大量出货吗？如果是出货，那明目张胆地放量杀跌，而之后又不破位？

①冲顶放天量谁在抢筹。

股指上攻至明显压力位，哪些人会卖出？哪些人会买入？哪些人会观望？

价值超跌反弹到明显压力位，如受 30 日均线压制，若仍然出现天量，那么天量是怎么形成的？在强压力位是谁在抢筹呢？是散户追涨买入还是大资金主动运作？

②深套放量跌谁在接盘。

股指严重超跌，大量筹码深套。哪些人套牢后动弹不得？哪些人抢反弹低吸高抛？哪些人趁恐慌顺势吸筹？弱势行情，股指或股价下跌，散户一般不敢大量买入。那么下跌连续悄悄放量，是谁在暗中吸筹？若出现单日或多日暴大量，则多为主流资金暗中吸筹，股指也许离真正的底部不远了。

2. K 线异动

图 11-3　999999(上证指数)2011.11.3～2012.1.9 日 K 线图

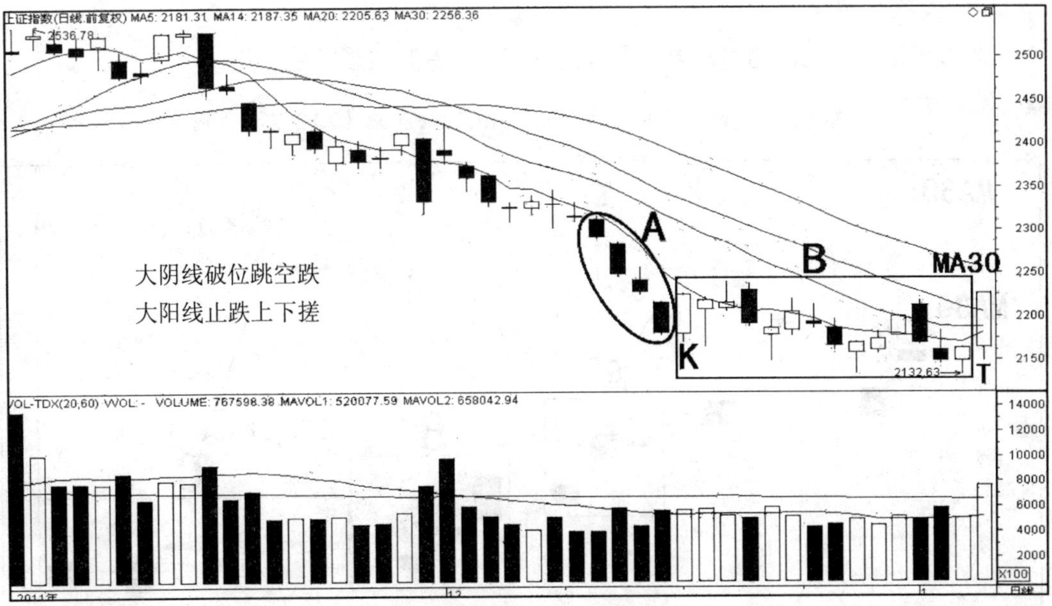

图 11-3

图 11-3 解析：

A 段：此前股指一路杀跌，至 A 段，已经形成中线超跌，A 段突然加速杀跌，连续大阴线杀跌和跳空跌，致使市场形成一片恐慌，不敢轻言见底或轻言抄底。

K 点：较大阳线，作为之前跳空大阴线杀跌的止跌信号。

B 段：在止跌阳线 K 控制的范围内上下搓，窄幅震荡无空间，抢反弹和抄底极易踏错节奏。

T点：放量大阳线，突破上下搓格局，开始反攻。

价值超跌，一般经过中线超跌，然后再短线急跌，K线形态及组合一般会发生较大变化，可能形成两种典型的异动走势：一是大阴线破位跳空跌，一是大阳线止跌上下搓。

①大阴线破位跳空跌。

股指大幅下跌之后，往往有主力资金暗中吸筹，经过反弹或横向震荡之后，再次快速向下破位，大阴线杀跌，或跳空杀跌，让之前抢反弹或抄底者再次吃套或割肉。大阴线破位跳空跌，主要是制造恐慌，使投资者悲观失望。

②大阳线止跌上下搓。

股指快速杀跌后，很可能由一根放量大阳线止跌，随后股指在大阳线控制的范围内横向窄幅整荡，阴阳交错，使追涨杀跌者频频踏错节奏，甚至左右挨耳光，心生余悸。大阳线止跌上下搓，主要是让抄底者踏错节奏，不敢轻言抄底。

3. 均线异动

均线的运动方向，均线黏合与发散的程度与节奏等明显发生变化。

图 11-4　399005(中小板指)2008.9.17～2008.10.29 日K线图

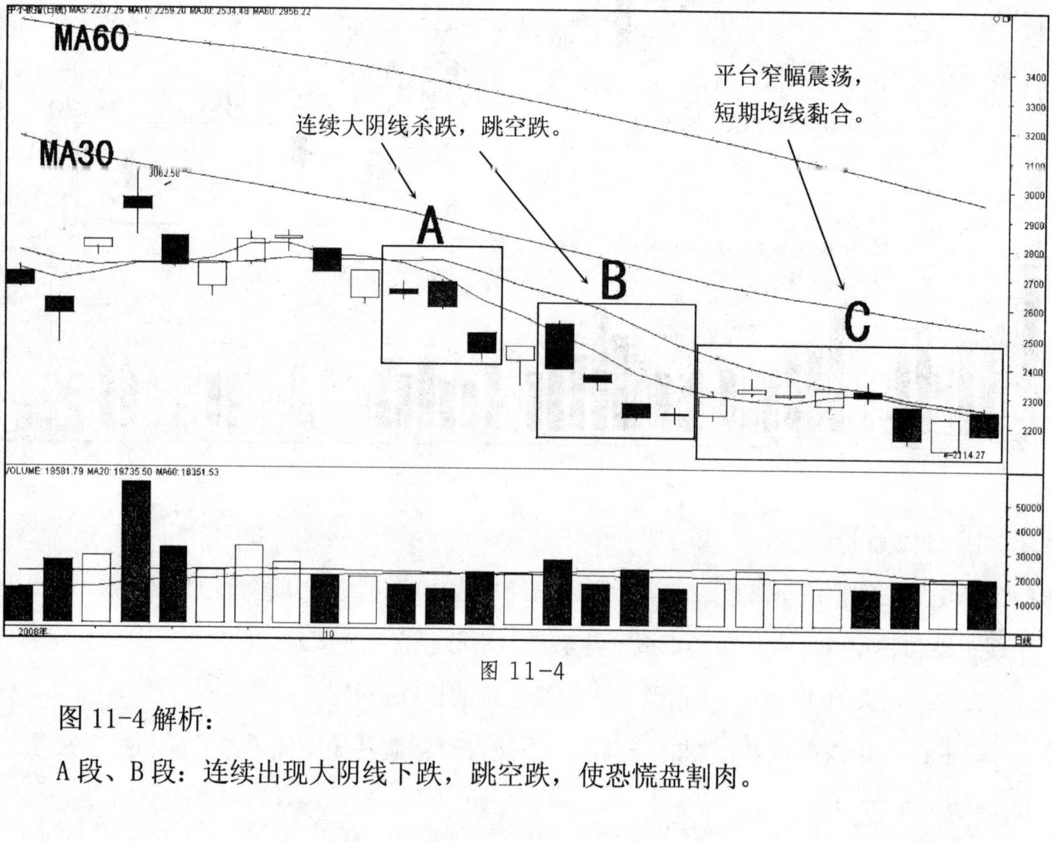

图 11-4

图 11-4 解析：

A段、B段：连续出现大阴线下跌，跳空跌，使恐慌盘割肉。

C段：大阳线止跌上下搓，均线乖离率明显变化。

二、空头陷阱运行环境

1. 出现显著投资价值

通俗一点说就是物美价廉，出现了大量价值超跌的板块和个股。只有具备了大量价值严重超跌的股票，才可能吸引场外大资金悄悄入场。

监测指标：

①是否有大量蓝筹股加速补跌。一般蓝筹股不补跌，大盘难见大底。

②是否有大量股票跌破了发行价、跌破了净资产。

③是否出现新股发不动或新股上市首日即破发、不少优质新股遭市场冷遇。

④是否出现多个板块具有明显的投资价值。

2. 各种利好接连出现

(1)流动性好

市场流动性充裕。如上市公司维持经营和扩大生产能以较低的利息借到钱，大量资金涌向证券市场。

监测指标：

利率：是否处于下降周期，是否处于明显低位。

存款准备金率：是否处于下降周期，是否处于相对低位。

新增信贷：同比、环比是增加还是减少。

(2)经济复苏

经济有触底反弹迹象，或者预期会有明显好转。

重点监测经济复苏的先行指标：

采购经理指数(PMI)：大于50，通常反映经济处于扩张态势；低于50则通常反映经济处于收缩态势。

发电量和用电量：特别是工业用量电量，企业减产或扩产，用电需求自然出现下降或上升。

港口货物吞吐量：外贸对中国经济影响巨大，港口吞吐量就是一个判断贸易情况的先行指标。

消费者信心指数(CCI)：

预测经济走势和消费趋向的一个先行指标，是监测经济周期变化不可缺少的依据。

还有不少其他可供参考的经济指标，有助于我们研判经济是否复苏。对重点关注的行业进行重点调研，能更准确及时地了解行业发展动态。

对于经济形势的变化，还可以通过细枝末节来感知，有时甚至比权威经济数据来得更及时更有实用价值。比如逛街，买东西，就会知道某个行业某种价格的变化。通过不同行业的朋友也会得到各种信息。一些长期做外贸的，对许多产品价格及其变化了如指掌，因为他们直接参与谈判交易，有第一手的资料，而且时效性强，这些人往往会成为一些行业研究员的朋友。

3. 重大利好止跌

价值严重超跌，股指并不一定立刻见底，由于股市长期低迷，市场参与热情严重不足，一般需要借助重大利好才能提振人气，激活市场，以吸引大量资金入场。

很多板块和个股投资价值显著，一连串的利好出现，按说大盘应该止跌，可是大盘仍然破位下行。

其实这是由资本的本性决定的。通过向下破位杀跌引起恐慌，能够获得更多更廉价的筹码，这就是资本的贪婪与凶狠。

量变引发质变。当利好累积到一定阶段，又突然出现重大的实质性利好，特别是对实体经济的好转或加速增长有明显预期的利好出现之后，谁再向下打压，筹码就可能收不回来了，这时往往会出现逼空抢筹的局面，大盘自然也就止跌回升了。

第二节 操盘策略与心理博弈

一、空头陷阱操盘策略

1. 建立股票池

本阶段最重要的任务是寻找目标板块，选对了板块就成功了一大半。然后再从目标板块里筛选目标个股。比如板块里哪些个股率先止跌，率先突破，量价配合好，从中筛选龙头股。

①找出率先止跌的板块。

率先止跌，也许是因为提前下跌，也许是下跌更快，也许是有隐含的利好。率先止跌的板块，有可能成为风向标。

②找出跌幅最大的板块。

跌幅最大的板块，如果没有实质性利空，那么，反弹或反转之后涨幅一般也比较可观。

③找出实质利好的板块。

具有实质利好的板块，如果利好是突发的，而且是长效的，那么，一般会成为热门板块，表现时间相对较长，往往会产生一批牛股。

2. 建仓策略

①大资金圆弧底建仓。

大资金可在此阶段对一些价值超跌板块中的个股进行适当布局，分批建仓。如每一次反弹创新低之后，可建15%～20%仓位。

②小资金止跌企稳建仓。

小资金建仓快，此阶段仍可空仓等待，在大盘止跌企稳时再建仓不迟。

小资金也可用一部分资金做指数基金定投，这样建仓成本为平均成本，不致重仓被套。

3. 抢反弹策略

①抢反弹只适合小资金短线快进快出。

②只做超跌不追涨，大盘企稳才可抢。

只做超跌不追涨：

空头陷阱阶段，仍为弱势行情，很多之前抗跌的板块往往最后补跌，且跌幅还较大，一般不建议抢反弹。若抢反弹，则最好只做挖坑突破和黏合突破的个股；若短期涨幅过大，则最好不要追。临盘按五阳抢筹、三线逃顶操作。

大盘止跌才可抢：

空头陷阱阶段，抢反弹，必须踏准大盘节奏，必须在大盘连续下跌之后止跌才可抢反弹，且必须轻仓，快进快出。

③抢反弹纪律。

三五仓位，三五止损，涨三不追，破五先卖。

④抢反弹技巧。

五阳抢筹，三线逃顶；抢反弹三坑买涨，三空卖空必须卖。

二、空头陷阱心理博弈

空头陷阱诱空，或让人感觉远没见底而贸然卖出，或让人心存疑惑而不敢大胆建仓，或让人丧失自信而难以决断。

盈亏制约心态，心态影响操盘。处于跌破牛熊线C浪下套末期，投资者大致可分为以下几类：

深度套牢的；亏损割肉的；屡抄屡割的；持币观望的；虎视眈眈的。

股指跌破牛熊线C浪下套之后，高位被套的套死了，割肉的割得差不多了，屡抄屡割的吓得不敢动手了，人气也在不断抄底吃套中被消耗殆尽。

股市出现显著投资价值，在熊气弥漫之中，一部分虎视眈眈者悄悄出动，不动声色地收集廉价筹码。他们公开大力唱空，暗中却又悄悄做多。他们这样做的目的，就是要让其他参与者判断失误和犹豫不决，要么在价值超跌阶段恐惧地割肉卖出廉价筹码，要么在机会来临之时因心存疑虑而坐失良机。

如果你自己的独立判断与主流媒体或者大众的观点相反，那么，请不要急于否定自己，是对是错，你只要盯紧大盘，大盘会告诉你真实的趋势。

只要有场外资金悄悄介入，大盘走势必然会发生异动。

如果大盘在价值超跌之后，出现成交量、K线、均价线明显异动，那么，股市离真正的大底也就为时不远了。

第三节 空头行情与空头陷阱

抄底既要对大势研判准确，又要对细节明察秋毫。熟练掌握空头行情的走势特征，包括成交量、K线、均价线、反弹形式和反弹级别，区分空头行情与空头陷阱的异同。

一、什么是空头行情

空头行情就是空头获利的行情。从技术特征看，具体包含以下几个方面：

(1)30日均价线死叉60日均价线，或者5周均价线死叉10周均价线。

(2)高点和低点逐波下移，一山更比一山低。

(3)趋势线是下降的。

图11-5　999999(上证指数)2008.7.25~2008.10.28日K线图。

上证指数2008年10月28日见1664.93点大底之前走势，是典型的空头陷阱。

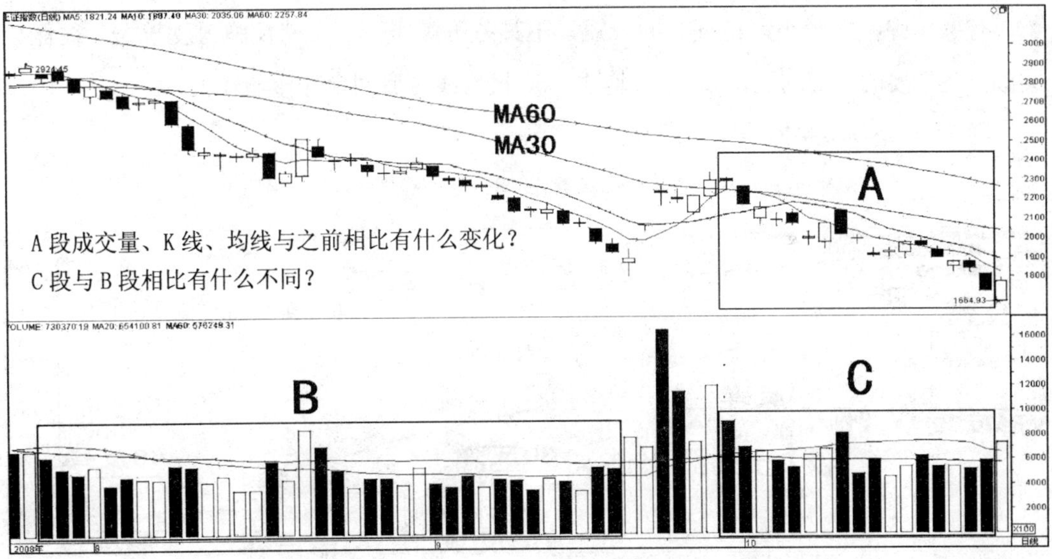

图 11-5

二、空头行情与反弹

大盘见大顶之后，开始A浪杀跌，快速跌破30日和60日均线，将一部分人套在山顶。到半年线或年线附近，很可能展开B浪反弹，随后开始C浪下跌，将一部分抢反弹的快速套牢。

大盘跌破半年线或年线之后，往往加速下跌，可确认为熊市。如出现技术超跌，可能会产生技术反弹，随后创新低，将一些盲目抄底的套在半山腰。

1. 反弹种类

在下跌过程中，只要当日大盘上攻，都可称为反弹。我们将反弹简单地分为两种：技术超跌反弹和价值超跌反弹。

(1)技术超跌反弹

短期快速下跌，造成技术指标的严重背离，因技术指标的修复所引发的反弹。短期技术超跌反弹，随后创新低的可能性较大。

(2)价值超跌反弹

大盘整体跌幅大，许多板块和个股严重超跌，已具有明显的投资价值，场外大资金悄悄进场，因此引发的反弹。价值超跌反弹形成反转的可能性较大。

技术超跌反弹和价值超跌反弹，有些借政策因素和其他突发利好因素产生反弹，因此也叫利好反弹。如果价值严重超跌，出现重大实质性利好，则往往会引发反转。

有些反弹幅度较小，持续时间较短，不具备可操作性。有些反弹力度较大，往往会突破一些重要的关键均线，如30日均线、60日均线对后期走势影响较大。

图11-6是跌破牛熊线之后的反弹实例图。

图 11-6 999999(上证指数)2008.4.18～2009.2.9 日 K 线图

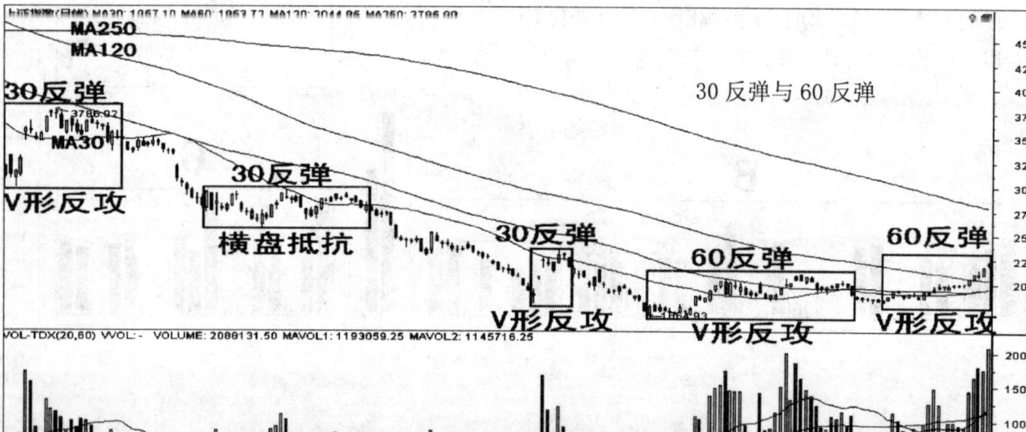

图 11-6

图11-6解析：

股指跌破年线之后，超跌反弹，每次反弹突破30日均价线之后见顶回落，再创新低。经过3次突破30日均价线反弹之后创新低形成严重价值超跌，又发生突破60日均价线反弹，并使60日均价线上翘，且回调不创新低，大盘见大底。

为方便分析反弹强度，我们定义反弹强度和反弹形式两组重要概念。

2. 反弹强度

根据反弹幅度的大小，可分为30反弹和60反弹。

30反弹：空头行情，股指突破30日均价线的反弹，叫30反弹。

60反弹：空头行情，股指突破60日均价线的反弹，叫60反弹。

3. 反弹形式

根据反弹的走势特征，可分为横盘抵抗和V形反攻。

横盘抵抗：股指较长时间横向窄幅盘整，等待30日均线下行，K线越过30日均线。反弹力度较弱。

V形反攻：股指连续几日内快速上冲，一举突破30日均线，且成交量明显放大。反弹力度较强。

一般来说中线超跌之后短线急跌，若突发利好，则发生V形反攻的可能性较大。

4. 反弹探底

经过几次反弹创新低之后，一般会形成严重的价值超跌，进入震荡筑底区。

(1)30反弹，二三探底

解析：股指跌破年线之后，形成超跌，发生30反弹，见顶之后创新低。若发生2～3次这样的30反弹，则一般会形成严重价值超跌，离见大底就不远了。

(2)60反弹，二三筑底

解析：股指跌破年线之后，形成超跌反弹，反弹一般很难突破60日均价线。只有形成严重的价值超跌或发生重大利好，股指反弹才可能突破60日均价线，并使60日均价线明显上翘。经过2～3次60反弹，基本可筑底成功。

大资金开始入场，通常还会有意打压股指或股价，继续创新低，使不少投资者看空后势而在低位卖出廉价股票，这就是我们常说的空头陷阱。正确地区分空头行情与空头陷阱，对于我们准确抄底至关重要。

大资金入场，在大盘上总会露出一些蛛丝马迹，如果我们能多加留心，则往往能占据主动。

三、空头行情与空头陷阱

1. 相同点

都是向下杀跌，趋势向下，空头陷阱是空头行情的最后一个阶段。

2. 不同点

①从发生的位置看：空头行情处于下降通道。空头陷阱包括两个方面：下降通道的最后一跌和上升通道的打压洗盘。

②从成交量看：空头行情的初期和中期一般没有场外主流资金主动入场，往往是场内存量资金运作。空头陷阱阶段有主流资金悄悄入场，进行打压吸筹。

③从投资价值看：空头行情既包括见大顶之后 A 浪杀跌，也包括跌破 C 浪杀跌的挤泡沫阶段、价值中枢阶段、价值超跌阶段。空头陷阱往往是由于价值超跌产生，投资机会显著。

④从运作方式看：空头行情是顺势而为的结果，主流资金并没有积极主动介入。而空头陷阱是主流资金悄悄介入、借势打压、暗中吸筹造成的。

图 11-7　999999(上证指数)2008.7.25～2008.10.28 日 K 线图

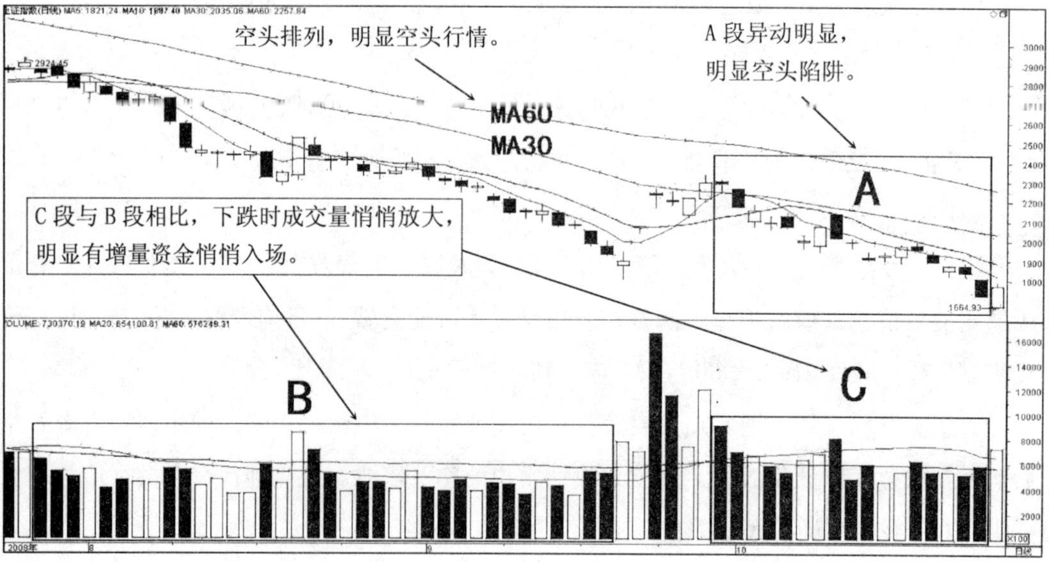

图 11-7 （图 11-5 解析）

图 11-7 解析：

2008 年 9 月，在上证指数跌破 2000 点之后，才开始有主流资金悄悄入场，虽然反弹之后又一波杀跌，但在下跌过程中，成交量比之前明显放大。C 段与 B 段相比，下跌时成交量悄悄放大，显然有场外增量资金悄悄入场，表明空头行情进入空头陷阱阶段。

图 11-8 999999(上证指数)2008.4.25～2008.11.7 周 K 线图

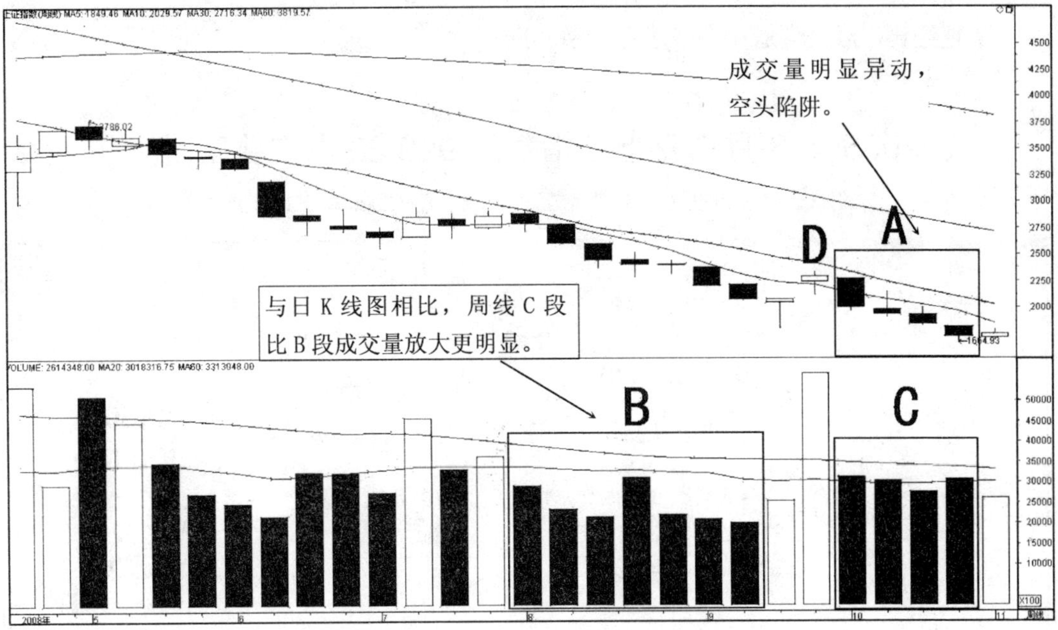

图 11-8 （图 11-7 对应周 K 线图）

图 11-8 解析：

与日 K 线图相比，图 11-8 中的 C 段比 B 段成交量放大更显著，这是因为周 K 线图对成交量具有累加作用。

四、日、周 K 线图的走势差异

图 11-7 为日 K 线图，比较成交量前后变化，并不太明显，但看同期周 K 线图 11-8，成交量量柱高低差别较大。

成交量的变化，涨跌幅度的大小，行情的拐点，我们从日 K 线图上看，可能不太显眼，有时因此忽视，甚至造成行情错判。但如果我们从周 K 线图甚至月 K 线图看，则往往能看得更清楚，对大势的研判更准确。这主要是因为，周 K 线、月 K 线周期更长，对成交量具有累加效应，且不宜骗线。

第四节　空头陷阱实战图解

牢记经典，触类旁通；实战运用，举一反三。

一、2005年6月6日上证指数见998.23点空头陷阱

图 11-9　999999(上证指数)2004.11.18～2005.6.8 日K线图

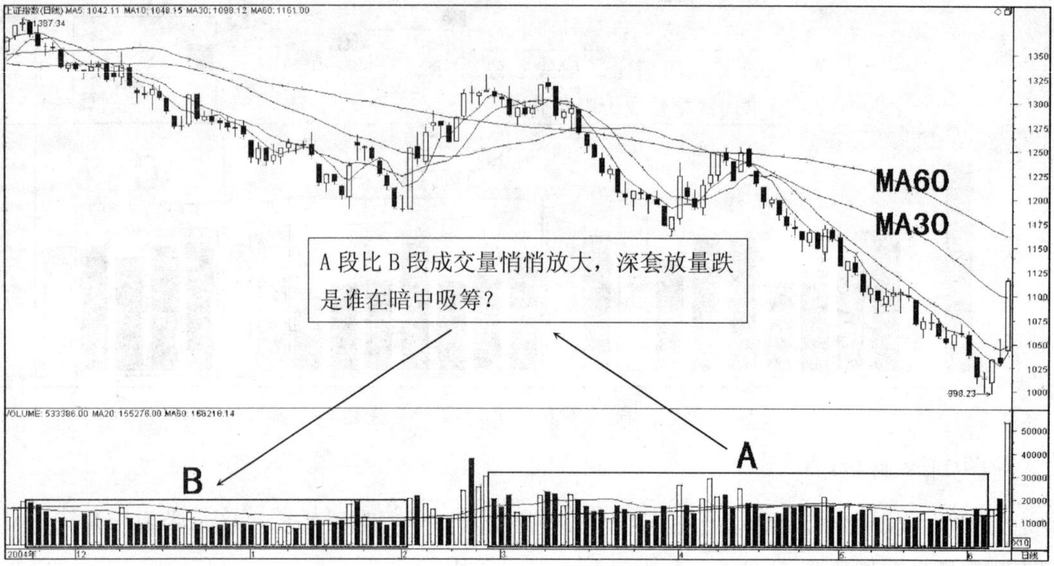

图 11-9

图 11-10　999999(上证指数)2004.11.18～2005.6.8 周K线图

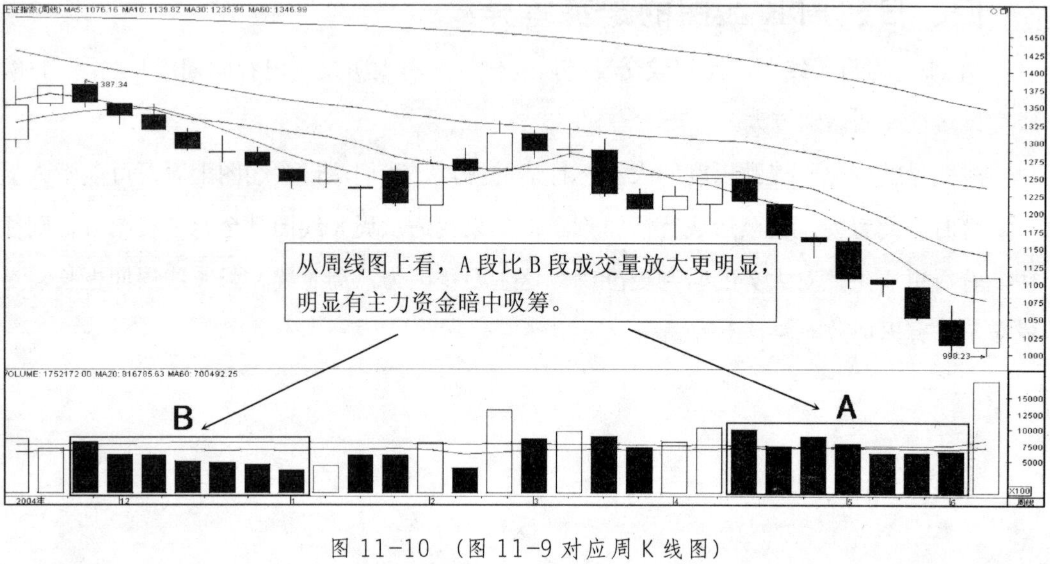

图 11-10 (图 11-9对应周K线图)

“998”行情空头陷阱从日 K 线图看不很明显，从周 K 线图看更明显。

二、1999 年“5·19”上证指数空头陷阱

图 11-11　999999(上证指数)1999.1.22～1999.5.19 日 K 线图

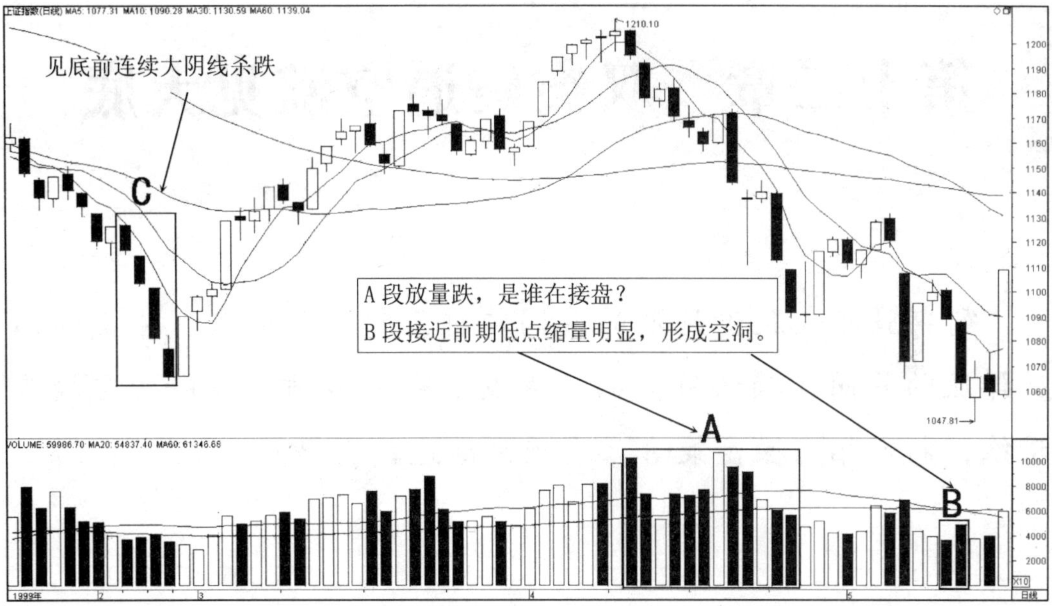

图 11-11

图 11-12　999999(上证指数)1999.1.22～1999.5.21 周 K 线图

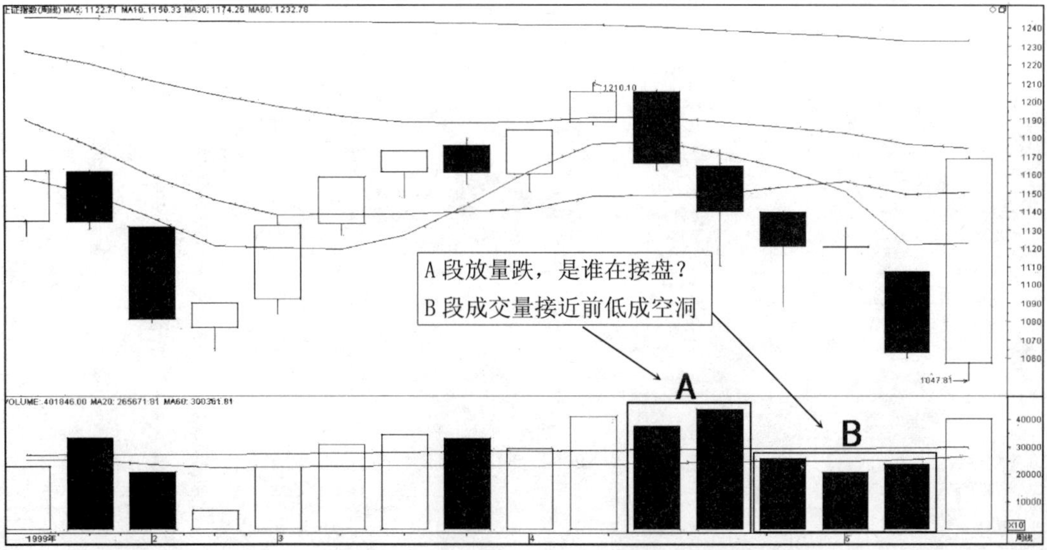

图 11-12 （图 11-11 对应周 K 线图）

“5·19”行情之前的空头陷阱，无论从日 K 线还是周 K 线都很清楚。

第十二章　双突破逼空涨见大底

研判股指或股价见底的共同特征，明确见大底、中期底与反弹底的异同，确认筑底的条件及底部的性质，及时改变操盘思维，制定相应操盘策略，准确果断地建仓抄底。

第一节　见大底与运行环境

底部是一个区域，不是一个点。底部的确认是一个渐进的过程。研判见大底可以根据月K线、周K线和日K线。K线图周期不同，确认见底的标准和见底的性质也不同。

一、双突破逼空涨见大底

(一)月K线图见大底的标准

图 12-1　999999(上证指数)2007.10.31～2009.3.31 月K线图

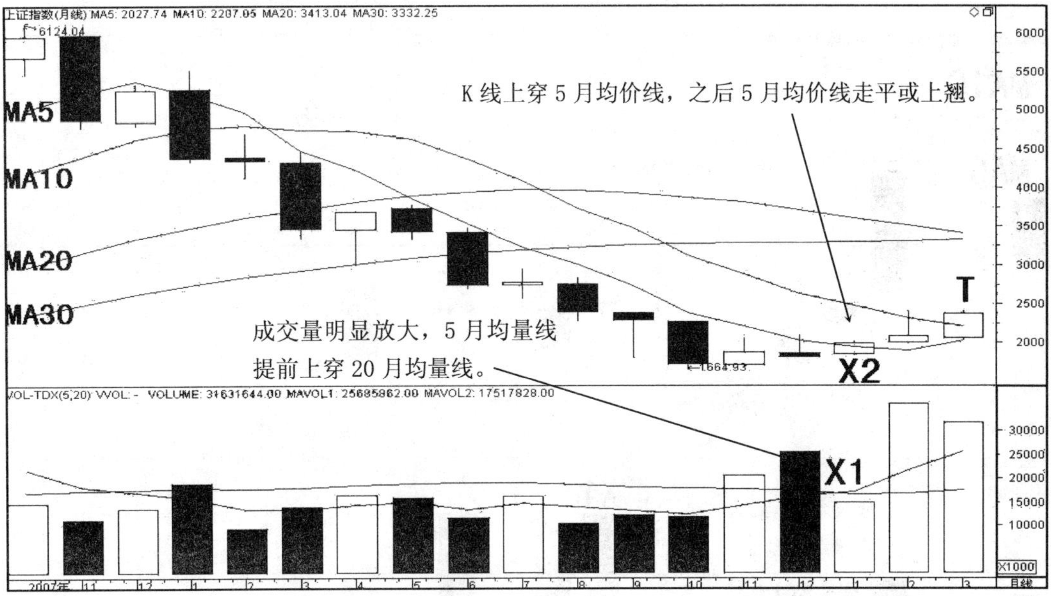

图 12-1

图12-1解析：

1664大底：成交量放大，连续两个月成交量明显大于20月均量线，显示有增量资金入场，出现抢筹迹象。5月均量线于X1处提前上穿20月均量线。随即股指于X2处突破5月均价线，带动5月均价线走平和上翘。

月K线图见大底的共同特征为：

1. 双突破

①成交量首先突破。

成交量放大，明显大于20月均量线，使5月均量线提前上穿20月均量线，表明场外资金积极入场，出现抢筹迹象。

②均价线随即突破。

在成交量的推动下，股指随即突破 5 月均价线，使 5 月均价线走平和上翘。

2. 逼空涨

股指突破 5 月均价线之后，出现一根量价齐升的中大阳线。或突破 5 月均价线之后就直接展开，或回调之后展开。

月 K 线图出现双突破，即均量线突破、均价线突破，其见底信号已经非常强烈，有时不待逼空涨出现即可确认。这主要是因为月 K 线图周期长，形简意深。

(二)周 K 线图见大底的标准

图 12-2 999999(上证指数)2008.9.12～2009.2.13 周 K 线图

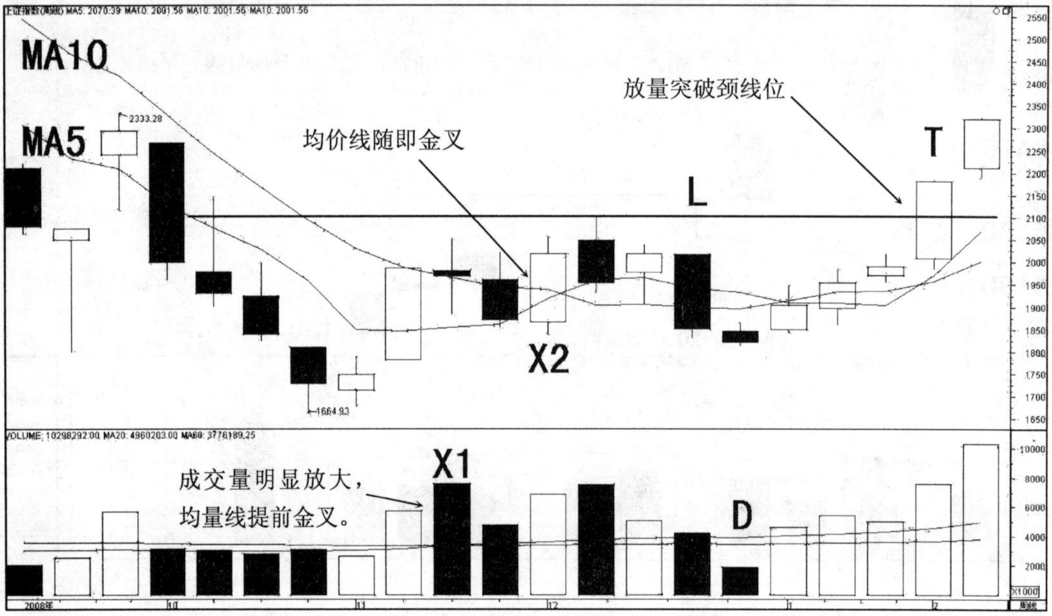

图 12-2

图 12-2 解析：

1664 大底：20 周均量线提前于 X1 上穿 60 周均量线，随即 5 周均价线于 X2 处上穿 10 周均价线，之后股指回调，成交量萎缩，D 处见明显空洞，但此时 20 周均量线一直位于 60 周均量线之上，并不形成下穿。这是与日 K 线见大底的明显区别。随后股指上攻，于 T 处突破颈线位 L，确认见大底，展开主升浪。

周 K 线图见大底的共同特征为：

1. 双突破

①成交量首先突破。

成交量放大，明显大于60周均量线，使20周均量线提前或同步于X1处上穿60周均量线。

②均价线随即突破。

量增价涨，随即是5周均价线于X2处上穿10周均价线。

2. 逼空涨

股指回调不创新低，量不走空，20周均量线始终位于60周均量线之上。随后上攻，放量突破颈线位，确认见大底，并展开主升浪。

(三)用日K线图研判见大底

图12-3　999999(上证指数)2008.10.15～2009.2.4日K线图

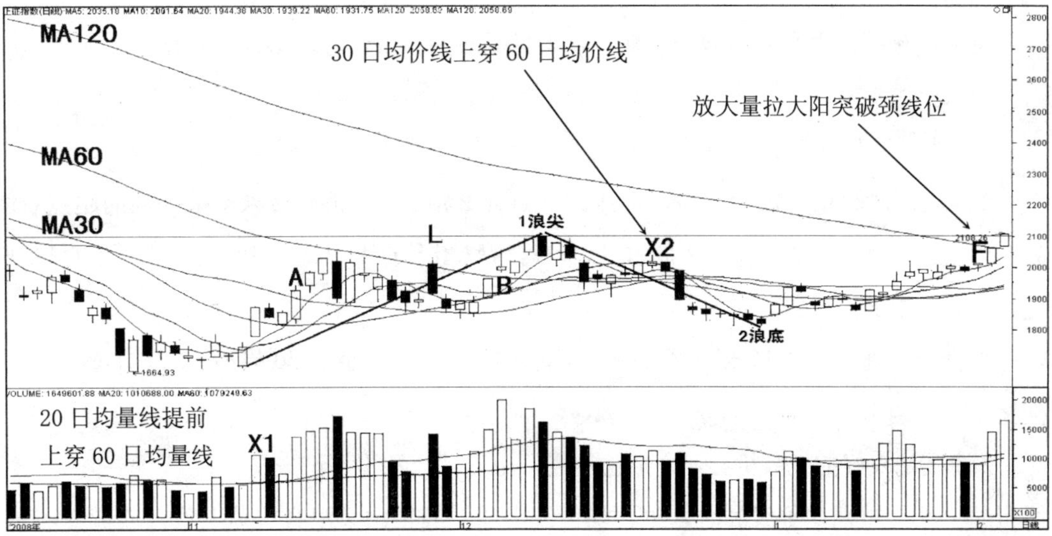

图12-3

图12-3解析：

1664大底：股指见1664点后，经过横向窄幅盘整，放量上攻，20日均量线于X1处上穿60日均量线，之后于A点放量向上突破30日均价线，至60日均价线下方开始缩量回调，再放量上攻，于B点放量突破60日均价线，见1浪尖。股指回调成交量缩小，于2浪底时见明显空洞，之后上攻，于F处60日均价线连续上翘达7天，随后连拉大阳线上攻，突破颈线L(1浪尖)，确认见大底，展开主升浪。

日K线图见大底的共同特征为：

1. 双突破

①成交量首先突破。

首先是20日均量线上穿60日均量线，成交量放量越大，上穿角度越陡，表明场外资金介入越积极。成交量明显放堆量，形成步步高更好。股指突破30日均价线之后沿5日均价线上攻，回调之前以最高价见最大量为好；突破60日均价线之后沿5日均价线上攻，回调之前以最高位见最大量为好，隐含主力志在高远。

②均价线随即突破。

其次是30日均价线上穿60日均价线。股指突破重要压力位30日和60日均价线必须明显放量，且以大阳线突破为好，表明在重要压力位买盘强劲。

60均价线7上：

30日均价线上穿60日均价线后，带动60日均价线由向下走变为向上翘，且连续上翘7天或7天以上。

见大底预警：大盘双突破的出现，是大盘见底的预警信号，必须引起充分重视。

2. 逼空涨

1浪尖：股指放量突破60均价线之后回调，其反弹高点为1浪尖。

2浪底：股指由1浪尖回调，形成的低点为2浪底。2浪底必须不破1浪的起点(此处主要是借用波浪理论1浪、2浪的概念，对特殊图形的1浪、2浪的确认进行了直接规定，避开数浪的困扰。)

见空洞：通过2浪打压吸筹，成交量逐渐缩小，明显小于20日和60日均量线，成交量见“空洞”。

2浪底是很好的低吸机会，之后往往展开主升浪，切不可错失良机！

逼空涨：短期均价线黏合，中期均价线上翘，股指由2浪底震荡上攻，放量突破颈线位(1浪尖)，确认筑底成功，展开主升浪。

逼空阳：股指突破颈线位时，往往拉大阳线，或跳空大阳线，形成逼空走势。

弱势行情或震荡筑底期间，不少人见放大量拉大阳往往落袋为安。若大盘蓄势充分，仍然习惯性地高抛，则踏空的可能性极大。

之前对大势看空而空仓等待的，此时果断买入，不失为明智之举。

突破量：若震荡洗盘越充分，突破颈线位越轻松，则突破后走得越久远。突破时的成交量与之前相比，放量但并不一定要放天量、创新高。

确认见底：大盘逼空涨突破颈线位，基本可确认大盘见底。

以大统小，长短兼修：

月K线、周K线、日K线，周期不同，对大底的研判也不尽相同。

①周期越长，成交量的累积效应越明显，增量资金的研判越简明。

②周期越长，股指涨跌的大趋势越清晰，不易受小幅波动的影响。

③周期越长，越容易判断是反弹底部、中期底部还是见大底。

我们研判行情，必须长短兼顾，既要看日K线图，也要看周K线图、月K线图，既要统筹全局，又要精确到点。

二、见大底运行环境

1. 估值过低超跌严重

合理的估值并不具备多大的吸引力，并不能吸引场外大资金进场。熊市恐慌，常常会造成严重超跌，股价跌破发行价、增发价，甚至跌破净资产。只有价值严重超跌了，也就是跌到所谓的安全边际，才会吸引大资金入场。

大资金进场，一般在实体经济处于谷底或者复苏阶段，机会大，且风险可控。

2. 利好利空交替出现

在大盘震荡筑底的阶段，各种利好不断出现，如经济数据出现好转，或对经济好转预期的心理认同更为强烈，一系列的利好政策陆续出台，使市场人气开始转暖，推动大盘突破一个个重要压力位。

但筑底阶段仍是一个利好利空交织的时期，不时传出的利空，往往对股市走势形成较大冲击，使看不清端倪的投资者心生余悸，不少廉价筹码随之流转，也使股市在震荡中筑底。

3. 热点带动板块普涨

筑底阶段往往会出现较多的热点板块，交替领涨大盘，各板块均会有一定表现，使大盘止跌回升，筑底成功。

第二节 操盘策略与心理博弈

一、见大底操盘策略

1. 建股票池

(1)找出利好起动的板块。

大盘见大底，往往由政策利好的板块率先起动，使大盘止跌并上攻。利好实质性越强，之后涨幅越大。

(2)找出领涨大盘的板块。

只有多个板块形成持续热点，轮流领涨，大盘才可能见大底。领涨板块中大多数股票上涨，有不少的个股涨停。

(3)找出震荡凶狠的板块。

在大盘见大底时，往往在底部震荡越凶狠、打压吸筹时间越长的板块，后期涨势持续越久，涨幅越大。

2. 建仓策略

(1)大资金区间建仓。

大资金往往在某一个区间内建仓，在此区间通常是多买少卖，甚至是只买不卖。一般从最低点算起，20%左右的空间通常是大资金的打压建仓区间。

①可在实质性利好起动时在上涨过程中建一部分仓位。

②在2浪回调不破1浪起点时逢低建一部分仓位。

③在大盘突破颈线位(1浪尖)时建一部分仓位。

当然，大资金也可通过股指期货做多，锁定股票建仓成本。

(2)小资金快速建仓。

小资金建仓快，进出灵活，既可以重仓杀入，也可以分区建仓。

3. 抄大底策略

抄大底原则：重仓出击，强者恒强。

(1)重仓出击。

①不错过大趋势。

建仓的区间：必须在大盘震荡筑底时及时建仓，获得相对廉价的筹码。

建仓的多少：在大盘筑底后不敢重仓，即便之后涨幅大，所获利润也很有限。

②不过度交易。

在大盘震荡筑底期间，不少投资者喜欢做高抛低吸，这样或许能获取一定的短差，但风险较大，特别是在大盘放量上攻、60 日均价线由向下走变为向上走之后，随时可能出现逼空走势，做高抛低吸，则很有可能踏空，到时只能追高买入。

⑵强者恒强。

不少投资者，在大势连续向好的情况下，总买低位趴窝不动的板块和个股，认为这样安全，买到了便宜。

在大盘杀跌或盘整的时候，我们难以判断板块和个股的好坏，但当大盘走强的时候，判断板块和个股的强弱就相对简单了。这好比赛马，当马不跑的时候，我们难以看出哪匹跑得快，一旦马跑起来，就一目了然了。

趴窝不动的板块和个股，往往是被主流资金抛弃的，或者至少是暂时不会大力运作的，其走势自然落后于大盘。

领涨大盘的板块和个股，就是因为主流资金的积极介入，持续时间长，整体涨幅大。

二、见大底心理博弈

一旦主力开始大规模地建仓，大盘就接近见底了。但主力建仓是不希望大家知道的，否则原来准备卖出的还会卖吗？原来准备继续空仓的还会无动于衷吗？所以主力会千方百计地让你判断失误，一是设法让有筹码的卖出，二是让准备建仓的迟疑不决，不争抢筹码。

主力为了在低位收集到足够的廉价筹码，有时大阳线、跳空大阳线或连续阳线拉高，使散户不敢追高买入，并诱使筹码持有者见压力位就逢高卖出；有时大阴线、跳空大阴线或连续阴线向下打压破位，使不少投资者以为反弹结束，从而卖出筹码或者不敢在低位补仓。主力有时甚至夸大和制造利空消息，让你在低位抛出廉价筹码。这样反复的上拉下打，主力得以低位建仓。

如有疑问，可问盘面。以前沉闷的走势，为什么一下子变得这么活跃？是谁在折腾？大盘成交量是在放大还是缩小？大盘重心是在上行还是下降？主力会在价值严重超跌之后出货吗？如果不是出货，就是抢筹，抢谁的呢？

第三节　中期底部与见大底

大盘底部可分为三种：短期底部、中期底部、见大底。不同性质的底部，应该采取不同的操盘策略。确认底部的性质，对我们正确地制定操盘策略至关重要。

一、短期底部

下跌趋势中的反弹底部即为短期底部，往往反弹的时间相对较短，见反弹高点之后，继续向下杀跌破位，创新低。

由于大盘运行环境没变，大盘下跌趋势和主要技术指标也没有明显变化，短期底部相对比较好判断。

二、中期底部

下跌趋势中的超跌反弹底部，持续时间较长，涨幅相对较大，但没有明显的场外增量资金入场，难以形成行情的根本好转。

通过日 K 线图解析中期底部的特征。

图 12-4　999999(上证指数)2010.5.6～2010.10.11 日 K 线图

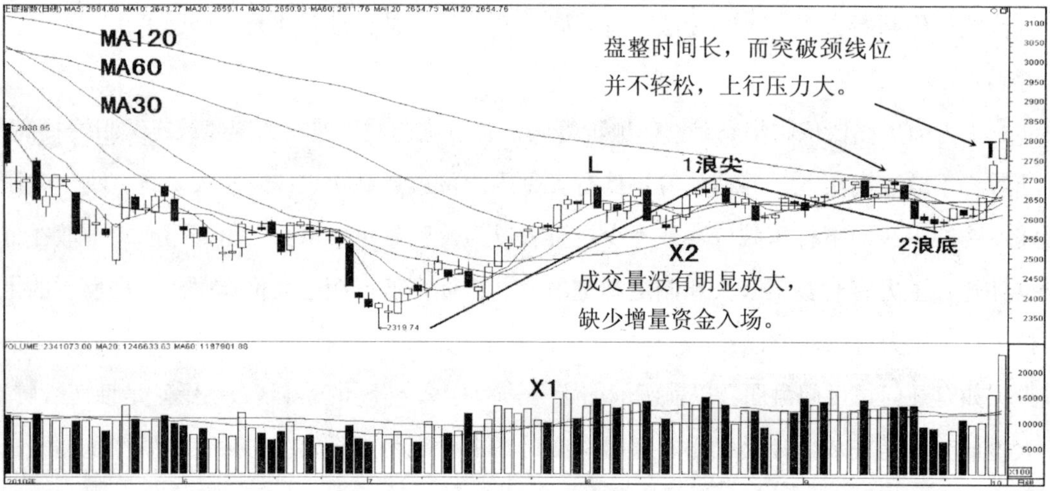

图 12-4

图 12-4 为 2010 年 7 月 2 日 2319 点中期底部，比较典型的头肩底形态。本轮行情最高点 2010 年 11 月 11 日 3186 点。整体涨幅仅为 37.37%。

整体涨幅 =(3186.72-2319.74)/2319.74×100%=37.37%。

20 日均量线于 X1 处上穿 60 日均量线，成交量没有明显放大，没有明显增量资金。30 日均价线于 X2 处上穿 60 日均价线，角度较平，且股指突破重要压力位 30 日和 60 日均价线时没有明显放量，说明无主流资金大举介入。股指在突破颈线位时暴天量创新高，也说明突破并不轻松。

1．中期底部形成原因

运行环境：

(1)主要是因为各种利好引发止跌，或者短期严重超跌，技术上有修正的必要。

(2)实体经济或许只是阶段性好转，没有持续向好，仍可能继续探底。

(3)不少板块虽然价值超跌，但短期内业绩不会有较大的改善，不具备大幅上涨的条件，或者整个宏观运行环境没有大的改善，拖累板块走强。

技术特征：

(1)主要是由快速杀跌引起的超跌反弹。

(2)没有明显的增量资金入场。日 K 线图突破重要压力位如 30 日和 60 日均价线时成交量没有明显放大，突破颈线位时成交量放得太过，突破不轻松，行情不被看好。周 K 线图 20 周均量线上穿 60 周均量线，比 5 周均价线上穿 10 周均价线晚。量能落后，增量资金少，先天不足，后续乏力。

(3)没有多个持续的热点板块，不能带动大盘持续走高。

通过周 K 线图解析中期底部的特征。

图 12-5　999999(上证指数)2010.4.2～2010.11.19 周 K 线图

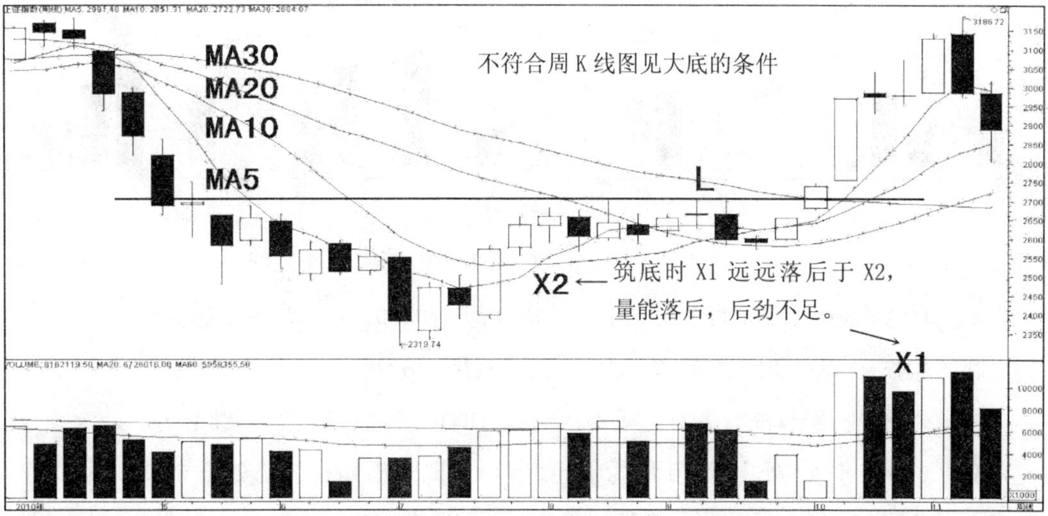

图 12-5

图 12-5 解析：

2319 点中期底部周 K 线：周 K 线见大底的条件是均量线先金叉，然后是均价线再金叉，或者同步金叉。

周均价线于 X2 处上穿 10 周均价线，而此时 20 周均量线仍处于 60 周均量线下方，表明本轮行情没有明显增量资金入场，仅为存量资金的反复运作。

当大盘冲击前期重要压力位时，成交量明显放大，20 周均量线才于 X1 处上穿 60 周均量线。之前在相对低位无人抢筹，冲击重要压力位时放大量，放量之后即向下破位，正说明本轮上涨是主力利用反弹出货，大盘也就见顶了。

图 12-5 仅仅符合日 K 线见大底条件，不符合周 K 线图见大底的条件，更不符合月 K 线见大底条件，故为中期底部，仅为下跌中继。

图 12-6　999999(上证指数)2003.10.10～2004.4.23 周 K 线图

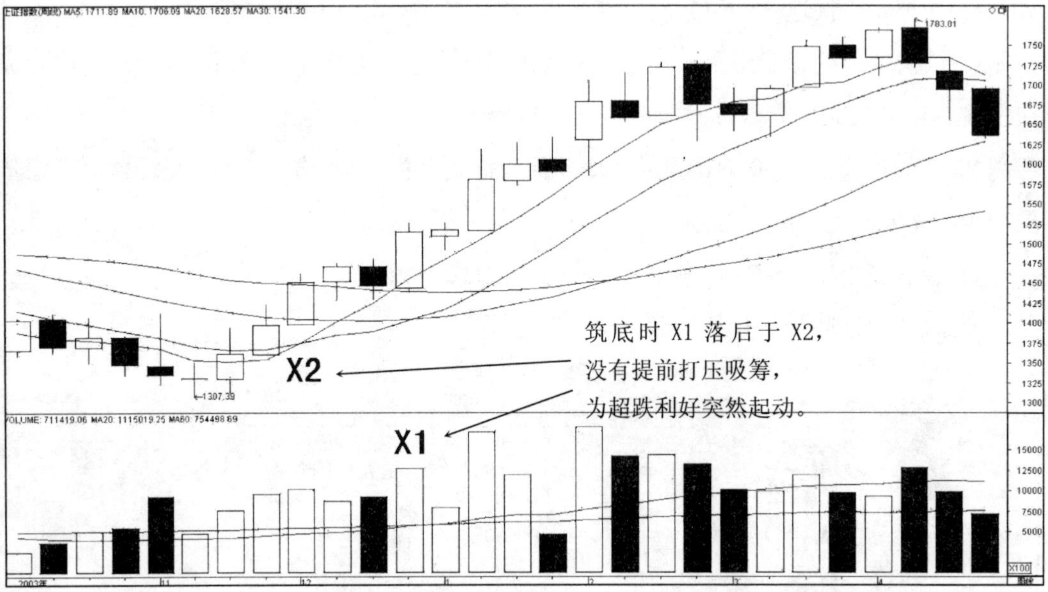

图 12-6

图 12-6 是 2003 年 11 月 14 日上证指数 1307 点中期底部周 K 线图。

本轮行情于 2004 年 4 月 7 日见本轮行情顶部 1783.01 点，整体涨幅仅 36.4%。

整体涨幅 =(1783.01-1307.39)/1307.39×100%=36.4%

拉升之前没有经过充分的打压吸筹，筑底时间短，先天不足，后续乏力。

5 周均价线于 X2 处上穿 10 周均价线，而此时 20 周均量线仍处于 60 周均量之下，随后 20 周均量线于 X2 处上穿 60 周均量线，X1 落后于 X2，之前没有充分的打压吸筹，仅为超跌利好起动行情。

2. 中期底部与见大底的比较

(1)相同点：都有一个震荡筑底的过程。

(2)不同点：

①发生原因。中期底部往往是突发利好或严重超跌产生，实体经济没有明显向好或者已经被透支。见大底一般是价值严重超跌产生，实体经济明显向好或预期明显向好，且持续时间长。

②发生频率。中期底部一般每年有一次，有时有多次，而见大底往往几年才有一次。几年才有一次的见大底，是投资者绝不可错过的机会。至于超级大熊市，往往是经济大萧条或者长期滞涨的结果，一般只出现结构性机会或中期底部，难见大底大牛市。

③成交量。中期底部往往没有明显的增量资金入场，主要是盘中存量资金反复炒作，而见大底会有大量场外增量资金入场。从月 K 线图上看，见大底一般成交量连续两月明显大于 20 月均量线，使 5 月均量线提前上穿 20 月均量线，随即股指突破 5 月均价线。而中期底部往往是股指先突破 5 月均价线，5 月均量线不上穿 20 月均量线，或只在高位放大量出货、见顶回落时 5 月均量线才上穿 20 月均量线。

④底部宽度。中期底部一般吸筹时间较短，见大底吸筹时间较长。

⑤整体涨幅。中期底部整体涨幅一般不超过 50%，见大底整体涨幅一般超过 80%。大盘见大底主力吸筹位于底部 20%～30%区间，主升浪涨幅一般要远大于 30%，超级大牛市，往往可以实现翻番，有的甚至翻几番。这样的机会往往少之又少，可遇不可求。

第四节 见大底实战图解

牢记经典，触类旁通；实战运用，举一反三。

一、2005 年 6 月 6 日上证指数见 998.23 点大底 K 线图

(一) 双突破逼空涨见大底日 K 线图

图 12-7 999999(上证指数)2005.4.21～2005.8.16 日 K 线图

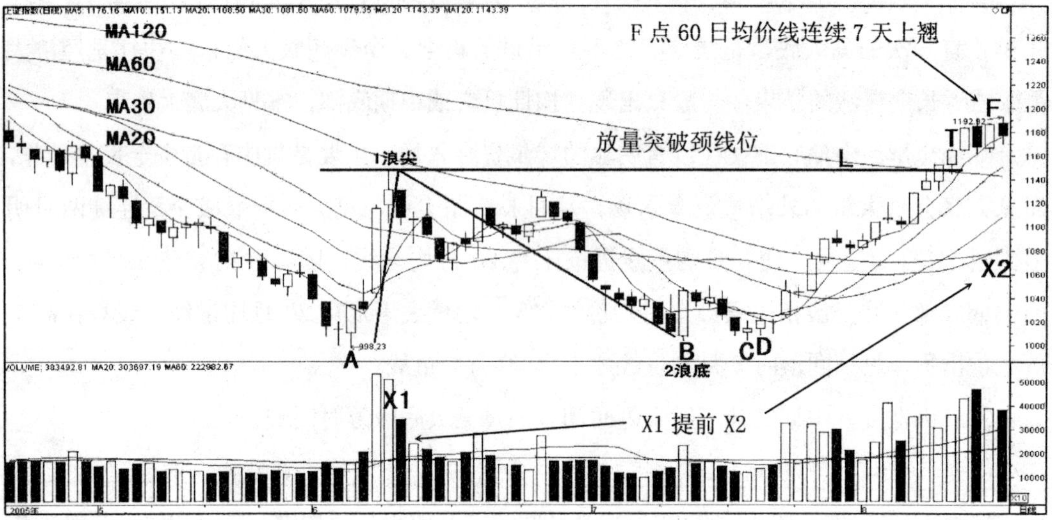

图 12-7

图 12-7 解析：

1. 双突破

A 点之前快速杀跌，A 点符合五阳抢筹之连阴阳、空倍阳，随后成交量放大几倍，远大于 60 日均量线，致使 20 日均量线于 X1 处上穿 60 日均量线，随即股指放量突破 30 日均价线，几乎是反弹最高价见最大量。

随后股指开始较长时间回调，至前期低点附近止跌反弹成交量明显放大，放量突破 60 日均价线，并继续上攻，30 日均价线上穿 60 日均价线。股指突破 30 日和 60 日均价线明显放量，且为大阳线突破。

A 点符合五阳抢筹之连阴阳、空倍阳；B 点符合五阳抢筹之空倍阳、C 浪阳；C 点符合五阳抢筹之 C 浪阳，D 点符合五阳抢筹之空倍阳。

2. 逼空涨

股指由 2 浪底震荡上攻，短期均价线黏合，中期均价线上翘，于 T 处放量大阳线突

破颈线位(1 浪尖)，确认见大底，展开主升浪。

(二)双突破逼空涨见大底周 K 线图

图 12-8　999999(上证指数)2005.4.1～2005.9.16 周 K 线图

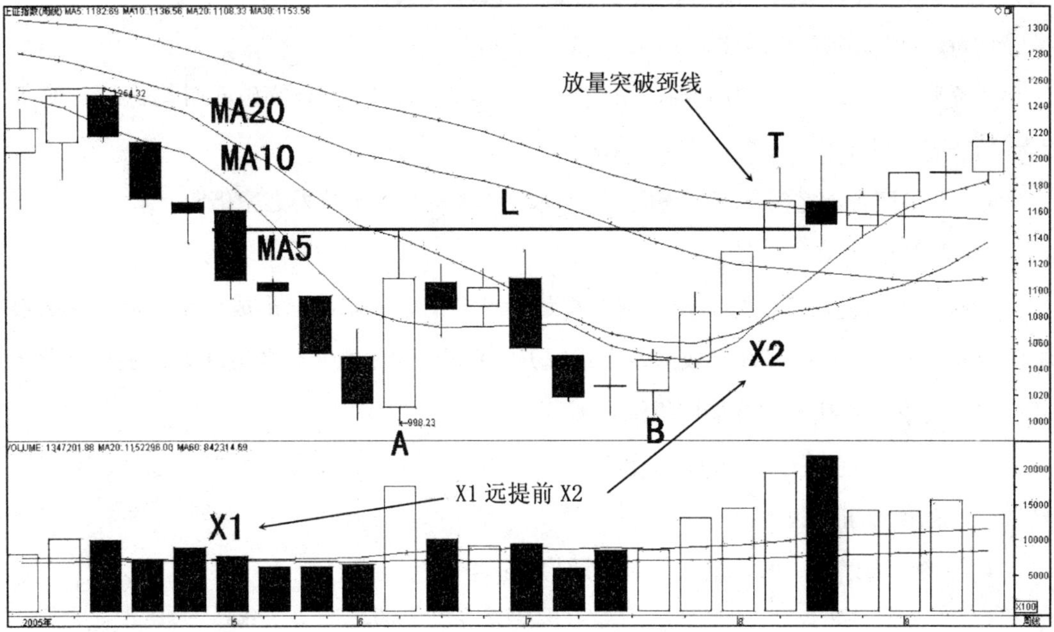

图 12-8　(图 12-7 对应周 K 线图)

图 12-8 解析：

1. 双突破

①首先是 20 周均量线提前于 X1 处上穿 60 周均量线。说明之前股指破位杀跌时即有资金利用恐慌抛售悄悄顺势吸筹，也说明之前向下杀跌是空头陷阱。

②随即是 5 周均价线于 X2 处上穿 10 周均价线，且上升角度陡。

A 点之前周 K 线已出现七连阴，A 点符合五阳抢筹之连阴阳、空倍阳。

B 点符合空倍阳、连阴阳、C 浪阳。

2. 逼空涨

股指突破 5 周均价线见 1 浪尖，之后回调见 2 浪底，且回调不创新低，量不走空，20 周均量线始终位于 60 周均量线之上。随即上攻，于 T 处放量突破颈线位，且回调不破颈线位，确认见大底，展开主升浪。

图 12-9 解析：

双突破逼空涨见大底月 K 线图。

1. 双突破

成交量首先突破：

A 点之前三连阴杀跌，成交量 M 放大，明显大于 20 月均量线，使 5 月均量线于 X1 处提前上穿 20 月均量线，显示有场外主力资金进场吸筹。

均价线随即突破：

成交量明显放大，股指上攻，量增价涨。股指随即于 X2 处突破 5 月均价线，使 5 月均价线走平并上翘。

A 符合五阳抢筹之空倍阳、连阴阳、C 浪阳；B 符合五阳抢筹之空倍阳。

2. 逼空涨

股指突破 5 月均价线之后，出现一根量价齐升的中大阳线，形成逼空走势。或突破 5 月均价线之后就直接展开，或回调之后展开。股指于 X2 处突破之后回调，随后一路上攻，形成逼空，快速推动行情向纵深发展。

月 K 线图出现双突破，即均量线突破、均价线突破，其见底信号非常强烈，有时不待逼空涨出现即可确认。

月 K 线图周期长，形简意深，对长期趋势影响更为显著。

图 12-9　999999(上证指数)2004.3.31～2006.2.28 月 K 线图

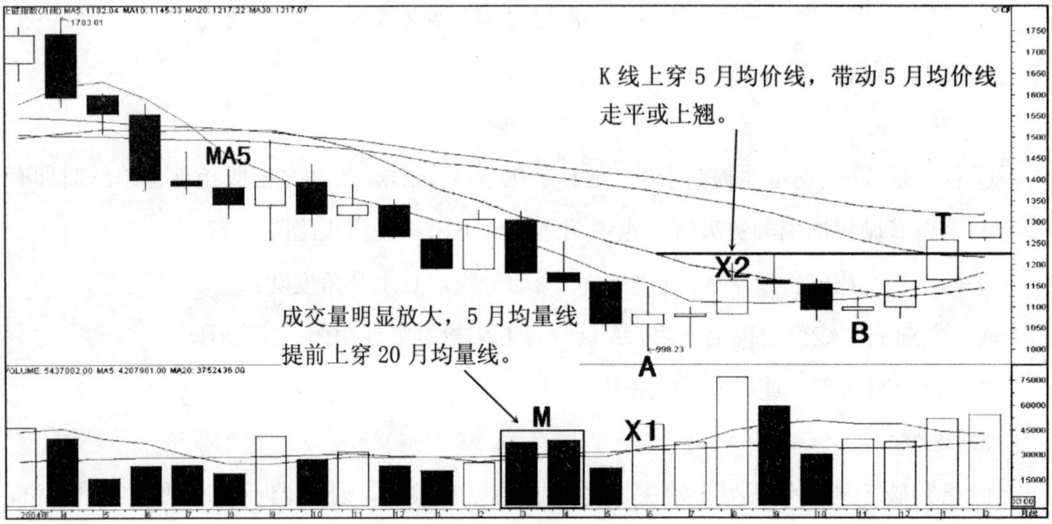

图 12-9

日 K 线图、周 K 线图、月 K 线图见底比较：

①日 K 线图符合见大底标准，周 K 线图、月 K 线图不一定符合见大底标准。

②周 K 线图、月 K 线图符合见大底标准，日 K 线图一定符合见大底标准。

③是否有场外增量资金入场和增量资金的多少，是区分不同底部的重要标准。

④日K线图往往只能确认中期底部，确认大底必须周K线图、月K线图。

⑤只有通过比较日K线图、周K线图、月K线图走势，才能确认底部的性质。

二、1999年“5·19”上证指数见大底K线图

(一)双突破逼空涨见大底日K线图

图12-10 999999(上证指数)1999.4.16～1999.6.15日K线图

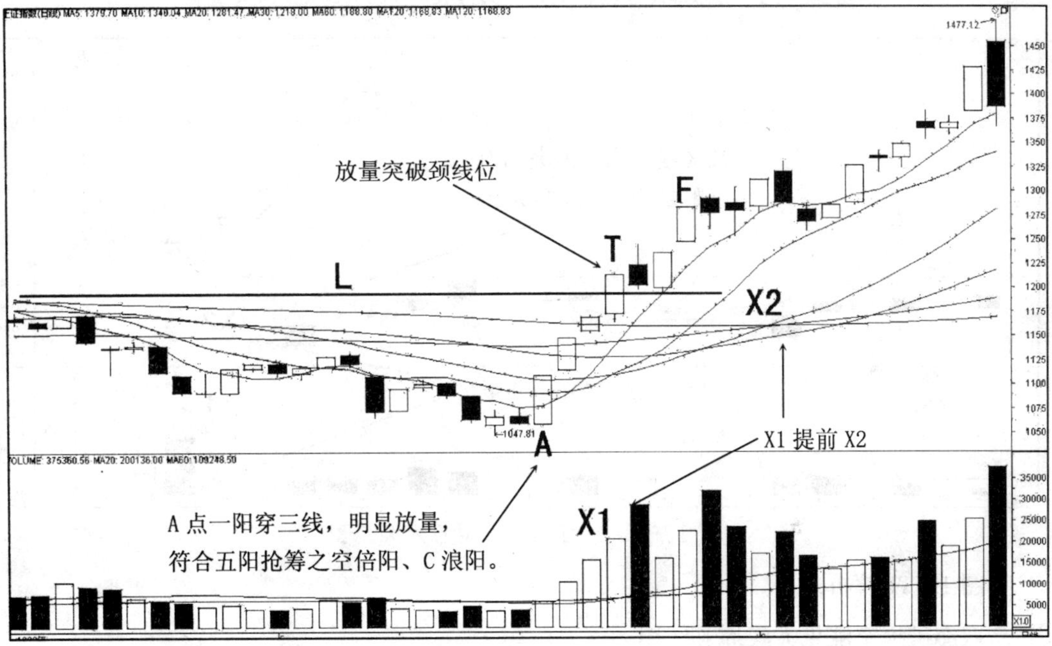

图12-10

图12-10解析：

双突破逼空涨见大底日K线图。

1. 双突破

此前股指一路下跌，成交量接近地量，股指接近1000点多年底部，成交量迅速放大几倍，20日均量线于X1处上穿60日均量线。股指连续放量突破30日和60日均价线，成交量放堆量，步步高，逼空抢筹迹象明显。

股指沿5日均价线放量上攻，突破前期平台，30日均价线于X2处上穿60日均线。股指突破30日和60日均价线明显放量，且为大阳线突破。

A点符合五阳抢筹之空倍阳、C浪阳，且为一阳穿三线，强势明显。

2. 逼空涨

股指T处放量大阳线突破颈线位，且回调不破颈线位，迅速上攻，展开主升浪。

由图12-10可以看出，本图与998见大底和1664见大底走势有明显区别，股指出现单边上涨，在向上突破压力位时并没有立刻回调。在实际操盘中，我们研判见大底切不可生搬硬套，否则无异于作茧自缚，导致错失良机，甚至损失惨重。只有具体问题具体分析，因时而变，因势而变，才能有法似无法，无法胜有法。

(二)双突破逼空涨见大底周K线图

图 12-11　999999(上证指数)1998.12.25～1999.6.25 周K线图

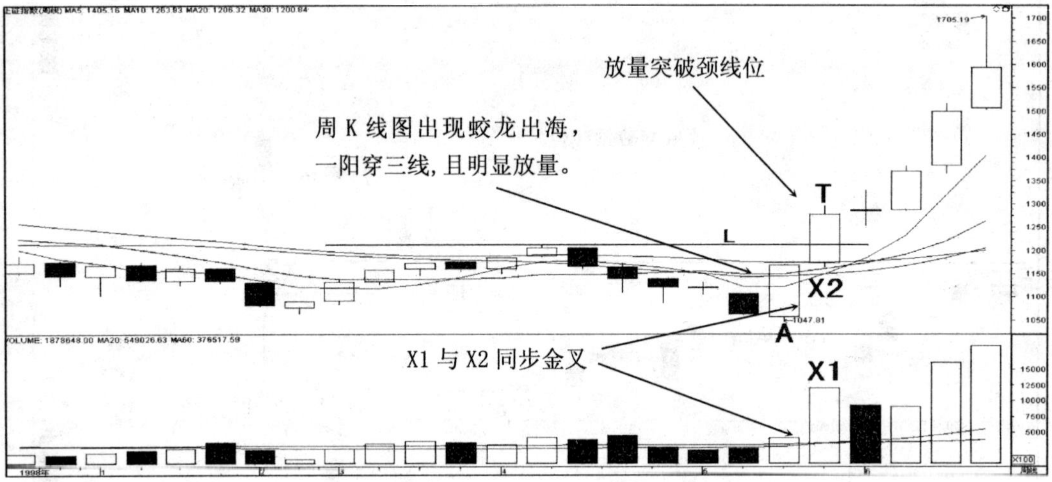

图 12-11　(图 12-10 对应周K线图)

图12-11解析：

双突破逼空涨见大底周K线图。

1. 双突破

①此前股指长期区间盘整，成交量总体较小，A点之前出现五连阴下跌，成交量接近地量，于A点开始成交量放大几倍，远大于60周均量线，使20周均量线于X1处提前于上穿60周均量线。表明有场外主流资金大量入场，之前的向下杀跌为明显空头陷阱。

②成交量放大，股指出现逼空走势，随后是5周均价线于X2处上穿10周均价线，且上升角度陡，多方强劲。

A符合五阳抢筹之连阴阳、空倍阳，且一阳穿三线，呈蛟龙出海之势。

由于周K线较日K线周期长，对趋势指示更明确，见底信号更强，临盘绝不可错过。

2. 逼空涨

股指于T处放量突破颈线位，且回调不破颈线位，确认见大底，展开主升浪。

比较周K线图与日K线图，如果我们只看日K线图，总觉得股指短期涨幅过大，继续上攻乏力，回调可能性极大，这样就有可能被短暂的震仓洗盘出局。但如果我们看一看周K线图，就可知道上攻才刚刚开始，攻势有增无减。

(三)双突破逼空涨见大底月K线图

图 12-12 999999(上证指数)1998.5.29～1999.6.30 月K线图

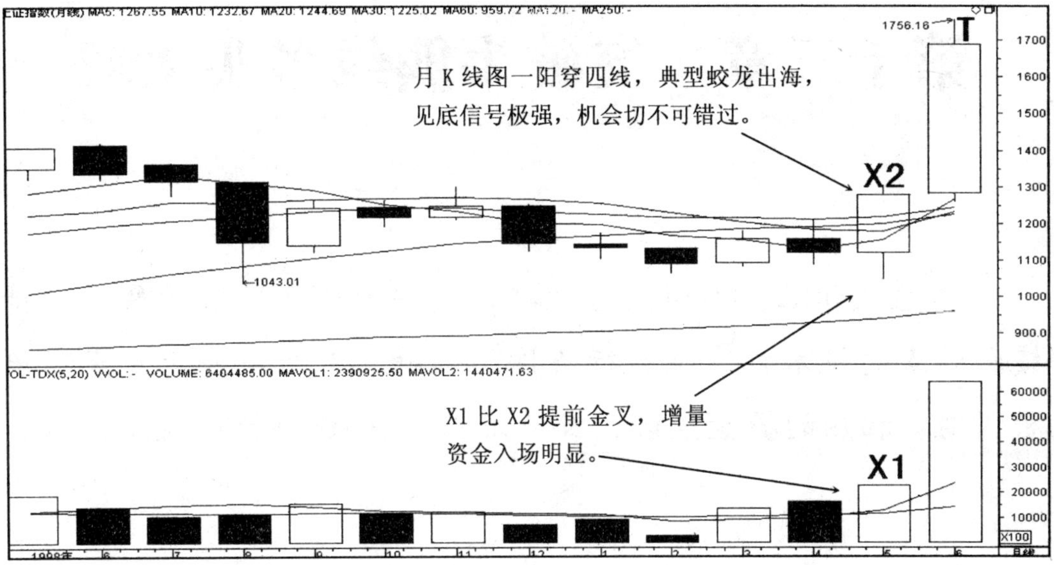

图 12-12

图 12-12 解析：

双突破逼空涨见大底月K线图。

1. 双突破

①成交量首先突破：之前成交量放量，明显大于20月均量线，使5月均量线提前于X1处上穿20月均量线。

②均价线随即突破：股指随即于X2处突破5月均价线，使5月均价线走平并上翘。

蛟龙出海：月K线图出现一阳穿四线，典型蛟龙出海，其见底信号极为强烈，这样的机会实在少见，切不可错过！

2. 逼空涨

股指突破5月均价线之后，出现量价齐升的中大阳线，直接将行情向纵深推进。

由之前的分析比较明显可以看出，月K线图相比周K线图、日K线图，周期更长，对长期趋势影响更为显著，但月K线图相比日K线图和周K线图滞后得多，实战中要长短兼顾，灵活运用。

第十三章　突破牛熊线多头上攻

熟悉主升浪的不同走势特征，熟练掌握主升浪的展开、持续和结束的技术标准及运行条件，准确区分打压洗盘与震荡出货，制定相应的操盘策略，及时准确地捕捉主升浪。

第一节　主升浪与运行环境

主升浪属于突破牛熊线多头上攻阶段，快速识别、捕捉主升浪是重中之重。

一、突破牛熊线多头上攻

主升浪是一轮大行情中主要的上涨阶段，涨幅最大，上涨时间最长。主升浪一般是在大盘筑底后迅速展开。

(一)用日K线图研判主升浪

图 13-1　999999(上证指数)2008.12.30～2009.5.14 日K线图

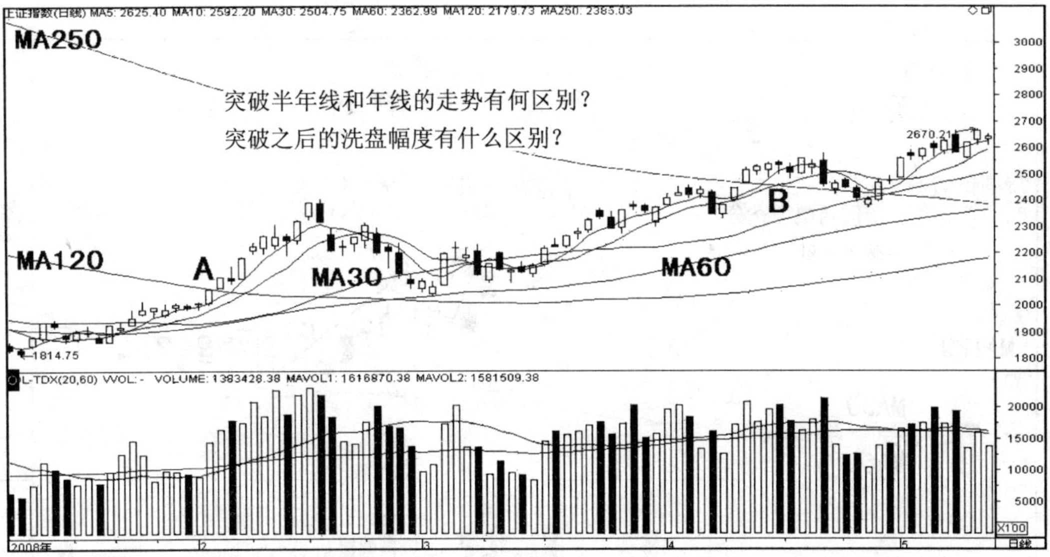

图 13-1

图 13-1 是见 1664 大底之后股指突破半年线和年线日K线图，突破半年线和突破年线的走势有何区别?

1. 多头上攻

多头上攻即多头行情上攻，多头行情的主要特征是一连串的大涨小回，多头行情的技术标准：

①30 日、60 日均价线呈多头排列，或 5 周均价线与 10 周均价线呈多头排列。

②高点不断抬高，低点不断抬高，一山更比一山高。

③趋势线是向上的。

2. 突破牛熊线

即突破半年线和年线。半年线(MA120)为准牛熊分界线，年线(MA250)为牛熊分界线。半年线和年线的突破方式往往一繁一简，洗盘幅度往往一大一小。

①突破方式一繁一简。

突破半年线的方式较复杂，如果突破之后又跌破随后再突破，那么突破年线的方式一般就会相对简单，突破之后往往不再跌破。

②洗盘幅度一大一小。

若突破半年线之后洗盘幅度较大，整理时间较长，则突破年线之后的洗盘幅度往往相对较小。

图 13-2　999999(上证指数)2008.12.30～2009.3019 日 K 线图

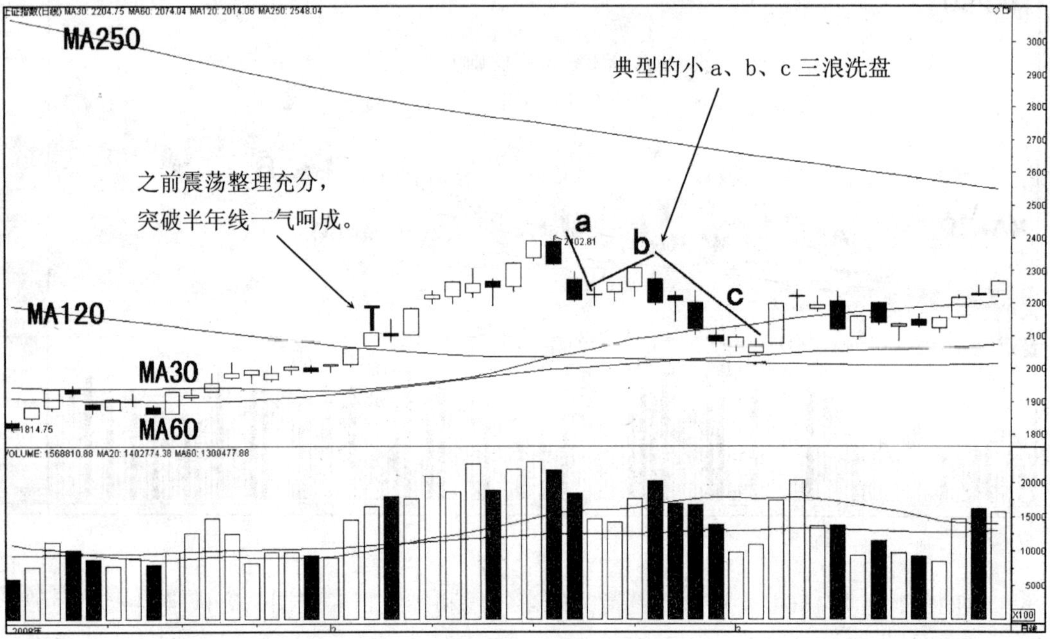

图 13-2　(图 13-1 突破半年线放大图)

③突破半年线一气呵成。

股指突破半年线之前，经过充分的震荡整理，小阴小阳上攻，且成交量不大，看似有气无力，实则蓄势待发。

股指接近半年线，突然拉大阳线或跳空大阳线，于 T 处一举突破半年线，随后快速上攻，形成逼空走势，使在突破之前卖出的只能踏空或追高买入。

股指突破半年线后快速上攻，乍一看阳光明媚，如沐春风，冷不防雷鸣电闪，暴雨倾盆，主力展开凶狠洗盘。

洗盘方式为典型的小 a、b、c 三浪洗盘：先是小 a 浪杀跌，1 根大阴线和 1 根跳空大阴线快速杀跌，使人猝不及防；随即是小 b 浪抵抗，3 根小阳线抵抗，且成交量明显缩小，洗盘没到位，多方反击意愿不强；最后是小 c 浪杀跌，连续阴线向下杀跌，时间长，跌幅大，让人有反弹结束和黑云压城之感。

小 a、b、c 三浪洗盘，整体打压震荡洗盘幅度较大，但不破 60 日均价线，也不破半年线。看似惊涛骇浪，实则波澜不惊。迷茫者担惊受怕，会意者羽扇纶巾。经过小 a、b、c 三浪洗盘之后，股指再次震荡上攻，扬帆出海。实际走势中，小 a、b、c 三浪洗盘有可能出现变异走势，只是级别稍有不同罢了。

图 13-1 突破年线的放大图为图 13-3。

图 13-3　999999(上证指数)2009.3.18～2009.6.3 日 K 线图

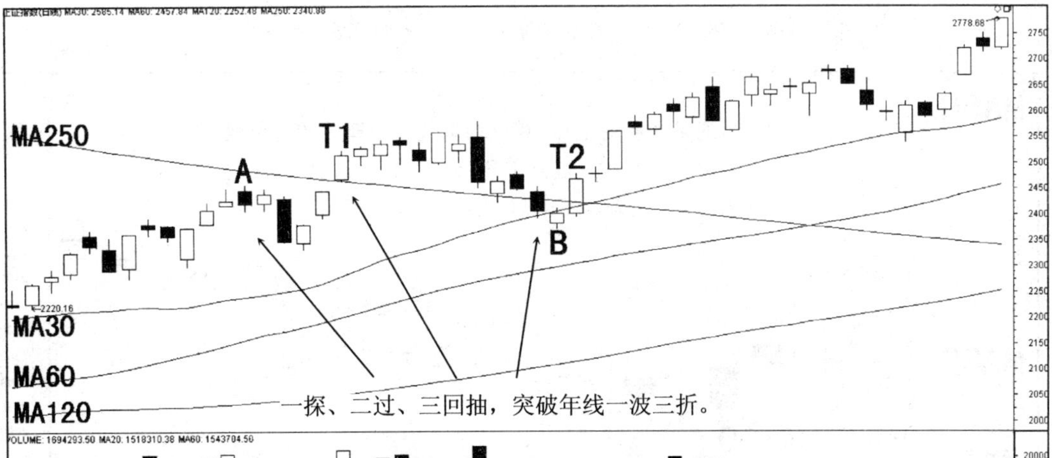

图 13-3

④突破年线一波三折。

股指突破半年线一气呵成，突破年线经过了一探、二过、三回抽。

一探：股指首先上攻至年线下方附近，但并没有像突破半年线那样一举突破，而是先回调洗盘，蓄势待发。

二过：股指经过回调洗盘之后，连续两个大阳线跳空，一举突破年线。

三回抽：股指突破年线之后，开始横向震荡，向下打压洗盘，再破年线，回踩前期低点，但不破 30 日均价线。

股指突破年线之后，先经过横向洗盘，再向下打压洗盘，成交量明显缩小，于 30 日均价线附近止跌回升。整个洗盘时间长，但向下打压洗盘幅度较小。

通过比较我们发现，股指突破半年线和年线的走势区别很大，突破半年线一气呵成，突破年线一波三折，我们在实战中如何把握呢？这正是用兵不复典型战法。

兵无常势，水无常形，用兵不复是战时公认的原则，意思是不在同一场战役中使用相同的兵法，或不对同一个敌人使用同样的兵法，否则容易被敌人识破。

用兵不复的本质是指心理上的出其不意，即你以为我绝不会这样做，我偏偏这样做，达到奇兵制胜的效果。

用兵不复必须与主力操盘中的先养后杀相区别。

(二)用周 K 线图研判主升浪

图 13-4　999999(上证指数)2008.12.31～2009.6.12 周 K 线图

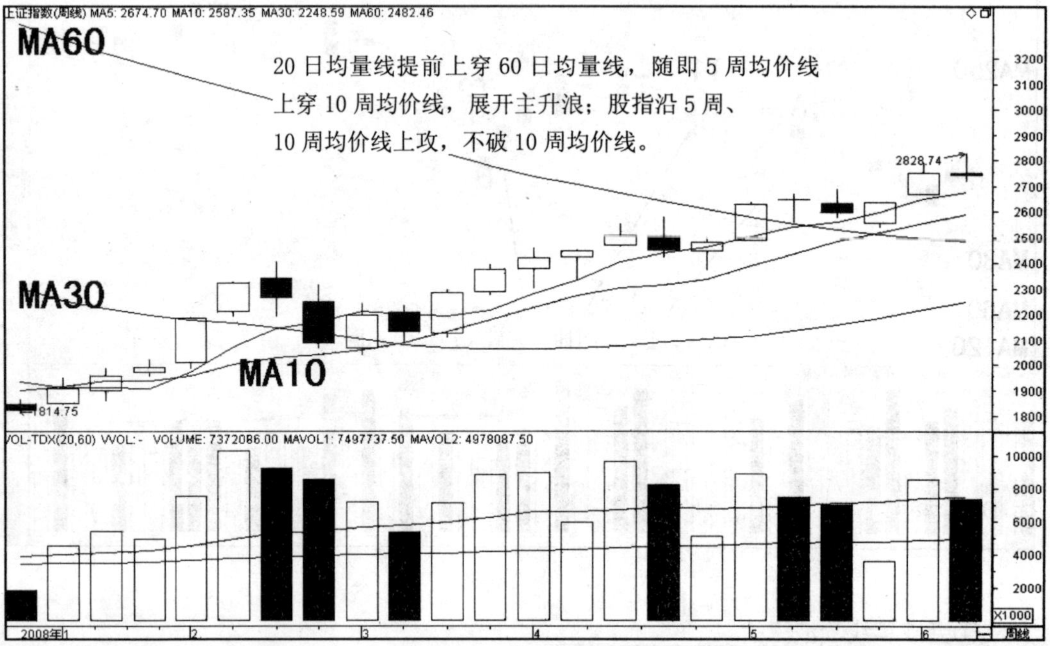

图 13-4

图 13-4 解析：

5 周均价线与 10 周均价线呈多头排列，股指沿 5 周均价线上攻，回调不破 10 周均价线。20 周均量线与 60 周均量线呈多头排列。

周 K 线图研判主升浪要点：

1. 主升浪行情开始

20 周均量线提前上穿 60 周均量线，提前预警主升浪是否来临。随即 5 周均价线上穿 10 周均价线，有效突破 30 周均线，确认主升浪。

2. 主升浪行情持续

5 周均价线与 10 周均价线呈多头排列。股指一般沿 5 周均价线上攻，回调不破 10 周均价线。20 周均量线与 60 周均量线呈多头排列。

3. 主升浪行情结束

用周均量线研判主升浪行情是否结束过于滞后，一般不作为判断依据。

判断主升浪行情是否结束，最重要的是看 10 周均价线是否被有效击穿。

若涨幅大，回调跌破 10 周均价线，且不能快速止跌上攻，则很可能是阶段顶部，甚至是见大顶，必须特别注意。若出现单边上涨行情，则往往跌破 5 周均价线，主升浪即结束。

(三)用月 K 线图研判主升浪

图 13-5　999999(上证指数)2008.8.29～2009.6.30 月 K 线图

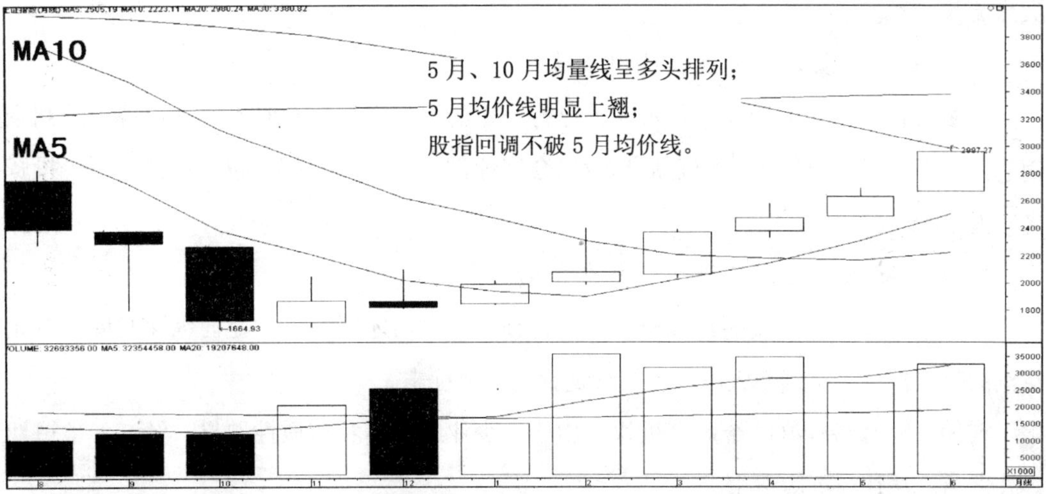

图 13-5

图 13-5 解析：

5 月均量线提前上穿 20 月均量线，呈多头排列。5 月均价线明显上翘，股指回调不破 5 月均价线。

用月 K 线图研判主升浪要点：

1. 主升浪行情开始

5 月均量线提前上穿 20 月均量线，提前预警主升浪是否来临；股指突破 5 月均价线，且5月均价线明显上翘或开始上翘。

2. 主升浪行情持续

股指沿5月均价线上攻，5月均价线明显上翘，回调不破5月均价线。5月均量线与20月均量线呈多头排列。

3. 主升浪行情结束

用月均量线研判主升浪行情是否结束过于滞后，一般不作为判断依据。

判断主升浪行情是否结束，最重要的是看5月均价线是否被击穿。若涨幅大，回调跌破5月均价线，且不能快速站上5月均价线，则很可能是阶段顶部，甚至是见大顶，必须特别注意。

二、主升浪运行环境

1. 环境继续向好，人气在涨势中渐旺

经济数据继续向好，政策利好暖风频吹，赚钱效应逐渐显现，人气逐渐旺盛，资金大量流入。

2. 利空不时来袭，行情在犹豫中前行

在多头行情主升浪阶段，每每在大盘有一定的涨幅之后，会时不时地出现一些利空消息，从而造成大盘回调，但之后一般仍会继续创新高。这一打一拉，往往使不少投资者割肉或踏空。

3. 持续热点带动，板块在推进中分化

主升浪阶段只有持续的热点板块，交替领涨大盘，才能带动大盘向纵深发展。有无持续的热点板块，是判断大盘能否持续走强的重要标志。

前期不少涨势较好的个股和板块，由于缺少业绩支撑和实质性题材，经过一番短期炒作之后，往往会沉寂下来。

第二节　操盘策略与心理博弈

一、主升浪操盘策略

重仓出击，强者恒强，捂股待涨。

1. 重仓出击

主升浪仓位不少于 85%。仓位控制三不原则：

最好不要全仓一只股；最好不要重仓问题股；最好不要同板块多只股。

2. 强者恒强

做领涨大盘的热点板块和领涨个股，并适时调仓换股，汰劣择强。

3. 捂股待涨

主升浪阶段，主要是捂股待涨，大资金可滚动操作，小资金可长多短空。

(1)绝不可错过主升浪

主升浪一年往往只有一次，有时几年才有一次，是绝不可错过的大行情。

(2)绝不可过度高抛低吸

主升浪阶段往往快速洗盘，有时仅 1～2 根大阴线洗盘，随后大阳线或跳空大阳线逼空。若频繁地高抛低吸，则一不小心抛丢了，要么踏空，要么只能追高买入。

二、主升浪心理博弈

主力让你觉得赚钱机会很多，但你又很难赚大钱，让你不断地高抛低吸，追涨杀跌，到处抬轿，培养你对某种指标、某种走势的信奉和对某种题材的追捧，为将来下套做准备。

主升浪行情火爆，总有不少股票涨得让人头脑发热，血脉奔张。主力通过打压洗盘和利空洗盘，让不少人不停地进进出出，甘当推高股价的帮手，即俗话说的抬轿子。抬轿子的往往尝到一点甜头，增加十分梦想。抬轿子的只得冰山一角，坐轿子的坐享其成。

如果一轮大行情你没赚到钱，或者赚得很少，那请反思一下，主升浪你是捂股待涨呢还是追涨杀跌？你是在坐轿子呢还是在抬轿子？主升浪要坐得住，坐得住才是坐轿子的啊！

第三节　打压洗盘与震荡出货

正确区分打压洗盘和震荡出货，是必须熟练掌握的技能。在一轮大行情中，买过牛股的人很多，但捉住牛股的人很少。绝大多数人对盘中震荡不知是洗盘还是出货，盲目斩仓离场，然而刚刚斩仓，股价却连续上攻。“他好像专门盯着你手中的股票，你不抛他就不涨！”

如果对行情研判不清，把洗盘当成出货，盘面稍有异动，便落袋为安，那很可能错失大行情，或者把出货当洗盘，固执地持股不动，往往会深陷其中，不能自拔。

下面我们通过实例图来比较洗盘与出货。

图 13-6　000758(中色股份)2010.8.30～2010.12.28 日 K 线图

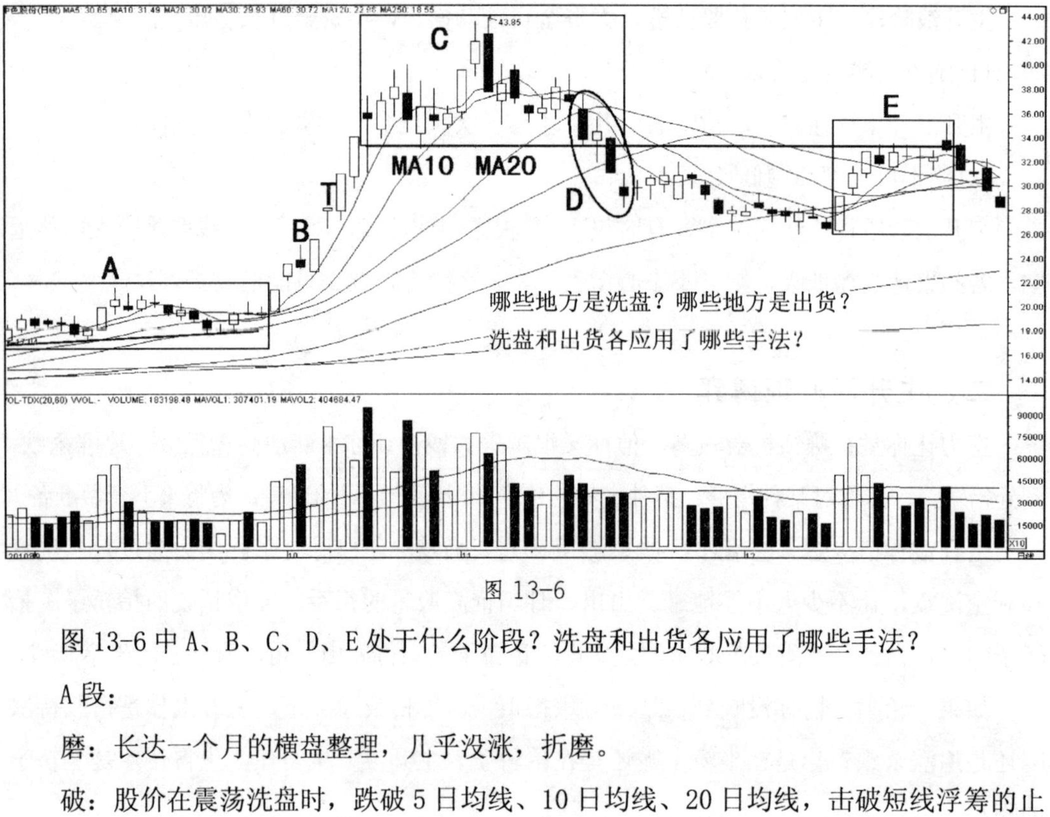

图 13-6

图 13-6 中 A、B、C、D、E 处于什么阶段？洗盘和出货各应用了哪些手法？

A 段：

磨：长达一个月的横盘整理，几乎没涨，折磨。

破：股价在震荡洗盘时，跌破 5 日均线、10 日均线、20 日均线，击破短线浮筹的止损位，但不跌破趋势线，不破坏技术图形，且回调时成交量明显缩小。这就是破，即破止损位但绝不破主力底线。

B 点：搓，单日长上影洗盘，分时图上下搓，盘中放量，有资金利用上下搓吸筹。

T段：放量涨停，表明主力开始利用涨停出货，涨停一般都是主力在托。

C段：横，高位放量滞涨，成交量时大时小，明显为出货。

暴，暴涨或暴跌，引你追涨，让你吃套。成交量缩小之后，再次放大量拉涨停上攻，随后暴跌，乃是假突破真出货。

D段：套，利用大阴线或跳空大阴线快速杀跌，跌破筹码密集区，将大量散户套在高位值班站岗。

E段：诱，诱多出货，利用超跌反弹于E段再次出货，反弹至前期筹码密集区即开始下跌。

一、打压洗盘与震荡出货的相同点

打压洗盘与震荡出货K线、均价线和成交量有时会出现一些相似特征，如出现中大阴线、均价线破位、成交量明显放大或缩小等，容易造成投资者误判，将打压洗盘与震荡出货混淆。

二、打压洗盘与震荡出货的不同点

1. 目的不同

洗盘只是为了恐吓短期获利浮筹卖出，仅想甩掉不坚定的跟风盘，减轻再次拉高的压力，并且吸引新的跟风盘，垫高平均持仓成本。

出货是因主力已将股价从低位拉高至目标位，账面盈利丰厚，派发筹码套现出局。一般是买进少、卖出多，甚至只卖不买。

2. 位置不同

洗盘一般发生在中低位，底部建仓阶段和主升浪阶段。一波中期行情，主力资金一般在底部20%～30%区间建仓，主升浪幅度一般超过30%。因此一般在整体涨幅不超过50%的区间，以打压洗盘的可能性更大。对于一波大行情来说，主升浪幅度更高。

出货一般发生在高位、冲顶、盘头和杀跌以及反弹阶段。对于一波中期行情，整体涨幅一般超过50%，若有的个股涨幅超过100%，则要当心主力出货。超级牛股有的翻几倍，但这种情况，往往只出现在大牛市。若大盘之前仅只是构成中期底部，则出现大牛股的几率不高。对于短期反弹行情，主力通常边拉边出。

3. 底线不同

打压洗盘是有底线的，一般不跌破重要支撑位。如快速、加速上涨形，洗盘一般不跌破 5 日均价线，逐浪上升、阶梯上涨形一般不跌破 10 日或 20 日均价线。在上升趋势中，很少跌破 30 日均价线。洗盘之后往往会继续上攻，而且创新高的可能性更大。震荡出货往往会跌破重要支撑位，甚至杀跌下套出货，特别是出货将完时，往往倒水砸盘，根本没有什么底线。

4. 重心不同

重心是否下移是判别打压洗盘与震荡出货的显著标志。主力的打压洗盘主要是通过日 K 线图做手脚，把图形做的很恐怖，不想让其他人买到便宜货，所以日 K 线无论收大阴线、长上影、十字星、螺旋桨或连续多根阴线等，重心始终不下移，从周 K 线图上看往往一目了然。而主力开始出货时往往把图形做得比较好看，但重心却一直不上移，出货到一定程度，往往会不顾一切地倒水式抛售，从而造成重心下移。

5. 手法不同

洗盘手法：搓、磨、破、放、吓。

出货手法：托、横、暴、套、诱。

(1)洗盘手法

搓：搓就是上下搓。在上涨过程中边拉边洗，往往通过单根或两根 K 线洗盘，分时图大幅上蹿下跳。上下搓很少跌破 10 日均价线。单日上下搓，放量缩量均可。主力在相对低位往往仍会利用剧烈上下搓吸筹，成交量因此会放大。

磨：长时间窄幅盘整。即使大盘涨得热火朝天，可它横盘两个星期或者一个月，各种技术指标也到位了，可它就是不涨。

破：破就是破位。快速向下杀跌，击破你的心理底线，让你卖出了事。等你执行既定止损方案，股价又快速拉起，让你懊悔不已。

当然，主力向下杀跌，也是有底线的，特别是主升浪阶段，一般不会跌破 20 日均价线，很少跌破 30 日均价线，绝不会破坏技术形态，且打压洗盘时成交量一般会快速缩小。

在大势向好的时候，其他股票走势都很正常，如果某只股票走势恶劣，让人望而却步，那么这只股票主力就很难操作了。

放：放就是暂时放手不管。有些个股，主力低位提前建仓之后，拉高到一定程度，就放手任由股价涨跌。当然，主力一般是不会让它跌破自己的建仓成本的。这种情况往往是主力在等待合适时机拉高。

吓：吓就是借利空吓唬，使持股者信心动摇从而抛出筹码。主力借利空洗盘，或者借大盘回调之机顺势洗盘，短线浮筹往往会纷纷卖出。还有一种是利用长假效应洗盘，比如春节、国庆节等，主要是针对震荡行情，人们心理脆弱，由于休市时间长，人们担心长假里会出现利空，为防不测，往往会卖出。强势行情人们对后势乐观，一般受长假影响较小。

(2)出货手法

托：托就是托住。主力将股价拉高到目标位附近，开始放大量拉大阳，制造出量价齐增行情看涨的火暴场面，吸引散户追涨。主力用大单在下面托住，既封杀了股价下跌的空间，又迫使散户只能追高买入。若遇关键压力位，主力再“帮忙”打通一下，散户一见突破了压力位，则便继续追涨。若下方积累了大量散户买盘，则主力便会快速撤掉自己的托盘，转手大单卖出，然后再开始挂托盘……

横：横就是横盘震荡。有些股票放量拉高之后，开始横向盘整，成交量时大时小，没有规律，有时放量上攻一两天，马上又跌回来了，这种情况往往是主力出货。

暴：暴就是暴涨暴量。一只股票长时间高位横盘震荡，特别是技术指标顶背离之后，突然暴大量拉大阳上攻，甚至创新高，随后成交量又明显缩小，往往是主力在做最后冲高，多为大幅下跌之前的诱多出货。

套：套就是下套儿。主力在高位派发了大量筹码，回调到重要支撑位，很少有投资者会认为这里有较强支撑，会逢低吸纳，主力却大单卖出，快速跌破筹码密集区，大阴线或跳空大阴线下跌，将大量散户套在高位。

如果你以后看到股价回调到明显支撑位，成交量不见明显缩小，就要当心，主力也许马上要破位下套儿了！

诱：就是诱多出货。诱多反弹的时间一般较短，也叫“昙花一现”。由于股价快速跌破了筹码密集区，并形成了严重超跌，往往在重要均价线附近，如60日均价线和半年线附近，会产生技术超跌反弹。主力利用一部分人喜欢抢反弹的特点，卖出剩下的筹码。

第四节 主升浪实战图解

牢记经典，触类旁通；实战运用，举一反三。

一、2005 年中国 A 股主升浪剖析

(一)日 K 线图研判主升浪要点

图 13-7 999999(上证指数)2005.8.3～2006.2.17 日 K 线图

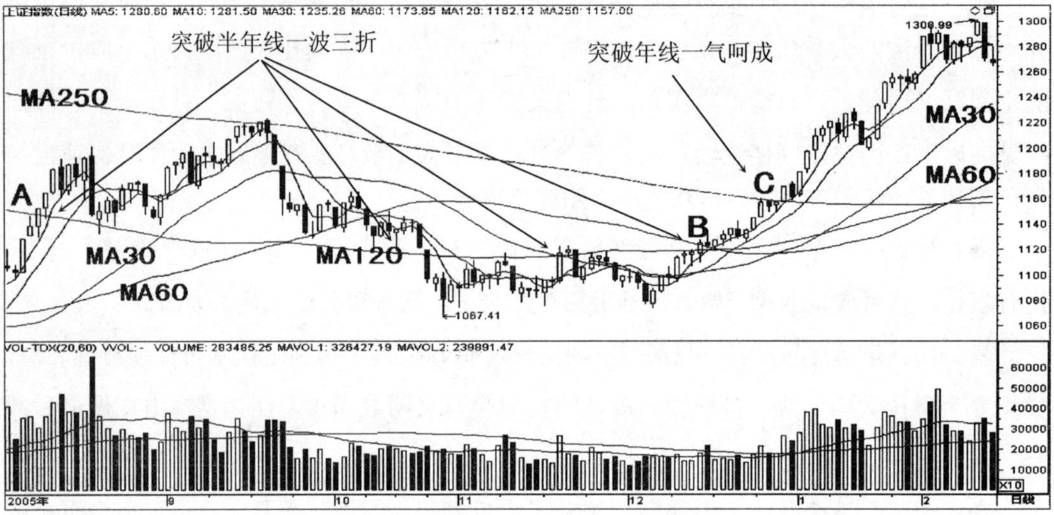

图 13-7

图 13-7 解析：

展开主升浪之前，进行了充分的打压洗筹，突破半年线走势非常复杂，突破年线走势相对轻松。

1. 突破半年线

股指突破半年线一波三折，反复上下搓，震荡幅度大，心理冲击力强。

股指于 A 处突破半年线之后多次回踩半年线，之后跌破半年线，下跌幅度大，时间长，给人以反弹见顶之势，打压诱空彻底。随后在半年线下方开始平台窄幅震荡，成交量大幅缩小，蓄势整理充分，随后碎步儿登高，于 B 处突破半年线。

2. 突破年线

股指突破年线一气呵成，形成单边走势，回调洗盘幅度非常小。

股指能快速突破年线，并且相对轻松，主要在之突破年线之前，打压吸筹充足、震荡整理凶狠。

股指接近年线，于C处一举突破年线，随后快速上攻，形成逼空走势。

股指突破年线之后，一直沿5日均线上攻，使低位卖出者一路踏空，或者只能追高买入。

(二)周K线图研判主升浪要点

图 13-8 999999(上证指数)2005.7.22～2006.1.25 周K线图

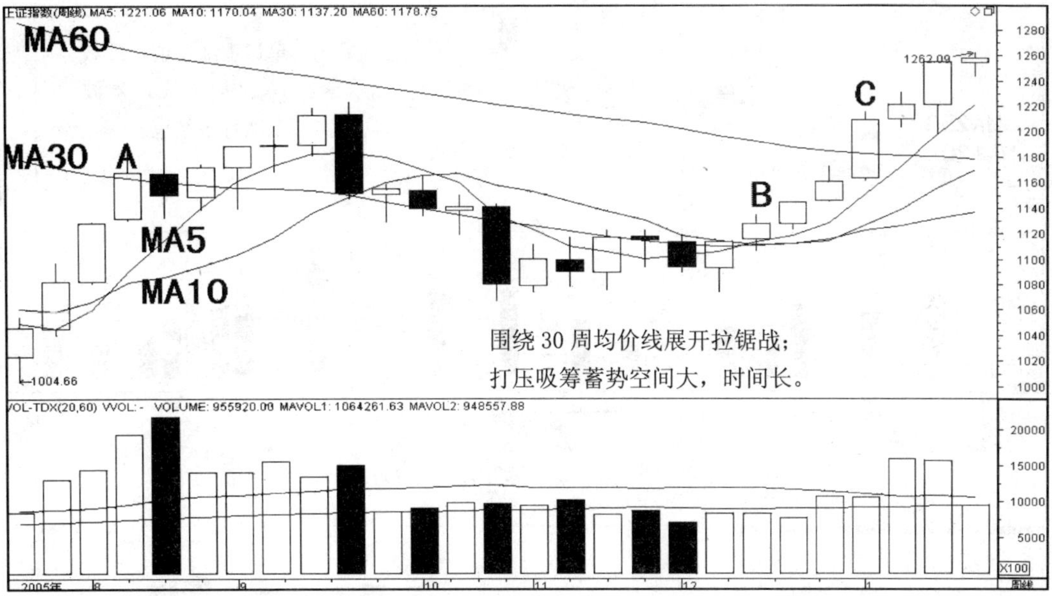

图 13-8

突破牛熊线多头上攻：

1. 主升浪行情开始

成交量明显放大，20周均量线提前上穿60周均量线，5周均价线上穿10周均价线，突破30周均价线一波三折。经过充分的打压吸筹蓄势，随后一鼓作气突破30周、60周均价线，确认主升浪。

2. 主升浪行情持续

均价线发散，5周、10周、30周均价线呈多头排列。股指沿5周均价线上攻，回调不破10周均价线。

3. 主升浪行情结束

股指是否有效跌破10周均价线，是判断主升浪是否结束的重要标志。若涨幅大，回调跌破10周均价线，且不能快速止跌上攻，导致10周均价线走平和下行，则很可能是阶段顶部，甚至是见大顶。

二、1999 年“5·19”行情主升浪剖析

图 13-9　999999(上证指数)1999.5.14～1999.7.12 日 K 线图

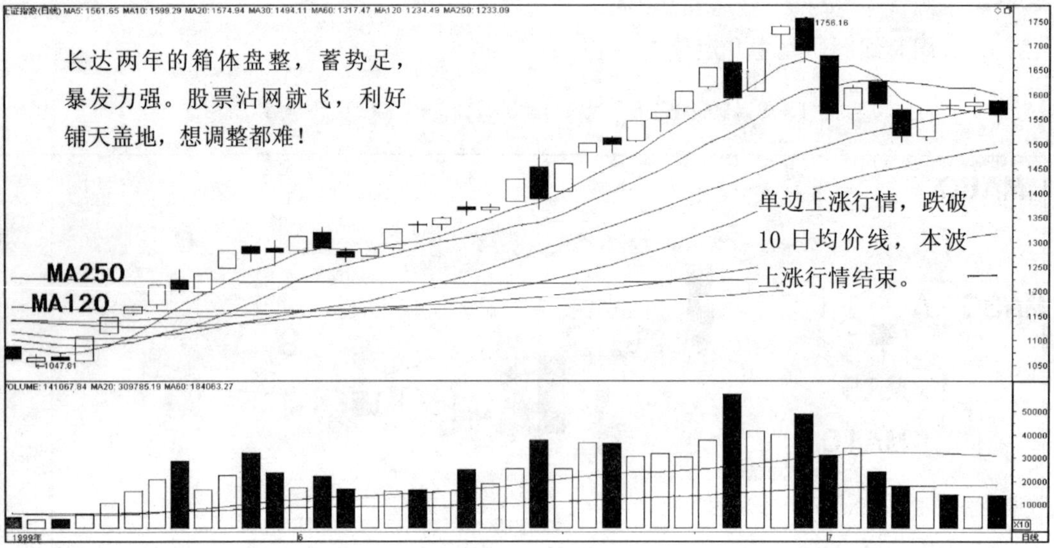

图 13-9

图 13-10　999999(上证指数)1999.4.2～1999.10.15 周 K 线图

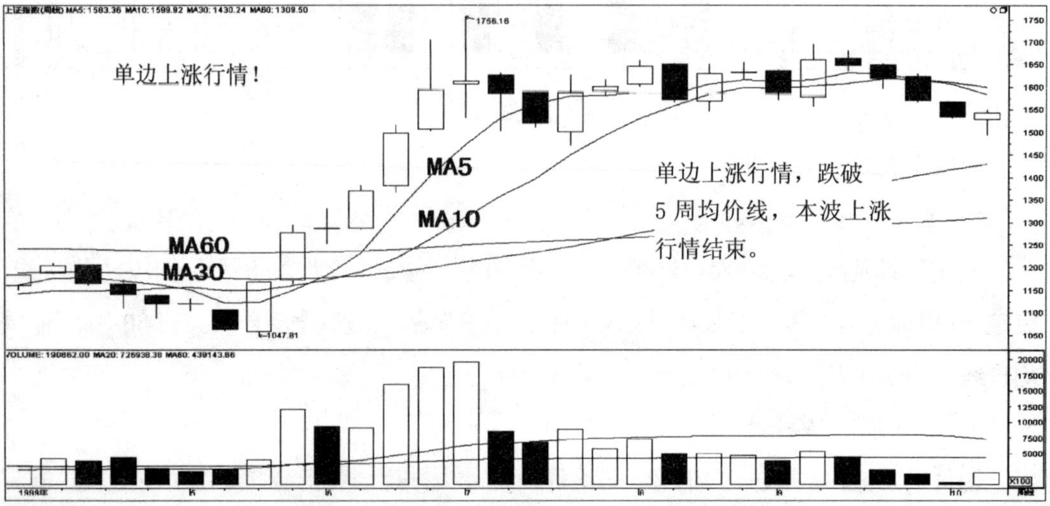

图 13-10

1999 年“5•19”行情发生之前，股指在 1000～1500 点箱体之间盘整达两年，中长期均线之间相差极小，各路人马蠢蠢欲动。此前在华尔街长达 10 年之久的牛市中，网络股风头出尽。“5•19”行情由网络股推动，股票沾网就飞，各种政策利好铺天盖地，蜂拥而来，想调整都难，引领了一波单边上涨的大行情。

第十四章　量价线异动多头陷阱

熟悉多头陷阱发生的条件、发生的位置以及走势特征，及时准确地识别多头陷阱，正确制定相应的操盘策略，做到既不匆忙清仓踏空大段行情，又不盲目乐观深陷险境，确保有计划、有步骤地安全撤离。

第一节　多头陷阱与运行环境

熟悉多头陷阱发生的条件、位置以及走势特征，对于我们制定正确的操盘策略、提高实战逃顶能力至关重要。

一、量价线异动多头陷阱

(一)什么是多头陷阱

多头陷阱是为多头设置的陷阱，通常发生在指数或股价创新高后，区间震荡出货，然后迅速突破盘整区间达到新高点，随后迅速滑落，跌破以前的盘整区间，使高位买进的投资者深度被套。

主力利用资金、消息或其他手段操纵图表的技术形态，使散户对行情看高一线，诱使散户追高买涨或者高位持股不动而吃套。

多头陷阱，往往伴随着一波快速上攻，且幅度较大，是牛市泡沫。泡沫虽绚丽，但却很脆弱。牛吐泡泡，不久矣。

(二)如何确认多头陷阱

1. 成交量异动

①异动类型。

上涨后期明显缩量，量价背离，20 日均量线下穿 60 日均量线；

上涨后期明显放量，过度暴量，20 日均量线上穿 60 日均量线。

②盘面表现。

成交量极不规则，时而放天量，特别是暴阴天量，时而又缩量太过；

回调至支撑位成交量没有明显缩小，特别是成交阴量没有明显缩小；

洗盘到位久盘不涨，明显放量滞涨；

上攻时成交阳量放量不足，特别是跳空上涨时成交阳量明显顶背离。

高位暴天量或高位阴天量，可作为研判多头陷阱的重要特征。

2. K 线异动

①异动类型。

A. K 线形态发生明显变化；

B. K 线结构发生明显变化。

②盘面表现。

蓄势不足而出现跳空上涨，或连续跳空大阳线；

出现缩量上攻阳线，放量的长上影线、长下影线、螺旋桨；

出现明显冲高跳水，或明显低开下套；

阴线明显增多，阴线比之前明显放大。

高位大阴线或长上影，可作为研判多头陷阱的重要特征。

3. 均价线异动

横盘时间相对较长，重要均价线有愈来愈靠近 K 线的趋势，上升角度逐渐从陡峭趋于平缓甚至黏合。

之前上攻时一直没被击穿过的重要均价线被击穿，是多方逐渐变弱空方逐渐走强面临变盘的前兆。

高位回调是否击穿重要均价线，如 10 日、20 日或 30 日均价线，可作为研判多头陷阱的重要特征。盘整时间长，出现一阴破三线的断头铡刀，是极为强烈的见顶或即将见顶的信号。

图 14-1　999999(上证指数)2007.8.20～2007.10.17 日 K 线图

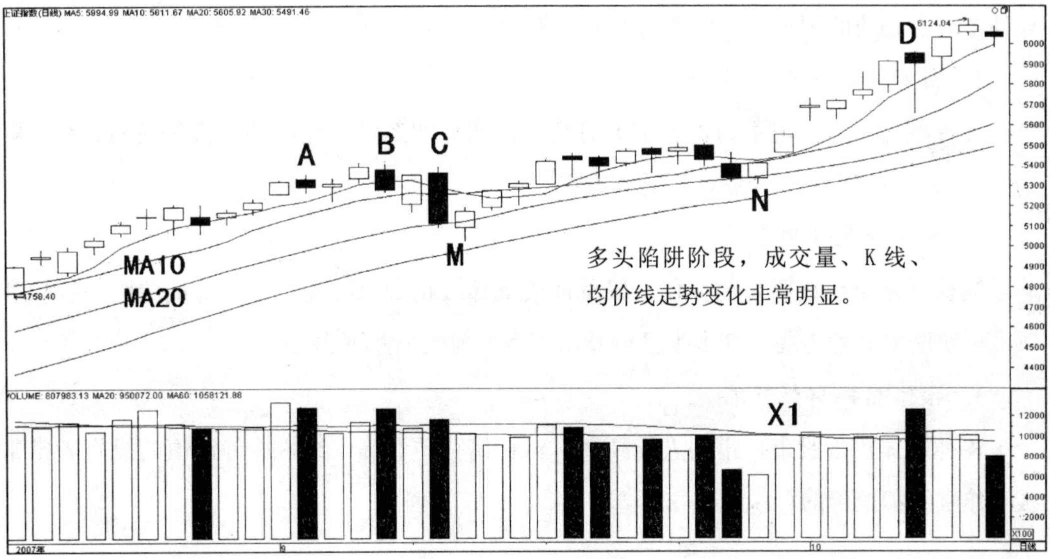

图 14-1

图 14-1 解析：

(1)成交量异动。成交量总体明显缩小，于 X1 处 20 日均量线死叉 60 日均量线，且出现阴线频率明显增多，与成交阳量相比，成交阴量明显增大，如 A、B、C、D。A、B、C

点为明显放量阴线，D 点为放量长下影线，恐慌抛盘迹象明显。

(2)K 线异动。阴线增多，大阴线出现的频率明显增加。C 为大阴线杀跌，D 为长下影线。

(3)重要均线被跌破。回调幅度加大，盘整时间更长，前期股指一般沿 5 日均价线上攻，回调不破 10 日均线，但 M、N 处两次击穿 20 日均价线，说明空方力量加强，杀跌动能较大。重要均价线被击穿是市场开始走弱的重要标志。

如果整体涨幅大，成交量、K 线、均价线发生明显变化，则是变盘的先兆。

二、多头陷阱运行环境

1. 估值过高预期不妙

若市场整体估值远超合理估值水平，明显透支了上市公司未来几年甚至上十年的利润，或者说远远超过上市公司的发展潜力，则表明市场已出现明显泡沫。

2. 企业利润无法持续

当企业的利润短期暴增时，往往会导致市盈率过低，特别是周期性行业更是如此。但这种高增长通常难以为继，短期漂亮的财报数据往往会迷惑投资者，使投资者满怀希望地走向抛物线的顶点，然后就是无可避免的下滑。

3. 利好消息铺天盖地

各种利好消息层出不穷，利空消息往往被弱化和忽略不计，甚至将明显的利空解释为利好，小道消息，街谈巷议，泛滥成灾。

4. 板块分化牛股下山

板块开始出现较明显的分化，权重板块支撑股指虚火旺盛。不少前期的强势板块和领涨板块明显开始走弱，许多牛股也开始止步不前或悄然下山。

5. 媒体热捧群情亢奋

各种媒体热报股市，市场人气高涨，对行情往往看高一线，冷静谨慎的投资者常常被当作嘲笑和挖苦的对象。

第二节 操盘策略与心理博弈

一旦股指进入多头陷阱，短期快速冲高，带来账面浮盈增加不少，同时又隐含了暴跌的风险，必须以卖为主，做短线的必须快进快出。先知先觉的大资金必须尽早减仓，后知后觉者“三空卖空必须卖，清仓走人是上策”。

一、多头陷阱操盘策略

背离必减，破位必清，回补必慎。

1. 背离必减

一旦高位出现顶背离、异动、滞涨，必须特别小心谨慎，开始逐步减仓。

机构投资者：分批减仓，不可迟疑。机构投资者所持股票多，出货所需时间长、买盘多，必须有效利用多头陷阱出货。多头陷阱之初人气旺盛，买盘多，必须有计划、有步骤地减仓。否则，一旦行情明显走弱，买盘缩手，要想再卖就很难了。

普通投资者：普通投资者持股少，出货较快，最关键是对行情要有清醒认识，切不可将主力的诱多出货看作新的一轮大行情起动。多头陷阱是牛市泡沫，很美很诱人，但也很危险，必须越涨越卖，直到卖光。

不少人在多头陷阱阶段因快速获利而信心爆棚，不但不减仓，反而加仓追涨，其结果不言而喻。

2. 破位必清

多头陷阱阶段，一旦股指或股价向下破位，往往快速下套，必须果断清仓。没有特别把握，不要寄希望于反弹出货。

机构投资者：机构投资者出货困难，但在股指跌破 5 周均价线之前，应至少减仓一大半，否则一旦大势恶化，出现快速杀跌，想走为时已晚。

普通投资者：普通投资者出货较快，但在股指(或所持个股)跌破 5 日或 10 日均价线必须清仓。不要担心卖错，卖错是小错，套牢是大祸！

3. 回补必慎

有时出现多头陷阱之后，股指或股价很快就见顶回落了，有时还会有较大涨幅。如果破位减仓或清仓之后，发现回落之后又走强了，想要回补，则必须控制好仓位，设好止损位，随时准备走人。切不可才出虎口，又陷狼窝！

二、多头陷阱心理博弈

多头陷阱阶段，绝大多数人错判行情，认为是持股待涨和加仓的良机，一部分人心生疑惑而犹豫不决，只有极少数理智者落袋为安，悄然离场。

没有人愿掉进多头陷阱，但掉进去的人占绝大多数。一是因为多头陷阱与多头行情具有很多相似之处，稍不留神易中圈套；二是主力在股指上攻过程中就开始培养散户对某种技术指标的信赖，或者对某种题材的充分认可，以致大势不妙时还偏听偏信，无动于衷，一误再误。

多头陷阱阶段市场参与者必然会出现明显分化，操盘策略也会有很大变化。

1. 敬畏多头陷阱先知者先走

一部分投资者，股指越涨，警惕性越高，对成交量、价格、均价线的异动，特别敏感，往往有计划、有步骤的分步撤离。最简单最有效的办法是看成交量、K线是否异动，若有异动则必减仓；看是否跌破重要均价线，若跌破则必清仓。

2. 不识多头陷阱无知者无畏

多头陷阱是多头行情的收尾阶段，开始时其走势与多头行情差不多，一般都是股指大阳线上攻，或者跳空高开，高开高走，成交量也随之放大。但多头陷阱成交量、K线，均价线都会出现异动。不识多头陷阱，不知危险者，往往持股不动，甚至重仓追涨。

3. 明知多头陷阱胆大者蛮干

也有一部分投资者，明知股指进入多头陷阱阶段，要么自恃水平高，要么自恃消息可靠，往往逆势而行，放胆一搏，结果是赔了夫人又折兵。

4. 身陷多头陷阱侥幸者深套

也有一部分投资者，明知陷入了多头陷阱，要么受乐观情绪的影响，要么是对风险的认识严重不足，心存侥幸，不愿及时止损，以致陷入深套。

5. 误入多头陷阱理智者斩仓

有时多头陷阱并不是很好判断，等到迹象逐渐明显之后，理智者会制订明确的撤离计划，即便是斩仓割肉，也势在必行。

第三节　多头行情与多头陷阱

多头是指投资者对后市看好，预计价格将会看涨，于是趁低买进，待上涨至某一价位时再卖出，以获取差额收益。人们通常把价格长期保持上涨势头的行情称为多头行情。

在实际操盘中，很多人无法区分多头行情与多头陷阱，在大势向好的多头行情，因短暂的震荡洗盘而恐慌出局，从而踏空大段行情；也有不少投资者对明显的多头陷阱视而不见，盲目追高，最后割肉或套牢。

下面我们通过实例图来研判多头行情和多头陷阱的相同点和不同点。

图 14-2　999999(上证指数)2003.12.19～2004.4.22 日 K 线图

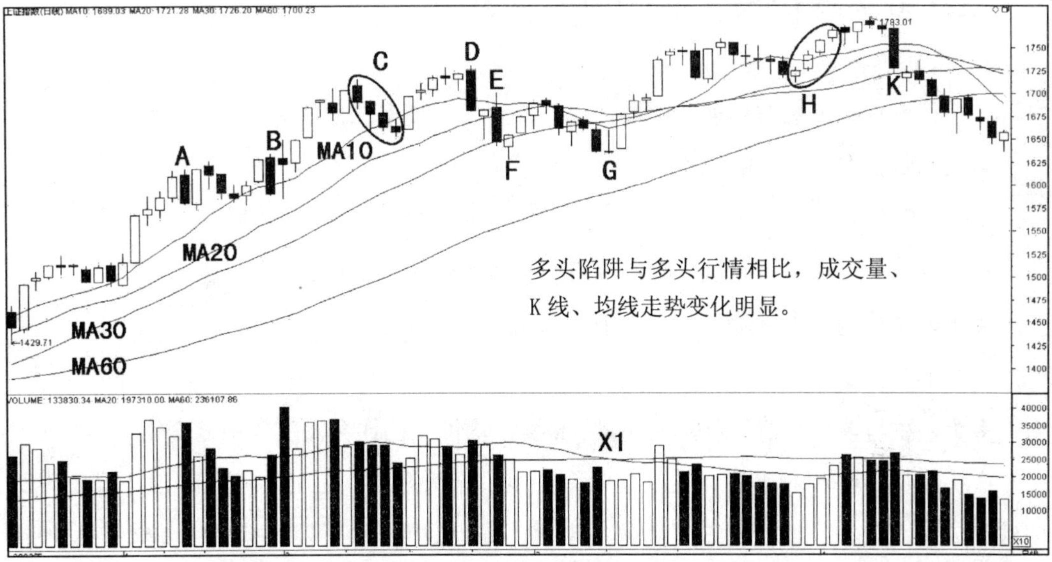

图 14-2

图 14-2 在一路上涨的过程中，成交量、K 线、均价线发生了哪些明显变化？

1. 量价异动

A 点之前：走势明显红肥绿瘦，红多绿少，红大绿小，为多头行情。

A 点之后：A 点为放量大阴线，且之后阴线和放量大阴线出现更频繁，如 B 点、D 点，E 点大阴线回调至 30 日均价线附近成交量没有明显减少，C 段开始出现四连阴，且成交量不见明显缩小，应为出货。

X1 处：20 日均量线死叉 60 日均量线，买盘缩手，后劲不足。

H 点：上攻四连阳，成交量成空洞，曲高和寡，高处不胜寒。

2. 击穿重要均价线

此前股指一般回调至 10 日均价线附近，从不击穿 20 日均价线。F 处击穿 20 日均价线，且随后继续向下杀跌，击穿 30 日均价线，危险！

3. 断头铡刀

K 处一根放量大阴线，击穿多根均价线，多头遭受重创，空头盛宴开始！

一、多头行情与多头陷阱相同点

多头行情与多头陷阱都处于多头上攻阶段，多头陷阱是多头行情的收尾阶段。

二、多头行情与多头陷阱不同点

1. 位置不同

多头行情包括上涨的初期和中期，也包括上涨末期多头陷阱。

多头陷阱为多头行情的尾声，是主力诱多出货阶段。

2. 作用不同

多头行情初期和中期为拉升阶段，将股指或股价拉到目标位。

多头陷阱是诱多出货阶段，将手中筹码派发出去。

3. 走势不同

多头陷阱与多头行情相比，成交量、K 线、均价线往往会发生较明显变化。

多头行情走势相对平稳，往往是阳多阴少，阳大阴小，红肥绿瘦，一般不会出现大阴线和放量大阴线。股指沿 5 日均价线上攻，横盘时间短，回调洗盘幅度较小，一般很少跌破 10 日均价线，跌破 20 日均价线更少。

多头陷阱震荡幅度更大，往往是阴多阳少，阴大阳小，出现大阴线和放量大阴线较多。横盘时间长，回调幅度大，击穿 10 日甚至 20 日均价线。

第四节　多头陷阱实战图解

牢记经典，触类旁通；实战运用，举一反三。

图 14-3　999999(上证指数)2010.10.8～2010.11.12 日 K 线图

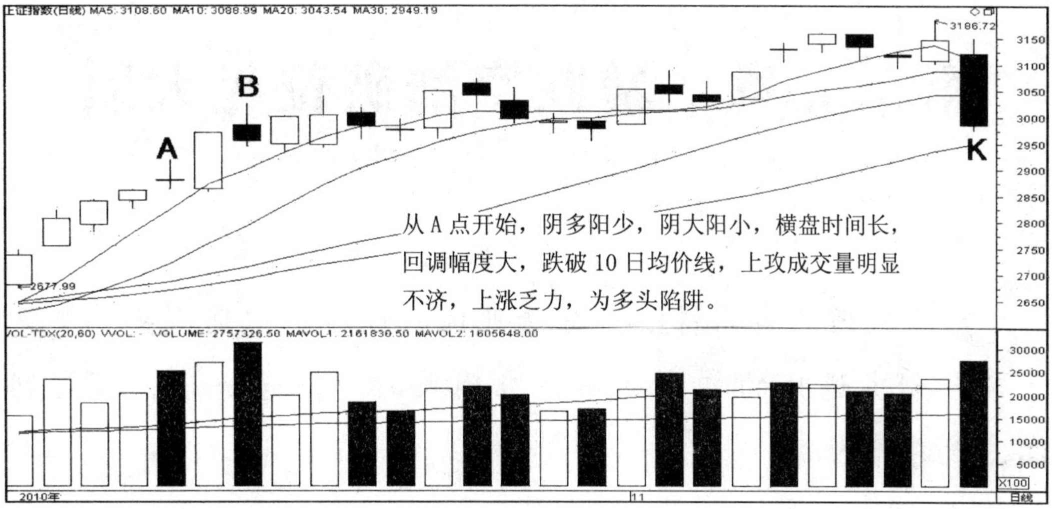

图 14-3

图 14-4　999999(上证指数)2009.6.15～2009.7.29 日 K 线图

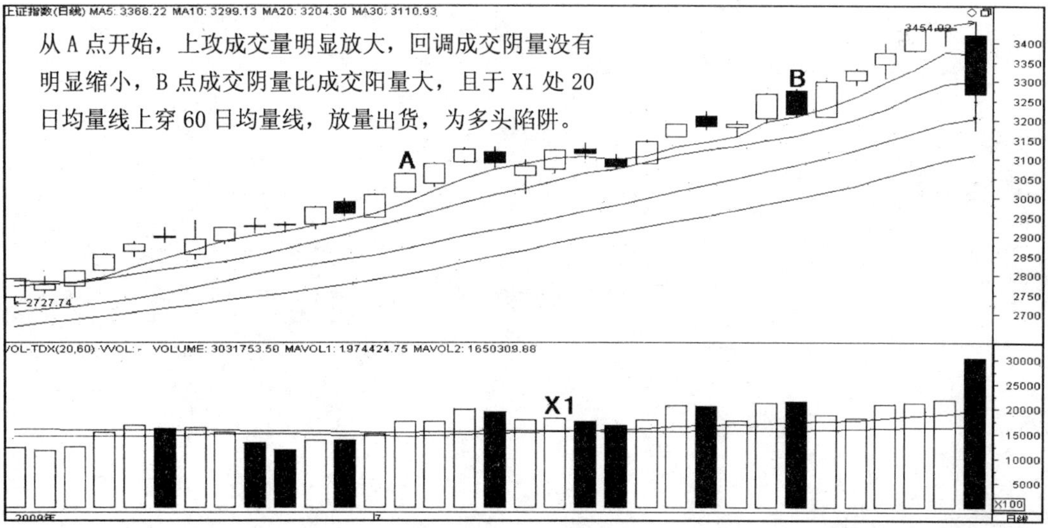

图 14-4

比较图 14-3 与图 14-4 可知，多头陷阱看似千变万化，但万变不离其宗，总是为了诱多出货，手法变来变去，总能通过成交量、K 线、均价线的异动识破。

第十五章　暴跌空涨破位见大顶

熟悉见顶的共同特征，分清见顶的性质，识别假头部与见大顶，制定逃顶的相应策略，准确果断地清仓逃顶，锁定利润，规避风险。

第一节　见大顶与运行环境

准确判断大盘和个股顶部，适时锁定利润，规避风险。识顶方能逃顶，顶部走势看似变化多端，其实殊途同归。

一、暴跌空涨破位见大顶

(一)用日 K 线图研判见大顶

图 15-1　999999(上证指数)2007.9.17～2007.11.8 日 K 线图。

图 15-1 为盘顶走势，成交量、K 线、均价线与之前相比有何明显变化？

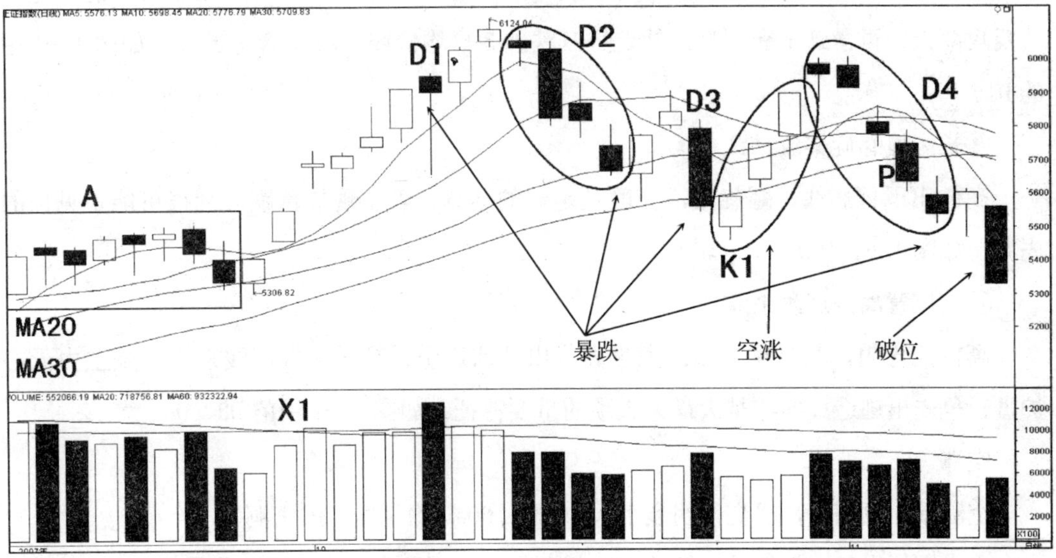

图 15-1

图 15-1 解析：

6124 见大顶：

(1)A 段明显阴多阳少，阴大阳小，20 日均量线于 X1 处死叉 60 日均量线，量价背离，为多头陷阱，诱多出货。

(2)股指缩量上攻，D1 处突然放量下跌，且为长下影，震荡幅度大，多空分歧大。

(3)D2 处四连阴，明显恐慌杀跌出货。

(4)经过两天小阳线抵抗，D3 放量跌破生命线 30 日均价线。

(5)随后 3 天无量反弹，明显上攻乏力。

(6)之后五连阴，再放量跌破 30 日均价线，确认见大顶，宣告本轮行情结束！

暴跌空涨破位见大顶：

大盘见大顶是一个逐步确认的过程，可分为三步：暴跌、空涨、破位。

暴跌

暴跌主要包括四个方面：

①高位大阴线或跳空跌

高位大阴线杀跌或跳空跌，多由主力资金集中出逃造成，是大势走弱的重要特征，也是见顶的先兆，必须制订相应风险防控预案。如图 15-1 中的 D3。

②放大量或暴天量杀跌

大盘高位放量下跌，主力抢道出逃之心昭然若揭。如图 15-1 中的 D1、D3、D4。

高位阴巨量，破位先清仓：股指快见顶时，往往会出现暴大量杀跌出货，之后也许会反攻两天，再暴跌下套。见此种走势，跌破 5 日均价线，可先清仓走人。如图 15-1 中的 D1。

③长影线螺旋桨放量跌

高位出现长影线、螺旋桨，一般是走弱的标志，若出现放量跌，则很可能是见顶的先兆。如图 15-1 中 D1。

④高位背离四连阴杀跌

高位四连阴，大盘见大顶：大盘高位出现四连阴或超过 4 根阴线杀跌，是主力无心护盘、争先出逃造成的，是大盘见大顶的重要特征。如图 15-1 中的 D2、D4。

空涨

空涨指上攻缩量，成交量明显小于 20 日、60 日均量线，成空洞。

主力高位出货，必然是卖多买少，甚至是只卖不买。大盘上涨仅仅是少量买单推动，成交量较小，明显小于 20 日和 60 日均量线，与均量线形成空洞。如图中的 K1。

暴跌空洞涨，诱多不要抢：放量跌之后，主力通过狂拉大盘股，出现缩量上涨甚至跳空上涨之后，往往大阴线杀跌，或直接跳空低开下套，一轮中期调整开始，将散户死死地套在高位。

破位

大盘一般沿 5 日均价线上攻，回调不跌破 10 日均价线，很少跌破 20 日均价线，一旦大盘跌破重要均价线，必须引起高度警惕，当心变盘。

大盘 30 日均价线，或形态颈线，作为大盘生命线，研判价值极大。

破位指大盘跌破前期密集成交区，跌破生命线 30 日均价线，若有反弹，则反弹之后再跌破颈线位。

若是大阴线击穿大盘生命线，且成交量不见明显缩小，则大盘见大顶的概率较大。如图 15-1 中的 D3、P 跌破 30 日生命线，且成交量放大。

(二)用周 K 线图研判见大顶

本图成交量、K 线、均价线走势发生了哪些明显变化？

图 15-2　999999(上证指数)2007.8.3～2007.11.23 周 K 线图

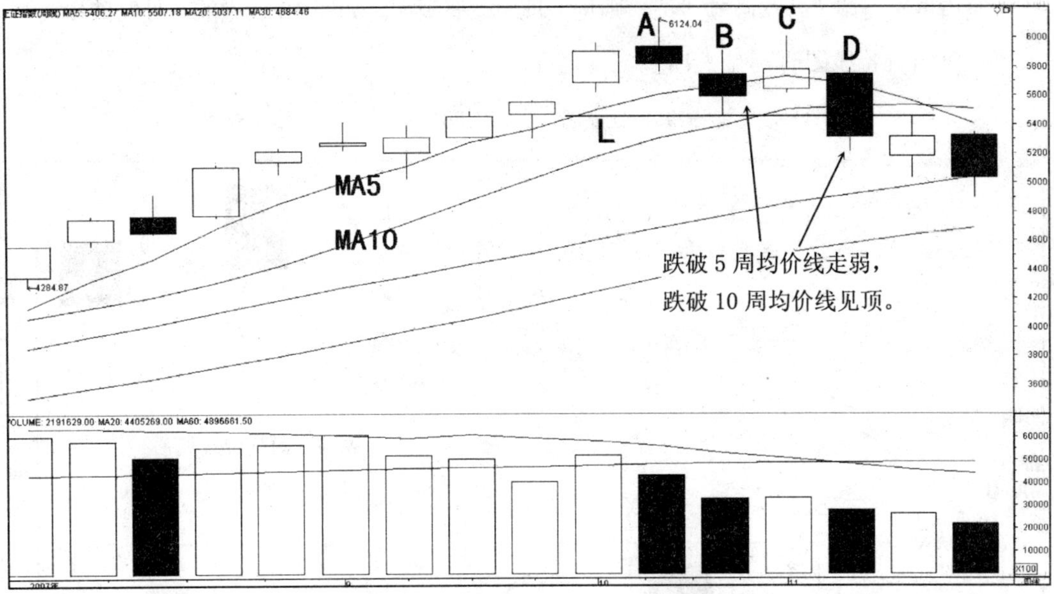

图 15-2　（图 15-1 对应周 K 线图）

图 15-2 解析：

6124 见大顶。

(1)股指之前一直沿 5 周均价线上攻，回调不破 5 周均价线，成交量顶背离。

(2)A 为长上影 K 线，B 为螺旋桨，两连阴杀跌，跌破 5 周均价线。

(3)C 为长上影 K 线，为技术超跌反弹，不能再创新高。

(4)D 快速杀跌，跌破 10 周均价线，跌破颈线位。

暴跌空涨破位见大顶：

用周线研判大盘是否见大顶相对简明，可靠性更大。

暴跌

股指一般沿 5 周均价线上攻，回调跌破 10 周均价线的情况很少。若大盘跌破 5 周均价线，则必须引起高度警惕，很可能是变盘。大盘跌破 10 周均价线，见大顶的概率极大。

股指跌破 5 周均价线，往往是一根大阴线或者是两根阴线。如图 15-2 中 A、B 两根阴线跌破 5 周均价线。

空涨

股指跌破 5 周均价线之后，往往会产生反攻。若反弹不放量或明显缩量，则要特别当心。如图 15-2 中的 C 点。

破位

股指再次回调，若跌破颈线位，则见大顶的概率极大。如图 15-2 中的 D 处跌破颈线 L。

(三)用月 K 线图研判见大顶

图 15-3　999999(上证指数)2007.2.28～2008.1.31 月 K 线图

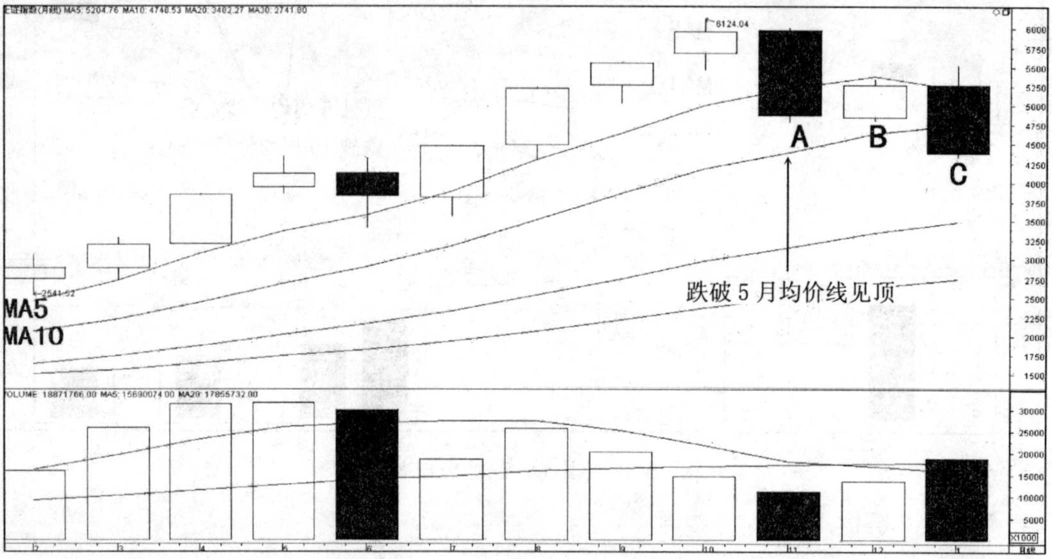

图 15-3

图 15-3 解析：

(1)之前股指一直沿 5 月均价线上攻，虽然盘中一度跌破 5 月均价线，但收盘都重新站上 5 月均价线，大盘有惊无险。

(2)股指于 A 处跌破 5 月均价线，且为大阴线，高位套牢盘较多，随后于 B 处反攻，力度明显不够，开始快速杀跌下套。

月 K 线见大顶行情研判：

相比日 K 线图、周 K 线图，用月 K 线图研判大盘是否见大顶更加简明。

大盘是否跌破 5 月均价线是确认大盘是否见大顶的重要依据。

一轮大行情，大盘一般沿 5 月均价线上攻，很少跌破 5 月均价线，一旦股指跌破 5

月均价线，特别是破位 K 线为大阴线，高位套牢盘异常沉重，短期内难以翻身，大盘见大顶的概率极大。

提请注意，用月 K 线逃顶过于迟缓，只能用月 K 线做趋势确认！

二、见大顶运行环境

1. 泡沫严重预期悲观

整体估值泡沫严重，实体经济预期令人不安，或严重影响经济发展的重大不确定因素日渐凸现，不安和担忧悄然出现。

2. 公司业绩难以为继

投资过热，流动性泛滥，经济增长明显过热，导致 CPI 和 PPI 大幅上涨，行业和上市公司整体利润增长进入周期性高点，后继乏力，可持续性不强，随时都有回落的可能。

3. 机构仓位达到顶值

机构的仓位基本达到顶值。当机构仓位过重时，机构就成了潜在的空头，之后一般会通过减仓来缓解资金的压力。当机构开始纷纷逢高减仓时，大盘往往就是冲顶阶段，随后就是快速杀跌。

4. 市场人气异常旺盛

各种媒体黄金时间、黄金版面报道股市，各种研讨会、报告会人满为患，上班下班，街谈巷议，消息人人有，股神满街走。

5. 政策调控措施严厉

政府为抑制经济过热和股市疯狂，开始出台大量打压措施，如大幅度加息、大幅度提高存款准备金率、大量发行国债、大规模扩容等，致使大量资金从股市中恐慌抽逃。

第二节　操盘策略与心理博弈

大盘见多头陷阱之后，一般仍会继续上攻，不少个股呈暴涨之势。不做，看得人眼热心跳；做，又担心吃套。

一、见大顶操盘策略

暴跌不抢，反弹不追，破位斩仓，适时做空。

1. 暴跌不抢

一旦大盘出现多头陷阱之后，离见大顶就不远了。若大盘出现单日或多日暴跌，不管是否破位，则都是各路诸侯鸣金收兵的号令，散兵游勇切不可再干什么支撑位抄底的事了。

不少之前喜欢做高抛低吸的投资者，由于对行情研判不清，或者习惯使然，或者心存侥幸，仍然逢低吸纳，稍有不慎，就可能自投罗网。

2. 反弹不追

大盘暴跌之后，或许会出现几天的反弹，甚至出现跳空上涨，行情看似很火爆，殊不知是反弹也是炸弹，瞬间绚烂之后，必是灰飞烟灭。

3. 破位斩仓

一旦大盘出现暴跌空涨之后，往往是大阴线或连续阴线杀跌，跌破重要支撑位，如重要均价线、颈线位。跌势已明，大顶已成，其势不可逆转。斩仓逃生，势在必行。

4. 适时做空

一旦大盘见大顶，下跌时间长，跌幅大，就可以考虑融券做空了。具有较强风险控制能力的投资者，可以期指做空。

二、见大顶心理博弈

主力让你觉得这仅仅是一次级别稍大的震荡整理，培养你破位不惊的豁达胸怀，或让你犹豫不决从而坐失逃顶良机。

大盘见大顶，标志着一轮牛市的结束，也是一轮熊市的开始，我们根据账户盈亏将投资者进行大致分类：

1. 盈利丰厚者

盈利丰厚者，也可分为两类人：实力型和运气型。

实力型：具有正确的投资理念，成熟的投资方法，实用的操盘策略，丰富的实盘经验，严格的操盘纪律。实力型投资者盈利虽说也会有一定运气成分，但更多的是靠操作到位。实力型投资者逃顶有计划、有步骤，一般不会高位被套，部分人甚至会反手做空。

运气型：没有形成自己的投资理念和成熟的交易系统，没有明确的操作策略，对大势没有独立的研判。可能由于信奉某种操作方式、某个高手，偏好某个板块和某只股票，在特定的时候因特定的原因取得了暂时的成功，如深套死扛持股不动而恰逢大牛市，深套股票实质性重组等，股票市值翻几番。运气型投资者没有明确的逃顶计划。有的人落袋为安，但更多的人信心爆棚，最终将账面盈利交还给股市，甚至搭上本金。

2. 基本持平者

基本持平者，也可分为两类人：小赚者和小亏者。

即便是一轮大牛市，很多人也只是赚了指数不赚钱，充当抬轿子的角色。抬轿子的人一般很少能逃顶的，这并不完全是因为他们对逃顶技巧一无所知，相反，他们中的很多人对见顶特征说得头头是道。他们没能逃顶更多的是因为心理原因。这些人中除极少部分人以后升格为坐轿子的，绝大多数人仍然会满怀希望地抬下去。

3. 牛市亏损者

牛市亏损者，也可分为两类人：高位入市者和夸夸其谈者。

牛市进入尾期，听说股市行情很好，不少人赚得盆满钵满，场外不少后知后觉者被人煽得一愣一愣的，怀揣发财梦，眼红心急，火速入市，正好高位接盘。

还有一类人，就是夸夸其谈者。这些人一般炒股时间还较长，有故事、有经历、有一定经验。谈起股经来，滔滔不绝，反驳起别人，头头是道。但实际操盘没有纪律，没有执行力，固步自封，不愿学人所长，长守常谈自己的一招半式。夸夸其谈者，往往还特爱面子，炒股业绩难称人意，不能坦然面对失败，不愿止损，没能逃顶常说事出有因，这样的人很少能成功逃顶的。

第三节　假头部与见大顶

一轮大行情，往往会形成几波上攻，会出现很多个“头”，但到底哪些“头”是假头部、哪个“头”是见大顶，有时很不易区分。见大顶一定会出现某些特征，但出现某些特征却不一定见大顶。一旦将假头部误认为见大顶，过早地落袋为安，往往会踏空大段行情，甚至错过主升浪；一旦将见大顶当作了假头部，往往会坐过山车，甚至惨遭套牢。

但假头部总归是假的，与见大顶还是有迹可辨的。

一、多侧面区分假头部与见大顶

(一)从整体市盈率区分

整体市盈率有助于区分假头部与见大顶。

若整体市盈率明显偏高，基本面已经无法支持，上市公司业绩明显透支，只能用复合增长率和市梦率解释，则见大顶的可能性较大。

若基本面明显向好，且持续向好可期，整体市盈率仍然处于合理甚至较低区间，则出现假头部的可能性较大。

(二)从政策导向区分

政策导向有助于区分假头部与见大顶。

当股市整体涨幅不大，上市公司业绩没被透支，政策仍然利好，出现假头部的可能性较大。

当股市过于火爆，泡沫严重，很可能会出现一连串的政策降温以打压股市的投机炒作，往往会见大顶。但政策打压初始，股市并不会立刻见大顶，有时还会出现继续上攻，但离见大顶也不远了。

(三)从盘面走势区分

大盘实际走势是区分是否见大顶的确认标准。

整体市盈率以及政策导向，仅能确认大盘见大顶的大致区间，而大盘到底在什么时间、什么点位见大顶，只能由大盘实际走势来确认。

二、多周期区分假头部与见大顶

日 K 线图、周 K 线图和月 K 线图因周期不同，在区分假头部和见大顶中所起作用也不同。

(1)由于日K线图周期太短，主力在日K线图上往往能玩出很多花样，做出很多的虚假动作，用于区分大盘是假头部还是见大顶很容易受其蒙骗，但日K线可起警示作用。

(2)月K线图由于周期太长，用于区分大盘是假头部还是见大顶虽然较容易，但过于迟缓，对实际操盘指导性不强，但对趋势进行确认却更准确。

(3)周K线图过滤了一些冗余信号，主力不易骗线，而周期又不太长，用于区分大盘是假头部还是见大顶比较合适。

图 15-4 999999(上证指数)2006.3.17～2006.11.3 周K线图

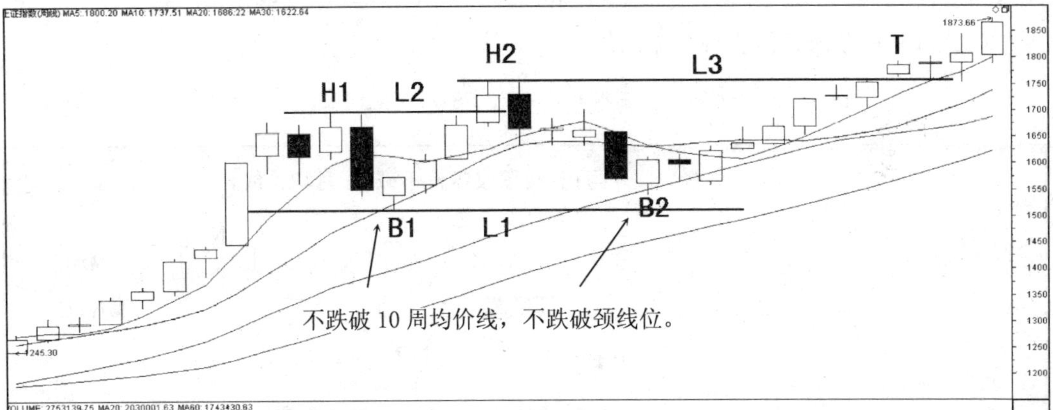

图 15-4

(一)用周K线图研判假头部与见大顶

1. 看首次跌破5周均价线成交量是否突然缩小

股指一般沿5周均价线上攻，若股指跌破5周均价线，则必须高度警惕，看是震荡洗盘的假头部还是见大顶。如果是假头部，向下打压洗盘，那么，成交量一般会快速减小，若是放量杀跌，则见顶的可能性更大。特别是某些重要的支撑位，若不明显缩量，则见顶的可能性大。如图 15-4 中由 H1 向下杀跌时成交阴量仍然较大，买盘相对较足，B1 处支撑位成交量突然缩小，主要是由于卖盘锐减。

2. 看反攻时是否快速创新高或形成双头

股指向上反攻时看是否能快速创新高或者形成双头。若能连拉阳线创新高，则表明市场仍很强势，是假头部的可能性更大，且上攻时阻力越小越好，即不需放大量就能向上攻。如图 15-4 中的由 B1 向上反攻，轻松突破前期高点 H1。

3. 若再次杀跌则看是否跌破颈线位

若股指再次回调，有形成双头的可能，则看是否跌破颈线位。若不跌破颈线位，则是假头部的可能性更大；若跌破颈线位，则形成双头见顶。如图 15-4 中由 H2 回调至 B2，不破颈线位 L1。

4. 看再次反攻是否轻松突破前期头部

股指再次反攻，看是否能突破前期头部，且突破是否轻松，即不需要放大量就可轻松突破。如图 15-4 中突破前期高点 H2，相对轻松，市场抛压不大。

(二)月 K 线图研判假头部与见大顶

图 15-5 999999(上证指数)2006.2.28～2006.11.30 月 K 线图

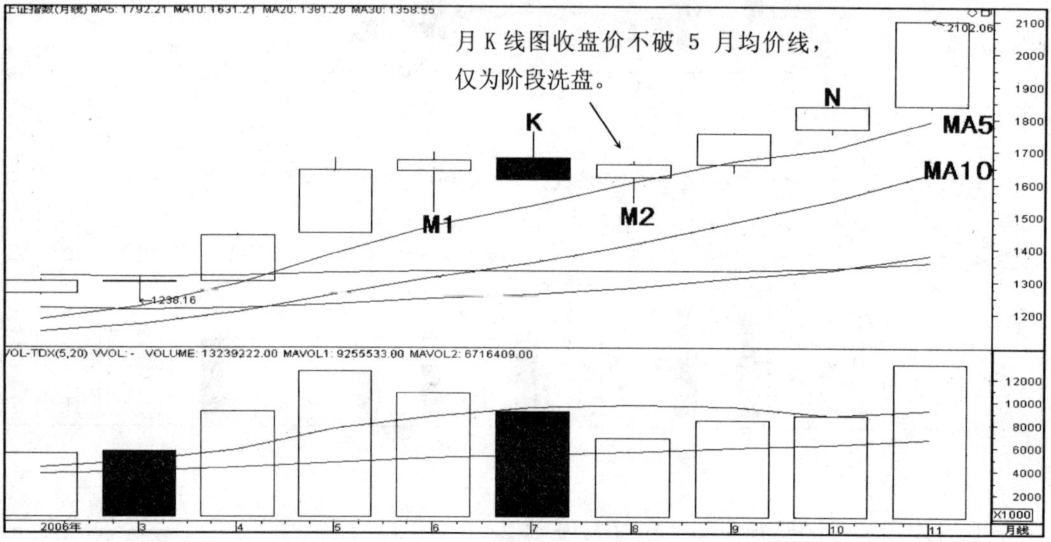

图 15-5 （图 15-4 对应月 K 线图）

图 15-5 解析：

从月 K 线图上看，股指于 M1 处震荡杀跌，但没有跌破 5 月均价线，于 M2 处再次向下杀跌，盘中虽然一度跌破 5 月均价线，但收盘价仍站稳 5 月均价线，从月 K 线图上看，大盘并没见大顶。

同一阶段走势，看月 K 线图简洁明了，看周 K 线图相对复杂，跌破了 10 周均价线，但再次杀跌没有跌破颈线位，而日 K 线图走势更加跌宕起伏，跌破生命线 30 日均价线。如果不看周 K 线和月 K 线，则也许会错判大势。

(三)"5•30"事件分析

图 15-6　999999(上证指数)2007.3.23～2007.8.10 周 K 线图

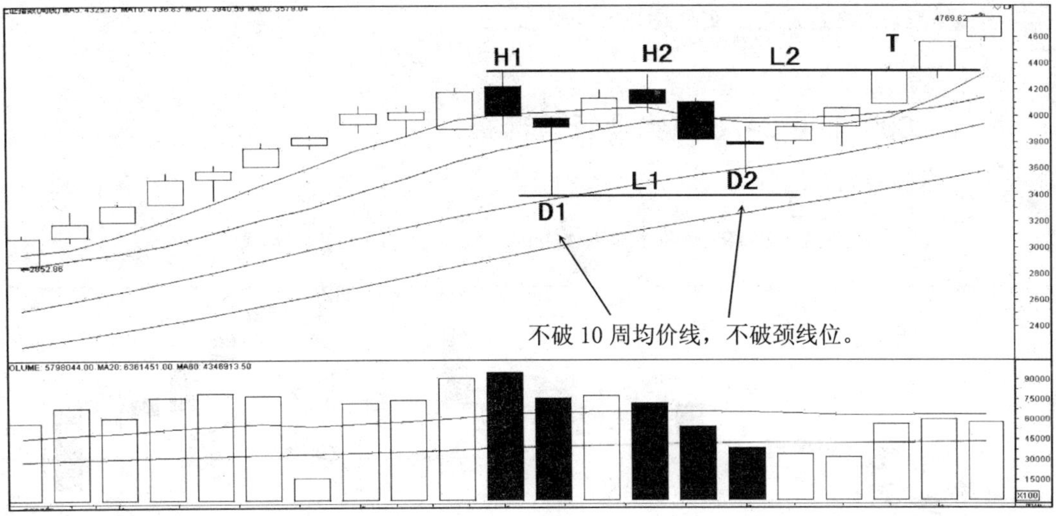

图 15-6

股指由 H1 跌破 5 周均价线向下杀跌，且成交量明显放大。股指由 D1 处轻松上攻，至 H2 再次向下杀跌，成交量明显缩小。回调至 D2，不破前期颈线位 L1。再次上攻相对轻松，一鼓作气突破前期高点，市场仍然强势。

图 15-7　999999(上证指数)2007.2.28～2007.8.31 月 K 线图

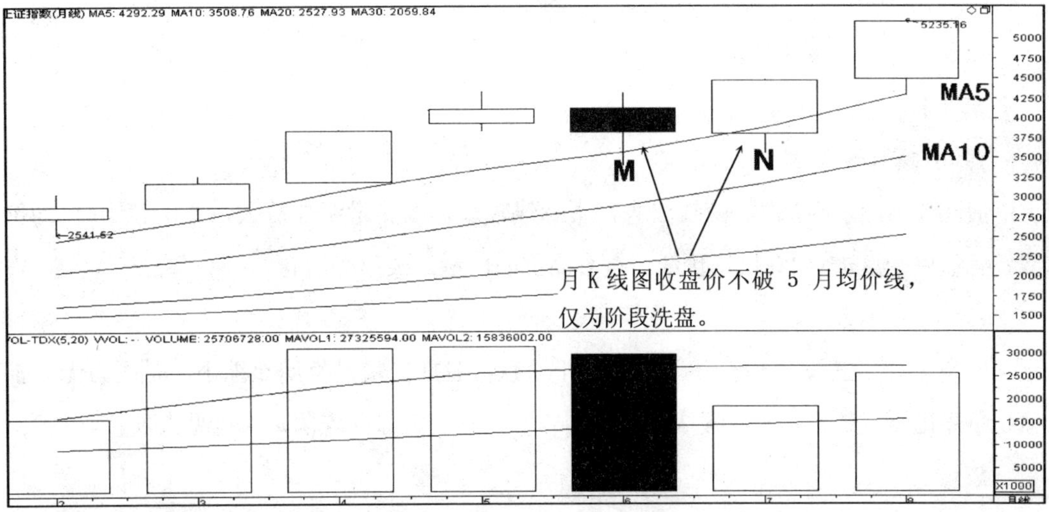

图 15-7

如图 15-7 所示，于 M、N 处大幅度洗盘，收盘价均不跌破 5 月均价线，有惊无险。

第四节 见大顶实战图解

牢记经典，触类旁通；实战运用，举一反三。

一、2009 年见 3478 点大顶行情剖析

(一)日 K 线见大顶研判

图 15-8 999999(上证指数)2009.7.8～2009.8.12 日 K 线图

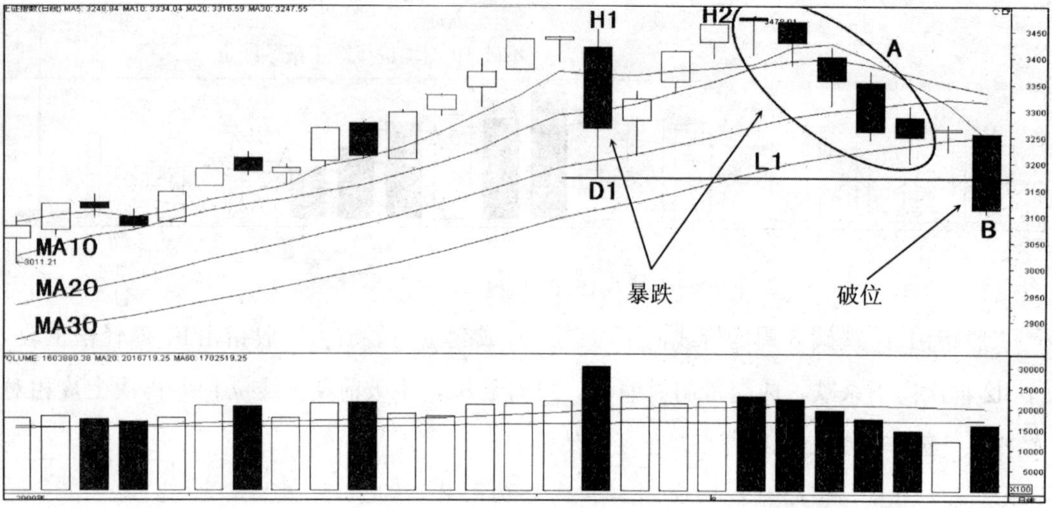

图 15-8

暴跌空涨破位见大顶。

暴跌：

1. 下跌放量明显

股指于 H1 向下杀跌，阴线较大，下影线较长，成交量明显放大，并击穿 10 日均价线，且盘中一度击穿 20 日均价线，符合高位阴巨量，破位必清仓。

2. 四连阴下跌

股指于 H2 之后，A 段开始五连阴向下杀跌，且成交量没有明显缩小，是主力无心护盘、争先出货造成，是大盘见大顶的重要特征。符合大盘四连阴，大盘见大顶。

破位：

股指五连阴向下杀跌，于 30 日均价线上方收出一根缩量抵抗小阳线，随后大阴线快速跌破生命线 30 日均价线、跌破颈线 L1，且成交量明显放大，确认大盘见大顶。

(二)周 K 线图见大顶研判

图 15-9　999999(上证指数)2009.6.15～2009.8.21 周 K 线图

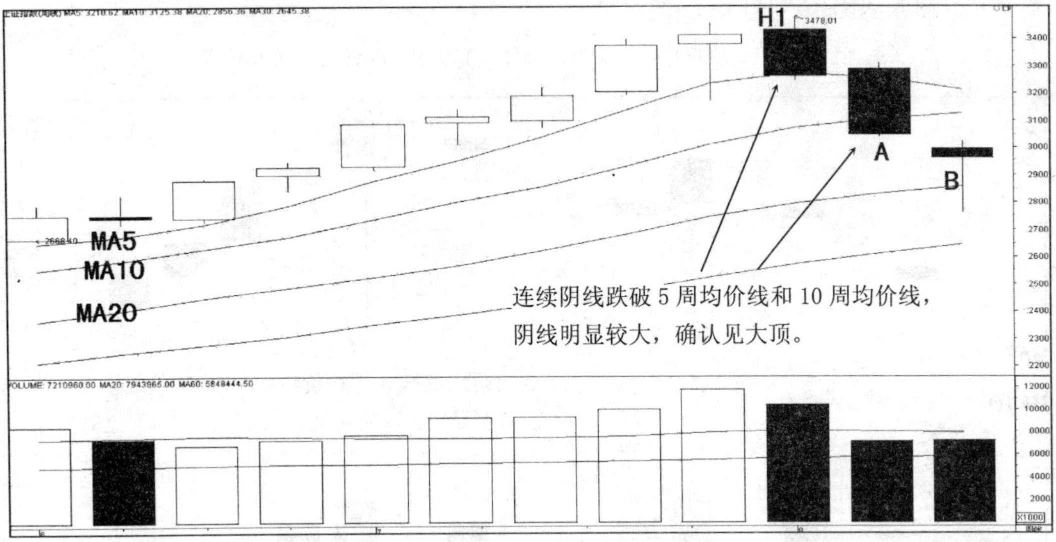

图 15-9

如图 15-9 所示，股指一鼓作气跌破 5 周和 10 周均价线，空方强势，确认见大顶。

(三)月 K 线图见大顶研判

图 15-10　999999(上证指数)2008.10.31～2010.1.29 月 K 线图

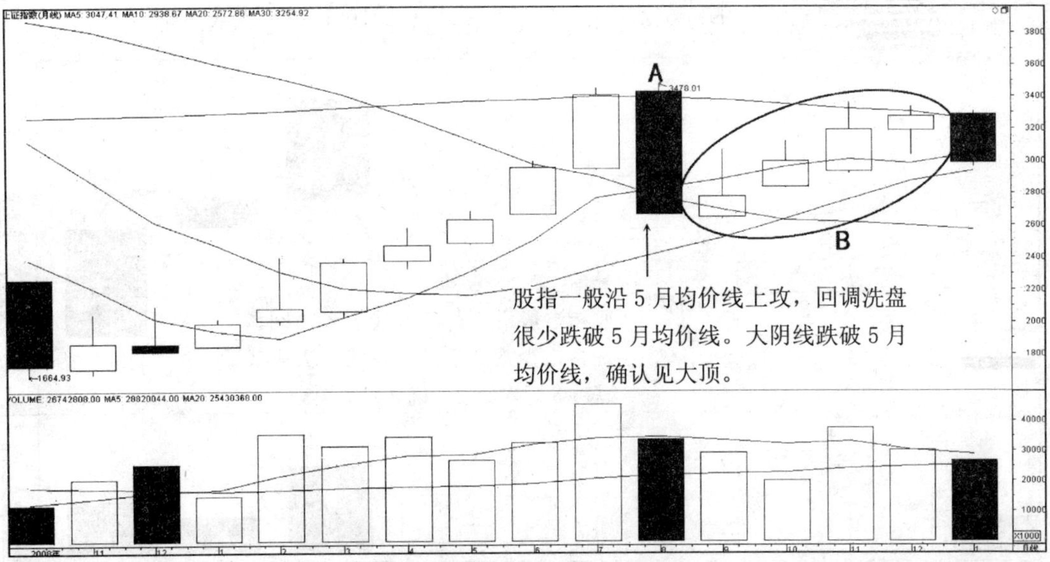

图 15-10

如图 15-10 所示，一根大阴线穿头破脚，跌破 5 月均价线，空方强势，确认大盘见大顶。

二、2004 年见 1786 点大顶行情剖析

(一)周 K 线图见大顶研判

图 15-11　999999(上证指数)2004.1.9～2004.5.21 周 K 线图

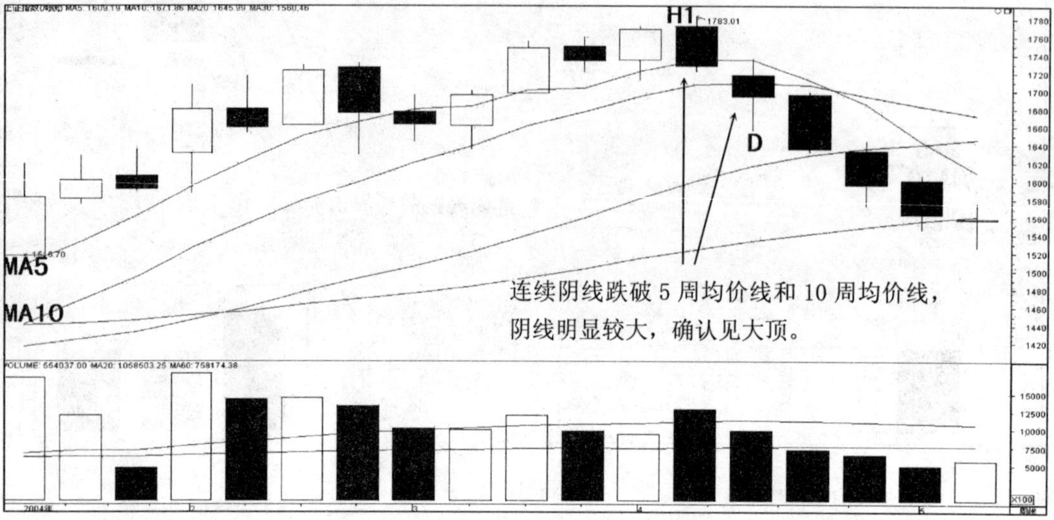

图 15-11

如图 15-11 所示，快速跌破 5 周和 10 月均价线，下套儿意图明显，确认见大顶。

(二)月 K 线图见大顶研判

图 15-12　999999(上证指数)2008.10.31～2010.1.29 月 K 线图

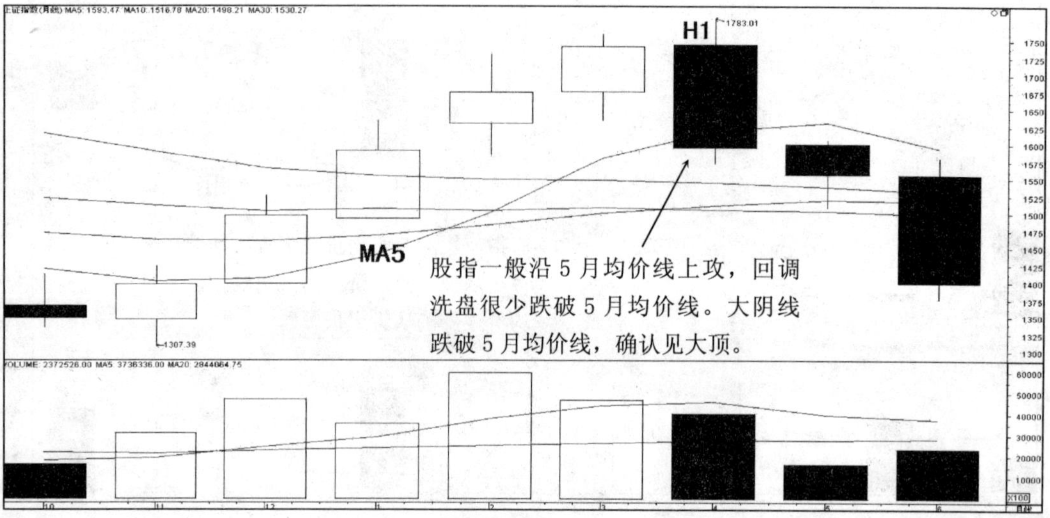

图 15-12

如图 15-12 所示，一根大阴线吞吃两根阳线，杀跌下套儿意图非常明显，确认见大顶。

第十六章　跌破多空线A浪杀跌

熟悉A浪杀跌的技术标准和走势特征，及时确认A浪杀跌，坚决果断地减仓或清仓。

第一节 A 浪杀跌与运行环境

A 浪杀跌确认趋势的改变。大盘见大顶之后，便展开凶猛的杀跌，其杀跌过程可分为两步，首先快速跌破生命线 30 日均价线，其间虽然有可能收出几根抵抗阳线，但已经是强弩之末。随即股指跌破决策线 60 日均价线，有的是快速跌破，有的在 60 日均价线附近展开反弹，但这种反弹仅为下跌中继，仍会继续创新低。

一、跌破多空线 A 浪杀跌

(一) 日 K 线图研判 A 浪杀跌

图 16-1 999999(上证指数)2009.7.30～2009.9.4 日 K 线图

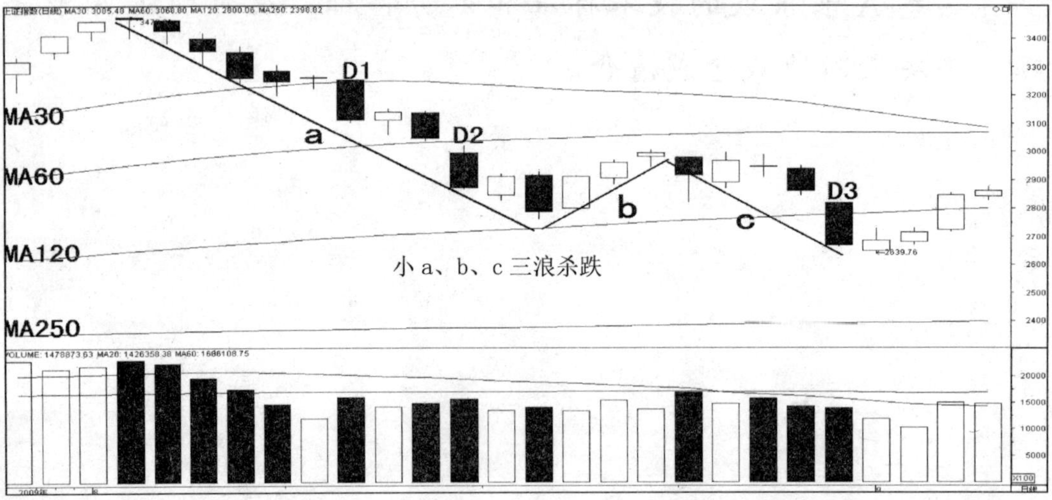

图 16-1

跌破多空线 A 浪杀跌：

1. 跌破生命线

股指高位横盘震荡，随后快速跌破生命 30 日均价线，预示 A 浪杀跌开始。杀跌 K 线通常是大阴线甚至是跳空大阴线。如图 16-1 中的 D1。

2. 跌破决策线

股指跌破生命线之后，继续向下杀跌，跌破决策线 60 日均价线。股指跌破 60 日均价线有的一气呵成，有的一波三折。

A 浪杀跌往往由三个阶段组成：先是小 a 浪杀跌，随后是小 b 浪抵抗，最后是小 c 浪杀跌。

①小 a 浪杀跌。

往往由见大顶快速杀跌至 60 日均价线附近，一般位于 60 日均价线下方。如图 16-1 中 a 段即为小 a 浪杀跌。

②小 b 浪抵抗。

股指快速杀跌，至 60 日均价线附近，形成技术超跌，有时会有所抵抗，产生小幅反弹。如图 16-01 中 b 段即为小 b 浪抵抗。

③小 c 浪杀跌。

股指经过小 b 浪反弹之后，随后再次向下杀跌，至半年线和年线之间，往往会有较强反弹。如图 16-01 中 c 段即为小 c 浪杀跌。

(二)周 K 线图研判 A 浪杀跌

图 16-2　999999(上证指数)2009.7.24～2009.9.4 周 K 线图

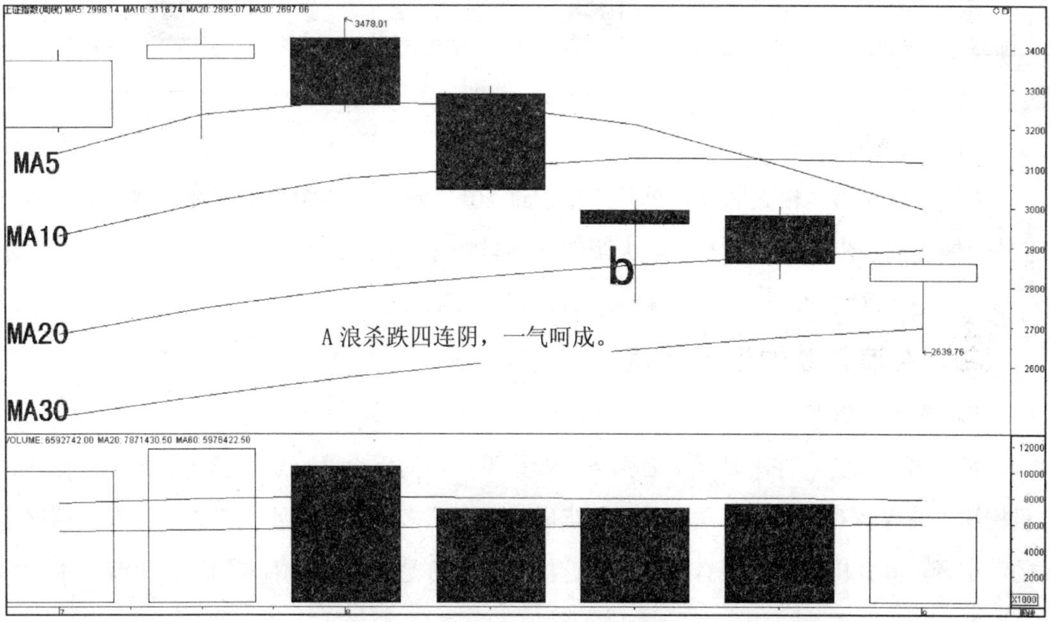

图 16-2 （图 16-1 对应的周 K 线图）

很明显，在日 K 线图上看似很明显的小 a、b、c 三浪杀跌，而在周 K 线图上是直截了当的四连阴杀跌，小 b 浪抵抗仅为周 K 线阴线 b 的长下影线。

通过比较可知，当一轮凶猛的杀跌开始，如果我们只关注日 K 线，则往往会觉得有很多机会，而当我们看周 K 线时，才知道跌势已不可避免。可见在大势向下时，单纯按日 K 线图甚至分时图的细小波动去抄底，是多么地凶险！

(三)月K线图研判A浪杀跌

图 16-3　999999(上证指数)2009.3.31～2010.2026 月 K 线图

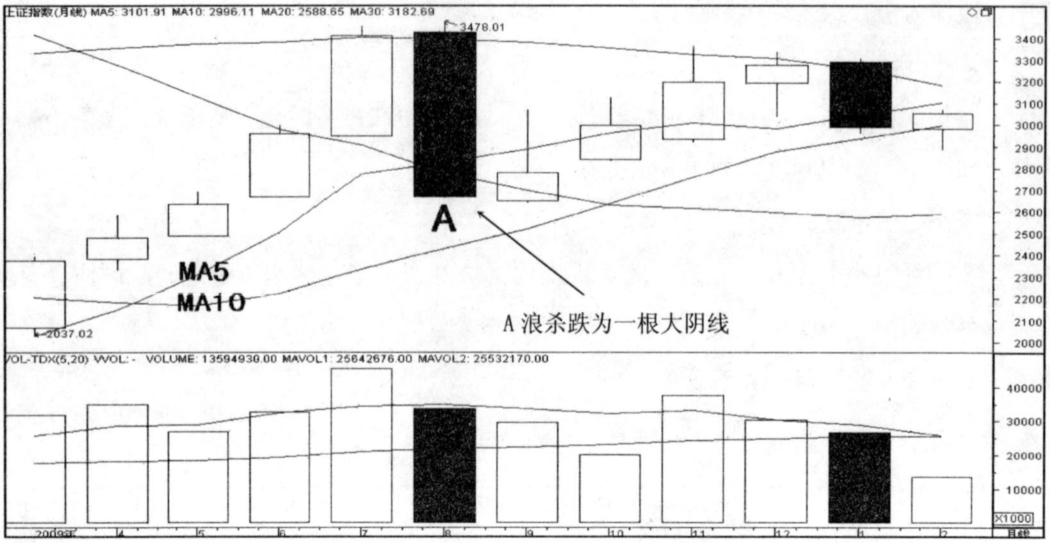

图 16-3

图 16-3 解析：

A 浪杀跌仅为一根大阴线，单月跌幅超过 20%。看日 K 线图根根阳线诱惑重重，看周 K 线图四连阴步步催杀，看月 K 线大阴线一剑封喉。

二、A 浪杀跌的运行环境

1. 唱多者强势

是唱多者强势，并不是做多者强势。股指见大顶向下杀跌，趋势已明显走坏，但各种机构和主流媒体对后势的看法仍保持相当的乐观，唱多之声如洪水滔天。虽然有一些坚定的看空者，其分析报告也极有见地，但这样的声音总是被淹没在唱多的汪洋大海之中。

2. 暴跌替罪羊

很少有机构和媒体告诉你 A 浪杀跌的真实原因，提醒你股市出现了严重泡沫，本次杀跌只是挤泡沫的开始。他们将本次杀跌的导火索作为罪魁祸首，并让你以为这仅仅是一次偶然事件，风雨过后见彩虹，明天依然很美好。

3. 依然是牛市

一句“依然是牛市”，诱惑你的心。是的，确实是牛市，虽然牛快死了或者已经死了，但牛的身形和余威尚在，让无数的人顶礼膜拜！

第二节　操盘策略与心理博弈

一、A浪杀跌操盘策略

断臂求生，多看少动，适时做空。

1. 断臂求生

一旦大盘见大顶，破位下行，A浪杀跌开始，往往跌势凶猛，跌幅很大。在高位没有及时出逃的，或者没有减仓的，不管是赚是亏，必须在跌势初期尽快减仓或清仓，不能有丝毫的侥幸心理。

2. 多看少动

大盘暴跌，不少在高位出逃的投资者，由于仍沉浸在牛市的盛宴中，会迫不及待地抄底或抢反弹，重陷巨大的风险中。

只要大盘见大顶，必然会出现周K线级别的破位杀跌，如果没有周K线级别的止跌企稳，盘中的反弹往往非常有限，则必须多看少动，最好只看不动，等待周K线甚至月K线有止跌企稳的迹象，再考虑进场不迟。

3. 适时做空

一旦确认大盘见大顶，就可以考虑融券做空或期指做空了。

二、A浪杀跌心理博弈

A浪杀跌，主力会千方百计地让你产生错觉，认为这仅仅是一次正常的回调，让你虽有警惕却心存侥幸，让你稍有犹豫便深套而左右为难。

1. 公开唱多，暗中出逃

机构投资者在A浪杀跌还没开始时就开始悄悄出货，有的在A浪杀跌开始时一边做空股指期货，一边出货，还有的为了不让散户与自己争抢跑道，大肆唱多，蛊惑散户买入，自己乘机出逃。

2. 心存侥幸，迟疑吃套

不少投资者见趋势走坏，也不是没有一点警觉，也想到要减仓和清仓。可是由于受环境暖风劲吹的影响，不免心存侥幸，不愿果断清仓，坐失良机，以致深套。

3. 偏执偏信，重仓沦陷

不少高位重仓被套的投资者，认为趋势仍未逆转，只是一次短暂的调整，不仅不清仓或减仓，反而逢低吸纳，以致重仓沦陷。

第三节　破位斩仓与反弹出货

一、破位斩仓

破位斩仓必须明白破的是什么位，是短线支撑位还是中线支撑位，不能见破就斩。必须坚守操盘策略，执行操盘纪律，并与自己的操盘风格保持一致。

1. 破位破的是什么位

破位必须破的是影响中线走势的支撑位。重要的支撑位一旦跌破，很可能造成趋势改变。比如日K线图的30日和60日均价线，周K线图的10周均价线，月K线图的5月均价线，一旦跌破，中期趋势走坏的可能性极大，临盘必须特别当心。

2. 斩仓斩错了也要斩

如果重要的支撑位跌破，跌势已成，势不可当，则之前所谓的强力支撑，都不堪一击，临盘必须果断处理。

一旦符合斩仓标准，斩错了也要斩。心存侥幸，犹豫不决，很可能追悔莫及。

二、反弹出货

破位之后是立即止损还是等待反弹出货，不仅仅与行情研判是否准确有关，更涉及操盘能否力争主动的战略问题。

1. 是否一定会有反弹

并不是破位或超跌之后都有反弹，盘顶时间越长，主力出货越干净，政策打压越凶狠，产生反弹的可能性越小。

2. 反弹能否收复失地

即使有反弹，反弹也不一定能让你解套。反弹终归是反弹，创新高的不多，绝大多数反弹至前期平台下方附近就开始回调，使前期套牢盘无法解套。

3. 不要寄希望于反弹

反弹可遇不可求。一旦中期趋势走坏，风险极大，特别是之前涨幅大、盘顶时间长的股票，出现破位杀跌，最好在刚开始破位之时便斩仓出局，不要寄希望于反弹。如果是按操盘策略买入之后不涨反跌，并不表示你做错了，因为谁也不能保证买点100%正确，能有70%的正确就很了不起了，但破位不止损才是真正的错了，而把希望寄托在反弹出货，则是错上加错。

下面我们通过实例图感悟一下吧。

图 16-4　999999(上证指数)2004.2.20～2004.9.14 日K线图

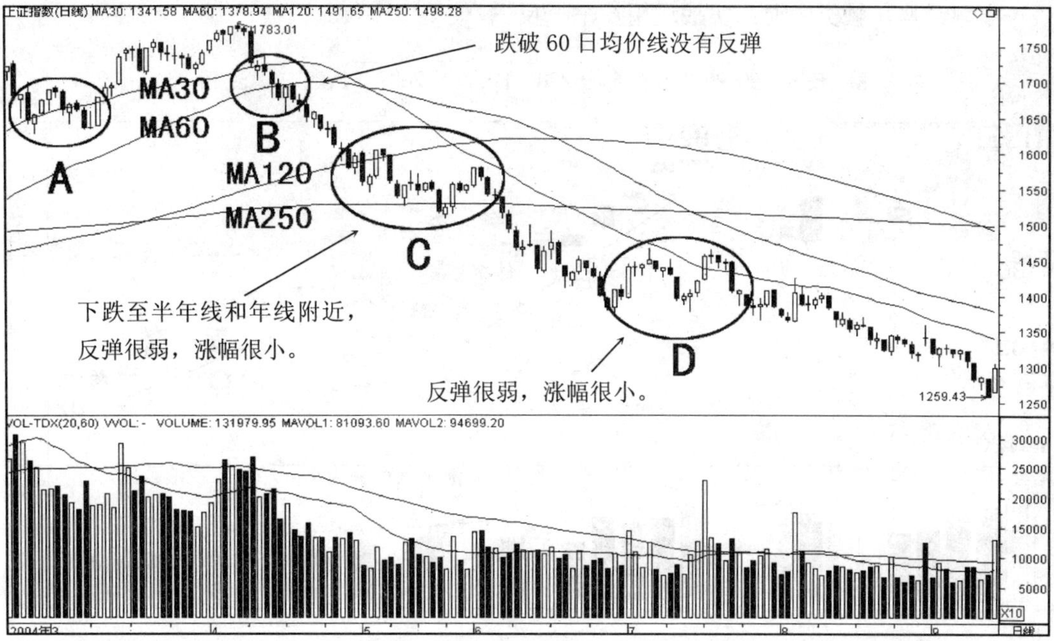

图 16-4

图 16-4 解析：

A 处：股指于 A 处跌破 30 日均价线之后，形成小双底，反弹并创新高，然后见顶回落。

B 处：股指于 B 处连续跌破 30 日和 60 日均价线，随后快速下套。

C 处：股指于 C 处半年线和年线附近，反弹幅度很小，只稍稍抵抗几天，随即再次快速杀跌。

D 处：股指跌破年线后一路杀跌，至 D 处展开反弹，但反弹幅度很小，随后再次开始快速杀跌，创新低。

实际操盘中，一旦股指或股价跌破重要支撑位，中线趋势走坏或走坏的可能性极大，一定要做好风险防控措施，及时减仓或清仓，绝不能心存侥幸，患得患失，以致浅套变深套，最后一败涂地。

第四节　A 浪杀跌实战图解

牢记经典，触类旁通；实战运用，举一反三。

图 16-5　999999(上证指数)2007.10.15～2007.11.29 日 K 线图

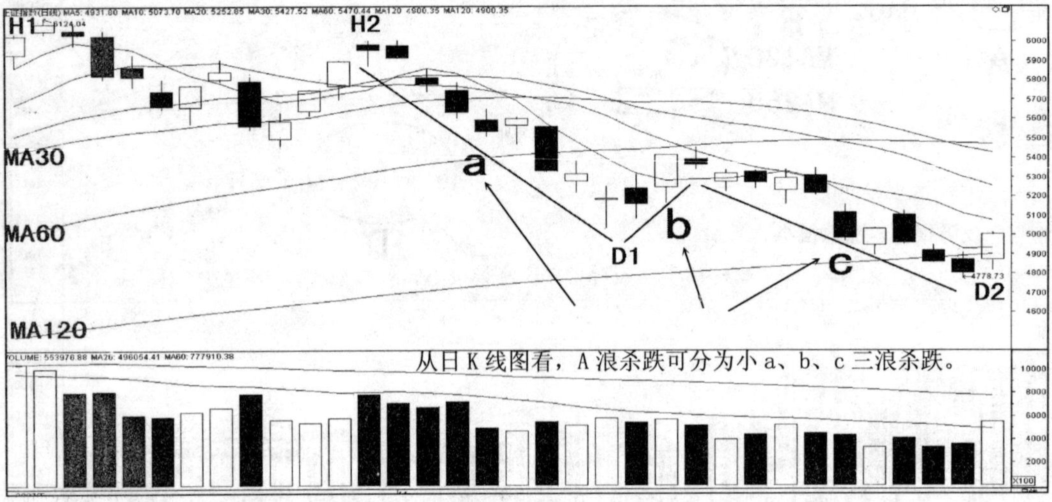

图 16-5

图 16-5 解析：A 浪杀跌可分为小 a 浪杀跌，小 b 浪抵抗，小 c 浪杀跌。

图 16-6　999999(上证指数)2007.9.28～2007.12.21 周 K 线图

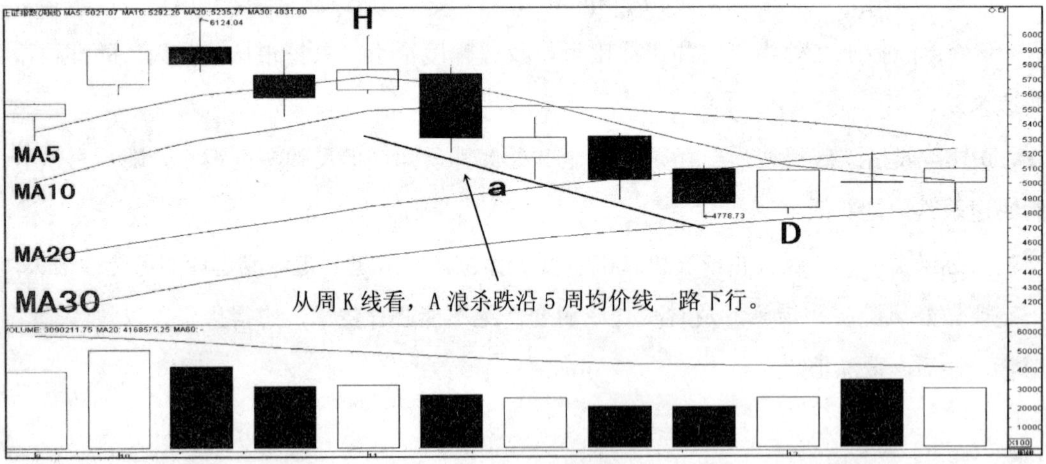

图 16-6

图 16-6 解析：周 K 线 A 浪杀跌，即在 5 周均价线压制之下一路杀跌。

图 16-7　999999(上证指数)2007.9.28～2008.6.30 月 K 线图

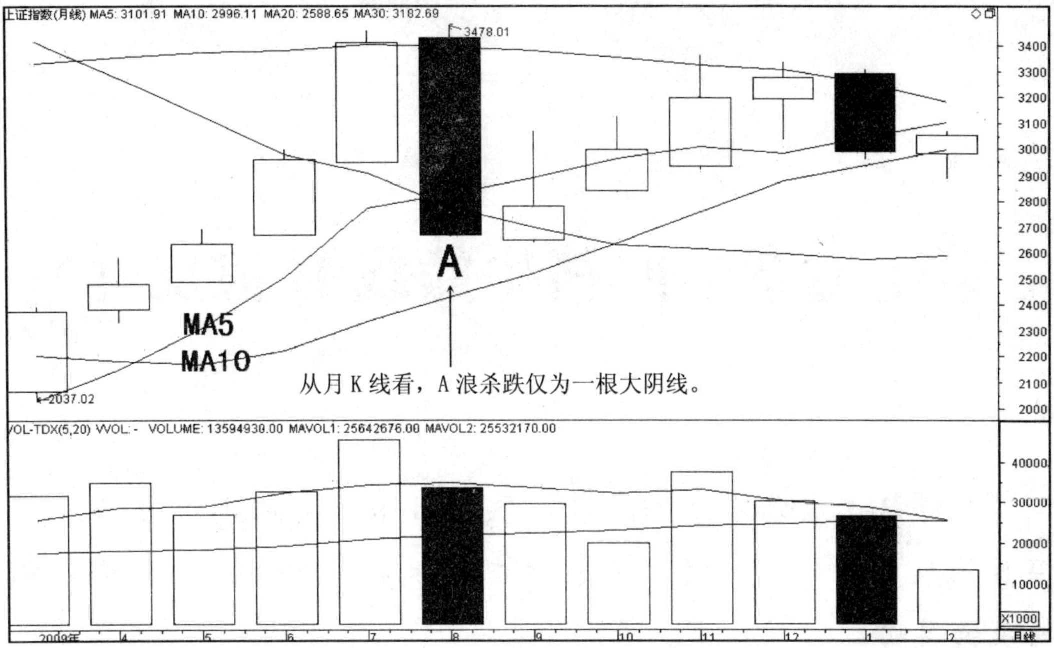

图 16-7

图 16-7 解析：

月 K 线看趋势，A 浪杀跌仅为一根跌破 5 月均价线的大阴线。

6124 见大顶之后 A 浪杀跌，通过不同级别的 K 线图比较可知：

(1)从日 K 线图看，其间往往会有小抵抗，诱人抢反弹；而从周 K 线图看，却是直线杀跌，凶险之极；从月 K 线图看，往往就是一根大阴线或者两根阴线，根本没有做多的机会。

(2)一旦股指跌破 5 周均价线，不要轻易抢反弹。一般周 K 线不止跌，更不可重仓出击。

(3)月 K 线图、周 K 线图、日 K 线图，级别不同，看大势必须由大至小。观察盘面异动必须由短至长，由日 K 线图、周 K 线图、月 K 图依次改变。

第十七章　回档牛熊线B浪反弹

了解B浪反弹发生的条件，熟悉B浪反弹的走势特征，掌握B浪反弹开始、持续、结束的技术标准，正确制定B浪反弹的操盘策略。

第一节　B浪反弹与运行环境

大盘经过A浪快速杀跌，跌至半年线(准牛熊分界线)或年线(牛熊分界线)附近，若主力货没出完，则往往会利用技术超跌制造反弹，从而顺利地将手中剩余的筹码出脱干净，我们称之为B浪反弹。

一、回档牛熊线B浪反弹

(一)日K线图研判B浪反弹

图 17-1　999999(上证指数)2007.10.15～2008.1.2 日K线图

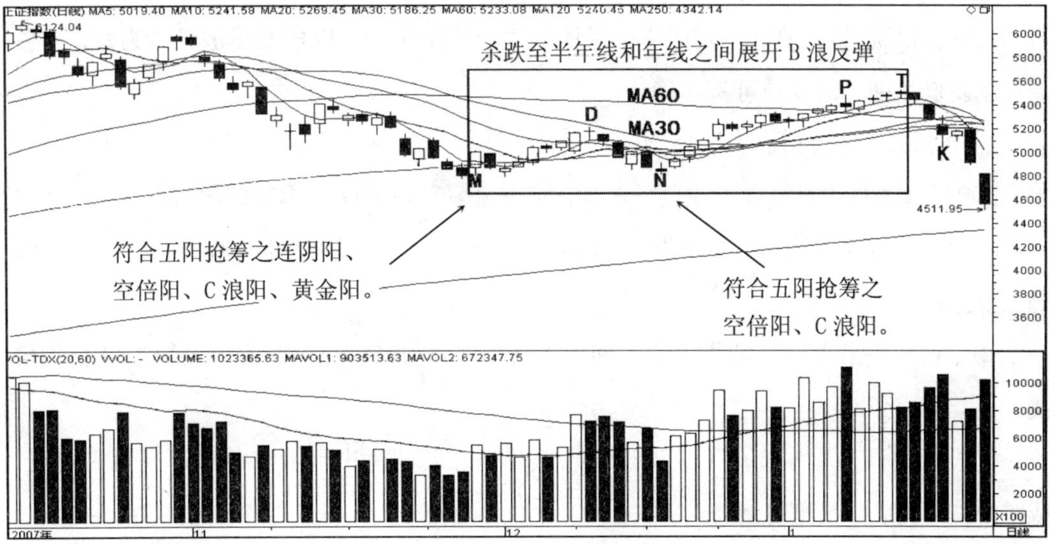

图 17-1

图17-1解析：

M：股指跌破半年线后，于M点开始反攻，符合五阳抢筹之连阴阳、空倍阳、C浪阳、黄金阳。股指突破20日均价线，至D点受30日均价线压制回调。

N：股指由D点回调，至前期低点N附近，成交量明显缩小，之后收阳反攻，符合五阳抢筹之空倍阳、C浪阳。

P：受60日均价线向下引带作用，高位放量震荡。小跌暴大量，减仓要赶忙。

T：成交量明显出现背离。

K：三连阴杀跌，跌破30日均价线，且一阴破三线，基本确认B浪反弹结束。

反弹幅度：

经过A浪下跌之后，至半年线和年线之间展开B浪反弹。反弹至0.618附近，跌破10日均价线，宣告B浪反弹结束。

1. B浪反弹的开始

①发生B浪反弹的位置

B浪反弹一般发生在半年线和年线附近。其一是股指高位破位杀跌，跌幅较大，至半年线和年线附近，形成严重技术超跌，进行技术指标修复的要求强烈；其二是半年线和年线是重要的牛熊分界线，也是重要的心理防线，是多空双方必争之地。

②确认B浪反弹的技术标准

股指于半年线和年线附近展开反弹，沿5日均价线快速上攻，若能一鼓作气突破30日(或20日)均价线则更好。若成交阳量明显大于成交阴量，以成交量放堆量为好，且回调不创新低，则B浪反弹可基本确认。

2. B浪反弹的持续

B浪反弹走势相对复杂，或风平浪静，或暴涨暴跌，其实质为震荡出货。

①大盘展开B浪反弹，首次突破30日(或20日)均价线之后回调，回调不创新低，确认反弹持续。

②股指一般沿5日均价线上攻，回调不破10日均价线，深度回调不跌破30日均价线。

③股指回调明显缩量，不出现恐慌杀跌局面。若高位出现放量杀跌，且为大阴线，或跳空跌，则必须高度警惕。

3. B浪反弹的结束

B浪反弹一般是主力利用技术超跌反弹出货，其走势比较复杂，其结束也多种多样，有的干脆利落，有的一波三折。

是否有效跌破30日均价线作为研判B浪反弹是否结束的重要标准。但实际操盘中若等跌破30日均价线再减仓和清仓，则损失已经较大，一般最好以短期均价线规避风险，有时甚至以分时图避险。

当价格反弹到敏感点，成交量、K线出现明显异动，比如短线操作若日K线跌破5日均价线(或10日均价线)，就必须及时减仓或清仓。

(二)周K线研判B浪反弹

图17-2解析：

M：股指杀跌至 30 周均价线附近，M 符合五阳抢筹之空倍阳、C 浪阳，是止跌反弹较的可靠信号，可根据日 K 线或分时线确认较精确的买点。回调不创新低，随后上攻，确认 B 浪反弹开始。

N：股指沿 5 周均线上攻，至 N 处跌破 5 周均价线，本波反弹结束。

图 17-2　999999(上证指数)2007.10.12～2008.3.7 周 K 线图

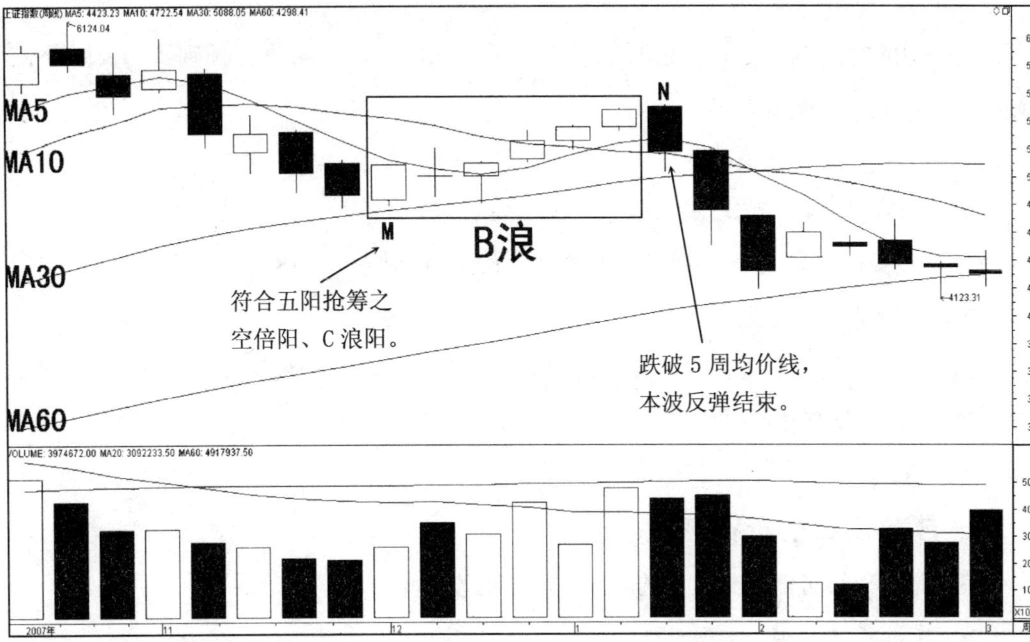

图 17-2

1．B 浪反弹的开始

以周 K 线看 B 浪反弹更为简明。周 K 线企稳，可作为 B 浪反弹起点。

稳健派一般以周 K 线作为大势判断的依据，当周 K 线出现起涨迹象时，再根据日 K 线寻找合适的进场时机。

M 点符合五阳抢筹之空倍阳、C 浪阳。

2．B 浪反弹的持续

①B 浪反弹首波反弹之后回调，回调不破前期低点。

②股指沿 5 周均价线上攻，回调不跌破 5 周均价线。

3．B 浪反弹的结束

通过周 K 线看 B 浪反弹的结束，简洁明了。实际操盘中，以周 K 线跌破 5 周均价线作为 B 浪反弹结束的标志。

由于周K线图比日K线图周期长，因此对趋势的确认更准确，但对规避风险显得过于滞后，一般与日K线图相配合使用作为避险依据。

一旦周K线出现破位，或许C浪杀跌就此展开，下跌时间长，幅度大，以作壁上观为好，不要轻易抢反弹。

当然，具有相当风险控制能力的投资者，也可以考虑融券做空或期指做空。

(三)B浪反弹的幅度

B浪反弹的幅度难以确定，但我们对B浪反弹的压力位，可进行预判，当反弹至该点附近时，必须引起高度警惕。

用黄金分割线推测B浪反弹的压力位是较有效的方法之一。

以A浪杀跌的终点、起点画黄金分割线。

对B浪反弹而言，黄金分割最重要的两条线为0.382、0.618，突破0.809的不多，另外，0.5位也是重要的技术位。

大盘B浪反弹力度有限，走势疲软，创新高的不多，但不少板块和个股却可创新高，必须区别大盘弱市与个股强势。

二、B浪反弹的运行环境

B浪反弹，你很可能受到这样的暗示：牛市远没结束，行情依然看好！

1. 铁底过后又铁底

“调整基本结束，又一波攻势开始。”没有人会告诉你这仅仅是一次技术超跌反弹，是牛市的又一个陷阱。你可能听到更多的是“如果大势配合，这将是本次调整的底部，新一轮攻势即将展开。”你会听到某某点位将是政策底、是经济底、是铁底等等，结果是铁底过后又铁底。

2. 利好消息唱主角

随着大盘的反弹，各种利好消息也纷至沓来，粉墨登场。虽然时有利空来袭，却恰似声声悲鸣，在一片歌舞升平之间，又有几人愿意倾听？利空就像微笑的刺客，躲在偏僻的角落，虽不引人注目，却鹰视狼顾，准备打响那血色盛宴的一枪。

3. 盛宴将散梦酣然

人生无常，盛宴必散。少数人悄悄提前离场，更多的人兴致依然，觥筹交错。没有纪律不炒股，没有体系何所依。酒不醉人人自醉，股不迷人人自迷。大厦将倾在眼前，危堂燕子犹衔泥。

第二节　操盘策略与心理博弈

一、B浪反弹操盘策略

止跌进场，越涨越卖，破位斩仓。

1. 止跌进场

机构投资者主要是利用B浪反弹出货，一般不会过度介入。

有些板块和个股在大盘B浪反弹阶段创新高，尤以补涨类板块和个股居多，其原因往往是由于不少资金从前期涨幅大的板块和个股中抽逃出来之后，由短线搏杀推动形成。这些板块一般权重不是太大，前期涨幅相对较小，具有一定利好刺激。

普通投资者抢反弹，切记控制好仓位。必须明白，主力资金把B浪反弹作为“逃命”机会，普通投资者不宜过度介入。

2. 越涨越卖

对于B浪反弹，冲顶必减，越涨越卖。

3. 破位斩仓

B浪反弹走法诡异，较难把握，任何时候都可能突然结束。一旦破位，往往快速杀跌，若不及时斩仓，则往往损失很大。

二、B浪反弹心理博弈

主力利用B浪反弹出货，同时为了不让人与其争抢跑道，便通过各种渠道，制造出牛市还很牛的假象，使乐观者持股不动和加仓，使谨慎者犹豫不决而拖延吃套。

1. 板块轮动，雁在空中

B浪反弹，板块轮动相对较快，热点持续时间较短，看似总有机会，但又很难抓住。好比空中流星，一闪而过，难以捕捉。

2. 走势诡异，进退无据

B浪反弹，主力通过一两根大阳线甚至是跳空大阳线激发市场人气，利用散户追涨出货，往往忽涨忽跌，量价背离，使投资者产生求稳怕踏空、追涨怕吃套的心理，节奏很难把握。

3. 真的想走，实在难丢

B 浪反弹，即便你能够识别，感到潜在风险很大，确实很想离开，但主力通过盘面操控，会让你感到眼前机会不断，真要离开，心结难解。

第三节　技术超跌与反弹强弱

股指杀跌至半年线和年线附近展开反弹的可能性较大，其原因是什么？反弹的强弱与哪些因素有关？

一、技术超跌

1. 什么是技术超跌

同时具备了反弹空间和反弹合力的杀跌才叫超跌。由于中线超跌、短线急跌而造成的技术指标严重背离，这样的超跌叫技术超跌。

2. B 浪反弹与超跌

只有具备反弹空间，才可能形成反弹合力。大盘涨幅大，盘顶之后一旦跌破生命线 30 日均价线，就必然形成沉重的套牢盘，此时反弹压力过大，更多的是继续向下杀跌，拉开与 30 日均价线的反弹空间，这样就很容易跌破 60 日均价线，跌至半年线和年线附近，也到了主力资金的心理支撑位，在此区域，套牢者和主力资金容易形成合力，所以 B 浪反弹也相对容易出现。

二、反弹强弱

B 浪反弹的强弱和走势是由整体估值和大盘运行环境决定的，反弹强弱可分为三个级别。

1. 反弹很弱

如果整体估值远远超过实体经济和经济预期，政策打压严厉，周边股市下挫，且之前股指盘顶时间长，整体换手率大，主力出货较彻底，则往往反弹很小，甚至没有 B 浪反弹。此时一厢情愿地等待反弹解套或抢反弹，可能会损失惨重。

2. 反弹较强

如果整体估值基本合理，没有明显泡沫，经济处于恢复阶段，实体经济整体看好或变数较大，政策没有明显打压，甚至有一定利好，多空分歧过大，多空形成拉锯战，特别是盘顶时间短，主力筹码出逃没完，则往往造成 B 浪反弹较大，走势复杂。

3. 反弹新高

对于大盘来说，B 浪反弹一般不会创新高，但对于同期中小板和某些个股来说，创新高的概率较大，这主要是由于短线热炒中小板和补涨个股而造成的。

第四节 B 浪反弹实战图解

牢记经典，触类旁通；实战运用，举一反三。

一、日 K 线图看 B 浪反弹

图 17-3 999999(上证指数)2009.8.3～2010.4.26 日 K 线图

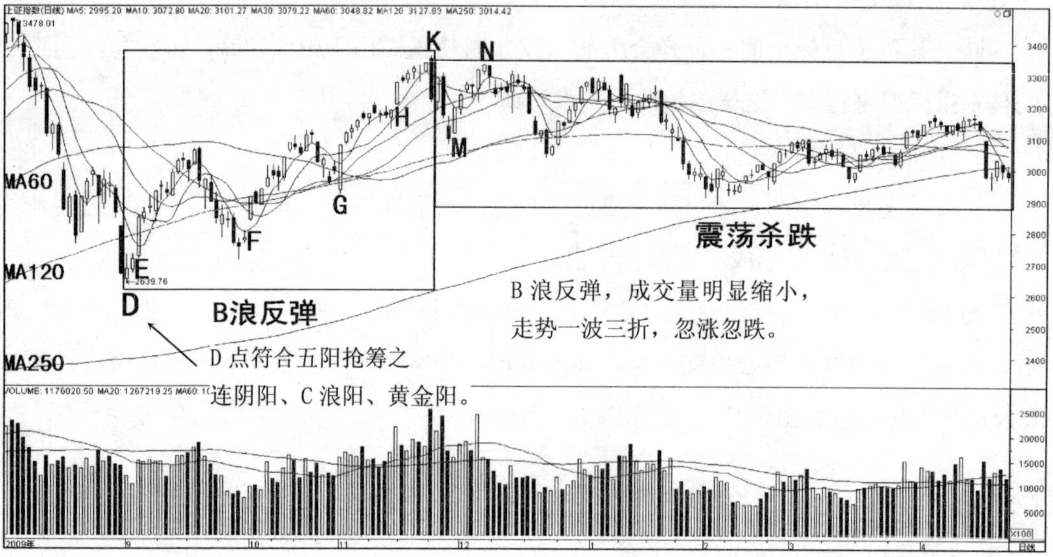

图 17-3

图 17-3 是 2009 年 8 月 7 日上证指数见 3478 点之后快速杀跌至半年线附近，产生 B 浪反弹，其走势相对复杂，一波三折，反弹结束之后，逐波向下杀跌。

1. B 浪反弹的开始

股指跌破半年线之后，于 D 点止跌反攻。D 点之前连跌 3 天，且有一根中阴线，符合五阳抢筹之连阴阳、C 浪阳，且位于 50%附近，符合黄金阳。E 点放量上攻，且站上 5 日均价线，符合五阳抢筹之空倍阳。

随即股指沿 5 日均价线快速上攻，一鼓作气突破 20 日和 30 均价线，且成交阳量明显大于成交阴量，B 浪反弹确认。

2. B 浪反弹的持续

股指每次回调，都有 B 浪反弹结束之感，但 F、G 空倍阳使反弹再次继续。股指呈逐浪上升形，高点不断抬高，低点也不断抬高，确认反弹继续。

3. B 浪反弹的结束

均价线发散，蓄势不足，股指于H点跳空上涨，警惕。K处大阴线杀跌，穿头破脚，危险。回调之后于M处反攻，不能再创新高，B浪反弹结束。

二、周K线图看B浪反弹

图 17-4　999999(上证指数)2009.7.31～2010.4.23 周K线图

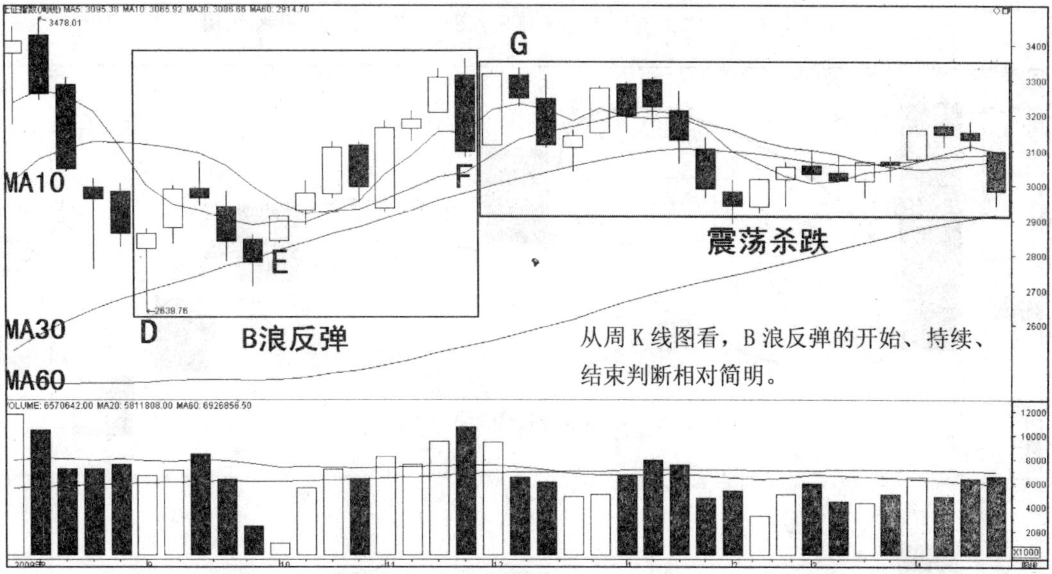

图 17-4

图 17-4　解析：

1. B 浪反弹的开始

股价回调至30周均价线下方附近，于D点之前，周K线出现四连阴杀跌，至D点周K线长下影阳线，止跌反攻，符合五阳抢筹之连阴阳。若周K线出现五阳反攻，则B浪反弹可确认。

2. B 浪反弹的持续

股指冲高回调，又出现三连阴，于E处收阳线上攻，符合五阳抢筹之连阴阳。随后沿5周均价线上攻，回调收盘价不破5周均价线，成交量有所放大。

3. B 浪反弹的结束

股指上攻至前期高点下方附近，于F处出现穿头破脚，并跌破5周价线，且成交阴量明显放大，为杀跌出货，B浪反弹结束。

周K线跌破5周均价线之后，虽然出现多次反攻，但都不能突破前期高点，且高点逐级降低，成交量明显不继，C浪杀跌开始。

比较图17-3与图17-4可知，从日K线图看，B浪反弹的开始、持续、结束相对复杂，难以判断，而从周K线图看，则相对简明。

三、月K线图看B浪反弹

图17-5　999999(上证指数)2009.7.31～2010.6.30月K线图

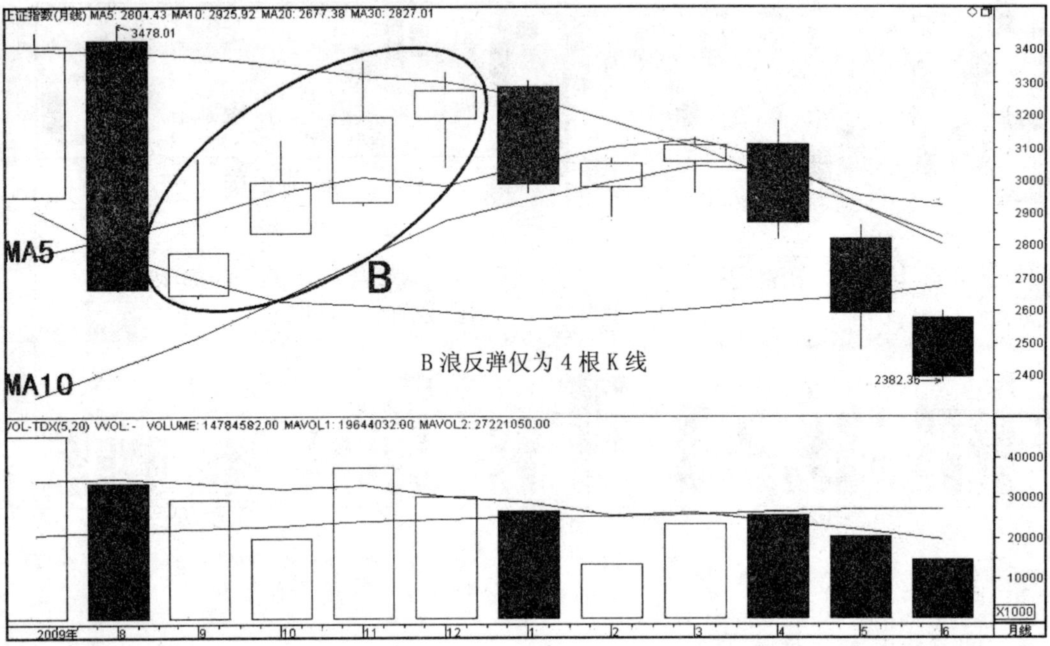

图17-5

图17-5解析：

从月K线图看，B浪反弹相对简明，仅为4根阳线。

由于B浪反弹一般时间较短，涨幅较小，以月K线图来确认其开始、持续、结束，往往过于迟缓，不利于实战。

但月K线图从另一个侧面告诉我们，对于B浪反弹，不同的投资者操盘策略可能区别很大。机构投资者由于资金量大，进出很不方便，不可能于B浪反弹大举介入，因此更多的是出货和自救。普通投资者，由于资金量较小，可控制仓位抢反弹，一旦破位，必须赚也走，亏也走，因为随后的C浪杀跌会惨不堪言。

第十八章　跌破牛熊线C浪下套

熟练地掌握C浪杀跌的开始、持续、结束的标准和走势特征，对我们正确制定操盘策略，及时规避风险，起着至关重要的作用。

第一节　C 浪下套与运行环境

大盘经过 B 浪反弹之后，随即展开 C 浪杀跌，跌破半年线和年线，下跌时间长，整体跌幅大。

一、跌破牛熊线 C 浪下套

(一)日 K 线图 C 浪研判

图 18-1　999999(上证指数)2008.1.11～2008.10.29 日 K 线图

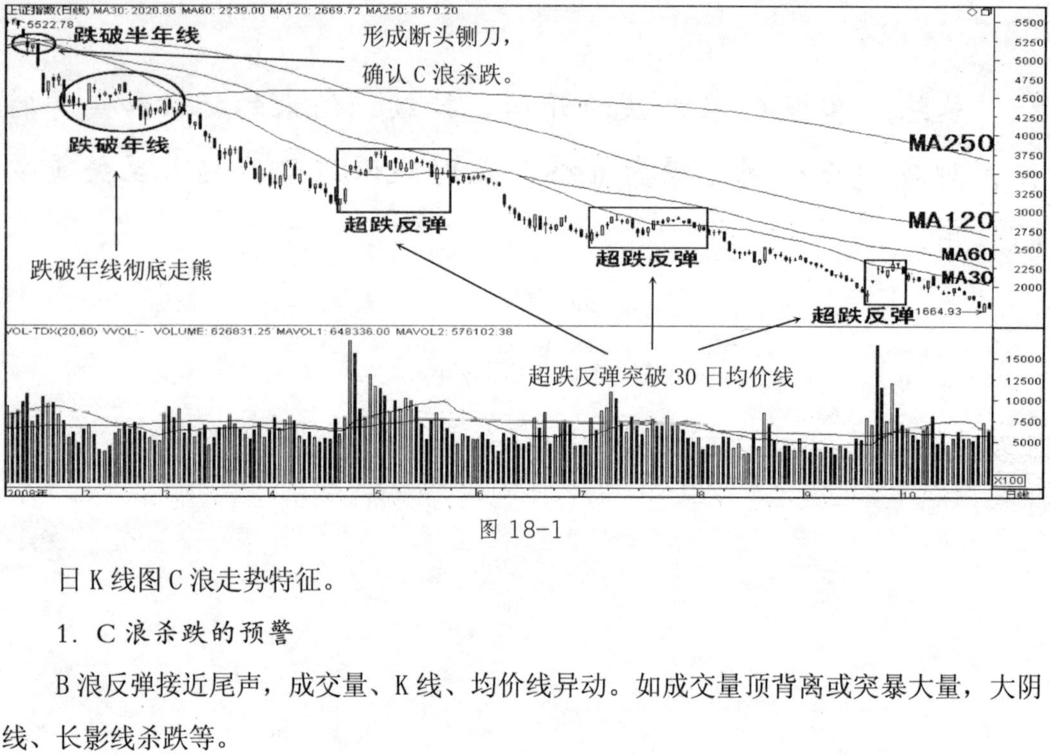

图 18-1

日 K 线图 C 浪走势特征。

1. C 浪杀跌的预警

B 浪反弹接近尾声，成交量、K 线、均价线异动。如成交量顶背离或突暴大量，大阴线、长影线杀跌等。

2. C 浪杀跌的确认

大阴线快速跌破 30 日(或 60 日)均价线，或周 K 线跌破 5 周或 10 周均价线。

如图 18-01，股指跌破 30 日均价线，又同时跌破了 60 日和 120 日均价线，形成了断头铡刀。

3. 跌破半年线年线

跌破半年线和年线的走势往往一简一繁，反弹幅度一大一小。若大阴线杀跌或跳空跌，则多为有效跌破。

股指通过回档牛熊线B浪反弹阶段，该补涨的补涨了，该出货的出货了，赚饱了的旅游去了，于是股指就跌破年线了。股指一旦跌破年线，更多的人多翻空，暴跌就在所难免了。

4. C浪杀跌至末期

量价线异动空头陷阱仅作为C浪杀跌的最后一跌。

5. C浪杀跌结束确认

双突破逼空涨见大底的起涨点，即一浪起点。

(二)周K线研判C浪走势

图 18-2　999999(上证指数)2008.1.11～2008.11.14 周K线图

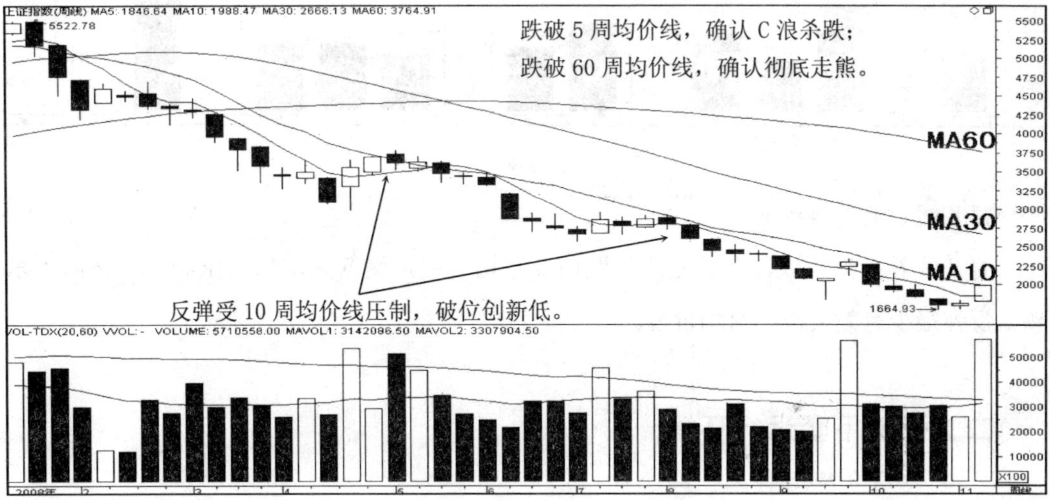

图 18-2

周K线C浪走势特征：

1. C浪杀跌的预警

B浪反弹结束，成交量异动，包括顶背离、阴天量等。

2. C浪杀跌的确认

周K线跌破5周均价线。

3. C浪杀跌至末期

量价线异动空头陷阱仅作为C浪杀跌的最后一跌，往往成交量会发生比较明显的变化，如成交阴量明显放大，成交量双线卧顶等。

4. C浪杀跌结束确认

双突破逼空涨见大底的起涨点，开始新一轮循环。

(三)月K线研判C浪走势

图 18-3 999999(上证指数)2007.10.31～2009.1.23 月 K 线图

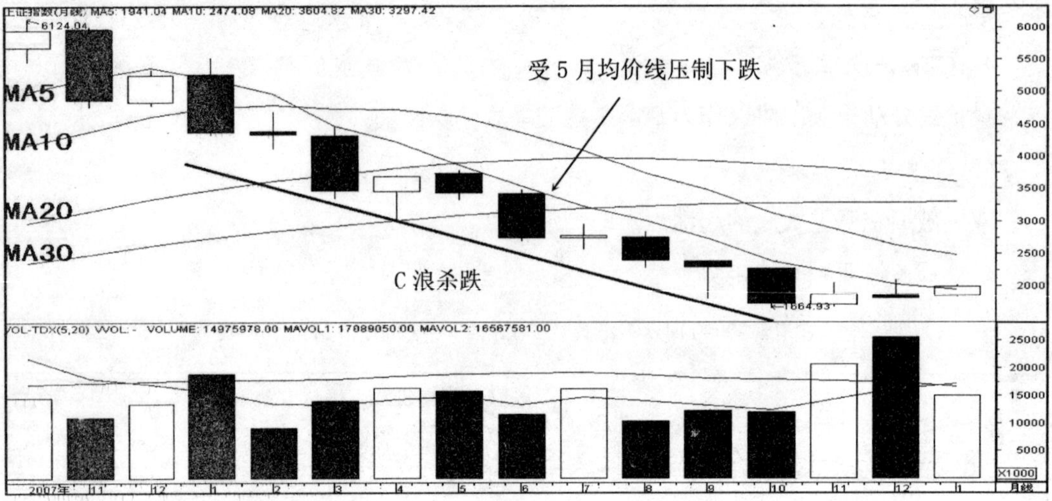

图 18-3

月K线C浪走势特征：

月K线看C浪杀跌，一般是股指跌破5月均价线，受5月均价线压制，一路向下杀跌，反弹很少有效突破5月均价线。

二、C浪下套运行环境

1. 利空消息纷至沓来

股市见顶，祸不单行。各种利空消息不断涌现，如宏观经济过热，上市公司业绩被严重透支，国际环境的重大负面影响等，或者经济预期明显悲观。

2. 经济过热宏观调控

如果是宏观经济明显过热，往往会出台调控政策，直到经济运行平稳，则调控政策转为趋缓。

3. 经济滑坡政策转暖

若经济滑坡或经济形势趋于严峻，则经济政策往往会转暖，刺激经济复苏。若政策调控过于严厉，则往往会造成股市的大起大落。

4. 利好看淡利空放大

股市运行环境相当恶劣，股市表现极度低迷，看不到市场转好的迹象，偶有反弹，如浪花一点，纵有利好，归于沉寂。

第二节　操盘策略与心理博弈

一、C浪下套的操盘策略

破位清仓，多看少动，慎抢反弹，适时做空。

1. 破位清仓

一旦C浪杀跌确认，必须明确几点：

①手中无股的，安心休假吧，看大势赚大钱的是不会抢小反弹的。

②手中有股的，如果技术形态已走坏，那么不要等反弹了，先清仓走人。

③手中有股的，特别是仓位重的，即使技术形态还没走坏，也要开始减仓。逆势上涨的股票，一旦破位下跌，往往连反弹都没有。

2. 多看少动

C浪杀跌确认，已安全出逃的，多看少动，以作壁上观为宜。“宠辱不惊，闲看庭前花开花落；去留无意，漫随天外云卷云舒”。等待，是最高的境界。

3. 慎抢反弹

(1)抢反弹原则

①抢反弹只适合小资金短线快进快出。

②只做超跌不追涨，大盘企稳才可抢。

C浪杀跌分为挤压泡沫阶段、价值中枢阶段和价值超跌阶段。

如果大盘处于挤压泡沫阶段，则反弹往往较弱，且反弹之后一般创新低。

如果大盘处于价值中枢阶段，同时经济预期不是很明确，则走势往往相对纠结，区间盘整时间一般相对较长。

如果大盘处于价值超跌阶段，即空头陷阱阶段，仍为弱势行情，很多之前相对抗跌的板块往往最后补跌，且跌幅还很大，则对此类板块一般不建议抢反弹。

超跌必须中线超跌、日线急跌，必须跌出反弹空间，产生反弹的可能性才大。

(2)抢反弹纪律

三五仓位，三五止损，涨三不追，破五先卖。

(3)抢反弹技术

五阳抢筹，三线逃顶；抢反弹三坑买涨，三空卖空必须卖。

4. 适时做空

一旦大盘B浪反弹结束，C浪杀跌开始，往往下跌幅度大，下跌时间长，是融券做空的较好时机。具有较强操控实力的投资者，可以考虑融券做空和期指做空。

二、C浪下套心理博弈

借助牛市余威快速下套，诱发反弹让你屡抄屡套，击穿心理防线让你信心崩溃。

1. 山随平野尽，江入大荒流

各种利空消息不断涌现，多方信心逐步丧失，大势疲弱也更为明显。这时往往会因某一重大利空，导致多方溃败，大盘破位暴跌。而这一利空经常被解说成压死骆驼的最后一根稻草。事实上，跌是必然的，稻草是好找的，不在乎是这一根还是那一根。

C浪紧随B浪，受B浪影响，多数人仍然充满牛市情结，对C浪的到来认识不足，准备不充分。一旦出现“长阴杀跌”、“穿头破脚”、“岛形反转”、“跳空反转”、“断头铡刀”等K线走势，许多人的第一反应不是及早斩仓走人，而是心存侥幸，以致恋战深套。

2. 沉沉更鼓急，渐渐人声绝

不少投资者经常从一些“蛛丝马迹”中寻找“反转”信号，如某几根稍有异动的K线、成交量突然单日放量和短期均价线的所谓金叉，殊不知“一次反弹一个坑，一根大阳套批人”。

随着熊市逐步明确，多方信心消磨殆尽，利空像病毒一样滋长，悲观像瘟疫一样漫延，反弹更加羸弱，投资者的交易和呐喊也有气无力了。

3. 回看射雕处，千里暮云平

大盘、板块和个股深度下跌，回望之前的豪气冲天、龙腾虎跃、鹤舞鹰飞，此刻残阳旷野黄沙，断壁枯树老鸦。偶尔的短暂反弹，恰如战马哀鸣，宝剑崩碎。而要等到旭日东升，必须经过恐怖黑夜的洗礼。

第三节　价值超跌与屡抄屡套

一、价值超跌

我们通过2007年10月16日上证指数见6124大顶向下杀跌，来分析一下股指震荡杀跌的整个过程和走势特征。

图 18-4　999999(上证指数)2007.10.15～2008.10.31 日K线图

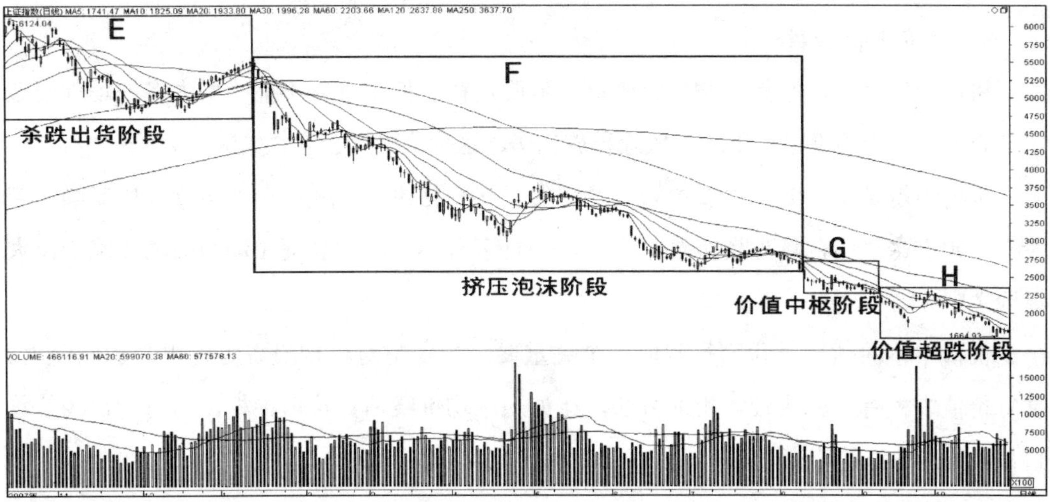

图 18-4

图18-4解析：

上证指数从6124点杀跌至1664点，基本上可分为四个阶段：

E段：利用A浪杀跌B浪反弹出货；F段：为快速杀跌挤压泡沫阶段；G段：价值中枢阶段；H段：价值超跌阶段。

1. 杀跌出货阶段

顶部杀跌出货阶段，主力可能运用短期严重技术超跌，运作B浪反弹。

如果主力高位出货没完，则往往会利用A浪杀跌之后的技术超跌，于半年线和年线附近，借用牛市的余威，运作B浪反弹，从而达到出清手中筹码的目的。

如果之前盘顶时间长，主力于顶部出货干净彻底，政策打压严厉，超跌之后于半年线和年线附近，则可能就不会有B浪反弹了。

2. 挤压泡沫阶段

挤压泡沫阶段，开始一般直线杀跌，很少出现像样的反弹，是快速下套的主要阶段，至末期，由于严重的技术超跌，会产生一定的反弹。

从高位主力出货完毕，或者B浪反弹之后，至价值超跌之前，由于主力无意介入，甚至反手做空，往往出现快速杀跌，明显为挤压泡沫。

实际操盘中，有人认为大盘向下杀跌多少会出现反弹，或者某个或某些技术指标符合某种情况会出现反弹，这其实是一种片面的机械的理解，因此吃亏上当的人很多。

挤压泡沫阶段抢反弹，风险极大，一旦被套，要么割肉，要么深套，漫漫解套路，何时是归期。

3. 价值中枢阶段

挤压泡沫之后，股指回归价值中枢。但股指在价值中枢并不能吸引太多的场外资金主动介入。合理的价格并不表示风险释放完毕，这种价格不会有太大吸引力。

价值中枢是动态的，主要由宏观经济的发展变化决定，受股市的运行环境影响。若没有一定安全边际，场外资金过早介入，一旦事有不测，就会变主动为被动，陷于巨大风险之中。

价值中枢的估算对我们投资成败至关重要，特别是对机构投资者，更是影响巨大。估算价值中枢有一些比较实用的方法，比如用年均价线估算价值中枢，用月均价线估算价值中枢，方法简明直观。

4. 价值超跌阶段

大盘整体跌幅大，许多板块和个股严重超跌，已具有明显的投资价值。但要吸引场外资金进场，必须大势有向好的趋势。这涉及到两个问题：

利空因素释放完毕。若各种利空因素总爆发，则必然造成严重恐慌和严重超跌，此后场外大资金进场，具有较大安全保障。

重大利好诱发，形势好转。必须经济形势好转和预期好转，从而推动股市上涨。如果这个过程要拖很久，那谁愿意过早介入呢？

二、屡抄屡套

1. 屡抄屡套典型案例

上证指数于2007年10月16日见6124.04点大顶，之后一路震荡杀跌，至2008年10月28日见1664.93点大底，整体跌幅达72.8%，高位套牢者市值被腰斩再腰斩。不少抄底的更是屡抄屡套，反复割肉。

大盘跌破 5000 点，媒体说投资价值显现，4000 点将是铁底。

大盘跌破 3000 点，有不少专家说，3000 点以下要主动花钱买套，谁知跌破 2000 点之后，有名嘴说，大盘要重回 1000 点。

确实，大盘 4000 点时肯定有股票具有投资价值，3000 点以下更是。但是，是哪些股票呢？即便这些股票以后会创历史新高，过早地介入，不也深受套牢煎熬吗？

2. 见底只因不得不涨

一旦主力高位出货完毕，股指往往会加速下跌。只有当出现价值超跌，利空逐渐出尽，利好逐渐增多，达到主力预期的安全边际，主力才会分批进场，才会出现较大的反弹。

即使具有了明显的投资价值，还要等待好的投资时机。一般来说，一个市场有了投资价值，场外资金也决不会轻易出手，还要考虑安全边际的大小，考虑机会成本等等，所以主流资金格外重视入场时机，以保持更大的灵活性，绝不会过早地介入。

虽然出现价值超跌反弹之后，可能不会立刻出现反转，仍然可能创新低，反弹不一定出现反转，但反转一定是由反弹引起的。若出现几次价值超跌反弹之后，则出现反转的可能性就大多了。

一般来说，即便股指严重超跌，但只要能继续向下打压，能捡到更为便宜的筹码，主力仍会边打压边吸筹，这是由人的贪婪本性决定的。这也是我们有时看到盘面异动，有场外资金入场，而大盘却仍然创新低的原因之一。

但主力的打压并非有恃无恐。如果更多的人意识到机会来临，更多的场外资金开始入场抢筹，主力此时如果继续打压，则筹码很可能有去无回，得不偿失。

当先知先觉者不加掩饰地公然抢筹，往往会带动盘面的明显变化，这样更多的人由空转多，由观望而入场，多方力量迅速发展壮大，大盘就难以跌下去了，也就见底了。

第四节　C浪下套实战图解

牢记经典，触类旁通；实战运用，举一反三。

大盘见大顶之后，或经过B浪反弹，开始C浪杀跌。C浪杀跌的走势，有的简洁明了，有的相对复杂。

一、日K线C浪杀跌实例分析

图 18-5　999999(上证指数)2009.11.20～2010.7.6 日K线图

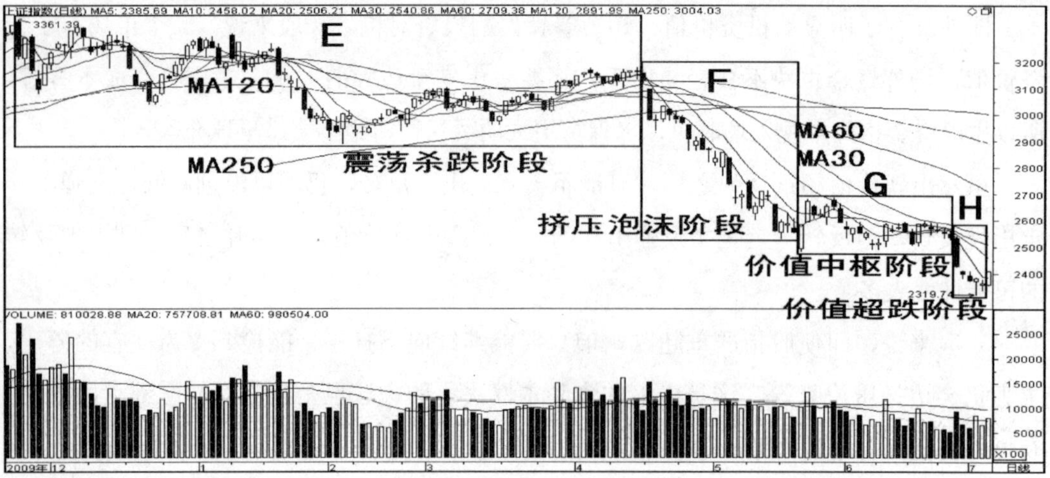

图 18-5

图18-5解析：

2009年8月7日上证指数见3478点大顶之后经过B浪反弹，展开C浪杀跌，其杀跌过程可明显分为：

E段：震荡杀跌阶段。盘跌时间长，其走势相对复杂，跌破半年线一波三折，欲涨还跌，欲跌还涨，经过多次上下穿。下跌幅度小，一山更比一山低。

F段：挤压泡沫阶段。跌破年线，干脆利落，开始快速挤压泡沫。

G段：价值中枢阶段。股指进入相对合理区间，开始吸引资金介入。

H段：价值超跌阶段。价值超跌之后，有可能产生较大的反弹，若出现多次反弹之后，则一般会产生反转。

此波C浪杀跌走势相对复杂，主要是经济处于恢复阶段，政策没有明显打压，多空分歧过大，形成拉锯战。特别是之前盘顶时间短，主力筹码尚没出完，股指震荡幅度大，时间长，造成 C 浪杀跌走势跌宕起伏，一波三折。

二、周 K 线 C 浪杀跌实例分析

图 18-6 999999(上证指数)2009.11.20～2010.7.9 周 K 线图

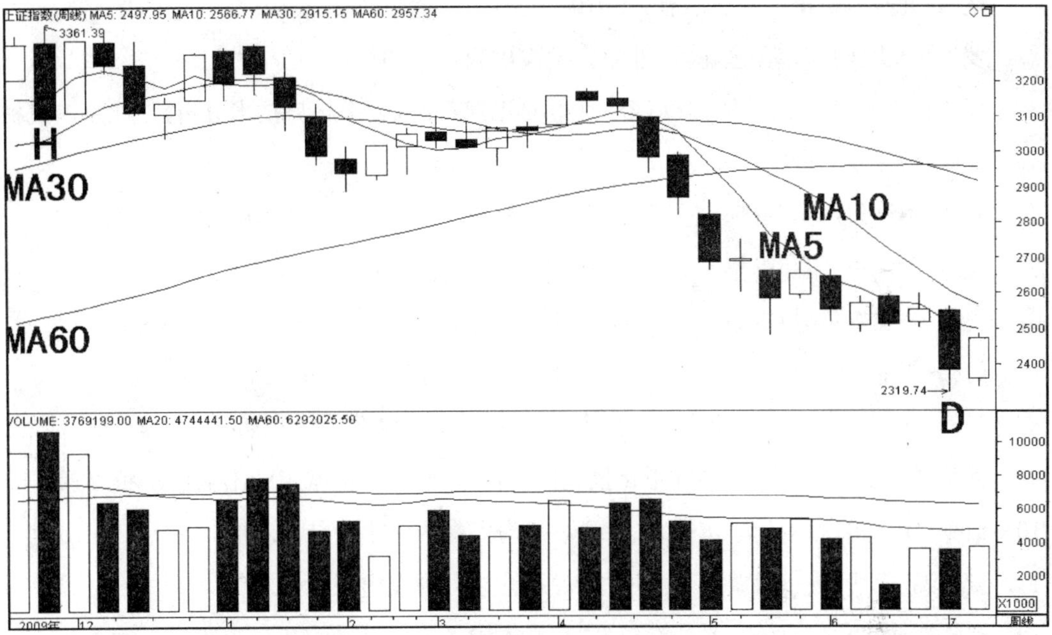

图 18-6

图 18-6 解析：

1. C 浪杀跌的确认

股指于 H 点跌破 5 周均价线，基本确认 B 浪反弹结束，C 浪杀跌开始。虽然其后多次反弹，但都没能创新高，仍然是一山更比一山低，大势已去。

2. C 浪杀跌至末期

股指经过快速杀跌，成交量见明显空洞，见地量，杀跌动能小，成交阳量开始增大，成交阴量明显缩小。股指跌至 D 点，杀跌幅度大，而成交量相对较小，出现量价线异动空头陷阱。

3. C 浪杀跌结束确认

D 点之后，出现周 K 线空倍阳，有止跌反攻迹象。

参考文献

1. 小罗伯特 R·普莱切特、阿尔弗雷德 J·佛罗斯特：《艾略特波浪理论 市场行为的关键》，北京，机械工业出版社，2010。
2. 罗伯特·雷亚：《道氏理论》，北京，地震出版社，2008。
3. 罗伯特 D.爱德华兹、约翰·迈吉、W.H.C 巴塞蒂：《股市趋势技术分析》，北京，机械工业出版社，2009。
4. 威廉·D·江恩：《江恩理论全书》，北京，机械工业出版社，2010。
5. 威廉·D·江恩：《江恩华尔街 45 年》，北京，机械工业出版社，2003。
6. 史蒂夫·尼森：《日本蜡烛图技术》，北京，地震出版社，1998。
7. 约翰·墨菲：《期货市场技术分析》，北京，地震出版社，1994。
8. Jack D.Schwager：《期货交易技术分析》，北京，清华大学出版社，1999。
9. 纳兰(Narang,R.K.)：《打开量化投资的黑箱》，北京，机械工业出版社，2012。
10. 伯顿·麦基尔：《漫步华尔街》，上海，上海财经大学出版社，2002。
11. 爱德温·李费佛：《股票大作手回忆录》，北京，地震出版社，2007。
12. 柯蒂斯·费思：《海龟交易心法》，北京，中国人民大学出版社，2010。
13. 迈克尔·S·萧普谢尔：《交易赢家的心理优势》，太原，山西人民出版社，2010。
14. 道格拉斯(Douglas,M.)：《交易心理分析》，北京，电子工业出版社，2011。
15. 曼昆(Mankiw,N.G.)：《经济学原理》，北京，北京大学出版社，2012。
16. 林奇、罗瑟查尔德：《彼得·林奇的成功投资》，北京，机械工业出版社，2010。
17. 郎咸平：《产业链阴谋》，北京，东方出版社，2010。
18. 海鸣：《中国民营经济发展研究》，北京，研究出版社，2011。
19. 叶檀：《拿什么拯救中国经济?》，北京，中信出版社，2009。
20. 毛羽：《价值投资 看透股票这东西》，上海，上海人民出版社，2008。
21. 黎航：《股市操练大全》，上海，上海三联书店，2007。
22. 胡立阳：《股票投资制胜 30 秘则 股票投资 100 招》，北京，经济日报出版社，2010。
23. 水皮：《金口直断:水皮谈股市的规律》，北京，北京出版社，2009。

24. 花荣：《百战成精》，北京，经济管理出版社，2011。
25. 傅吾豪：《操盘圣经》，北京，当代中国出版社，2011。
26. 高弈峰：《操盘手实战法则》，北京，电子工业出版社，2012。
27. 杨基鸿：《价量经典》，广州，广东经济出版社，2001。
28. 孟宪明：《突破理论实战战术》，北京，中国经济出版社，2006。
29. 何岩：《股票必涨买入公式》，北京，机械工业出版社，2011。
30. 徐小明：《盘口》，北京，地震出版社，2012。
31. 王继洲：《暴利在拐点》，北京，机械工业出版社，2011。
32. 伍朝辉：《道破短线天机》，广州，广东经济出版社，2008。
33. 唐能通：《短线是银》，成都，四川人民出版社，2011。
34. 李雨青：《立体操盘绝技》，海口，海南出版社，2007。
35. 英姿：《快速捕捉主升浪的 5 堂课》，广州，广东经济出版社，2010。
36. 王炜：《思维流操盘术》，北京，机械工业出版社，2011。
37. 雪峰：《股市技术分析实战技法》，北京，地震出版社，2004.
38. 波涛：《系统交易方法》，北京，经济管理出版社，1998。
39. 范江京：《实战看盘》，北京，中国宇航出版社，2009。
40. 许沂光：《投机智慧》，广州，广东经济出版社，2011。
41. 周焕涛：《股市 20 岁》，济南，山东人民出版社，2010。
42. 宋鸿兵：《货币战争》，北京，中信出版社，2011。

后 记

本书以我讲课的课件为基础，增补了大量指导客户实际操盘的案例，经过近一年的写作、配图及反复提炼，终于得以成稿。

姚小林先生是我证券行业的引路人和老师。在他的指导下，我完善了自己的交易体系，并开始讲授自己的投资理念和投资技巧。姚小林先生极力主张将课件集结成书出版，李均先生为本书推荐了书名。

在本书即将付梓之际，特别感谢海鸣博士。在本书陷入写作困境之际，由于海鸣博士的悉心指导，我对本书的结构、逻辑、行文进行了重构，才使本书的创作得以继续，并使本书产生了质的变化。

在此期间，闵水波先生承担了本书繁重的配图工作，并对大部分章节进行了细致的修改和创造性的增补。

喻中仿先生对本书的理论创新部分进行了补充，对本书的实例引用和图片处理做了具体的指导，更突显了本书的实战性、直观性。

我的朋友张炎夫妇、张华先生、李重兴先生，为本书提供了许多实战经典案例，并对部分章节做了特别修改。颜加新先生、费天灿先生、周斌先生对八阵图进行了重点修改。

感谢易金成先生为本书的写作提供了大量资料和开创性建议。

感谢我工作室的毛汉梅、黄阳、严登科、王春英、李维、杨连竞等。

还要感谢我的同事胡劲松、张帆、徐应红、杨军祥、钟榕珍、姜志华、李大鹏、廖启东、缪磊、谢方勇、杨红涛、龚璟、余述芳、付国鹏、柯瑞松、周雄伟等为本书的写作提出了宝贵的建议。

特别感谢范建国先生。由于他的信任和帮助，我获得了更多的学习机会，有了更开阔的视野和更深厚的积淀，这些让我终身受益。

这里我还要深深地感谢我的父母和家人。由于他们的默默奉献，我才能安心工作，顺利完成书稿的写作。

最后，特别感谢地震出版社的工作人员，是他们辛勤的努力才使本书得以出版。

郑浪涛

2012 年 10 月